“城事科学”辅政读本
《天大的小事》收官版

天大的小事

宜居样态面面观

TIANDA DE XIAOSHI YIJU YANGTAI MIANMIANGUAN

王 力/王一男 著

时代出版传媒股份有限公司
安 徽 教 育 出 版 社

今年是中国共产党建党100周年。列宁曾说过，“庆祝伟大革命的纪念日，最好的办法是把注意力集中在还没有完成的革命任务上”。

如何精准落实习总书记有关“从一点一滴做起，把小事当大事干，踏踏实实把正在做的事情做好”，“把小事当作大事来办，切实解决群众‘急难愁盼’的问题”的重要指示，旨在立足实际、守正创新的“我为群众办实事”实践活动如火如荼。

“了不得的人”如何不断成就了不得的事，王阳明在《传习录》中曾言：“人须在事上磨，方立得住，方能静亦定，动亦定。”于此，本书慨言：“事须经人心验，方存得久，方能静亦远，动亦远。”

—— 摘自《创作札记》

眼睛向下　巧思拙干

“解决群众最急最忧最盼的紧迫问题”已是重中之重，“我为群众办实事”响鼓重锤再直击，不仅体现“坚持以人民为中心的发展思想”百尺竿头更进一步，同时“目中有人，眼里有活”的实际操作也倍受推崇。

“实事”的含义很丰富，浅了说对应“虚事”，深了讲关乎“实事求是”。作者身份很特殊，既有居家过日子的“急难愁盼”，也有著书立说的超凡脱俗，如何把所见所闻放进去，让所思所想跳出来，实践出真知。

毛泽东曾告诫：“没有眼睛向下的兴趣和决心，是一辈子也不会真正懂得中国的事情的。”此前两版《天大的小事》由人民出版社向全国省市领导推荐，经《人民日报》多次报道，或与民间智库“站得低，看得细”不无关系。

敢于向问题叫板，但“叫板”不同于“叫横”。所以“我为群众办实事”既要有“直面硬骨头”的勇气，也要有破解此类难题的妙招，“用软功夫拆解硬骨头、从小切口洞察大内涵”是本书强项。

如何理解“为民服务第一线”，此间感悟——既要有“党旗高高飘扬”，也要有“一线下沉再下沉”，因为在立足实际、守正创新的“我为群众办实事”实践活动中，“一”已然具象至极、大道至简。

各地区各部门各单位不断把党史学习教育成效转化为工作动力和成效——

坚持不懈为群众办实事做好事

本报记者　刘维涛　张　洋　孟祥夫　吴储岐

奋斗百年路　启航新征程·学党史　悟思想　办实事　开新局

江西省上犹县一个小山村，在“我为群众办实事”实践活动中，村民投票选出了需要优先办理的5件实事，林道建设排第一。如今，羊肠小道已变成宽阔林道，村民生产更便捷，成本也大大降低。

江苏省苏州工业园区一家公司负责人李先生家住上海市杨浦区，得益于苏州推出的“跨省通办”服务，他只要到杨浦区行政服务中心“长三角专窗”提交材料，就可以快速办理公司事宜。掌上办、自助办、跨区域办……“放

在锤炼党性上力行

始终用党性原则修身律己，切实以坚强党性取信于民、引领群众

加强党性修养是党员、干部一生的必修课。

习近平总书记强调，要在锤炼党性上力行，教育引导广大党员、干部发扬

越是在关键时刻，越是能体现党性修养、党员本色。近期，河南省郑州市等地持续遭遇强降雨。面对严重的汛情灾情，应急管理部坚决贯彻落实习近平总书记重要指示精神和党中央决策部署，迅速调派专业救援力量驰援郑州等地。在救援一线，发挥党员先锋模范作用，设置“党员先锋岗”、组建“党员突击队”，将学习教育成效转化为攻坚克难的强大动力。经连续奋战，共营救遇险群众3.5万余人、转移群众8.77万人，排水排涝1200余万立方米，党员、干部用实际行动践行了人民至上、生命至上的庄严承诺。

一百年来，中国共产党弘扬伟大建党精神，在长期奋斗中构建起中国共产党人的精神谱系，锤炼出鲜明的政治品

2021年8月28日，《人民日报》头版头条刊发记者刘维涛、张洋、孟祥夫、吴储岐联合采写的《坚持不懈为群众办实事做好事》。文章所举实例看似小事琐事，但偏偏这些事桩桩件件上了台面，进了台账。

在“不忘初心、牢记使命”主题教育中“注重解决群众最急最忧最盼的紧迫问题”已是重中之重，此番响鼓重锤再直击，不仅体现“坚持以人民为中心的发展思想”百尺竿头更进一步，同时“目中有人，眼里有活”也倍受推崇。

关于“眼睛向下”，毛泽东曾告诫：“没有眼睛向下的兴趣和决心，是一辈子也不会真正懂得中国的事情的。”此前两版《天大的小事》倡言“共产党人要善于做小事”和“社会治理讲究从心做起”，人民出版社向全国省市领导专册推荐，《人民日报》以“智者的社会担当”为题予以报道。这或许与民间智库“顾大局，识大体”和“站得低，看得细”不无关系。

为配合“我为群众办实事”实践活动，本书特将相关报章、感悟汇聚为“开篇”，借以向“以人民为中心”和“实践出真知”致以崇高敬意。

党史学习教育领导小组

部署开展“我为群众办实事”实践活动

新华社北京4月5日电　近日，党史学习教育领导小组印发《关于〈“我为群众办实事”实践活动工作方案〉的通知》，就开展“我为群众办实事”实践活动作出安排部署。

《通知》指出，开展“我为群众办实事”实践活动，要以习近平新时代中国特色社会主义思想为指导，把学习党史同总结经验、观照现实、推动工作结合起来，弘扬党的光荣传统、优良作风，践行党的初心使命、根本宗旨，强化公仆意识、为民情怀，发挥基层党组织战斗堡垒作用、党员先锋模范作用和党员领导干部表率作用，结合各行各业实际，立足本职岗位为人民服务，从最困难的群众入手，从最突出的问题抓起，从最现实的利益出发，用心用情用力解决基层的困难事、群众的烦心事，增强人民群众的获得感幸福感安全感，激励全党全国各族人民以昂扬姿态奋力开启全面建设社会主义现代化国家新征程。

《通知》强调，要聚焦聚力重点任务，着力贯彻新发展理念办实事，让群众分享高质量发展成果、共享高品质幸福生活；着力巩固拓展脱贫攻坚成果办实事，建设美丽宜人、业兴人和的社会主义新乡村；着力保障基层民生需求办实事，推动幼有所育、学有所教、劳有所得、病有所医、老有所养、住有所居、弱有所扶取得新进展；着力深化政务服务改革便民利民办实事，完善办事流程、规范审批行为、提高办事效率；着力推进基层治理体系和治理能力现代化办实事，将矛盾纠纷化解在基层，将和谐稳定创建在基层。

《通知》强调，要把察民情访民意作为“我为群众办实事”的第一步，组织党员干部深入基层群众、深入生产一线、深入下属单位、深入工作服务对象，广泛听取意见、了解民生需求。（下转第二版）

迄今为止，上述活动先后发过两个相关《通知》。2021 年 4 月 6 日，《人民日报》在头版显著位置刊发了新华社通稿《党史学习教育领导小组部署开展“我为群众办实事”实践活动》，其中说道：

“《通知》指出，开展‘我为群众办实事’实践活动，要以习近平新时代中国特色社会主义思想为指导，把学习党史同总结经验、观照现实、推动工作结合起来，弘扬党的光荣传统、优良作风，践行党的初心使命、根本宗旨，强化公仆意识、为民情怀，发挥基层党组织战斗堡垒作用、党员先锋模范作用和党员领导干部表率作用，结合各行各业实际，立足本职岗位为人民服务，从最困难的群众入手，从最突出的问题抓起，从最现实的利益出发，用心用情用力解决基层的困难事、群众的烦心事，增强人民群众的获得感幸福感安全感，激励全党全国各族人民以昂扬姿态奋力开启全面建设社会主义现代化国家新征程。”

“实事”的含义很丰富，浅了说对应“虚事”，深了讲关乎“实事求是”。作者身为此举受益人，既有居家过日子的“急难愁盼”，也有著书立说的超凡脱俗，如何把所见所闻放进去，如何让所思所想跳出来，如何才能掌握好“宜居样态”与“群众实事”的关联度，机遇与挑战并存。

党史学习教育领导小组印发通知

充分发挥基层党组织战斗堡垒作用和党员先锋模范作用
进一步深化党史学习教育“我为群众办实事”实践活动

新华社北京10月8日电　近日，党史学习教育领导小组印发《关于充分发挥基层党组织战斗堡垒作用和党员先锋模范作用　进一步深化党史学习教育“我为群众办实事”实践活动的通知》，就充分发挥基层党组织战斗堡垒作用和党员先锋模范作用，进一步深化党史学习教育“我为群众办实事”实践活动提出明确要求。

通知指出，为进一步贯彻落实习近平总书记关于以人民为中心重要论述和党中央关于开展党史学习教育的重大决策部署，深入推进党史学习教育“我为群众办实事”实践活动，要充分发挥好基层党组织战斗堡垒作用和党员先锋模范作用，激励基层党组织和广大党员不忘初心、牢记使命，用心用情用力解决基层困难事、群众烦心事，密切党同人民群众的血肉联系，切实在办实事、开新局上取得明显成效。

通知强调，要紧密结合“党旗在基层一线高高飘扬”活动，推动基层党组织充分发挥宣传党的主张、贯彻党的决定、领导基层治理、团结动员群众、推动改革发展的坚强战斗堡垒作用，从最困难的群众入手、最突出的问题抓起、最现实的利益出发，扎实开展“我为群众办实事”实践活动，切实增强人民群众的获得感、幸福感、安全感。要进一步发挥党员先锋模范作用，　**（下转第二版）**

与上述《通知》印发时隔 6 个月，2021 年 10 月 9 日，《人民日报》刊发消息，告知：近日，党史学习教育领导小组印发《关于充分发挥基层党组织战斗堡垒作用和党员先锋模范作用　进一步深化党史学习教育“我为群众办实事”实践活动的通知》，“就充分发挥基层党组织战斗堡垒作用和党员先锋模范作用，进一步深化党史学习教育‘我为群众办实事’实践活动提出明确要求”。

何为“实事”，虽然词典有解，但用在“群众的实事”，词尾读起来多会是儿化音。从表面看，“事儿”是轻音，“事儿”是小活儿，可一旦乘以“百家姓”，一旦附加“万年牢”，情势大不相同。

怦然心动。围绕“我为群众办实事”，如此规格，如此规模，如此阵容，如此阵仗，如此一而再再而三强调，感觉得到，这既是“造福人民”一步一个脚印的进行曲，更是大国大党“不忘初心”的永恒担当。

想知道梨子的滋味就必须要亲口品尝。围绕“做群众贴心人”有说不尽的礼尚往来，围绕“换位思考”也有道不完的互联互通互动，然而，“走近群众”不同于“走进群众”。从这样的尺度说开去想开来，乡镇干部“拎重物走村路实际感受交通不便，用脚步丈量‘最后一公里’”令人学有所规、让事行有所矩。

人民观点

进一步提升为群众办实事的质量水平

——深入推进“我为群众办实事”实践活动①

本报评论部

利民之事，丝发必兴；学史力行，实干为民。习近平总书记强调：“中国共产党一经诞生，就把为中国人民谋幸福、为中华民族谋复兴确立为自己的初心使命。”前不久，党史学习教育领导小组印发《关于深入推进“我为群众办实事”实践活动的通知》，就深入推进“我为群众办实事”实践活动提出明确要求。各地在实践活动中积累了哪些好经验好做法？如何推动实践活动取得新进展新成效？本版今起推出系列评论，与读者共同探讨。

——编 者

对于一个始终以人民为中心、为人民谋幸福的政党来说，保障和改善民生没有终点，只有连续不断的新起点

在北京市各区级政务服务中心，在河北省保定市市民服务中心，在辽宁省丹东市社保中心服务大厅，都有一个“办不成事”反映窗口，专门解决群众在办事过程中可能遇到的“疑难杂症”。曾经需要跑多趟才能办的事，现在一网通办、便捷办；过去办不了、难办理的事，如今有渠道办、有人帮忙办。在“我为群众办实事”实践活动中，各地区各部门各单位坚持不懈为群众办实事做好事，解决了大批群众急难愁盼问题。

民生无小事，枝叶总关情。2021年8月24日，在河北承德考察的习近平总书记来到承德市双滦区偏桥子镇大贵口村村民霍金家，与霍金拉家常时，习近平总书记说道：“我们是人民的勤务员，这句话不是一个口号，我们就是给老百姓做事的。”这样一席话，既道出了我们这个百年大党一以贯之的人民立场，也道出了中国共产党人应有的价值追求。党中央把开展“我为群众办实事”实践活动作为党史学习教育的重要内容，目的就是推动全党把学习和实践结合起来，在为民排忧解难中自觉践行党的初心使命。

利民之事，丝发必兴。习近平总书记强调：“学史力行是党史学习教育的落脚点，要把学史明理、学史增信、学史崇德的成果转化为改造主观世界和客观世界的实际行动。”党史学习教育开展以来，各地区各部门各单位以习近平新时代中国特色社会主义思想为指导，认真贯彻落实中央部署要求，把学习党史同总结经验、观照现实、推动工作结合起来，深入了解群众需求，集中解决突出问题，人民群众的获得感、幸福感、安全感不断增强，“我为群众办实事”实践活动取得了重要阶段性成果。

“中国共产党把为民办事、为民造福作为最重要的政绩，把为老百姓做了多少好事实事作为检验政绩的重要标准。”对于一个始终以人民为中心、为人民谋幸福的政党来说，保障和改善民生没有终点，只有连续不断的新起点。随着社会主要矛盾的变化，民生建设的总体水平离人民群众的心理期待和现实需求还有差距，民生领域还存在短板。比如，“有学上”已经解决，“上好学”的问题仍然突出；全球最大的社会保障网已经建成，还需进一步织密织牢，等等。以更加有力的举措解决群众身边各类急难愁盼问题，充实完善重点民生项目清单，确保问题准、措施实、效果好，才能更好把学习成效转化为工作动力和成效。

老百姓的烦心事，也是改革的突破点。一位基层干部感慨：“对群众的一些小事，看深一些、看透一些、做实一些，就能拉近和人民群众的感情，就能真心实意为他们办实事、解难事。”群众诉求里有办实事的着力点，也有改革发展的切入点。广大党员、干部必须始终把人民放在心中最高位置，当好人民群众的知心人、贴心人、领路人，用心用情用力解决好群众急难愁盼问题，既立足眼前、解决群众具体问题，又着眼长远、完善解决民生问题的体制机制。如此，方能把好事办实、把实事办好，办到群众心坎上。

民有所呼，我有所应。习近平同志曾在一篇文章里写道：“作为一个人民公仆，陕北高原是我的根，因为这里培养出了我不变的信念：要为人民做实事！”强化公仆意识和为民情怀，立足本职岗位为人民服务，从最困难的群众入手、从最突出的问题抓起、从最现实的利益出发，切实解决基层的困难事、群众的烦心事，进一步提升为群众办实事的质量水平，我们就一定能让群众有更多、更直接、更实在的获得感、幸福感、安全感。

2021年10月11日，与上述《通知》印发仅时隔两天，《人民日报》刊发评论员文章，旨在深入推进“我为群众办实事”实践活动。文章导语写道：“对于一个始终以人民为中心、为人民谋幸福的政党来说，保障和改善民生没有终点，只有连续不断的新起点。”

文章强调“民生无小事，枝叶总关情”，同时深度解读“老百姓的烦心事，也是改革的突破点”。“一位基层干部感慨：‘对群众的一些小事，看深一些、看透一些、做实一些，就能拉近和人民群众的感情，就能真心实意为他们办实事、解难事。’”

如何“把好事办实、把实事办好，办到群众心坎上”，此前《天大的小事》延展读本《超期待》一书曾经写道：“从顺应人民的期待到超越人民的期待，从民有所呼、我有所应到民有所思、我有所悟，不仅群众想到的要想到，同时，群众一时没有想到的也要提前想到。看上去无非早一步快半拍，但喜上眉梢和喜入心坎相距甚远。”

人民观点

持续推动解决群众身边急难愁盼问题

——深入推进“我为群众办实事”实践活动②

本报评论部

中国共产党是为人民服务的政党，群众的操心事、烦心事，就是我们党千方百计要解决的

“小切口”里面有大民生，解决好群众急难愁盼问题就是我们的工作目标

高速公路上，执勤交警日夜驾车巡逻，确保公众出行安全；医生坚守岗位，“无假日”门诊全天候服务，方便群众就医；服务“一老一小”，社区党员干部为居民解决困难事、烦心事……国庆长假期间，各地各单位党组织深入开展“我为群众办实事”实践活动，出实招、办实事、求实效，取得良好活动成效，收获群众广泛好评。

习近平总书记强调：“要在为民服务上力行，教育引导广大党员、干部始终把人民放在心中最高位置，当好人民群众的知心人、贴心人、领路人，用心用情用力解决好群众急难愁盼问题，努力推动全体人民共同富裕取得更加明显的实质性进展。”中国共产党是为人民服务的政党，群众的操心事、烦心事，就是我们党千方百计要解决的。《关于深入推进“我为群众办实事”实践活动的通知》明确提出，“要守初心、担使命，在持续推动解决群众身边急难愁盼问题上下功夫”。深入推进“我为群众办实事”实践活动，必须以更加有力的举措解决群众身边各类急难愁盼问题，让广大群众切身感受到实践活动效果。

百年初心，历久弥坚；百年大党，风华正茂。前不久，在陕西榆林考察的习近平总书记来到位于疏属山下九真观的中共绥德地委旧址。展厅里有两行字十分醒目：“站在最大多数劳动人民的一面”“把屁股端端地坐在老百姓的这一面”。习近平总书记轻声念了出来，并说道：“端端地，这是关中话，稳稳正正地。”一个“端端地”，道出了百年大党的不变初心，彰显了中国共产党人的政治本色。中国共产党干革命、搞建设、抓发展，都是为了让人民过上幸福生活。来自人民、依靠人民、为了人民，是100年来中国共产党的发展逻辑和胜利密码。坚持把人民群众的小事当作自己的大事，从人民群众关心的事情做起，从让人民群众满意的事情做起，带领人民不断创造美好生活，这是中国共产党人应有的追求。

党史学习教育不仅要让广大党员、干部受洗礼、有提升，也要让群众受教育、得实惠。小区停车难问题如何解决？怎样更好满足适龄孩子就近接受学前教育的需求？门诊慢性病患者取药、报销如何更方便？“小切口”里面有大民生，解决好群众急难愁盼问题就是我们的工作目标。我们推动经济社会发展，归根结底是为了不断满足人民群众对美好生活的需要。始终把人民安居乐业、安危冷暖放在心上，用心用情用力解决群众关心的就业、教育、社保、医疗、住房、养老、食品安全、社会治安等实际问题，一件一件抓落实，努力让群众看到变化、得到实惠，才能把学习成效转化为工作动力和成效，不断增强人民群众获得感、幸福感、安全感。

奋斗者的脚步永不停歇，为民服务只有进行时没有完成时。今天的中国，人民过上了几千年来梦寐以求的好日子，正处于实现中华民族伟大复兴的关键时期。越是关键时期，越需要践行以人民为中心的发展思想，着力解决发展不平衡不充分问题和人民群众急难愁盼问题。以心交心，自会心心相印。心中常思的是百姓疾苦，脑中常谋的是富民之策，群众自然把党员、干部当作贴心人。赢得人民信任，得到人民支持，党就能够克服任何困难，就能够无往而不胜。

“为政之道，以顺民心为本，以厚民生为本”。谷文昌任福建东山县委书记时，每次下乡至少交三个朋友：一个老贫农，一个生产队队长，一个困难农民，为的就是摸清群众所需所盼。想群众所想，忧群众所忧，急群众所急，持续推动解决群众身边急难愁盼问题，我们就能不断通过化解民生难题开创工作新局面，更好满足人民群众对美好生活的需要。

2021年10月12日，《人民日报》评论员文章的题目是《持续推动解决群众身边急难愁盼问题》。导语那句“‘小切口’里面有大民生”发人深省。“小切口”何在，“天大的小事”专职研究者用心揣度思索了十数年。

何为小，何为大，文章所言“坚持把人民群众的小事当作自己的大事，从人民群众关心的事情做起，从让人民群众满意的事情做起，带领人民不断创造美好生活，这是中国共产党人应有的追求”，言之有理，言之有物，凭此洞察群众身边的“急难愁盼”不再似是而非，虚无缥缈。

“想群众所想，忧群众所忧，急群众所急”是“我为群众办实事”的主色调。这说起来朗朗上口，看上去丝丝入扣，但运用到实际工作中，不仅相关调查研究讲求“零距离”，还要设法把“最后一公里”分解成为若干个“最后一米”，因为“只有尽量零距离的设身处地才是名副其实的设身处地”。

历史上有个“隔靴搔痒”的典故。老话新说，如果事先没有准确无误的了解，即便手伸到了靴子里，也有左脚痒痒搔右脚的可能。

R人民观点

着力破解“硬骨头”问题

——深入推进“我为群众办实事”实践活动③

本报评论部

民心是最大的政治。每一名党员干部都必须强化公仆意识和为民情怀，把自己摆进去、把工作摆进去，立足本职岗位建功，积极为群众办实事、解难题

志不求易者成，事不避难者进。敢担当、善作为是各级领导干部的本职责任，是衡量好干部的重要标尺，也是解民忧、纾民困的必然要求

预付式消费退费难，小区充电桩安装难，小区周边道路停车资源不足和违章停车……结合开展党史学习教育，北京市创新“接诉即办”工作机制，以“每月一题”作为“我为群众办实事”实践活动的主抓手，聚焦高频难点问题，以主动治理推动实现“未诉先办”，啃下了一批“难啃的硬骨头”，破解了不少民生难题。“我为群众办实事”实践活动中，各地从群众需求出发，敢于啃“硬骨头”，拿出实招硬招，有效解决了许多群众急难愁盼问题。

民心是最大的政治。习近平总书记强调，要从最困难的群众入手、从最突出的问题抓起、从最现实的利益出发，切实解决基层的困难事、群众的烦心事。群众反映集中的共性需求和存在的普遍性问题、发展亟待解决的痛点难点问题、长期未能解决的民生历史遗留问题，这些“硬骨头”问题解决得好不好、实不实，直接关系“我为群众办实事”实践活动的进展和成效。近日，党史学习教育领导小组印发《关于充分发挥基层党组织战斗堡垒作用和党员先锋模范作用 进一步深化党史学习教育“我为群众办实事”实践活动的通知》，强调“要充分发挥好基层党组织战斗堡垒作用和党员先锋模范作用，激励基层党组织和广大党员不忘初心、牢记使命，用心用情用力解决基层困难事、群众烦心事”。每一名党员干部都必须强化公仆意识和为民情怀，把自己摆进去、把工作摆进去，立足本职岗位建功，积极为群众办实事、解难题。

民之所望，政之所向；攻坚克难，方显担当。让老百姓过上好日子是我们一切工作的出发点和落脚点。一张张群众反映的问题清单，就是党员干部排忧解难的履职清单，就是要下大力气攻坚克难的任务清单。农村厕所治理是一桩难事，河北邯郸积极实施农村人居环境改善工程，村里的难事儿不仅“有人管”，而且“能办好”；安全生产事关重大，湖南召开安全生产专题询问，以善问、敢问、深问努力消除老百姓身边的安全隐患；生态环境与生活质量息息相关，广西生态环境厅深入企业、整改点、风险点，强化大气污染治理和秸秆禁烧管控工作……实践充分证明，只有始终把人民安居乐业、安危冷暖放在心上，时刻把群众的困难和诉求记在心里，用心用情用力解决基层困难事、群众烦心事，才能实现好、维护好、发展好最广大人民根本利益，交出让人民满意的答卷。

志不求易者成，事不避难者进。习近平总书记深刻指出：“干事担事，是干部的职责所在，也是价值所在。党把干部放在各个岗位上是要大家担当干事，而不是做官享福。改革发展稳定工作那么多，要做好工作都要担当作为。”敢担当、善作为是各级领导干部的本职责任，是衡量好干部的重要标尺，也是解民忧、纾民困的必然要求。有位基层干部说：“只要有想干事、敢干事、干成事的硬作风，就没有办不成的事情。”面对群众的期盼，面对“硬骨头”问题，广大党员特别是党员领导干部必须践行初心使命，守土有责、守土负责、守土尽责，满腔热情解决好人民群众的操心事、烦心事、揪心事，让群众感受到党的温暖和关怀。

习近平总书记强调：“无论是干事创业还是攻坚克难，不仅需要宽肩膀，也需要铁肩膀；不仅需要政治过硬，也需要本领高强。”很多时候，“硬骨头”之所以难啃，就难在平衡各种利益、协调各种关系。可以说，破解“硬骨头”问题，不仅考验党员干部的责任担当之勇，也考验破解难题之智。从另一个角度而言，干部成长无捷径可走，经风雨、见世面才能壮筋骨、长才干。只有勇于挑重担子、啃硬骨头、接烫手山芋，在摸爬滚打中增长才干，在层层历练中积累经验，才能磨砺出担当重任的真本领，也才能更好帮助群众解难题、做好事。

敢于向问题叫板，才能赢得群众叫好。党史学习教育领导小组印发《关于深入推进“我为群众办实事”实践活动的通知》提出，“要敢担当、勇作为，在着力破解‘硬骨头’问题上下功夫”。瞄准群众普遍关心的突出问题，敢字为先、干字当头，勇于担当、善于作为，着力破解“硬骨头”问题，努力让群众看到变化、得到实惠，我们就一定能让人民群众获得感、幸福感、安全感更加充实、更有保障、更可持续。

2021 年 10 月 13 日，《人民日报》继续刊发评论员文章，其中说道：“民心是最大的政治。每一名党员干部都必须强化公仆意识和为民情怀，把自己摆进去、把工作摆进去，立足本职岗位建功，积极为群众办实事、解难题。”

此前两版《天大的小事》发行以来，作者应多地党委、政府邀请作辅导报告，其中“有空坐坐公交买买菜”的建议引起共鸣。23 年前，报章曾报道安徽省民政厅李宏塔厅长骑车上下班，尽管老学长自谦“骑行也是锻炼”，但此“锻炼”非彼锻炼，身心俱佳。两年前，《人民日报》报道李大钊同志这位后人在工作中经常“不打招呼，到群众中去”，为什么宏塔先生荣获“七一勋章”，从这些看似普通的实事、小事可见一斑。

敢于向问题叫板，但“叫板”不同于“叫横”。所以“我为群众办实事”既要有“直面硬骨头”的勇气，也要有破解此类难题的妙招，用软功夫拆解硬骨头，诸如“老旧楼区开辟被褥晾晒区”，诸如“老人网购火车票优先安排下铺”，诸如“福彩站兼容乞讨者歇脚”，诸如“医院推行急诊分级叫号”。

人民观点

更好解决基层困难事、群众烦心事

——深入推进“我为群众办实事”实践活动④

本报评论部

初心就是力量，使命就是方向。对于中国共产党人来说，为人民谋幸福，是念兹在兹的不变初心，更是接续奋斗的永恒坐标

一个支部就是一座堡垒，一名党员就是一面旗帜。更好解决基层困难事、群众烦心事，需要坚持“强组织、重合力”，充分发挥基层党组织战斗堡垒作用和党员先锋模范作用

广东建立健全“小切口、大变化”民生实事办理制度，集中解决城乡供水、停车难等突出问题；山东淄博开展“走千村进万户”活动，推广“小学全员免费课后服务”“流动的医院”等便民新举措；吉林长春全市社区建立起网格长、楼栋长、单元长“三长”联动机制，努力做到居民有需求、社区有服务……“我为群众办实事”实践活动开展以来，各地聚焦基层困难事、群众烦心事，拿出实招硬招，切实解决群众急难愁盼问题，让广大群众切身感受到实践活动效果。

治国有常，而利民为本。习近平总书记强调：“共产党就是为人民谋幸福的，人民群众什么方面感觉不幸福、不快乐、不满意，我们就在哪方面下功夫，千方百计为群众排忧解难。”民生是人民幸福之基、社会和谐之本，增进民生福祉是我们党立党为公、执政为民的本质要求。充分发挥基层党组织战斗堡垒作用和党员先锋模范作用，用心用情用力解决基层困难事、群众烦心事，这既是深入推进“我为群众办实事”实践活动的明确要求，也是密切党同人民群众的血肉联系的题中应有之义。

初心就是力量，使命就是方向。对于中国共产党人来说，为人民谋幸福，是念兹在兹的不变初心，更是接续奋斗的永恒坐标。如今，人民对美好生活的向往更加强烈，期盼有更好的教育、更稳定的工作、更满意的收入、更可靠的社会保障、更高水平的医疗卫生服务、更舒适的居住条件、更优美的环境、更丰富的精神文化生活。同时，城乡区域发展和收入分配差距依然较大，人民群众基本生活需求方面还存在一些亟待补齐的短板，老百姓看病难、上学难、就业难、住房难等操心事、烦心事、揪心事依然存在。人民对美好生活的向往与现实之间还存在差距，还远没有达到充分满足的地步。从最困难的群众入手、最突出的问题抓起、最现实的利益出发，采取更加精准有效的措施，才能让人民群众的获得感成色更足。

小事连着民生，民生连着民心。近日，党史学习教育领导小组印发《关于充分发挥基层党组织战斗堡垒作用和党员先锋模范作用 进一步深化党史学习教育“我为群众办实事”实践活动的通知》，要求“找准查实基层和群众的急难愁盼问题，采取更加精准有效的措施，满腔热情解决好人民群众的操心事、烦心事、揪心事”。民生工作直接同老百姓见面、对账，来不得半点虚假，承诺了就要兑现，做就要做好。一方面，要坚持尽力而为，从群众的急难愁盼出发，不断提升为群众办实事的质量水平，逐步探索建立“我为群众办实事”长效机制，让群众看到变化，得到实惠。另一方面，也要坚持从实际出发，力戒形式主义、官僚主义，不搞形式、不走过场，切实把好事办实，把实事办好，办到群众心坎上。

一个支部就是一座堡垒，一名党员就是一面旗帜。更好解决基层困难事、群众烦心事，需要坚持“强组织、重合力”，充分发挥基层党组织战斗堡垒作用和党员先锋模范作用。在江西南昌，街道社区党组织通过“居民点单、支部审单、党员领单”的模式，组织6.2万名在职党员认领8.4万个“微心愿”，有效帮助社区群众解决了一件件急难愁盼的问题。是党员，就该发挥先锋模范作用，满腔热情解决好人民群众的操心事、烦心事、揪心事；是党员领导干部，就该强化公仆意识和为民情怀，担起责任走在前、作表率，带头帮助群众解难题、做好事。如此，方能真正把“我为群众办实事”实践活动的各项任务和要求贯彻到基层、落到实处。

4月25日，在广西考察的习近平总书记来到全州县才湾镇毛竹山村，走进村民王德利家。在客厅聊家常时，王德利激动地说：“总书记，您平时这么忙，还来看我们，真的感谢您。”习近平总书记回答道：“我忙就是忙这些事，‘国之大者’就是人民的幸福生活。”一句“‘国之大者’就是人民的幸福生活”，彰显大党大国领袖的人民情怀，诠释中国共产党人的不变初心。不忘初心、牢记使命，对“国之大者”心中有数，用心用情用力解决基层困难事、群众烦心事，通过实践活动建强组织、锻炼党员、凝聚群众，我们就一定能不断密切党同人民群众的血肉联系，在办实事、开新局上取得更明显成效。

2021年10月14日，《人民日报》评论员文章的标题很耐看，《更好解决基层困难事、群众烦心事》表述了两个话题，除去“群众烦心事”，还侧重谈及“基层困难事”。

文章写道：“小事连着民生，民生连着民心。”近日，党史学习教育领导小组印发《关于充分发挥基层党组织战斗堡垒作用和党员先锋模范作用 进一步深化党史学习教育“我为群众办实事”实践活动的通知》，“要求‘找准查实基层和群众的急难愁盼问题，采取更加精准有效的措施，满腔热情解决好人民群众的操心事、烦心事、揪心事’”。

好一个“找准查实”，好一个“精准有效”，落地有声的8个字，道出了工作过往，标明了改进空间。看来，开展“人性化服务”要从读懂“柴米油盐”做起，实施“精细化管理”要从弄通“食不厌精”起底。

文章再次谈及“小切口、大变化”。从某种意义上讲，“小切口”同为“小收口”，有些情况，有些事物，洞察“小切口”难，但发现“小收口”易。

R人民观点

把战斗堡垒作用和先锋模范作用发挥好

——深入推进“我为群众办实事”实践活动⑤

本报评论部

初心如炬，使命如磐。时代在变，中国共产党人的初心永远不变，本色永远不变

哪里有困难，哪里就有党旗飘扬；哪里有需要，哪里就有党徽闪耀

越是关键时刻，越是见初心；越是紧要关头，越能显本色。近日，山西出现大范围降雨，极端异常的大范围持续降雨导致严重洪涝灾害。面对灾情，党员干部冲锋在前，积极投身抗洪救灾第一线，将党史学习教育成效转化为攻坚克难的强大动力，让党旗在一线高高飘扬，让党徽在一线闪闪发光。

党的基层组织是党在社会基层组织中的战斗堡垒，党员是党的肌体的细胞和党的活动的主体。习近平总书记强调，只要每个基层党组织和每个共产党员都有强烈的宗旨意识和责任意识，都能发挥战斗堡垒作用、先锋模范作用，我们党就会很有力量，我们国家就会很有力量，我们人民就会很有力量，党的执政基础就能坚如磐石。深入推进党史学习教育“我为群众办实事”实践活动，必须充分发挥好基层党组织战斗堡垒作用和党员先锋模范作用，激励基层党组织和广大党员不忘初心、牢记使命，用心用情用力解决基层困难事、群众烦心事。

初心如炬，使命如磐。2020年9月，在湖南考察的习近平总书记来到汝城县沙洲瑶族村，深情回顾“半条被子”的故事，动情地说：“共产党人自己有一条被子也会剪下半条给老百姓，这绝不是口号，不是做秀，我们就是这么做的。而且这种誓言，我们一直传承下来了。正是这样，老百姓才把共产党看成是自家的党、老百姓的党。”什么是中国共产党人？既来自人民又有先进性，既保持先进又不失人民本色，共产党员就是这样一群既普通又不普通的中国人。时代在变，中国共产党人的初心永远不变，本色永远不变。从最困难的群众入手、最突出的问题抓起、最现实的利益出发，扎实开展“我为群众办实事”实践活动，才能切实增强人民群众的获得感、幸福感、安全感。

敢担当、善作为是新时代党员干部必备的政治素质。今天，我们在中华大地上全面建成了小康社会，同时也要看到，人民美好生活需要日益广泛，不仅对物质文化生活提出了更高要求，在民主、法治、公平、正义、安全、环境等方面的要求也日益增长。如何加强公共卫生体系建设，提高基本医疗服务水平？如何做好重点群体就业工作，帮助群众解决社保、医保、上学等方面的实际困难？如何健全和执行好返贫人口监测帮扶机制，巩固脱贫成果？……哪里有困难，哪里就有党旗飘扬；哪里有需要，哪里就有党徽闪耀。广大党员特别是党员领导干部应强化公仆意识和为民情怀，把自己摆进去、把工作摆进去，察访民情民意，找准查实基层和群众的急难愁盼问题，采取更加精准有效的措施，满腔热情解决好人民群众的操心事、烦心事、揪心事。

沧海横流，方显英雄本色；勇毅担当，则无惧艰难险阻。习近平总书记深刻指出：“任何事业都离不开共产党员的先锋模范作用。只要共产党员首先站出来、敢于冲上去，就能把群众带动起来、凝聚起来、组织起来，打开一片天地，干出一番事业。”难以忘记，面对来势汹汹的新冠肺炎疫情，广大党员干部带头拼搏，充分发挥先锋模范作用，“我是党员我先上”的誓言铿锵，“疫情不退我不退”的丹心闪耀，充分体现了中国共产党人的担当和风骨；难以忘记，在脱贫攻坚战中，各级党组织和广大共产党员以热血赴使命、以行动践诺言，在脱贫攻坚这个没有硝烟的战场上呕心沥血、建功立业。实践充分证明，中国共产党是中国人民最可靠的主心骨。在“我为群众办实事”实践活动中，充分发挥好基层党组织战斗堡垒作用和党员先锋模范作用，就能切实把好事办实，把实事办好，办到群众心坎上。

共产党员应该有共产党员的样子。平常时候看得出来、关键时刻站得出来、危急关头豁得出来，才是真正的共产党员。党史学习教育领导小组印发的《关于充分发挥基层党组织战斗堡垒作用和党员先锋模范作用　进一步深化党史学习教育“我为群众办实事”实践活动的通知》提出：“要把‘我为群众办实事’实践活动作为锻炼培养、考察识别干部的重要途径，把‘我为群众办实事’实践活动成效作为基层党组织发挥作用情况的重要标准。”这既是要求，也是鞭策。把学习党史同推动工作结合起来，坚持求真务实、担当作为，我们就一定能进一步密切党同人民群众的血肉联系，切实在办实事、开新局上取得明显成效。

（本系列评论到此结束）

2021年10月15日，《人民日报》刊发题为《把战斗堡垒作用和先锋模范作用发挥好》的评论员文章。此“堡垒”非彼“堡垒”，皆由一众“既来自人民又有先进性，既保持先进又不失人民本色，既普通又不普通的中国人”组成，盖因于此，相辅相成、所向披靡。

“我为群众办实事”总共7个字，每个字都值得揣度与深思。如果说“群众”是着眼点、落脚点，那么“我”既是主语也是关键词，因为最终实践成果与每个“我”的具体工作状态密不可分。

此间30年智库生涯与特定的“我”曾有深刻互动，诸如1990年建议北京某国有企业党员佩戴自制党徽上岗开展“我是共产党员”活动，建议鞍山市委在建党70周年之际开展相关主题活动。在相关建议函里，“发挥共产党员先锋模范作用”贯穿始终。

如何将“我”发挥到极致，“把自己摆进去、把工作摆进去”一语中的。实践证明，“我”与“无我”融为一体即是“我”字大写的最佳境界。

R深度关注

安徽省合肥市蜀山区以党建引领社区治理创新——

群众的小事　党员的大事

本报记者　朱思雄　韩俊杰

家住安徽省合肥市蜀山区荷叶地街道浅水湾社区的刘慧，刚满60周岁，数字网格综合服务平台便弹出"办理老年证"消息提醒。社区网格长王芳芳主动上门服务，收集材料后通过手机APP上传。于是，刘慧"一次都不用跑"，就拿到了老年证。

2019年伊始，合肥市出台《关于加强新时代城市基层党建完善基层治理工作的意见》的"1号文件"及8个配套文件（统称"1+8"文件），部署新时代城市基层党建、完善基层治理工作。蜀山区以党建引领社区治理创新，党组织和党员发动居民齐心解决生活中的"小事"，着力构建以社区党组织为核心、多方参与的基层治理体系。

人在网中走，事在格中办

803Aa7、606Aa5、505Aa5……在蜀山区琥珀街道翠竹园社区，4334户居民都有专属的"网格密码"。按照每300户到500户、1000人到1500人为一个网格的标准，蜀山区将全区57个社区（村）划分为619个网格，确定专人分片包干，实现社区事务全纳入。

字母"A"代表常住人口，"B"代表流动人口，"a"代表自购房，"b"代表出租房，"8"是指80岁以上高龄老人，需要重点服务的居民……通过编码，每户居民的基本情况

核心阅读

如何打通社区治理的"神经末梢"？如何实现群众对党组织的"一呼百应"？如何解决社区居民与物业之间的矛盾？如何给干部减负，让干部有更多时间"泡"在社区？安徽省合肥市蜀山区以党建引领社区治理创新，党组织和党员广泛动员居民齐心协力解决生活中的"小事"，着力构建以社区党组织为核心、多方参与的基层治理体系。

着说："现在居民和我都很熟悉了，看到我老远就打招呼。"过去，网格长坐在社区办事大厅等待居民上门；现在，他们每天都带着数字设备走家串户，第一时间了解住户需求，提供指导和服务，现场办理社保、就业等相关事务。在荷叶地街道，街道党工委逐步构建起一个"社区党委、网格党支部、楼栋党小组、党员中心户"的四级基层网格党组织体系，有效打通社区治理"末梢神经"，实现了群众对党组织"一呼百应"。从"被动式管理"到"主动式服务"，正在成为荷叶地街道各个社区工作人员的常态。

社区书记工作室牵头破解"老大难"

区书记工作室解决了业委会成立难、南门广场违规圈地、地面停车位摇号、高空抛物等问题，在不更换物业公司的情况下，通过协商议事的方式，消解矛盾。

走进社区书记工作室，小区的党支部、业委会、网格服务点都在这里"合署办公"。小区有了啥问题，大家一起出谋划策，共同解决，推诿扯皮现象不见了。

从过去的群众上访，变成社区干部带着问题走访，社区书记工作室下沉小区。在笔架山街道党工委书记陈飞看来，要增强党组织的政治功能、提升组织力，先组织党员服务群众，才能对小区内矛盾纠纷早发现、早报告、早调处。

孩子周末没人管是家长牵肠挂肚的事。为此，笔架山街道翠庭园社区牵头，与九重锦园小区业委会、物业公司共同筹集"睦邻资金"，整合小区内的现有设

性。像公益课堂的班主任，都由家长志愿者担任。"陈飞坦言，通过参与孩子们的公益活动，让居民感受到了党组织就在身边，邻里之间也由生人变成了熟人。

"减负"减出服务群众新动能

"怎么会有这么多时间在社区'泡'着？""因为开会少了呗！"面对记者的疑问，蜀山区委办公室主任彭兆耀坦言。

"以前，一周至少有2天是在区里开会，既有全区的综合性会，也有区直部门召开的专项工作会。区里开完，回来总得给各部门和社区传达吧，一周很快就过去了。"荷叶地街道党工委书记武斌给记者算了笔时间账。疲于开会的基层干部，哪来充足的时间跑社区、进企业、访民生？

去年年中，蜀山区委、区政府接连出台新规，将每周的周二、周四定为"无会日"。在"无会日"，区里不召开全区性会议和区直、街道、乡镇、开发区等一把手参加的专题会议。这两天，上述单位也不得召集下一级机构或内设部门负责人开会。

彭兆耀告诉记者，2019年初，区委办就公布了29个年度全区性会议的召开时间，并精确到周，"为的就是便于基层安排工作，我们要求一般性会议，时间不得超过一个半小时，发言也要直奔主题，一些能够套

本书所叙既与"群众实事"相关，也与"宜居建设"相关，如何让国际通则平添后来居上的中国靓色，门道很深，说道很多，此间为之探索了20余年。

说来不信，尽管合肥暂不在全球宜居城市榜单，但此地是我这位"鼓与呼"者的启蒙圣地。1986年在报社工作期间，我曾有幸采访了当时主管合肥城市建设的吴翼副市长。此公不仅儒雅之极，对城市的理解也超凡脱俗，尽管当时尚无"宜居"一说，但"城市要适应居住者方方面面"却是35年前的如是说。

我有读报用报的习惯。2019年8月13日《人民日报》的两篇文章珍藏至今，一篇是以"习近平的民生关切事"为主题的报道，"悠悠万事，民生为大。习近平总书记一直心系民生，始终把人民群众的小事当成头等大事"常思常想，常想常新；另一篇是关于"安徽省合肥市蜀山区以党建引领社区治理创新"的深入报道《群众的小事　党员的大事》，其中"党组织和党员广泛动员居民齐心协力解决生活中的'小事'"的动人场景，百看不厌，百阅不倦。

看来，想来，《天大的小事》一书得以在安徽收官，缘分所及，事理所至。

不断把为人民造福事业推向前进

各地区各部门各单位深入推进『我为群众办实事』实践活动

本报记者　赵　兵　吴储岐

在湖北省，机关企事业单位党组织普遍与村（社区）党组织结对共建，1.75万名第一书记、1.26万支驻村工作队、4.04万名驻村干部投入乡村振兴战场，助农兴农办实事；

在辽宁省长海县，长期困扰海岛居民的看病难、出行难问题得到解决：搭建起远程医疗平台，在5个海岛确定了直升机临时起降点，为9个村级小岛配备适航船只；

…………

党的十九届六中全会强调，全党必须永远保持同人民群众的血肉联系，践行以人民为中心的发展思想，不断实现好、维护好、发展好最广大人民根本利益，团结带领全国各族人民不断为美好生活而奋斗。

各地区各部门各单位深入学习贯彻习近平总书记在党的十九届六中全会上的重要讲话和全会精神，深化拓展党史学习教育，深入推进“我为群众办实事”实践活动，切实解决群众急难愁盼问题，不断把为人民造福事业推向前进，努力让人民群众的获得感、幸福感、安全感更加充实、更有保障、更可持续。

学习贯彻党的十九届六中全会精神，切实提高为群众办实事的质量水平

前不久，2021年12月17日，《人民日报》在头版刊发《不断把为人民造福事业推向前进》，连同第6版的半版报道，详尽介绍了各地区各部门各单位深入推进“我为群众办实事”实践活动。

文章说到安徽淮南谢家集区“为81岁老人家里卫生间安装洗澡椅、卧室安装护理床”，披露安徽合肥某研究中心“奋战在科技创新前沿”，雅俗共赏，读来想来，更为本书落户安徽喜出望外。

基层党组织和广大党员紧扣职能职责、立足岗位为群众办实事解难题——

永远冲在为民服务第一线

本报记者　刘维涛　吴储岐

奋斗百年路　启航新征程

党旗在基层一线高高飘扬

吉林省长春市有个西双河小区，不到一年时间，小区从脏乱差变成了大花园，基层党组织、居民自治委员会和“点单式”物业成为小区治理的主角。

如今大货车司机经停甘肃，晚上能睡个好觉了。在组织部门的推动下，甘肃省推出了“车货无忧”公众责任保险，让货车司机没了后顾之忧，停下放心车、洗上热水澡、吃上可口饭、睡上安稳觉。

党史学习教育开展以来，中央组织部认真学习贯彻习近平总书记重要指示精神和党中央决策部署，把组织开展“党旗在基层一线高高飘扬”活动与“我振兴中充分发挥党建引领作用，中央组织部印发《关于抓党建促乡村振兴的若干意见》，召开电视电话会议作出部署，推动农村基层党组织为群众办实事。

“晴天一身土，雨天一身泥。”河北省新乐市化皮镇官庄村的主干道多年失修，村民出行难，心里有怨言。

村“两委”换届换出了新气象。新班子一上任，就把修缮道路、改善村容村貌作为“开门一件事”。制定方案、争取资金、加紧施工。如今，村里东西向一条、南北向两条街道全铺成了崭新的柏油路。

动换届。换届后，各地督促新班子办好“开门一件事”、打响履职第一仗，改善群众生产生活条件、化解信访矛盾隐患、提升村容村貌、发展壮大集体经济。

据统计，全国已完成村“两委”换届的26个省份共帮助群众解决急难愁盼问题40多万个。

广大村（社区）干部紧盯改善群众生产生活条件、提升村庄人居环境等民生项目，结合实际创造性开展工作：河北督促村干部从小切口入手，解决群众大问题，推动服务大变化，满足民生大需求；安徽要求村新班子成员走遍所有住户，听意见、问需求，确定攻坚事项、逐一抓好落实；宁夏组织村新班子围绕发展特色产业、改善基础设施、整治环境卫生，以“一件事”撬动“大干事”……

基层普遍反映，通过换届前解难事、换届后办实事，确保了换届成功，展

2021 年 12 月 20 日，《人民日报》围绕“我为群众办实事”再度刊文《永远冲在为民服务第一线》，讲述“基层党组织和广大党员紧扣职能职责、立足岗位为群众办实事解难题”。

文章侧重谈及“基层党组织的应知应会”。我的身份很特殊，既是普通群众，也是资深政府智库工作者；既是激扬文字的宜居学者，也是居家过日子的老百姓。于此你中有我、我中有你，既要并行，也要平行，因此，谈及基层所见所闻、所思所想，感触往往触及较广，感悟常常悟有所指。

于此站位与心境，如何理解“永远冲在为民服务第一线”，其中“永远”既有世界观也有方法论。曾几何时，我在早年倡言的“精细化管理、人性化服务”的基础上适时补充“平实化备勤、常态化运行”，此等四位一体，或有助于“我为群众办实事”实践活动扎实推进。

值此节点，如何理解“为民服务第一线”，此间感悟——既要有“党旗高高飘扬”，也要有“一线下沉再下沉”，因为“一”已然具象至极、大道至简。

目　录

第三章　似是而非是与非

第四章　老生常谈固本经

“天大的小事”考问“城事管理”

王　力

前些日子，习总书记发表重要讲话强调，“注重学习提升，矢志艰苦奋斗，从一点一滴做起，把小事当大事干，踏踏实实把正在做的事情做好”。其后不久，习总书记在相关会议上再次强调，“把小事当作大事来办，切实解决群众‘急难愁盼’的问题”。

如何“提高解决实际问题能力”；

如何“踏踏实实把正在做的事情做好”；

如何“真正成为群众贴心人”；

如何“从群众中来，到群众中去”……

有感于此，有鉴于此，作者从“民间智库”的特殊站位与视角，潜心研磨，提笔成文，与读者分享相关感悟。

一　为什么“天大的小事”可人疼

10年前，作为首部科学解析“中国特色社会主义宜居观”的智库辅政读本，原版《天大的小事：眯起眼睛看西方》曾率先提出并系统例证了“精细化管理、人性化服务”，对照版《天大的小事：城市如何让生活更美好》曾倡言“共产党人要善于做小事”和“社会治理讲究从心做起”。说心里话，尽管该书创作之初既有“民族细节”开篇之想，也有“国家温度”开卷之望，但在短时间内引起各级各地党政干部热议热读却始料未及。

从直辖市市委书记诚邀讲学，到县委书记见贤思齐；从中科院院长真诚互动，到普通百姓购书馈赠身边干部。《天大的小事》之所以被高尊高看，亦如克劳塞维茨在《战争论》自序所言，“从表面上看，是根本找不到体系的，这里没有完整的理论大厦，只有建筑大厦的材料”。

承蒙《人民日报》称之为“城市文明的谱系”。教材与教辅不仅互有所长，而且“鞋合适与否其实并非只有脚知道”。民间智库属性与“袜子”相类似，因此在与“鞋”相随、与“脚”相伴的过程中，独到的站位与视角，既可从宏观感知“鞋”，又可从微观感受“脚”，居于其中，“袜子的感悟”别具一格。

30年前写过一本《荆棘路》，开篇曾讲“作家关心的是人，人是什么，想来该是宇宙的微粒，又构成世界的全部”。20年前出过一部《恩波智业》，经济学家刘伟先生作序，告知“细细读来，发现满书尽说一个‘人’字”。

或因如此，作者对“人”字的间架结构早作揣度，直至借《天大的小事》有根有据、有板有眼地提出了“以人为本是为人民服务的时代延伸，深化需要科学，细化需要学科”。

以人为本“人”在哪？以人为本“本”为何？由于大千世界有不同的人，由于芸芸众生有不同的本，因此，在大步前行的同时努力为“身边小我”创造时时的美好，已成为亟待开创的“城事科学”必须破解的新课题。

“小事”分为两种：“不大的小事”和“天大的小事”。前者多为众所周知的细碎，后者貌似小事却游离在大事与小事之间。所谓“节骨眼儿”，所谓“关键时刻掉链子”，指的就是此等飘忽不定。

如何领悟“共产党人要善于做小事”？同样是“善于”，对不同状况却有不同的理解与把握。因此，在没有足够人财物力对所有小事逐一精雕细琢的前提下，首先要善于发现和掌控“天大的小事”或“关键小事”，进而分门别类有所为而有所不为。

“人心是最大的政治”。施政者善做善成天大的小事，既要“读心用心”，更要“用心无痕”。“明者因时而变，知者随事而制”，赓续共产党人的政治基因，包括“共产党人要善于做小事”。

二 为什么“女儿是贴心小棉袄”

很长时间以来，“做群众贴心人”常说常新，践行渐进。习总书记日前强调的“真正成为群众贴心人”读来眼前一亮，想来感慨万千，其中“真正”二字，肩负了百尺竿头更进一步的时代重托。

怎样才能“真正成为群众贴心人”，这既有世界观也有方法论，既有政策引领也有策略铺陈。由此想开去，“做贴心人”是施政立场与导向，而“是否贴心”则是受众体验与感受，二者同奏共鸣曲，掌声来自受益人。

于此不由得想，在大数据造福民生的当下，在标准化浸润党政事务的今天，“如何做好群众贴心人”是否也要有据可依，有章可循。换言之，是“人贴人”还是“心贴心”，个中门道有待研判。

“女儿是贴心小棉袄”是一种民间比喻，高度概括了女儿和父母关系密切，形象诠释了女儿对父母的关心、照顾、理解以及和父母情感上的交融。为什么？因为女儿心思更细腻，更体贴温柔，故而对父母的关爱更为到位。

我没有闺女。尽管爱子非常孝顺，但人到暮年越老越柔弱，越老越敏感，甚至隐约感觉“孝有余而顺不足”，“体贴和体贴入微之间还有不少莫名的期许”。小家连大国，进而创作《天大的小事》延展读本《超期待》，书中写道：

“心坎，即内心深处，群众一时未及表露的‘超期待’往往栖伏于斯，祈福于此。从顺应人民的期待到超越人民的期待，从民有所呼、我有所应到民有所思、我有所悟，不仅群众想到的要想到，同时，群众一时没有想到的也要提前想到。看上去无非早一步快半拍，但喜上眉梢和喜入心坎相距甚远。”

把群众工作全部交给女性似不现实，但“女儿是贴心小棉袄”值得揣摩。相关事宜如何处理得更妥帖，不仅男性工作人员要在角度、尺度、温度上下功夫，而且女性工作人员也要不断温故知新，更加善解人意。

正如不能把相关工作全部交给女性一样，也不能强求平日不坐公交的干部不能分管交通、不接送孩子的干部不能分管教育，关键是“细微之处见真章”。真章何在，有说“戏在戏内”，有说“诗在诗外”。

报章说“政府邀市民当改革体验官”，讲“干部进楼门张贴交友启事”，赞叹之余，对照无坚不摧的脱贫攻坚，对比身心提振的乡村振兴，总感觉城市工作者的身子与“真正沉下去”尚有差距。倘若能像驻村干部那样经常与群众吃住在一起，城市宜居建设的进程将会缩短。

习总书记曾多次讲到“半条被子”的故事。此举当年“让人民群众认识了共产党，把党当成自己人”，如今又为“真正沉下去”立照存证：倘若当年红军没有借宿老乡家体察实情，“剪被相赠”则无从说起。

三　为什么“基层”又称“结构层”

开国领袖毛泽东告诫“必须用极大的努力去学会管理城市和建设城市”。近年报章称“城市精细化管理是场思维革命”，告知“提升城市质量是重要的‘供给侧变革’。从粗放型发展到精细化发展，是城市发展的基本趋势。因此，城市精细化管理是一个变革性问题，更是一个战略问题”。

治国理政，如何从不会到会，从不精到精，习总书记指出“中国共产党人依靠学习走到今天，也必然要依靠学习走向未来”，同时强调“学习是文明传承之途、人生成长之梯、政党巩固之基、国家兴盛之要”。

“学习型政党”学什么，中共中央党校李君如老师曾从多个方面说起，包括向自己的历史经验学习，向自己犯过的错误学习，向人民群众及其创造的先进经验学习，向世界各国包括资本主义创造的人类文明优秀成果学习。

学习方法因人而异。小平先生爱看字典词典，我也有相同的爱好，但凡遇有吃不准、猜不透的字词，总会第一时间向工具书请教。譬如“基层”，先是知晓“在各种组织中最低的一层，跟群众的联系最直接”，后是明悟“在建筑中，基层是指面层下的结构层，包括填充层、隔离层等”。

走出象牙塔，立足结构层，原来“基层”不仅跟群众联系最直接，同时也最广泛。仅就本书关注的城市宜居讲，或硬件，或软件，不仅与基层盘根错节，同时也一荣俱荣，一损俱损。

鉴于此，“从基层实践找到解决问题的金钥匙”，肩负重任的基层似应实践更宽泛、储备更丰厚。所谓善做善成，所谓善始善终，相关底蕴、底气、底数、底线，几乎全部来自社会结构最底层。

2019 年，《人民日报》刊文《让基层干部有舞台有奔头》；日前，中央深改委强调“基层是改革创新的源头活水”。舞台与活水，源头与奔头，还有哪些剧目有待开启大幕，还有哪些举措有待水到渠成。本书意在抛砖引玉，同时更期待“城市部件的零部件”与“源头活水”融为一体。

四　为什么要鄙弃“软性不作为”

看过一篇《“夹生干部”一知半解催生“软性不作为”》的报道，记者所言“业务夹生已经演变成一种软性不作为，其危害不比直接不作为小”发人深省。新名词，老问题，虽无主观故意，但客观危害不容小觑。

文章所言“业务夹生”很有看点，原来政务也有业务一说，即业精于勤、务通于情。在“大国工匠”英雄辈出的当下，政务工作是否也应弘扬工匠精神，政务工作佼佼者是否也该响当当、亮堂堂地获此殊荣？

同样，“匠心”虽为能工巧匠之心思，但“常指文学艺术方面的创造性见解”的词义令人感叹。政治学、行政学亦属文科，文学艺术讲求“匠心独运”，而与文科有些交集的政务工作似乎也要推崇匠心且匠心别具。

“夹生干部”如何好自为之，习总书记关于“各级领导干部要加快知识更新、加强实践锻炼，使专业素养和工作能力跟上时代节拍，避免少知而迷、无知而乱，努力成为做好工作的行家里手”的重要讲话一言九鼎。

城市管理“加快知识更新、加强实践锻炼”的重要抓手包括适时开创、践行“城事科学”。以“城事”冠名而非“城市”，盖因城市向度兼容并蓄。于此，前两版《天大的小事》已先期破题，本书再做最终跟进。

“一流智库会把更多的时间和精力用于研究前瞻性问题”。从 20 年前创建“宜居中国模拟试验室”到“天大的小事”常说常新，虽以“个体学人”自儆，但年纪不饶人。期盼此道中人后来居上，不唯书，不唯洋，真佛只说家常话，依托基层社会创新实践，为中国特色的宜居事项定标打样。

五　为什么“要向糙政说不”

日前，中组部印发《关于改进推动高质量发展的政绩考核的通知》，强调：“进一步改进地方党政领导班子和领导干部政绩考核工作，推动形成能者上、优者奖、庸者下、劣者汰的正确导向，引导各级领导干部牢固树立正确的政绩观，不断提高贯彻新发展理念能力和水平，提高制度执行力和治理能力。”

从一定意义讲，政绩是立于街边的光荣榜，政绩观是高悬的“多棱镜”，欲要无私无畏谈政绩、亮政绩，必须要经得起聚焦，经得起旁观，经得起回放，经得起扪心自问，总之，要经得起时空“面面观”。

正如儿歌所唱“春天就在小朋友的眼睛里”，其实“政绩”也在群众的眼睛里。“群众的眼睛雪亮”讲的是“人民大众对社会上的事情观察得最透彻”。所谓透彻，词义为“完全了解”，余义为“眼里揉不得沙子”。

从表相看，三版《天大的小事》大有“眼里揉不得沙子”的架势。如此这般，志在向尚向善、精益求精，意在摒弃懒政、怠政的同时向“糙政”说不。换言之，新时代政绩考核，肯定与尽善尽美的高质量不无关系。

本书老生常谈意在聚焦见微知著、温故知新，倘若前两版《天大的小事》隔空寄语能够及早软着陆，“城市如何让生活更美好?”的问号或许会小一号。

《人民日报》曾经对《天大的小事》多次报道。其中《智者的社会担当》结尾所言“书的最后作者言辞恳切地写了 22 个‘假如’”话里有话。附录两三段，慨叹三两事，时过境未迁，旧貌待改观：

假如“卫生局长”能看到我们的城事图谏，或许“尿样化验”的措施早日与科学接轨。活人不得病的少，看病不得要领的多，简单几行话，普通一张纸，人在其中，善在其中。

假如“城建局长”能看到我们的城事图谏，或许“地热轮椅坡道”会相继面世。哪怕先只有一处，只有一段，只要奏响开始曲，善莫大焉的“无障碍”由此及彼，声声不息。

假如“消防局长”能看到我们的城事图谏，或许“险情报警”会早日置于室内，如此，不仅住宅无后患、住户无后怕，同时，以往的“消防局”或可向“防消局”平稳过渡……

近日，习总书记发表讲话强调要“提高城市治理现代化水平，开创人民城市建设新局面”。适逢建党 100 周年特殊时刻，不由得记起列宁曾说过，“庆祝伟大革命的纪念日，最好的办法是把注意力集中在还没有完成的革命任务上”。

“了不得的人”如何不断成就了不得的事，王阳明曾言：“人须在事上磨，方立得住，方能静亦定，动亦定。”有感于此，有鉴于此，作者想到：“事须经人心验，方存得久，方能静亦远，动亦远。”

“以满足人民日益增长的美好生活需要为根本目的”一锤定音，“改善人民生活品质，提高社会建设水平”振聋发聩。本书从旧考到新知，从街面到纸面，围绕“以人为本”大题小做，意在促进相关工作改善再改善，提高再提高。

2020 年 12 月 7 日 / 北京国际俱乐部 118 室

第一章　心有灵犀一点通

十数年前，原版《天大的小事》创作之初，尽管既有“民族细节”开篇之想，也有“辅政读本”开栏之望，但平心而论，在短时间内引起各级党政干部热议热读却未曾想到。

该书作为国内最早系统例证“精细化管理、人性化服务”的通俗理论读物，其特定读者从不同方位给予了莫大关注。现在回想起来，作品切入点，其实多是表面看上去并无不妥的“薄弱环节”。

大国崛起。见微知著。探究中国特色宜居路，《天大的小事》缘何“眯起眼睛看西方”？正如该书所写，“围绕学习型政党学什么，‘向包括资本主义创造的人类文明优秀成果学习’同样举足轻重”。

从“眯起眼睛看西方”到“静下心来想自己”期间，“心有灵犀”事例常见常新。能者为师，教学相长，从中援引二三例，既有直辖市市委书记的如实说，也有首都核心城区的尊师重教、见贤思齐。

虽然《天大的小事》于市政、交通、消防、医疗等领域无所不包且知无不言，但在宜居教材与教辅之间更趋向于后者。该书称不上专业级城市管理教材，作者也不是科班出身，但教材有教材的优势，教辅有教辅的强项。

01 / 信号灯

X I N H A O D E N G

在《天大的小事》对照版一书中，“交通信号灯设置新说”归类“科学交管”。既有戏在戏内，也有诗在诗外，最终以《关于“信号灯底盘颜色以黄色为宜”的城事图谏》呈现。

谈及此，一是在五光十色的街面上，黄色光穿透力更强；另一是作为随处可见的城市部件，黄外壳更赏心悦目。原来，掌握了“交管科学”，既可以随心所欲，也不会随心所欲。

换言之，城市管理已经跳出单纯的管理范畴，其科学性、人文性、艺术性已汇聚成一个整体，城在其中，人在其中。因此，任何布局与点位，不经意间，均有可能对社会进步形成掣肘或推动。

01—1 信号灯

（05）科学交管 / 信号灯底色　　眯起眼睛看西方

就像学者热衷探讨“何为第一桶金”而很少有人探究“何为第一桶”一样，专家深度关注“红绿灯的光谱分析”，却很少有人关心“红绿灯底盘的颜色”。我注意到光天化日之下被人遗忘的角落，发现西方不少城市正逐渐改变，让黑色黯然退去，让“明黄”闪亮登场！

细想起来，“洋人”这点鬼把戏的确也算不了什么，无论是基于“色彩学”还是“心理学”，黄颜色的穿透力和凝聚力均属一等一。因此，中国老皇上对其情有独钟；因此，外国伺候上帝的出租车对其也情有独钟。以至于延伸到商业领域，不少对钱永不言够的企业无不凭此色相吸引世人眼球。

倒退若干年，挺光鲜的颜色，咋就没有打败那黑锅底？挺张扬的色彩，咋就输给了一般般？直到今天，有些信号灯底盘边框宁可整成灰白色也想不起往黄色上靠，天底下的事情有时候就是这么说不清道不明，所以“戏在戏外、诗在诗外”也就有了特定的道理……

68　天大的小事

摘自《天大的小事》对照版

04 时报要闻
www.chongqingtimes.com.cn
2007年8月24日 星期五

数百官员上课听“天大的小事”

红绿灯咋安、垃圾箱咋摆、公厕咋建、小广告咋管……这些被北京大学客座教授王力称为“天大的小事”。昨天，王力教授来渝为数百位市政官员作报告，提出建宜居城市必须在“鸡零狗碎”的人性化细节上下工夫。

王力父子撰写的《天大的小事》一书被市委书记汪洋称为城市管理“好教材”，北京市委书记刘淇也对该书称赞有加。

本版稿件均由本报记者 唐小涛 实习生 彭玉晶 采写

在国外，红绿灯外壳涂上黄色提醒司机

红绿灯如何安？

国内：外壳黑漆漆看不清
国外：涂上黄色提醒司机

王力展出一张照片：两盏外壳黑漆漆的红绿灯孤零零地“隐藏”在人行天桥上，远处无法看清。据报道，北京为避免大车遮挡住红绿灯，特别加装180个多光源信号灯。

同时，王力展示了国外的红绿灯照片：每盏红绿灯外壳都被涂上醒目的黄色，非常惹眼——司机无法用“没看到红绿灯”为违章作开脱。

牛皮癣怎样除？

国内：停掉电话号码即可
国外：专门设广告柱张贴

铺天盖地的“牛皮癣”广告查之不尽，难道就没有办法？王力提出，其实只要把“牛皮癣”上电话号码停掉，就可缓解这一问题。

在发达国家的街道上，有很多供人们张贴广告的柱子，有些电杆还专门将下半部加粗，方便人们张贴。

垃圾箱如何除臭？

国内：垃圾箱不穿“衣”
国外：内部套上塑料袋

街边的垃圾箱为啥总是臭烘烘的？因为没有穿上“衣服”。王力提出，这些垃圾箱里面没有套上塑料袋，垃圾会让桶身内外肮脏不堪。

而国外却很轻松地解决了这一问题：垃圾箱用废弃的油桶制成，内部套上塑料袋。而且，垃圾箱的口子很大，方便人们扔瓜皮纸屑，垃圾箱自然干净。

在国外，垃圾箱内部套上塑料袋

在国外，公厕多远一目了然

内急咋找公厕？

国内：指示牌仅一个箭头
国外：公厕多远一目了然

你是否也遇到过如此尴尬：在街上捂着肚子找厕所，终于看到了指示牌，但上面只有一个箭头，公厕到底有多远还得“憋”着找。但是在加拿大，公厕指示牌上除了箭头还有一行小字：公厕离此N个街口。如今，北京东城区也制作了此类公厕指示牌。

城管如何执法？

国内：城管苦练擒拿术
国外：向纳税人公布账单

王力认为，城管人员没有必要头戴钢盔、身穿防护服、苦练擒拿术，甚至开着高科技卫星定位车抓吐痰者。“城市管理的投入必须具有科学性，解决实际问题。”

发达国家在城市管理投入方面，通常向公众公布税收去向，避免了盲目投资。

2007年初，在全国图书订货会上，原版《天大的小事》获评“年度最值得推荐的一本书”。适逢重庆直辖10周年，时任重庆市委书记的汪洋同志向该市大力推荐并邀作者赴渝讲学。8月24日，《重庆时报》刊发记者唐小涛采写的《数百官员上课听“天大的小事”》，其中说道：

“《天大的小事》一书被市委书记汪洋称为城市管理‘好教材’。昨天，王力教授来渝为数百位市政官员作报告，提出建宜居城市必须在人性化细节上下功夫。王力展出一张照片：两盏外壳黑漆漆的红绿灯孤零零地‘隐藏’在人行天桥上，远处无法看清。同时，王力展示了国外的红绿灯照片：每盏红绿灯外壳都被涂上醒目的黄色，非常惹眼。”

在考察上述项目时，曾特意请教过化工专家。原以为黑油漆比黄油漆便宜，其实不然。因此黄色底盘若可行，黑油漆换黄油漆不会增加生产成本。已“黑袍加身”的现有信号灯如何是好，经对有关国外城市跟进考察，发现在原有外壳添加黄色边带，也是不错的务实考量。

2007年10月12日 星期五 责编/王蓉 版式/李庆华 责校/罗文宇 E-mail:fwb@mail.cqwb.com.cn

【新闻援助】 重庆晚报

红绿灯开始穿上黄色外衣

高新区部分地段9月投用，能更好地起到警示作用

关注城市细节
人性化亮点 特别报道
市市政委 重庆晚报 联办
热线966988 短信:13637806111 QQ:33330119

本报讯 昨日，出租车驾驶员王先生向本报"关注城市细节"栏目反映，石新路的红绿灯外壳漆成了明黄色，不仅美观还特别显眼，让驾驶员远远就注意到交通指示灯的变化，提前做好准备，避免发生交通事故。

最近，王先生注意到，高新区石新路恒鑫名城车站旁安装的红绿灯很特别——外壳是鲜艳的明黄色，而传统的红绿灯外壳是统一的黑色。

王说，黑色让人感觉严肃、沉闷。有的地方绿化树生长茂盛，黑色外壳在夜间和阴天不易发现，红绿灯就成了摆设，容易引发交通事故。而明黄的外壳不仅醒目，提醒驾驶员早做准备，而且还给人跳跃的感觉，好看。这小小的改变体现了管理及设计的人性化。

昨日，记者在现场的十字路口看到，每个方向都分别安装了3盏指挥车辆通行的红绿灯及2盏指示行人通行的红绿灯，一共20盏。这些红绿灯外壳都是明黄色，十分醒目显眼。

"国外发达国家也是这样。"王先生从《天大的小事》一书中得知，部分欧美国家的红绿灯使用的就是黄色外壳，没想到咱重庆在这么快就将此借鉴过来。

高新区市政管理局市政设施处周波介绍，他们出国考察时发现，美国的交通指示灯外壳是明黄色，因此今年8月在修建石新路、渝新路、人和实验小学附近的红绿灯时，将黑色外壳改成了黄色。9月1日投入使用以来，驾驶员反映很好。

市交警总队秩序处表示，重庆阴天居多，红绿灯外款的黄色更具穿透力和凝聚力，能起到很好的警示作用。目前，这样的红绿灯在全市不到10处，以后将逐步推广。

（记者 陈静 摄影报道）

改变的不仅是颜色

发现者王先生感受：红绿灯换"衣服"，"黑衣"变"黄衣"，这样的变化不仅是颜色的转变，还是管理意识的转变。

昨日摄于高新区石新路

盲道应靠近人行道内侧

市民金点子

市环卫集团办公室程璐建议：设置盲道时应尽量将盲道向内侧移，扩大盲道距人行道外侧的距离。

盲道作为方便盲人出行的工具，不应只停留在建设项目的表象上。它理应从人性化服务角度出发，真正做到方便盲人出行，避免盲人在街上出现意外。将盲道向内移，既可以有效避免某些车辆占道停放现象的发生，也可以更好地保护盲人安全。

市城建技校匿名老师建议：尽管主城区许多人行道上都设置有盲道，但经常出现"断头道"，或者被其他社会车辆"霸占"，不能保证盲人出行畅通、安全。建议新建的人行盲道上加强管理，禁止车辆占道，确保盲道的使用。

记者 汪云剑 整理

时隔月余，2007年10月12日，《重庆晚报》刊发记者陈静采写的《红绿灯开始穿上黄色外衣》，告知"高新区部分地段9月投用，能更好地起到警示作用"。其中说道：

"驾驶员王先生向本报反映，高新区石新路恒鑫名城车站旁安装的红绿灯很特别，外壳是鲜艳的明黄色，而传统的红绿灯外壳是统一的黑色。红绿灯外壳漆成了明黄色，不仅美观还特别显眼，让驾驶员远远就注意到交通指示灯的变化，提前做好准备，避免发生交通事故。王先生从《天大的小事》一书中得知，部分欧美国家的红绿灯使用的就是黄色外壳，没想到咱重庆这么快就将此借鉴过来。这小小的改变体现了城市管理及设计的人性化。"

据了解，重庆市在修建石新路、渝新路、人和实验小学附近的红绿灯时，将黑色外壳改成了黄色，自投入使用以来，驾驶员反映很好。市交警总队秩序处表示："重庆阴天居多，红绿灯外壳的黄色更具穿透力和凝聚力，能起到很好的警示作用。目前，这样的红绿灯在全市不到10处，以后将逐步推广。"

02 / 导厕牌

DAOCEPAI

在《天大的小事》对照版一书中，“公厕改革”是个较大的篇章，由多篇“城事图读”构成，其中包括：

《关于“公厕保洁似应纳入精神文明”的城事图读》；

《关于“单位内部厕所酌情对外开放”的城事图读》；

《关于“提供公厕厕纸似应酌情推广”的城事图读》；

《关于“郊野公厕似应加大科技含量”的城事图读》；

《关于“豪华公共厕所似应全面禁止”的城事图读》。

导厕牌尺寸不大，信息也少得可怜，然而，经过深耕不仅对提升民生短板是福音，同时对提点“精细化、人性化”也是极简教案。

(21) 公厕文明 / 公厕指南　　眯起眼睛看西方

人吃饱了撑的啥事都干得出来，但通古论今合并同类项，吃饱之后的第一要素却是那难于启齿的“拉和撒”。

我国“官茅房”的历史有多久不得而知，但善解人意的“导厕”却是近代的新职业。据说，20 年前上海滩吃的喝的啥都好，就是拉撒有点难；据说，当时上海人说的做的啥都对，可唯独收费“导厕”让人有点烦。

国外虽没有职业导厕人，但“导厕”一事还是有人管有人抓，听说有的地方发放“导厕图”，听说有的政府机关厕所随便用。相比之下，温哥华的做法简约又实用，说破大天就是在厕所附近安个小牌牌。

报章披露某地“找不到厕所憋坏八旬老外”，悲乎之余哀乎之后却突然发现本土其实也有“厕所指南”，不仅式样极为规整，同时分布也很广泛。既然如此何必还要不依不饶、喋喋不休，原来同是导厕牌，可人家比咱家多了句“与之相距究竟有多远”……

260 天大的小事

摘自《天大的小事》对照版

A16 社区·东部　　主编/徐晓蕾　执行人/岳熙宇　编辑/孔琳

东城　遍布各主干道　共计106块　指示牌统一加标数字　路程最远不过500米

路牌添距离　找公厕少着急

行人10分钟内找到“目的地”　王府井、灯市口等地区将有增加　本周可完成

本报讯（记者 叶慧）哪个公厕离你最近，内急行人一目了然。连日来，东城区环卫局将给106块公厕指示牌挨个“增加”如厕路程的标识。

昨天，记者在东四路口附近发现，沿街人行道300米左右的路上，就有四五块公厕指示牌，每块牌子上除了指示不同方向的箭头外，箭头下还标着“50m、100m”等数字。

在“50m”指示牌的引导下，记者步行了两三分钟，就发现了胡同内的公厕。

“外来游客以后就方便了。”居民王冬梅说，其实许多公厕都藏在胡同里，真遇上内急的外来者，如果不了解地形，光看方位指示找对地方还是要费半天劲。

此外，在朝内大街、东四北大街、景山前街、东四西大街等主干道的公厕指示牌都已标注了距离，最远处不超过500米，最短路程是5米，保证行人在10分钟内找到“目的地”。

环卫部门加标距离的灵感，来自于一本名为《天大的小事》的书。工作人员把自己当作如厕人，实地步测后在主干道或胡同口人流量大的地方，更换了新的指示牌。

东城区环卫局主宣科的张东青介绍，这次更换实行“有增有减”方式，在王府井、灯市口等人流量大的地方增加牌子，而距厕所超过500米的指示牌就被撤掉。整个更换工程本周可完成。

《天大的小事》：作者用镜头聚焦西方生活细节、服务细节、文明细节等各个方面，与国内相对应的领域进行对比，并科学地加以归纳总结。　——新浪读书

北京东城区不仅是首都核心区，而且是“首善示范区”。笔者赴渝讲学前，东城区委诚邀讲学。无独有偶，杨艺文区长同样对公厕改革颇为上心。时隔月余，区长告知东城区围绕公厕管理有所动作，如2007年8月6日《法制晚报》记者叶慧所采写的《路牌添距离，找公厕少着急》，其中说道：

“哪个公厕离你最近，内急行人一目了然。连日来，东城区环卫局给106块公厕指示牌挨个‘增加’如厕路程的标识。记者在东四路口附近发现，每块牌子上除了指示不同方向的箭头外，箭头下还标着‘50 m、100 m’等数字。环卫部门加标距离的灵感来自一本名为《天大的小事》的书。”

2017年11月28日，《人民日报》头版头条刊发习总书记作出的重要指示：“坚持不懈推进‘厕所革命’，努力补齐影响群众生活品质短板。”喜悦难掩，笔者当即给履新北京市人大的老区长发去短信，“读罢总书记有关厕所革命最新指示，不由得想起10年前共同发力，于国内率先推行标注距离的导厕牌”。

“导厕牌标注距离”看似不大点儿事，值得耿耿于怀、念念不忘？值得，很值得，别忘了“厕所革命”是不可或缺的兜底民生工程。

2008年5月8日 星期四

责编/陈维光 孟亚辉 RB007 版式/文 华 RB138

Email:rbbjxw@bjd.com.cn 电话:85202869

北京新闻 BEIJING NEWS

本市发布公厕引导牌设置标准

《北京市公共厕所管理办法(草案)》即将发布施行

公共卫生间 Public Toilet 300m

本报讯(记者王东亮)记者昨天从市市政管委获悉,本市已出台公共厕所引导牌设置标准,全市公厕引导牌将统一为中英文的蓝底白字"公共卫生间",原设置的公厕引导牌将逐步更换。诸如叼着大烟斗的人头、高跟鞋等区分性别的标识也将统一为男女正面全身剪影。

据介绍,公厕引导牌由厕所标识、文字、方向指示及距离指示等组成。厕所标识为男性正面全身剪影、女性正面全身剪影及竖线的组合。方向指示用白色实箭头表示,当引导牌离所指示厕所距离超过200米时,引导牌方向指示箭头上还要注明距离。引导牌须用反光或夜光材料制作。

按照规定,引导牌要设置在公厕所在路段与主要大街相交的路口。当所指引的公共厕所离路口较远时,可采用连续指引的方式设立多个引导牌。公厕引导牌的位置不能妨碍行人和车辆通行,也不能遮挡其他市政标牌或影响其他设施的运行。

针对有的市民提出本市从5月1日起实施公共场所禁烟新规后,男厕所的标识人物不应再"叼"烟斗的建议,市市政管委有关负责人表示,国家标准对厕所门上区分性别的标识有明确规定,男厕所为男性正面全身剪影,女厕所应为女性正面全身剪影。此前一些公厕使用的叼烟斗的人头、拐杖、高跟鞋、扇形等标识,表达意思不明确,市政部门已要求公厕产权单位进行改正。 RJ170

又讯(记者周奇)本市由政府投资建设的公共厕所应对社会公众免费开放,平房住宅区设置的公共厕所也应24小时开放,同时还应建立公共厕所导向牌、电子地图等指引服务系统,方便社会公众使用公共厕所。记者昨日获悉,《北京市公共厕所管理办法(草案)》即将以政府令形式发布施行,其中针对本市现有5300余个公共厕所制定了一系列新规。

新改扩建公厕应有防蝇防鼠设施

《办法(草案)》要求,本市新建、改建、扩建公共厕所要采用节水、节电、除臭、无障碍等有利于节约资源、保护环境和行动不便者使用的技术和设备;厕所地面、墙裙、蹲台面、便器等应采用防滑、防渗、耐腐蚀、易清洗的材料;提供照明、通风设备以及防蝇、防蛆、防鼠设施;实现粪便排放无害化,具备排入污水管条件的,应纳入城市污水管网。对于本办法施行前建成的公共厕所,不符合建设标准的,将逐步改造达到标准。

公厕应做到地面无积水痰迹或烟头

《办法(草案)》对公共厕所的卫生条件进行了规定,要求公共厕所应保持外立面完好、整洁,厕所各类设施、设备齐全完好,采光通风良好,保持卫生并按规定进行卫生消毒处理;公共厕所内做到无蝇虫,基本无臭味,地面无积水、痰迹或烟头、纸屑等杂物,便器内无污垢、杂物、积存粪便,墙壁、顶棚无积灰、污迹、蛛网等。为了便于公众监督,公共厕所的维护管理责任人还将公示服务标准和监督电话。

公厕停用超过24小时应有补救措施

为满足特殊情况下公众的用厕需求,《办法(草案)》规定,在公共厕所数量不足且难以建设固定式公共厕所的地区,要设置活动式厕所;举办大型活动时,所在地公共厕所不能满足用厕需求的,要设置临时厕所;公共厕所因设施故障等原因停用,时间超过24小时的,维护管理责任人应当采取必要的措施满足用厕需求。

此外,《办法(草案)》还禁止了七类在公共厕所内常见的不文明行为,其中对随地吐痰、乱扔杂物,在便器外便溺,向便器、粪井内排倒污水、污物、废弃物,在公共厕所内的墙壁、设施上乱涂抹、乱张贴、乱刻画,以及毁损公共厕所内的设备、设施等更是进行了明文规定。 RJ176

东城就是东城。表率就是表率。2008 年 5 月 8 日，北京奥运会前夕，《北京日报》在《北京新闻》专版头条刊发记者王东亮采写的《本市发布公厕引导牌设置标准》，其中说道：

“记者昨天从市政管委获悉，本市已出台公共厕所引导牌设置标准，原设置的公厕引导牌将逐步更换。据介绍，公厕引导牌由厕所标识、文字、方向指示以及距离指示等组成。当引导牌离所指示厕所距离超过 200 米时，引导牌方向指示箭头上还要注明距离。”

“人有三急”，其中唯有内急“急得最没点儿，急得最没谱儿，急得最没样儿”。从这样的逻辑推理，一个“标注了距离的导厕牌”功能有多大不言自明，一个城区“标注了距离的导厕牌”功效有多大不言自明，一个城市“标注了距离的导厕牌”公德有多大更不言自明。因此，每每走在街上，看着这些与笔者多少有些关联的关联物，即便内急迟迟未解，却依旧怡然自得。

2013 年，笔者再度应东城区委邀请为该区“一把手素质培训工程”授课。说到上述“以点带面”的过往，不由得放下讲稿，站起身来，给“人性化、精细化”的代表人、代表作深深鞠了一躬……

03 / 税收用途

SHUISHOUYONGTU

在《天大的小事》对照版一书中，“公示税收用途”归属“本色亲民”。作者以为，政府与民众的亲和方式虽有万千种，但归根结底还是“相互知底”。

对于纳税人来讲，开心与否，认同与否，持续与否，不仅仅是征税过程中如何高接远迎，更是平日里努力将心比心使其心知肚明。因此，“适时公示税收用途”就成为“投入小、产出大”的政务绝活儿。

从这样的视角继续反观自我，可做、该做且做起来不难的事情似乎还有许多，诸如“政府机关停车场允许周边群众错时停车”就属于公共意识软肋。其实，稍加用心便可瞬间宽厚起来……

（36）本色亲民 / *税政透明*　　　　眯起眼睛看西方

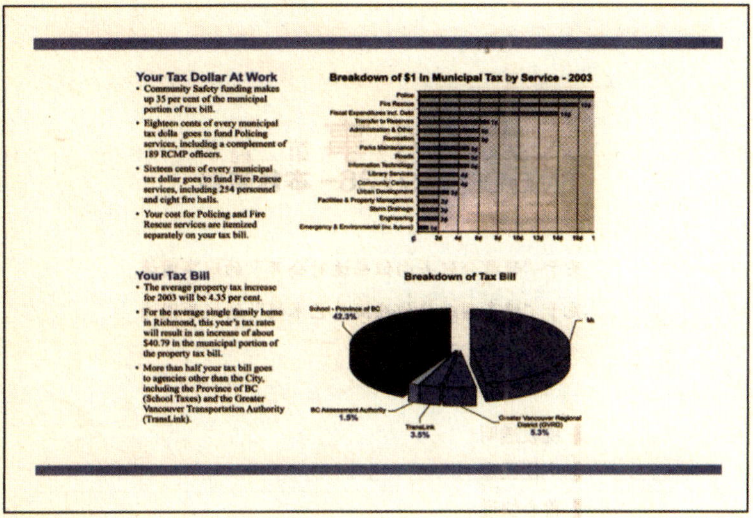

围绕税收有许多相关语，减税、免税、完税、退税、避税、偷税不一而足，与时俱进，“纳税人”破土而出并有一步登天之势。

在诸多“以人为本”的宣示中，最会攻心者该是税收部门，谁让钱从人群来，谁让税从人间缴。有国外官府率先悟出纳税人乃衣食“养父母”的道理，于是围绕纳税人做足文章，不仅用行动昭示纳税人与上帝同宗，不仅用法典确认纳税人与上帝同在，同时费尽心机让合理的幕后操作公之于众。

图片所示为国外税务局致纳税人的“另类完税报告”，不仅告知“税金的分配方向”，同时还明细了分配比例，诸如教育事业用多少，诸如市政开销为几何，清清楚楚，一目了然。

正人先正己，买好先卖乖，“另类完税报告”虽然看似一般，但再细的立木也能顶千斤。曾几何时，政府公关大行其道，有的类似罪己昭，有的宛若大悲咒，细听起来，细说起来，其实真的大可不必……

436 天大的小事

摘自《天大的小事》对照版

个税申报为何遭遇尴尬？武汉一些纳税人向记者敞开心扉——

我为啥报税不积极

本报记者 张志峰

湖北省地税局通报，截至4月2日，全省共受理年所得12万元以上纳税人个人所得税自行纳税申报3.4万多人，申报补缴个税共1.45亿元。

这次自行申报有两个明显特点：申报者前期分散，后期出现“井喷”。可见多数人在观望、等待，甚至心存侥幸；自行申报者以工薪阶层为主，约占总人次的60%。公众心目中的“有钱人”，如商界人士相对较少。

个税申报为何会遭遇如此尴尬呢？一些纳税人道出了各自的“心事”，有关专家也给支招。

不申报理由五花八门

这次自行申报实施方案去年11月出台，今年一季度实施，时间比较仓促。武汉某研究所韩先生说：“我经常出差，没有记账的习惯。回头整理一年的各项收入，的确是笔糊涂账。”一位机关干部笑称，工资卡由夫人保管，工资条按时“上交”。收入到底多少，我自己也说不清。

最近流行一句话：“你够了吗？你报了吗？”一些人嘻嘻哈哈，一些人心情复杂。武汉市江夏区一位姓方的房地产商坦言：相当多的人怕“露富”而不愿申报。很多人不愿暴露自己的收入，甚至对家人也隐瞒。尽管税务部门工作人员有严格的保密措施，仍有许多人请求工作人员登门服务，搞得很“神秘”。有的来申报前反复询问：办税大厅里人多不多、是些什么人等。在申报的最后几天，武汉一些高校教师选择晚上来申报。中南财经政法大学一位教授说，目前社会上的确存在“仇富”现象，让部分“先富起来的人”压力很大，这种现象应足够重视。

在湖北，自行申报主要通过纳税人亲自到办税大厅来办理，可上班时间不能随意离开，给一些纳税人带来不便，企业老总的时间则更宝贵。3月23日，年逾九旬的中科院院士、同济医学院教授裘法祖先生，在学生搀扶下到辖区地税部门进行了申报。据了解，北京自行申报者中98%采用网络申报。武汉一些纳税人很羡慕：网上申报相对“隐蔽”，也消除了心理障碍。

相关个税制度需要完善

湖北省地税局一位负责人说，国外个税申报大多通过律师、会计师、税务师等有办税资格的中介人员来完成，很少由纳税人直接办理。我们目前尚无这种专业的中介服务，今后可能会出现。纳税人的观念要更新，中介人员也要加强自律，依法诚信服务。

武汉一位纳税人说，自己年收入超过12万元，但家里其他人收入不高，负担很重；还有的收入不稳定，随生意的好坏而变化，等等。而申报以个人的年收入为准，似乎不太合理。中南财经政法大学一位教授解释，我国目前实行分项税制，以个人为对象，申报起点实行“一刀切”。有的国家以家庭为对象，综合考虑多方面因素，值得借鉴。

个税申报期间，武汉不少单位将员工的收入列出清单并提醒大家：该报则报，后果自负。于是工薪阶层在申报中唱了主角，令其难以“释怀”的是：“单位人”的工资容易监控，但一些人的兼职

过往的事情要用历史唯物主义观点来看待。比如“纳税”和“纳税人”，此前十几年，相关概念远没有今天清晰，相关理念也远不像此时明确。因此，不看全文，有些人可能对2007年4月12日《人民日报》记者张志峰采写的《我为啥报税不积极》一文的标题一时不明就里。

当年“为啥报税不积极”，时过境迁已无必要赘言。尤其大数据“大一统”，主观愿望积极不积极，照章办事就是了。然则，无论过往，还是当下，“公开、公示税收用途”无疑对提升纳税热情大有裨益。于是，在税收领域先有心得、先有感悟的国家，不仅在纳税季更把纳税人当回事，同时也顺应纳税人的期待，把“公布税收支配”变为超期待。

具体如上述文章所言，“不清楚自己纳的税都用在什么地方”确为不积极的潜在因素。如何引导，如何回应，纳税人不是银行储户，不是柜台上放个老花镜、时不时给点小恩小惠就能对付得了的。因此，从某种意义上讲，“公开税收用途”与“培养主人翁意识”可以合并同类项。

（36）本色亲民 / 税政透明　　　　静下心来想自己

人民日报 海外版

PEOPLE'S DAILY OVERSEAS EDITION　2008年4月29日　星期二

北京完税证明首标税收用途

据新华社北京4月28日电（记者岳瑞芳）从今年开始，北京市地税局寄送给纳税人的完税证明上，不仅显示纳税人在上一年度的纳税总额，同时还有北京市地税局各项税费收入特别是个人所得税的详细说明及税收用途概况。

在完税证明上印上税收用途等信息，是北京市地税局今年大力推行的纳税告知制度的一个重要组成部分，在全国尚属首次。北京市地税局相关负责人认为，通过完税证明向纳税人告知税收用途，不但充分尊重纳税人的知情权，也有利于提高纳税人的税法遵从度。

记者看到，在完税证明上，除了常规地显示纳税人在上一年度所缴纳的税款外，在其背面，北京市地税局还列出了一张“税收清单”：2007年北京市地方税务局组织各项税费1366

2007年4月原版《天大的小事》出版发行不久，作者应邀为北京地税数百名副处级以上干部做专题报告。该局领导有感而发“这是一部读了还想读的好书，一定学起来用起来，为纳税人做几件天大的小事”。

起初以为是客套话，没想到时隔一年，2008年4月29日《北京完税证明首标税收用途》先声夺人。文章说道：

“从今年开始，北京市地税局寄送给纳税人的完税证明上，不仅显示纳税人在上一年度的纳税总额，同时还有北京市地税局各项税费收入特别是个人所得税的详细说明及税收用途概况。在完税证明上印上税收用途等信息，是北京市地税局今年大力推行的纳税告知制度的一个重要组成部分，在全国尚属首次。”

兴奋之余，喜悦之余，颔首之余，击掌之余，不仅由不得会问：此事有多难？此事有多大？关乎税政？抑或关乎执政？总之，弄懂“平头百姓”与“纳税人”高帽之间的关系事不宜迟……

城市如何让生活更美好　437

摘自《天大的小事》对照版

第二章　所见略同基本功

与前章“心有灵犀”比较而言，本章所述似乎没有太大差异，大致上也是作者、读者前后想到了一起，大致上也是首开国内先河。不同的是，本章列举的事例，似乎找不到与《天大的小事》对照版有明显互动痕迹。不排除受其启发，不排除主观虽无交集但客观所见略同。素昧平生，能想到一起即缘分，更何况此缘分非彼缘分，殊途同归，最终落在造福社会上。

本章列举的个案既有“防范山体滑坡底线思维”，也有“厨余垃圾分类从源头做起”，还有“共用车道为公交专用道扩容”，更有“邻里守望造福长治久安”，看上去各行其是，但相互间却有特殊的关联。

作者想进而提示的是，本书不是有一说一的专项教材，读者也不必沉在具体个案里原地打转儿。诸如“为何公交道一家独大，为何共用道姗姗来迟”，适逢“找差距，抓落实”，学懂弄通其中的原理至关重要。

爱因斯坦讲“想象力比知识更重要”。实践出真知，在一定范围内“想象力是知识的源头活水”。回到“城事软肋”的话题上，薄弱环节，薄弱部位，既有先天不足，也有后天失陷。如何去发现，怎样来加固，其实身边百姓是“义务大先生”，日常生活是“免费大学堂”。

04 / 网石护坡

WANGSHIHUPO

山体滑坡突发性极强，破坏性极强，防不胜防，躲不胜躲，给社会带来严重危害与损失。防不胜防怎样防？与天斗，与地斗，怎样才能既顺其自然又关照自我？“他山网石”为他山之石打样。

在国外考察期间，好山好水居然没好过“网石护坡”。为一探究竟，索性在其近旁安营扎寨。虽“守网待雨”未果，但悟出“护坡”功能如果是“护山”，情况则大不相同。为此感慨万千：

“水性无常，顺之者昌；泥沙俱下，分之者畅。一包包里外通透的网装碎石，替代了看似既挡土也挡水但实际上既不挡土也不挡水的传统护坡，水过山如是，雨后坡如故。”

习近平对贵州水城“7·23”特大山体滑坡灾害作出重要指示要求

本着对人民极端负责的精神强化灾害防范 切实保护好人民群众生命财产安全

李克强就救灾工作作出批示

新华社北京7月24日电 7月23日21时20分许，贵州六盘水市水城县鸡场镇坪地村岔沟组发生一起特大山体滑坡灾害，造成21栋房屋被埋。截至目前，已造成11人死亡，仍有42人失联。

灾害发生后，中共中央总书记、国家主席、中央军委主席习近平高度重视并作出重要指示，要求全力搜救被困人员，做好伤员救治、受灾群众安置、遇难者家属安抚等善后工作。要注意科学施救，做好险情监测，防范次生灾害。习近平强调，今年汛期以来，一些地方降雨量大，防汛形势严峻，自然灾害隐患较多，各地区各有关部门要本着对人民极端负责的精神，积极组织力量，认真排查险情隐患，加强预报预警，强化灾害防范，切实落实工作责任，保护好人民群众生命和财产安全。

中共中央政治局常委、国务院总理李克强作出批示，要尽最大努力减少人员伤亡，全面排查周边安全隐患，做好防范新的地质灾害和次生灾害工作。应急管理部要会同自然资源部等部门即派联合工作组赴现场指导帮助地方全力做好救援。当前正值“七下八上”主汛期的关键阶段，要督促各地举一反三，切实加强山洪、滑坡、泥石流等灾害防御。

根据习近平指示和李克强要求，应急管理部、自然资源部已派出联合工作组赶赴当地指导救援救灾工作，国家卫生健康委已调派国家紧急医学救援队赶赴灾区开展医疗救治，贵州省、六盘水市已组织应急、公安、自然资源、卫生等救援力量在现场开展搜救。目前，各项工作正在紧张有序进行中。

2019年7月25日，《人民日报》刊发新华社通稿，报道贵州水城7月23日发生特大山体滑坡灾害，习总书记作出重要指示，要求：“本着对人民极端负责的精神强化灾害防范，切实保护好人民群众生命财产安全。”

山体滑坡突发性极强，破坏性极强，防不胜防，躲不胜躲，给社会带来极其严重的危害。回顾过往，2013年云南昭通、2015年广东深圳、2016年福建三明、2017年四川茂县曾分别出现山体滑坡。

据讲，山体滑坡有小型、中型、大型、巨型之分，滑坡原因有内因，也有外因。细说起来，从某种程度讲，降雨既是外因，也是内因：或因突发强降雨形成泥石流，或因山体内部平日“浸水过多”导致山体滑塌。

阴错阳差，当年“眯起眼睛看西方”无意瞄上了对中小型山体滑坡或有防灾功效的“网石护坡”，不仅收入《天大的小事》对照版，同时也对相关新闻事件持续关注。本章所言虽不专业，但有关“水来土掩”的感悟似乎不无道理。于此再度奉上，万望于事有补。

(12) **化解天灾** / *网石护坡* 眯起眼睛看西方

五行之中，水最柔也最烈，忽而静止如镜，忽而躁动如兽，如何应对之，即便就是长于战天斗地的古人，除了迫不得已的“兵来将挡”，似乎也只总结出逆来顺受的“水来土掩”。

可惜得很，“古人云”并非都是“圣人云”，君不见，碰到兵败啥将也挡不住，遇到恶水啥土也掩不及。由此，历史不仅遗留了许多令人心痛的教训，同时也创造了不少令人心动的杰作。

他山之石，可以攻玉；他山之玉，何以琢器？北美地广人稀，车行天下观天下，令人费心揣摩之物事随处可见，其中既挡土又透水、既有形又无形的“网石护坡”堪称一绝。

水性无常，顺之者昌；泥沙俱下，分之者畅。一包包里外通透的网装碎石，替代了一块块平时看上去既挡水也挡土可实际上既不挡水也不挡土的传统护坡，水过泥沙在，雨过坡如故……

160 天大的小事

摘自《天大的小事》对照版

专家谈如何应对泥石流灾害

本报记者 齐 芳 冯永锋

今天凌晨，甘肃省甘南藏族自治州舟曲县突发泥石流灾害，造成大量人员伤亡。本报记者就泥石流灾害的有关情况连线采访有关专家。

什么是泥石流

专家介绍，根据《中国水利百科全书》的解释，泥石流是"在山区由于暴雨、冰雪强烈消融或冰湖溃决，使山谷中积存的松散岩土体向下游开阔地倾泻的一种突发性洪流，又称山洪泥流"。泥石流中固体物质的体积含量一般超过15%，最多可达70%—80%，是碎屑与水组成的高容重两相混合流体。泥石流具有暴发突然、历时短暂、冲击力大等特点，往往直接危害着工农业生产和人们的生活。

观察

中国新闻奖名专栏

我国泥石流多发生在西南、西北和华北山区。

舟曲为何暴发泥石流

中国科学院水利部成都山地灾害与环境研究所科研人员葛永刚在接受记者采访时说："我们前往灾区的车已经定好，预计明天能够出发。"葛永刚介绍，目前应急抢险是第一位的，除此之外，对此次泥石流的暴发机理的研究也是主要任务之一。"我们还没有到现场，对暴发原因还不能断言。"

该所研究员陈宁生介绍说，甘南地区、特别是白龙江上游地区地质条件比较不稳定，历史上也是泥石流等自然灾害高发的地区。他说："甘南地区属于半干旱地区，土质比较干、比较松散。研究发现，这样的土质一旦被浸泡，就容易形成泥石流。"他说，受全球气候变化影响，虽然西北降雨只是略有增加，但随着暴雨等极端天气增加，泥石流的危险也相应增加。

泥石流灾害该如何应对

根据水利部网站登载的预防泥石流相关知识，为预防泥石流灾害，当得知某区域在某一特定时间段将发生泥石流时，应对该地区采取紧急疏散和保护措施，人员需强行迁至安全区，要在距离村庄较近的低山坡或位置较高的台阶地上建立临时躲避棚。躲避逃生时，不要顺着泥石流沟向上游或向下游跑，应向沟岸两侧山坡跑，且不要停留在凹坡处。泥石流对人的伤害主要是泥浆使人窒息。将压埋在泥浆或倒塌建筑物中的伤员救出后，应立即清除口、鼻、咽喉内的泥土及痰、血等，排除体内的污水。对昏迷的伤员，应将其平卧，头后仰，将舌头牵出，尽量保持呼吸道的畅通，如有外伤应采取止血、包扎、固定等方法处理，然后转送急救站。

(本报北京8月8日电)

8月8日，兰州军区防化团官兵救出一名生还者（手机拍摄）。 新华社发

中小型山体滑坡经常会与泥石流沆瀣一气。2010年8月9日，《光明日报》刊发了记者齐芳、冯永锋采写的《专家谈如何应对泥石流灾害》，就甘肃舟曲泥石流灾害展开纵深谈，其中说道：

"根据《中国水利百科全书》的解释，泥石流是'在山区由于暴雨、冰雪强烈消融或冰湖溃决，使山谷中积存的松散岩土体向下游开阔地倾泻的一种突发性洪流，又称山洪泥流'。泥石流中固体物质的体积含量一般超过15%，最多可达70%～80%，是碎屑与水组成的高容重两相混合流体。"

甘南不是江南，想起来，地比较干，土比较硬，好像很难与泥石流画连接线，但自然现象就是如此不近人情。研究发现，"半干旱地区土质比较干、比较松散，但这样的土质一旦被浸泡，就容易形成泥石流"。

换言之，容易形成泥石流，也就容易造成山体滑坡，都是土质惹的祸，都是大雨造的孽。不管如此判断是否"彻底站得住脚"，无论防范泥石流，还是防备山体滑坡，"水土保持"和"水土流失"均须审慎对待。

甘肃舟曲今晨突发特大泥石流

村庄整体被没过 至少80多人遇难 两千多人失踪

灾情

一村庄整体被没

昨晚10时左右，甘肃省甘南藏族自治州舟曲县城区突发强降雨，今天凌晨1时许，暴雨引发泥石流，舟曲县城白龙江段堵塞，形成堰塞湖，白龙江通过堰塞湖的流量只有平时的四分之一，导致堰塞湖面积不断扩大，大量积水沿排洪沟涌入城区，包括排洪沟两侧的平房等一半城区被淹。目前，城区部分街道上已经出现了1米多厚的淤泥，城区停电，一些房屋倒

本报综合报道 据中央电视台报道，甘肃南部舟曲县今晨突发特大泥石流灾害。泥石流冲击县城，三分之二县城受淹，截至目前，已发现80多具遗体，还有两千多人失踪，预计伤亡人数还将增加。目前通讯、交通全部中断，周边武警官兵数千人正赶往现场。受灾人口约5万人。温家宝总理正赶赴当地。

救援

兰州军区2400人赶赴灾区

今天早晨，兰州军区某集团军出动21集团军工兵团、防化团、步兵第56旅2400名战士，第一、第七医院共100人从甘肃、宁夏紧急赶赴灾区。

部分灾民已经被转移至高地和房顶。目前，舟曲县城伤亡情况不详。自灾情发生以后，舟曲县委、县政府就一直在对县城居民组织转移。据来自甘肃省防汛抗旱指挥部的消息称，兰州军区驻军已经派出部队和两个医疗队赶赴灾区。

当地启动应急预案

险情发生后，舟曲县紧急启动了应急预案，并拉响警报，当地政府组

2010年8月8日，《北京晚报》刊发《甘肃舟曲今晨突发特大泥石流》，告知“暴雨引发泥石流，村庄整体被没过”。由于不是水文专家或地质专家，所以对泥石流形成的原因只能从表象理解，包括“泥沙俱下但只局限于表面”，可能是泥石流而非山体滑坡的特征。

5000方泥石俱下 12间房屋被埋

陕西山体滑坡18人遇难

新华社讯 记者今天凌晨从陕西省略阳县山体滑坡抢救现场了解到，昨天一早发生在略阳的山体滑坡事故搜救工作基本结束，事故共造成18人死亡，2人受伤。

事发

昨天凌晨3时至12时，陕西略阳县普降大到暴雨，部分乡镇降雨超过100毫米。上午11时15分许，持续暴雨造成略阳县城金亚路发生滑坡，5000方左右的滑塌体瞬时倾下，造成现场12间房屋被埋。

救援

滑坡发生后第一时间，当地县委、县政府立即成立应急抢险指挥部，由现场救援、医疗救护等五个小组投入抢险；400余名抢险人员全力进行救援。目前，已搜救出20人，其中17人现场死亡、1人经抢救无效死亡、2人受伤，已被送往略阳县铁路医院进行救治。

2011年7月6日，《北京晚报》刊发《陕西山体滑坡18人遇难》，告知“持续暴雨造成滑塌体瞬时倾下”。细说起来，“滑塌体”与“泥石流”分属于不同的状态，庞大的山体何以能够“滑塌”，没有渗透到底层的雨水作移动介质，山体好像不会有大移动，更不会出现大面积滑、塌。

宁南特大泥石流3人遇难38人失踪

截至目前 抢险救援队已经营救13名被困群众 其中两名重伤

新华社电（记者 周相吉）29日，武警水电部队、凉山彝族自治州消防官兵以及当地民兵数百人在宁南县泥石流现场进行救援和现场清理工作。2012年6月27日20时至28日6时许，宁南县白鹤滩镇矮子沟遭受局部特大暴雨，降雨量达到236毫米，导致三峡公司白鹤滩水电站前期工程施工区矮子沟处发生特大山洪泥石流灾害。经初步核查，灾害造成住在矮子沟沟口一栋三层楼房内的水电局施工人员及家属和民工38人失踪，3人遇难。

据介绍，三峡公司宁南白鹤滩水电站前期工程施工区发生特大山洪泥石流灾害以后，四川省委省政府、凉山彝族自治州委州政府立即安排部署抢险救援工作。29日，记者在现场看到，10余台挖掘机正在楼房被冲毁处进行作业，在该

2012 年 6 月 30 日，《北京青年报》刊发《宁南特大泥石流 3 人遇难 38 人失踪》。据介绍，灾害发生与“降雨量达到 236 毫米的特大暴雨”不无关系。不少惨痛教训告诉我们，有些征兆不太明显的山体滑坡，与长期“水分积聚过量”密切相关。

北京青年报 06

国内新闻

2017年6月25日 星期日

四川茂县山体垮塌致62户农房被埋

截至昨晚23时共有118人失联 国务院工作组紧急赴川

2017 年 6 月 25 日，《北京青年报》刊发《四川茂县山体垮塌致 62 户农房被埋》，告知“四川茂县富贵山山体突发高位垮塌，经专家现场踏勘初步分析，这是一起降雨诱发的高位远程崩滑碎屑流灾害”。何为“高位远程崩滑碎屑流”可以暂且不讲，但“降雨诱发”必须大谈特谈。

04—6 网石护坡

城事 A11

北京连日暴雨，给居庸关长城也带来了“压力”。昨日下午，一组长城部分出现坍塌的照片在网络流传。昌平区十三陵特区办事处一位负责人向记者证实，居庸关长城南关瓮城外的东侧护坡发生滑坡，并非网传的长城主体，坍塌处约30米长，护坡下为京藏高速，为不影响相关路段交通，十三陵特区办事处相关人员已到现场进行抢修。截至昨日19时15分，京藏高速部分车道仍因此封闭。

据气象部门预测，北京的此轮降雨将持续。今日仍有强降雨过程。

新京报记者 邓琦 李馨 王煜 信娜 实习生漆秋豆

▶昨日，暴雨致居庸关长城南关瓮城外的东侧护坡发生滑坡。

目击者提供

暴雨致居庸关长城护坡滑坡

北京迎入汛以来全市范围最强降雨，市民可通过微博或APP查看积水点

2016年7月20日，《新京报》刊发记者邓琦采写的《暴雨致居庸关长城护坡滑坡》，其中说道：

“昨天下午，一组长城部分路段出现滑坡的照片在网络流传。照片中，由上至下四级墙砖均出现滑坡现象，堆砌的砖石滑落，城墙内的夯土‘外溢’。目击者告诉记者，在居庸关长城水库停车场停车时，听到轰隆隆的声音，回头就看见灰尘四起，城墙下方出现垮塌。据景区办公室工作人员确认，初步判断，滑坡的原因与连日暴雨有关。”

会说的不如会听的，无论雨中的护坡，还是雨后的护坡，在出现滑坡之时能“灰尘四起”，说明此前坡体足够结实，足够牢固，以至挡住了水，也囤住了水，只是最终实在扛不住了才土崩瓦解，功亏一篑。

问题即在于此，如果护坡的本能是“护山”，而不是仅从表象上护坡，情况则大不相同。扯句闲篇儿，哪怕砖石之间灰浆不饱满，缝隙不达标，只要能渗透出山体内积水，“暴雨致护坡滑坡”的概率会小许多……

04—7 网石护坡

注：截图为后附。标题为合成。

一直以来，普及“网石护坡”少有知音。在原版《天大的小事》发行10余年后，2019年7月16日，看到《人民日报》李旭春拍摄的《固坡保安全》，情不自禁，喜出望外。图片说明如下：

“正值汛期，各地加紧排查地质灾害隐患点、加固相关工程进行防治。近期，甘肃省陇南市武都区及时对50多处容易发生泥石流、滑坡的地带进行全面加固护坡治理，确保人民群众生命财产安全。图为工人对当地北山滑坡地带加紧进行施工防护。”

客观而言，初看上述图片并未兴奋，因为2015年浙江丽水山体滑坡，附着在山体上的网格水泥框架也随之坍塌。为研判加固是否到位，先是找来放大镜，后是放大扫描图，发现不仅框架内部有粗壮的钢筋支撑，框架之间也有粗壮的钢筋横拉竖拽。

好一幅硕大无朋的“网石护坡”图。能以这样的所见略同奉为结稿前收录的报摘，能以这样的“固本之功”作为本书点睛之笔，甚幸。

05 / 厨余垃圾

C H U Y U L A J I

从对“垃圾围城”的坐立不安，到对“厨余垃圾”的刨根问底，作者对这一城事薄弱部位关注了20来年。用心观察，用心揣度，最终提出《关于“厨余垃圾似应先期脱水瘦身”的城事图谏》。

不想说国外经验如何了得，但“国外百姓的日常生活心得”同属于“学习型城市”必修之课。更何况，我们的专家也在呼吁“厨余垃圾水分过高亟须解决”，也在科普“一吨污水进入垃圾处理系统进行处理需要两三百元，而排入下水道却只需两三块钱”。

道理直白，但推进一波三折。同样是超大城市，北京“餐厨垃圾处理器好用难推广”，可上海“厨房垃圾处理器热卖”，差异何在？

习近平对垃圾分类工作作出重要指示强调

培养垃圾分类的好习惯 为改善生活环境作努力

为绿色发展可持续发展作贡献

新华社北京6月3日电 中共中央总书记、国家主席、中央军委主席习近平近日对垃圾分类工作作出重要指示。习近平强调，实行垃圾分类，关系广大人民群众生活环境，关系节约使用资源，也是社会文明水平的一个重要体现。

习近平指出，推行垃圾分类，关键是要加强科学管理、形成长效机制、推动习惯养成。要加强引导、因地制宜、持续推进，把工作做细做实，持之以恒抓下去。要开展广泛的教育引导工作，让广大人民群众认识到实行垃圾分类的重要性和必要性，通过有效的督促引导，让更多人行动起来，培养垃圾分类的好习惯，全社会人人动手，一起来为改善生活环境作努力，一起来为绿色发展、可持续发展作贡献。

习近平十分关心垃圾分类工作。2016年12月，他主持召开中央财经领导小组会议研究普遍推行垃圾分类制度，强调要加快建立分类投放、分类收集、分类运输、分类处理的垃圾处理系统，形成以法治为基础、政府推动、全民参与、城乡统筹、因地制宜的垃圾分类制度，努力提高垃圾分类制度覆盖范围。习近平还多次实地了解基层开展垃圾分类工作情况，并对这项工作提出明确要求。

近年来，我国加速推行垃圾分类制度，全国垃圾分类工作由点到面、逐步启动、成效初显，46个重点城市先行先试，推进垃圾分类取得积极进展。2019年起，全国地级及以上城市全面启动生活垃圾分类工作，到2020年底46个重点城市将基本建成垃圾分类处理系统，2025年底前全国地级及以上城市将基本建成垃圾分类处理系统。

2019年6月4日，《人民日报》刊发新华社消息，告知习总书记对垃圾分类工作作出重要指示强调：“实行垃圾分类，关系广大人民群众生活环境，关系节约使用资源，也是社会文明水平的一个重要体现。”

围绕垃圾处理，有许多话题可谈，习总书记不仅高屋建瓴指出垃圾分类的重要性、迫切性，而且指出：“推行垃圾分类，关键是要加强科学管理、形成长效机制、推动习惯养成。要加强引导、因地制宜、持续推进，把工作做细做实，持之以恒抓下去。”

在垃圾分类中，厨余垃圾占比大且关乎千家万户。笔者自1999年开展宜居研究以来，对“厨余垃圾如何再分类”极为上心。通过多年考察研究，笔者发现“脱水”是处理厨余垃圾至关重要的第一步，而在美国、日本以及欧洲发达国家，致力先期脱水的“厨余垃圾粉碎机”由此大行其道。

相关城事图谏不仅涉及厨余垃圾脱水，而且谈及“生活垃圾如何提前瘦身”，虽与专业术语不相称，但绝对实用、好使。

（19）**垃圾分流** / 及时脱水　　眯起眼睛看西方

西人对厨房很是讲究，即便就是再普通不过的公寓，冰箱、烤箱、电炉子也是最低必备品，而一旦住了进去，仅在洗菜盆下面的“跟进完善”，就让长于烹饪的国人反思良多。

通常情况，西人会在洗菜盆下面的橱柜里安装“厨余垃圾处理机”（碎骨机），此物连通下水道，举凡鸡骨头鱼刺菜帮子一类的废弃物，皆可信手塞入洗菜盆的下水口，接通水电，一阵“轰鸣”过后废物来有踪去无影。

垃圾袋装化仰仗“垃圾脱水法”。如果没有猜错，北美地区大力提倡并普遍安装碎骨机目的有二：一是最大限度减少垃圾水分，另一是最大限度缩小垃圾体积。如此而来，垃圾“袋装化”、“无臭化”不再是美丽的神话。

近年来“垃圾围城”不绝于耳，困扰着百姓，困扰着政府，花了不少钱，费了不少力，但效果不尽理想。窃以为，之所以投入产出不成正比，其原因包括“具体负此责任之城官很少有人亲自处理自家垃圾”……

234 天大的小事

摘自《天大的小事》对照版

我国三分之二城市陷“垃圾围城”
厨余垃圾“水分过高”急需解决

一吨水进入垃圾处理系统处理需要花费两三百元，而进入下水道只要两三元钱……

“垃圾危机”在向全世界蔓延，我国问题同样严峻。据相关统计，有超过三分之二的城市正深陷“垃圾围城”困局。

清华大学环境与工程学院博士生导师聂永丰指出，根据相关统计，2009年我国660个设区城市的垃圾清运量为1.57亿吨。“除此之外，我们还有2000多个县城没有包括在其中。如果算进来，大概要增加0.5亿吨。”聂永丰说，“即使这样计算，还有两三万个乡镇没有包括进来。”

中国城市建设研究院总工程师徐海云说：“我们目前的问题在于一些简单、基础的工作都还没有做好。”他举例说道，“厨余垃圾含水量过高”就是急需解决的问题。许多家庭吃完饭后习惯将剩下的汤水直接倒进垃圾桶。“要知道，一吨水进入垃圾处理系统处理需要花费两三百元，如果进入下水道只要两三元钱。”

他说：“实行单独回收厨余垃圾现在可能还比较难，但倒垃圾前把水分滤掉只是举手之劳。”

聂永丰认为，这是我国目前生活垃圾方面最大的问题。“世界上大部分国家生活垃圾含水量为30%～40%。我国则高达50%～60%，其原因就是我国生活垃圾中的厨余含水量太高。同时，由于厨余垃圾含水率高和富含易生物降解有机物，容易发臭和产生大量渗滤液，给生活垃圾的收集、运输，以及机械分选、填埋和焚烧等处理造成很大的困难。”

（摘自2010年11月10日《新闻晨报》）

摘自《天大的小事》对照版

剩饭果皮磨碎直排下水道，家庭垃圾至少减量四分之一

餐厨垃圾处理器好用难推广

本报记者　涂露芳

垃圾处理是城市治理大课题，占生活垃圾一半以上的餐厨垃圾，回收处理尤为不易。"与其让餐厨垃圾混入普通垃圾，不如直接打碎排入污水管网。"很多有过国外生活经历的人建议，应该借鉴发达国家经验，让餐厨垃圾处理器进入千家万户，实现家庭食物垃圾就地处理、源头减量。这种处理模式在中国大城市是否可行？记者就此进行了采访。

现场

大棒骨也能打碎进下水道

通州区中泽雅园，王波与朋友的家庭聚会在欢声笑语中结束。面对满桌杯盘狼藉，他没有搬来垃圾桶，而是端着大盘小盘直奔厨房，鱼刺、排骨、西瓜皮、桃核……一堆食物残渣都倒进了水槽的排水口。

这样岂不堵塞下水管道？朋友们惊诧之际，王波打开水龙头，再轻按橱柜左侧的按钮，水槽口传出一阵低沉的嗡嗡声。十几秒钟之后，他揭开排水口的橡皮盖，里面空空如也，一丁点菜叶都没有留下。

"食物残渣被电动马达研磨成豆浆一样的细颗粒，直接进了污水管道。"王

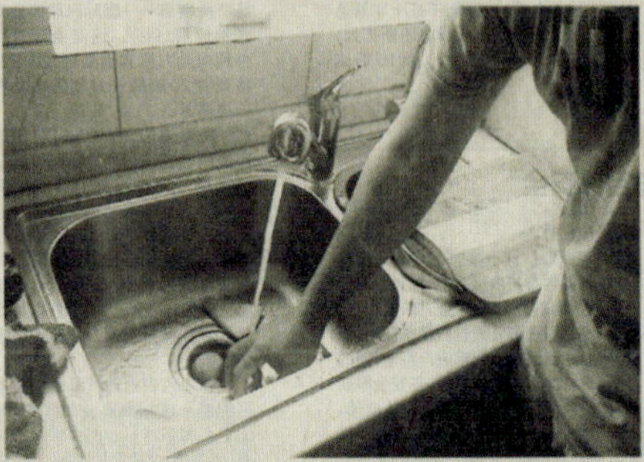

安装家用餐厨垃圾处理器后，所有果皮剩饭都直接倒入水槽排水口打碎，几乎不产生厨余垃圾。

研磨。

算账

三口之家月水电仅增9元

餐厨垃圾处理器也有一定的水电消耗成本，必须开着水管研磨食物垃圾，只是时间比较短，短则几秒钟，长则

及率超过80%。世界500强艾默生旗下爱适易公司中国区总经理陈剑敏表示，虽然最近几年爱适易在中国的销量增速超过50%，但整体看国内家用餐厨垃圾处理器的普及率还不到千分之一。

展望

破解垃圾干湿分类难题

液的处理费用高达数千元。垃圾焚烧过程中，如果含水量大的食物垃圾太多，燃烧温度就很难超过900摄氏度，由此产生强致癌物二噁英。

"餐厨垃圾含水量超过70%，直接进入污水处理厂是最经济的处理方式。"董滨表示。

瓶颈

推广受限城市排水管网

将厨余垃圾消灭在厨房，是发达国家的先进经验，但在中国的确有些水土不服，最让人担心的就是堵塞下水道。

中国家庭饮食结构与西方有很大差异，大量吃蔬菜，爱炖鸡鸭、熬骨头汤等习惯，让餐厨垃圾处理器必须刚柔并重。爱适易技术人员说，进入中国家庭的处理器都进行了针对性改良，不仅容量更大，还采用了三级研磨系统，韧性较强的鸡皮、骨头、蔬果纤维都能快速处理。不过，市场上鱼龙混杂的餐厨垃圾处理器，能否保证研磨精细度还需要相关行业标准严格把关。

"打碎后的颗粒物直径虽然细，一般在2毫米至5毫米，进入城市污水主管道后也可能沉积堵塞。"北京市排水集团相关负责人接受记者采访时表示，家用厨余垃圾处理器大范围推广的一大制约因素在于，北京中心城区还有总

不敢说《天大的小事》对照版是国内推广厨余垃圾粉碎器的首推者，但这个发达国家日常生活的好帮手，多年过后仍走不出水土不服的怪圈。2014年9月13日，《北京日报》刊发记者涂露芳采写的《餐厨垃圾处理器好用难推广》，其中说道：

"很多有过国外生活经历的人建议，应该借鉴发达国家的经验，让餐厨垃圾处理器进入千家万户，实现家庭食物垃圾就地处理、源头减量。这种处理模式在中国大城市是否可行？记者就此进行了采访，最终发现，好事多磨的'瓶颈'竟然是'受限于城市排水管网'，现状不容乐观。"

时隔数载，2018年9月11日，《北京青年报》报道市政协委员视察垃圾分类，看来看去，话题最终落在"厨余垃圾干湿分开首选'垃圾粉碎器'"，而难于推广的拦路虎同样是"受限于城市排水管网"。

如何从"围城"中突围，步调虽难于整齐划一，但至少可以在有条件的地方试水，看看排水管网是不是像某些学者专家所言"不堪一堵"。

一段时间以来，上海成为“垃圾分类先行军”，实事儿做多了，相关故事自然也少不了，但不管怎样说，“一手经验”难能可贵。

同样是超大城市，北京组团取经沪上不是一回两回。2019 年 7 月 13 日，北京电视台《北京您早》栏目播放专题节目，报道上海“厨房垃圾处理器热卖”，场面火爆。关于排水管网“有无能力排放液化后的厨余垃圾”，更有名家出镜进行权威解读。

据上海的研究报告显示，“假设 10%的上海家庭使用厨余垃圾破碎直排系统，上海的厨余垃圾每天将减少 1300 吨；假设 100%的上海家庭使用破碎直排系统，每年将增加城市污水约 23 万立方米，而上海目前城市污水处理厂的剩余容量为 160 万立方米/年，因此不会对污水处理能力造成影响”。

上海如此，北京又如何。据媒体报道，上述新闻播出后，北京“业内人士”依然认为“可能会对管网造成威胁”。同样的事情，不一样的事理，垃圾分类迫在眉睫，容不得各说各话，更容不得借“可能”二字纸上谈兵。

（19）**垃圾分流** / *先行瘦身* 眯起眼睛看西方

北美地区的公寓一般都辟有“垃圾收集房”，生活废弃物分门别类归属不同的去处，但凡有条件的公寓还会放置一台大型“垃圾挤压机”，以便让蓬松状的袋装垃圾瘦身、瘦身、再瘦身。

“垃圾瘦身术”提携垃圾袋装化。我是个走南闯北的人，自从数年前第一次看到并使用垃圾挤压机以来，在国内也去过不少地方，也造访过不少楼盘，遗憾的是，竟然没有见过同类的设备。

在建房、管房的过程中，虽然说地产开发与物业管理分属不同的阶段，但从“碎骨机”到“垃圾挤压机”是个完整的链接过程，二者有机组合，才能进一步确保“袋装垃圾”的顺利出行。

问了问行家，都说这东西不难造，都说这家伙有市场，话虽这样讲，但没见哪位跟进。极度困顿由不得让我想起地产开发商，真希望他们早点明白，最适合人居的地方也一定最适合垃圾过夜……

238 天大的小事

摘自《天大的小事》对照版

多个中转站一部压缩机“吃进”所有垃圾

新京报记者探访多个小区存在垃圾混放或露天堆积现象；专家建议垃圾中转站应配厨余垃圾存放设备

记者体验

2015年，北京城市生活垃圾产生量为790.3万吨。2020年，根据预测，这个数字将超过1000万吨。生活垃圾处理“牵动人心”，也成为城市精细化管理的重要环节。北京市委书记蔡奇曾多次公开表态推行垃圾强制分类制度。垃圾强制分类也被写进市第十二次党代会工作报告，其中提到，推行垃圾强制分类制度，提高垃圾减量化、资源化、无害化处理水平。

今年，北京在垃圾分类上进一步简化，分类方式由“可回收垃圾”、“不可回收垃圾”及“厨余垃圾”变为“干湿分类”，即只需分类“可回收垃圾”及厨余垃圾。同时提出，要在每个区至少1个街道、区内其他街道至少有1个社区落实垃圾分类。如今，垃圾分类落实如何，记者分别探访了丰台、朝阳、西城、东城多个社区，体验垃圾分类从源头到运输、简单处理等环节。

新京报记者 信娜

7月21日，呼家楼北里社区，楼门口的垃圾分类箱。

体验1 投放 厨余垃圾桶成摆设

目前，大多数社区已落实分类垃圾桶，标有“可回收”、“厨余”等字样。

为提高垃圾分类拣出率，北京已在劲松等社区推行垃圾分类“干湿分离”。在劲松五区，“绿灰蓝”三色分类垃圾桶换成“干湿分离”的两个垃圾桶。社区主路边增加了8组24个大桶，专门收集其他垃圾。

22日下午，记者看到一位居民将一袋废纸杂物倒入其他垃圾桶内。他说，他已养成了把干、湿垃圾分开的习惯。平时一般会在厨房和餐厅多放一个垃圾桶。记者在其他垃圾桶内基本未见到剩饭、菜叶等厨余垃圾。劲松五区社区负责人此前介绍，目前约有300户居民积极参与垃圾分类，每天居民产生的垃圾量约为4吨，其中厨余垃圾量约为0.8吨。

但探访时仍发现垃圾混放现象。在丰台区刘家窑地铁站附近多个小区、东城区龙潭西里等小区，标识为“其他垃圾”的垃圾箱内仍可见菜叶、剩饭等厨余垃圾。

龙潭西里小区附近出口处，堆放着标识为“可回收”、“厨余”和“其他”字样的10个绿灰蓝三色垃圾箱。垃圾箱周围散乱堆放着废弃的塑料瓶、纸片及吃剩的食物等。雨后隐隐散发出酸臭气味。

“北京零废弃”发起人毛达则认为，按照其他城市的经验，提高源头分类效果，还要遵循谁产生、谁付费，多产生或未按要求分类的居民应承担更多处理费。

体验2 运输 不同垃圾混合运输

市民将垃圾分类投放至不同垃圾桶内，是否能分开运输及处理也是重要一环。

在海淀区苏州桥西社区，单独设置了厨余垃圾收集站。该社区居委会主任李春燕介绍，社区500多户居民每日可回收100多公斤的厨余垃圾，并由海淀区环卫中心配置的厨余垃圾专用车统一运输处理。

而一些地方，也存在垃圾混装的情况。在位于东四环的某大学校园，数名环卫工人蹲踞环卫车正在收集分散在校园内各个垃圾桶内的垃圾。一名环卫工人一股脑儿分别将可回收及不可回收垃圾桶内所有垃圾混合倒入身后的环卫桶内。

另一名准备离开的环卫工人刚装满从校园餐厅拉出来的垃圾。他说，一般不会单独将餐厨垃圾和其他垃圾分开，只要把所有垃圾都收走运到校园内另一侧的垃圾处理中转站就行。

体验3 处理 垃圾均被混合压缩

造福民生细碎，“俗人所见略同”有时候会好过“英雄所见略同”。前文倡导的“垃圾挤压机”，许多年以后终于在现实生活中遇到了知音。2017年7月23日，《新京报》刊发记者信娜采写的《多个中转站一部压缩机“吃进”所有垃圾》，其中说道：

“今年，北京在垃圾分类上进一步简化，分类方式由‘可回收垃圾’‘不可回收垃圾’及‘厨余垃圾’变为‘干湿分类’，即只需分类‘可回收垃圾’及‘厨余垃圾’。在朝阳区某小区的一处垃圾处理中转站，环卫工人骑着环卫车从四面八方赶来后，将车内垃圾袋一股脑儿倒进垃圾压缩机内。这些被压缩后的混合垃圾，将在傍晚由环卫车统一拉送至垃圾处理厂进行处理。”

年龄关系，本书是此间“政府智库服务”的收官之作，因此写起来、想起来多会五味杂陈。有不舍，有不甘，当然也有“学人的飘然”和“专家的傲然”。仅以“垃圾处理”为例，此间倡言的“先脱水、再瘦身”，倘若能早早引起相关管理部门重视，或许困惑会少些，收效会多些。

06 / 共享客厅

GONGXIANGKETING

“共享客厅”和“邻里守望”是当初借助此间专著走进社区的自治神器。相同的是花不了多少钱、费不了多少事，有人张罗即可，不同的是“共享客厅”需要一个可以闲聊的地方。

说是闲聊，其实闲聊也有闲聊的标配，尤其与“准陌生人”开聊，平台与道具必不可少。过去“递根烟”权当敲门砖，今非昔比，于是“自制吃食”成了规避尴尬的最佳催化剂。

日前，媒体刊发《社区自治从聚餐开始》，详细解读“社区自治”新天地。“人情社会”是国情，对应的国策、市策、区策、街策又该如何用心维系？看来，适逢新时代，当有新作为。

说完了物业“以静制动”，再反过来说说人家“以动制静”，真是不说不知道，一说吓一跳，怎么我们以往的优良传统有许多都跑到人家那去了？怎么我们以往大杂院的“亲如一家”都被人家悄无声息地借鉴过去了呢？

在国外选购公寓时“会所”好坏是硬指标，所谓“家园的感觉”盖源于此。更耐人寻味的是，当地既没有社区办，也没有居委会，就靠平日以打扫卫生为主的公寓管理员，竟能把有可能老死不相往来的一干人经常凑到一起。

上图为温哥华“邻里互动”的一个缩影，人长啥摸样可以不扯，但放在台球案子上的这点“洋吃食”却不能不说。随随便便的餐，普普通通的碗，有了隔三岔五的互动，“亲如一家”有点虚，但“近如一家”却不折不扣。

国外公寓外立面和内装修远不及国内豪华，不知何故，面积不大但造福不小、投入不大但功德不小的“会所”在国内却很少有人效仿，国情所致？商情所致？隐情所致？绝情所致？不得而知……

摘自《天大的小事》对照版

“十二五”规划征集建言——“如何让社区生活更加和谐美好”之五

认识邻居成了困难事

社区，是与居民群众生活息息相关的基层组织，除了硬件条件，居民盼望什么呢？在本报与北京市“十二五”规划编制工作领导小组办公室共同发起的“如何让社区生活更加和谐美好”专题建言活动中，截至今天上午9时，共有910人提出了1166条建言。一位市民的建议代表了很多市民的心声——该探讨一下如何让社区真正成为邻里交融的纽带。

市民建议

创造条件让居民认识邻居

这位市民建议“十二五”期间应创新社区管理模式，让社区居委会真正成为居民自己的组织，发动尽可能多的社区居民参与到社区管理和公共事务中来，让社区成为邻里交融、构建和谐社会的纽带，经常组织各种联谊活动、座谈会、恳谈会，征求居民对社区的建议、要求。这位市民还建议，应通过广泛开展、组织各种文体活动、节日团聚庆祝活动、郊游活动等等，创造更多的条件让居民认识自己的邻居。

现场调查

者表示根本不认识。而在回答是否能认全本楼层邻居时，10位受访者全部给与了否定的答案。至于认识邻居的途径，不外乎装修、居住纠纷，电梯或走廊里碰到过，几乎没有人选择主动认识邻居。对于是否愿意与邻居相识，10位受访者均表示希望能与邻居相识，但同时表示，不知道该如何与邻居接触。

实践经验

社区搭台让居民找朋友

社区能否成为邻里交融的纽带呢？在东四街道，这个问题得到了肯定的答复。东四街道南门仓社区的李衡以前也被邻里关系困扰着。“同一楼层的邻居都不认识，以前住平房大杂院的时候，邻里间有说有笑，现在住房条件改善了，可是下了班一家人就在一个单元房里，邻里交往基本成了奢望。”

2003年“东四奥林匹克社区”创建工作投入运转，奥林匹克社区公园和奥林匹克社区体育文化中心相继建成，提供了运动健身、休闲娱乐的室内外场所，200多个各类文区行动”进行得如火如荼，居民们纷纷自发组建环保社团：“绿房子小组”、“绿蝴蝶行动小组”是倡导资源回收的；“乐和低碳周末跳蚤市场”是促进旧物品流通的；“绿之梦小组”是为居民提供养花种草知识的；“健步走乐和队”每日组织队员积极行走；“节水行动小组”坚持节约用水；“四平八稳”小组集纳社区力量完善居家养老社区化……东四街道宣传部工作人员喻巍告诉记者，以前社区搞活动形式很单一，一次也就能有十几、几十人参加，现在社区搞活动跟得上时尚，每次活动动辄能有上百人参加，老人、年轻人、学生……许多人都在社区里找到自己的乐趣，认识了更多的朋友，社区邻里关系也和谐了不少。喻巍认为，东四街道的模式是可以复制的，社区是能够成为邻里交融纽带的，关键是社区如何承担起作为纽带的责任，这是应该好好探讨的。

本报记者 孙颖 X133

市民参加建言会步骤

1	报名——“写意见”	您可以就第二个专题“如何让社区生活更加和谐美好”，通过手机短信、邮件、写信等方式提出建议；
2	等待电话联系	如果您的发言被选中，工作人员将电话联系，具体告知您参加市民建言会的步骤；
3	建言方式	自今日起，请您对第二场建言会的话题“如何让社区生活更加和谐美好”发表意见。 a. 短信平台：HD空格+建言内容，发送至10669500010 b. 首都之窗网上留言

邻里之间除了相互守望，其实相互走动也很重要。2010 年 7 月 23 日，《北京晚报》刊发记者孙颖采写的《认识邻居成了困难事》。该文告知“十二五”规划征集建言，一位市民关于“如何让社区真正成为邻里交融的纽带”的建议，代表了很多市民的心声。他认为，应该通过组织各种活动，“创造更多的条件，让居民认识自己的邻居”。

社区能否成为邻里交融的纽带？在东四街道，这个问题得到了肯定的答复。东四街道南门仓社区的李先生以前也被邻里关系困扰着。“同一楼层的邻居都不认识，以前住平房大杂院的时候，邻里间有说有笑，现在住房条件改善了，可是下了班一家人就在一个单元房里，邻里交往基本成了奢望。”

此后很多年，有上海媒体刊文《社区自治从聚餐开始》，详细解读了从聚餐开始，由此及彼，由表及里，最终将“社区自治”引入皆大欢喜的新天地。

“人情社会”是国情，故而国策、市策乃至区策均应用心维系。所谓雅不避俗，指的就是这类烟火气十足、市井味浓厚的生活态。

胡同老房子腾退改造后变身社区空间

白塔寺开起首个共享会客厅

本报记者 曹政

“能给我尝尝这面片儿吗？”前晚八点多，隔着玻璃，窗外抱着肩看了好一阵的大爷终于开口说话了。这句话让屋里的小伙子王海元心里一下子就暖起来了：“这次居民自发的‘揪面片儿聚会’，一开始还以为老街坊不会这么给面儿呢！”别看屋里十几个人有老有少，却不是一家的。从揪面片儿，到炸酱，再到拌凉菜，都是白塔寺地区的老街坊们动手，人手一道拿手菜。

这间上下两层120多平方米的屋子，是白塔寺地区的“共享会客厅”，这在北京还是头一个。免费开放的一个多月里，做饭、会客、联谊，甚至连胡同里的小学生写作业都用上了。在胡同住了大半辈子的马香玉是会客厅志愿者，她一句话道出会客厅是如何让街坊们重拾胡同温情的：“在这儿能感受当年的生活，胡同里一家晚饭吃了什么，整院的人都能吃上。”

昨天，在白塔寺共享会客厅，居民们正在分享各自的见闻。 本报记者 方非摄

《人民日报》曾设问“今天我们怎么做邻居”。2017 年 10 月 21 日，《北京日报》记者曹政披露“白塔寺开起首个共享会客厅”，用老街坊的话讲，“这里能感受当年生活，能重拾胡同温情”。

朝阳创新老旧小区公共空间更新模式

低效边角地变社区快乐“客厅”

共建美好家园

本报记者 赵莹莹

“小时候，我最喜欢在公园荡秋千。如今，人到六十，竟然又荡起了秋千，感觉回到了童年。”指着街角小小的秋千架，九龙社区居民刘惠敏喜上眉梢。蹦床、秋千、陀螺仪……百子湾路上名为“井点”的这处小微空间，让来这儿的居民都能找到快乐。

配套设施匮乏，是北京诸多老旧小区的“痛点”。然而，在一些不被注意的角落，公共空间却存在低效利用的状况。如何让老楼居民也享受到舒心的公共空间？2020 年以来，朝阳区创新老旧小区公共空间更新模式，通过引入责任规划师和居民自治的力量，将原先的低效边角地改造成一个个“小而美”的开放空间。

每个人都能找到乐趣的“井点”

“‘井点’，意为双井街道里的一个点，

改造后的居民议事厅小院，给社区居民提供了和谐便利的议事空间，居民在这里一起共聊社区事、共建社区新面貌。
本报记者 潘之望摄

胡同如此，楼区又如何？2020 年 11 月 13 日，《北京日报》记者赵莹莹披露“老旧小区公共空间更新模式”，告知通过重新规划，将原先的低效边角地改造成一个个“小而美”的开放空间。

07 / 便民仓储

BIANMINCANGCHU

近年来，“努力解决好群众家门口的事”成为基层政务核心工作，各种便民措施层出不穷，各类服务项目应接不暇。称道之余，开始思索，“除了家门口的事，群众还有哪些自家事有待关注”。

利用地下空间开辟“便民仓储”就属于“有助于群众好好过日子”的善事。从15年前专著首倡，到2017年相关新闻见报，或该早早推广的“新款便民措施”竟然莫名游走了10余年。

如有必要反思，最该反思的还是：除了家门口的事，群众还有哪些小事有待关注？还有哪些有待跟进？“生活是最好的课堂”，只要基层干部问问家人“咱家生活还有哪些不便”，百姓新期待将不言自明。

（15）个性居所 / 库房利用　　静下心来想自己

俗话说“破家值万贯”，相信所有正儿八经过日子的人，都会为“暂时不用、扔了可惜”的物品伤透脑筋。遗憾的是，此类生存底线不仅开发商视而不见，购房人也视而不见，因此售楼处的样板间多会不食人间烟火。

以人为本“人”在哪，以人为本“本”为何。细想起来，人本似乎脱不开生活琐碎。何为生活，何为琐碎，用地下车库犄角旮旯兴建的、随房赠送的“简易库房”便是最好的回答。

从表面上看，白给的库房面积不大且围栏也不挡贼，然而，就是这形同鸡肋、形同鸡舍的空间却承载了人本之中的大部分家底……

城市如何让生活更美好 189

摘自《天大的小事》对照版

地下“小隔断”变成惠民“小仓库”

房间太小，衣柜空间有限，换季的衣物无处存放怎么办？家里的旧电器淘汰了又舍不得扔怎么办？如果每月只需花100多元，就能将您家的房屋面积“扩大”，解决储物烦恼，这样的好事您想不想试试？本报记者探访居民区发现，现在东城、西城、朝阳等部分社区，在地下群租房整治完毕后，试点在地下开辟储物间，居民可以租下仓位解决自家储物之急。这样的地下“小仓库”，有望在市区多处“开花”。

万物仓

位置：东城朝阳门街道
数量：14个“惠民仓储”室和两个“微冷仓”
大小：每个2至5平方米
价格：每月100元到300元不等
存放物品：家中闲置物品（非危险品）

2014年，一位群租房“二房东”租下了东城区朝阳门街道南竹杆10号楼2单元楼下的一处地下空间。昔日的群租房原址上，朝阳门街道办事处副主任臧明昭指着地下通道两侧的一个个房间介绍说，最初租下来的时候，对方提出的用途是“办公、库房”。但时间长了，“二房东”开始悄悄将房屋改造成24间不足10平方米的隔断房，最初作为员工宿舍，最后则拿来对外散租。“自从地下室变成群租房，每天都有将近50个租户进进出出，而且流动性很大，经常两三天就换一拨儿人。”

在对这处群租地下空间进行疏解和整治后，街道和物业了解到小区居民存在着各类日常仓储需求，最终拍板决定，将地下空间划成大小不同的“万物仓”，提供给居民作为仓储使用。

记者在这处地下室看到，420平方米的地下空间被规划成了14个“惠民仓储”室和两个“微冷仓”，每间仓储室的面积从两平方米至5

好了就放这来，要用时下个楼就能取，挺方便。”

记者发现，惠民仓储室的顶棚用铁丝防护网与天花板隔开了大约30厘米的距离。对此，北京天诺物业管理有限责任公司副经理袁春嘉解释说，之所以会在仓储室顶上预留出空间，一是怕居民将易燃易爆等违禁品放入仓储室内，设置铁丝网可以方便工作人员随时对存放物品进行检查。另外，地下室的天花板上都设置有烟雾报警器，一旦仓储室内发生火灾，烟雾可以轻易穿透铁丝网，也便于防火。

“微冷仓”用隔热门与外界隔离，内部保持0摄氏度的恒温，目前暂时还没有启用，未来打算和网购平台合作，为居民提供代收生鲜果蔬，短期保鲜冷藏等服务。袁春嘉解释说，居民从网上订购了冰鲜食品或者生鲜果蔬，没法及时收取，可以暂时寄存在“微冷仓”里，下班再来领取，就像是个超大的临时冰箱。

今天上午，物业人员在巡视“惠民仓”。本报记者胡铁湘摄 J125

住楼房，除了电梯、门禁以外还有哪些是超期待的喜出望外？2017年8月2日，《北京晚报》刊发记者张楠、左颖采写的《地下“小隔断”变成惠民“小仓库”》，其中说道：

“房间太小，衣柜空间有限，换季的衣物无处存放怎么办？家里的旧电器淘汰了又舍不得扔怎么办？如果每月只需花100多元，就能将您家的房屋面积‘扩大’，解决储物烦恼，这样的好事您想不想试试？本报记者探访居民区发现，现在东城、西城、朝阳等部分社区，在地下群租房整治完毕后，试点在地下开辟储物间，居民可以租下仓位解决自家储物之急。这样的地下‘小仓库’，有望在市区多处‘开花’。”

上述“地下小库房”是《天大的小事》对照版谈及的话题。西方发达国家，将地下车库的边角空地作为业主的配套设施用地已成物业定式。然而，好事须得办好，建这类简易库房也要恪守诸多铁律，包括防盗、防火、防水，似乎都是不可或缺的前提。

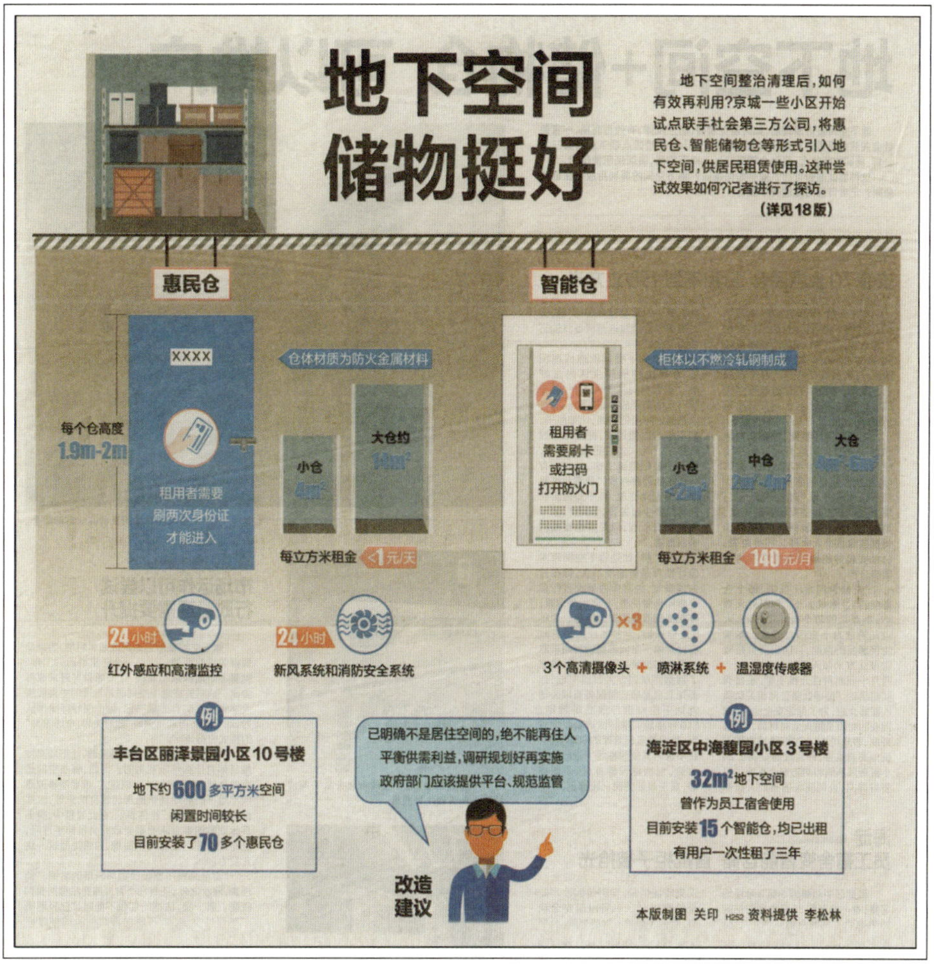

2018年8月8日，《北京晚报》用两个版的篇幅刊发了记者李松林采写的《地下空间储物挺好》，其中说道：

“京城一些小区开始试点联手社会第三方公司，将惠民仓、智能储物仓等引入地下空间，供居民租赁使用。整个空间共安装了三个高清摄像头，一套喷淋系统，一个温湿度传感器，墙脚还有一条水晶检测线监测漏水情况。一旦出现安全状况，物业人员会第一时间赶到。”

作为此举倡导人，在为上述行为点赞的同时，也不由得想了许多，包括除了喷淋系统以外是否还应加装烟感探头，是否还应加装火情报警器……

08 / 邻里守望

LINLISHOUWANG

1999年，此间创建“宜居试验室”，并与当时的方庄街道办事处建立课题合作关系，提出“创塑街道工作模式”及“新时期社区建设思考”，包括：

※“社区现代化”与“社区西方化”毫无任何关联；

※“社区建设”不是以往“街道建设”的简单翻版；

※ 社区以人为本，何为“人本”，地域不同情况不同；

※ 适度推行“相互微笑”，适时开展“邻里守望”。

20余年过去，“邻里守望”从生僻词变为熟悉事，在国内不仅遍地开花，而且从单一治安向更丰富的外延有序拓展。

08—1 邻里守望

（09）社区隐患 / 邻里守望　　眯起眼睛看西方

很多年以前中国大陆盛产“小脚侦缉队”，尽管无孔不入让人感觉有点烦，但在警力不足、技防手段也不到位的情况下，的确对维护社会治安起到了很好的作用。

近年来，颇具时代特色的“小脚侦缉队”慢慢销声匿迹，那个让你烦来让你爱的“特殊联防体系”似已不复存在。于是，一些发生在社区的刑事案件又开始有所抬头，一些被群众战争吓破胆的坏分子又开始无所顾忌。

无独有偶，大洋彼岸同样也活跃着一哨百变金刚的“大脚侦缉队”，称其“大脚”，皆因不分种族，不分男女，不分老少，全民齐上阵；称其“百变”，皆因不分时间，不分地点，不分事由，恍若从天而降。

由于底蕴不同，纬度不同，那边的散仙儿既无人组织也无人发饷，甚至所谓的“联络点”就是戳在灯杆旁边的那个警示牌，上面的内容全国统一，表露的意思通俗易懂，如果长话短说，无非就是大力倡导“邻里守望”……

132 天大的小事

摘自《天大的小事》对照版

东城3000守望岗 聊天“刷脸”护平安

11.97万志愿者组成守望岗群防群治队伍，覆盖全区187个社区；邻里守望相助，维护社区治安

“孙姨，您今天怎么没去买馒头?”

“今天没买，昨天买的5个还剩1个没吃呢。”

东城区西总布居委会书记马红兵巡过守望岗，和社区工作积极分子孙凤英简单聊了几句，连人午饭吃的什么都了解的底儿掉。

“接孩子呢，胡同东口车多，别让孩子乱跑。”

西总布社区治保主任吕跃进刚从守望岗上了解的“热乎”信息，迫不及待地告诉西总布小学门口接孩子的家长。

东起朝内南小街，西到东单北大街，北至西总布胡同，南临建内大街，这片0.2平方公里的社区，有个

12月4日，在守望岗执勤的大爷、大妈。东城区11.97万志愿者组成守望岗群防群治队伍，编成3135个点位，187个社区全覆盖。

在收集的“邻里守望”相关信息里，2014年由北京团市委、市委社工委等单位开展的“邻里守望，学雷锋志愿服务推动日”最抢眼，该活动以关爱残障人士、关爱农民工为重点，亲和力、影响力极强。

2015年12月7日，《新京报》刊发记者郭超采写的《东城3000守望岗，聊天“刷脸”护平安》，其中说道：

“东城全区187个社区都有守望岗。由11.97万名志愿者组织的守望岗群防群治队伍，编成3135个点位，构建了三级综合防控体系。平时，他们就是社区普通居民。每逢重要节假日、重要活动，他们就出现在大街小巷，维护社区治安。有了这些守望岗，社区治安变好了。在北京城六区中，东城区的万人发案率最低，守望岗真正成为东城区的平安守护者。”

与国外“邻里守望”相比，西人开展的好像是“隐蔽战”，警示牌往那一戳，似乎有猫就避免鼠，具体猫在哪则无人过问；我们不同，更像展开“群众战争”，让来犯者无从犯坏、无处藏身。

如果说国外的“邻里守望”主理治安，那我们的守望可谓全方位。2018年9月17日，《北京晚报》刊发记者左颖、李怡采写的《邻里守望护空巢》《敲门问一问，暖心空巢人》，其中说道：

“伴随着近年来社会老龄化的加剧，社区里越来越多的高龄空巢独居老人正在成为最需要关心与帮助的特殊群体。关注空巢老人，定期敲门问候，目前北京有不少街道社区正在积极探索通过邻里与社会志愿者的各种互助帮扶活动，让这些老人在爱心与暖意中度过踏实而有安全感的晚年。”

2020年10月18日，《北京日报》刊文《邻里守望和和美美》，披露全市3309个社区开展“邻里节”活动。读罢感慨万分。

古人云：“履不必同，期于适足；治不必同，期于利民。”习总书记讲：“鞋子合不合脚，自己穿了才知道。”就“邻里守望”而言，从“街牌”到“袖标”，从“安保”立命到“安康”一统，大有底蕴、大有前途的“邻里节”，一定会漂洋过海令世界注目。

09 / 街头艺人

JIETOUYIREN

为“街头艺人酌情发放从业执照”的城事图谏，归属《天大的小事》对照版一书的“宽待另族”。举一反三，顾名思义，发放执照事小，“让特殊群体共同沐浴时代阳光”事大。

仅就“街头艺人”而言，《天大的小事》对照版一书后记曾大发感慨，“假如我们的‘文化局长’能够看到我们的图谏，或许哪个不知名的城市会一夜成名，当有执照的街头艺人抚琴一曲，您至少会立即感到‘有尊严的中国人其实包括所有的中国人’”。

谈及此，“城事”一词的含义多有表露：从传统意义上讲，街头艺人与“街头”关联；反之，街头艺人与“心头”并联。

(26) 宽待另族 / 街头艺人　　　　眯起眼睛看西方

温哥华街头卖艺者比比皆是，您走您的，他要他的，瞧着顺眼，多看两眼，听着不爽，紧走几步，彼此相安无事是基调，众人皆大欢喜是追求。

这些人来自何方无人知晓，有无“资质”也无关紧要，政府似乎只管一件事，就是画地为牢。换言之，无论是在管得了的前提下开放，还是在管不了的无奈中放任，街头卖艺已成为不以“城管意识”为转移的城市一景。

据说我们也有个别地方为街头艺人发放“许可证”，乐哉之余难免有些哀哉，同在蓝天下，同在马路边，那边多是归口“文化类”，这边多是归口“盲流帮”，那边多属“另类文艺工作者”，这边多属“另类社会闲杂人”。虽说也安排了就业，呵护了穷人，但街头表演绝无艺术可言。

图片所示为北美的街头艺人，有鼻子有眼，有模有样，甚至还有演出服装，甚至还有舞台灯光。视此由不得想，如果此间街头表演也能如此规范，如此自尊，“街头艺术”涵盖的似乎不仅仅是艺人，也不仅仅是路人……

320 天大的小事

摘自《天大的小事》对照版

上海八位街头艺人获“上岗证”

在规定时间指定区域进行表演 城市管理新思路各地能否复制？

北京晚报 2014-10-28

教师上岗需要教师资格证，医生上岗需要医师资格证。如今在上海，街头艺人也可以持证上岗，大大方方地在街头表演才艺了。上海8位街头艺人经过选拔和培训获得资质证书，将于11月在静安区安义路试点地区表演。

10月25日，艺人们在上海街头为观众献艺。

街头新景

艺人持证上岗 惊险动作赢得赞赏

在上海静安嘉里中心的广场上，脖子上挂着一张“表演证”的陆昕一娴熟地把玩手中的水晶球，不时作出种种惊险动作，引得不少路人驻足观看。市民何小姐说：“感觉挺精彩的，也很新颖，小孩都入迷了。”苏先生也表示赞赏：“我觉得不错，蛮喜欢的，街头艺人跟观众互动，刚才那边还有竖笛。本来社会就是多元化的嘛！”

作为第一批持证上岗的街头艺人，之前一直在多个国家周游的80后小伙陆昕一，很高兴能在上海老家进行试点表演。他说：“之前在瑞士留学，在那里接触到街头艺术和魔术，

有益探索

从提案到政策出台历时6年

根据媒体报道，街头艺人的资质证书由上海市演出行业协会颁发，表演领域包括器乐演奏、杂技、魔术、手工等多种艺术形式。在一个月的试点演出期间，街头艺人均需按照“持有证书、规定时间、指定区域”的要求进行表演。静安区文化、商务、城管等相关部门也组建了专门组委会，按照规定对没有资质的人员和对违反规定的行为进行管理。

早在2008年，上海市人大代表、剧作家

加强管理

准入门槛高 需文明表演不扰民

上海这次关于街头艺人的管理，也是“花了时间、下了功夫”。上海市演出行业协会会长韦芝说，他们用了一年时间寻访了100多位街头艺人，最终筛选出8位有资质的艺人，并委托上戏等专业机构有针对性地对他们加以辅导。并且在考核合格后10月25日给他们发了资格证，作为试点期间演出的证明性文件。

韦芝说：“希望有街头艺人是上海很多市民的愿望。一年多来我们对街头艺人进行了鉴别。他们既不是流浪者，也不是乞讨者，更不是商贩，也不能扰民。他们必须具有专业的表演技能，且文明素养要与城市形象相匹配。因此我们希望在街头出现一批职业的、能够体现文明表演行为的街头艺人。”韦芝还表示，希望能通过这次“持证上岗”的试点，推广普及上海的街头艺术，同时，也让这一艺术形式更加规范化。

对街头艺人的管理应如何推进，上海市文广局局长胡劲军曾表示，街头艺人规范化问题，上海已经在做立法准备，目的在于探索准入门槛，直观评估街头艺人的现场效果以及百姓对此事的反应。希望通过一系列尝试辨析出对街头艺人界定和管理与现存的城市管理法规有无冲突。

上海关于街头艺人的管理方式引发社会关注，放眼全国，这一城市管理新思路能否被各地复制？

他山之石

街头艺人表演是城市独特风景

街头艺人管得好，会成为一道城市风景，在纽约、台北、悉尼等国际化大都市都有街头艺人。在很多国家，对

图谏“街头艺人应持证上岗”，是2006年原版《天大的小事》提出的，虽然“好饭不怕晚”，但早吃早安逸。2014年10月28日，《北京晚报》刊发《上海八位街头艺人获“上岗证”》，其中说道：

“教师上岗需要教师资格证，医生上岗需要医师资格证。如今在上海，街头艺人也可以持证上岗，大大方方地在街头表演才艺了。上海8位街头艺人经过选拔和培训获得资质证书，将于11月在静安区安义路试点地区表演。”

另据了解，早在2008年，上海市人大代表罗怀臻等人就建议制定《上海市城市街头艺人管理条例》并颁发演出许可证。由于街头艺人问题涉及演艺行为界定、税收管理以及市容、交通、环保诸多方面，从提案到试点街头艺人的合法身份政策出台历时6年。

所见略同。尽管此间图谏早于代表提案两年，且从提出到形成共识整整历时8年。于此，从自我视角看问题多会患得患失；反之，从无我的思维想问题，从不同的时空走到一起，造福的将不仅是一事一地。

新京报 2018年4月25日 星期三

A14 深e度

成都市日前发布消息称，成都首批持证街头艺人月底上岗。 网站截图

街头艺人“持证上岗”已有先例。图为上海一位街头艺人展示自己的“许可证”。 图/视觉中国

去年5月，成都市的街头艺人在地下通道“卖艺”。成都市符合条件并通过考核的街头艺人，本月底将“持证上岗”。 图/视觉中国

成都街头艺人求“打赏”需“持证上岗”

街头艺术表演者须有成都户籍，经审核、考试后可取得演出许可；指定区域表演将不会受到城管驱赶

2015 年，深圳市引入社会组织参与管理，与街头艺人签订自律公约，并试行“划定区域、固定位置、抽签派号、核准入场、规定时间、持证上岗”的管理模式。2017 年，广州“将户外空间表演合法化、规范化管理，23 组艺人通过审核，成为首批持证表演艺人”。2018 年 4 月 25 日，《新京报》刊发记者王煜采写的《成都街头艺人求“打赏”需“持证上岗”》，其中说道：

“近日，四川成都正在进行一场‘收编’街头艺人的探索。成都市文化广电新闻出版局公开招募符合条件的街头艺人，经过审核和复试后，可获相应的演出许可。于月底上岗的‘持证艺人’，将不会受到城市管理部门驱赶。此外，获得认证的街头艺人还可以自由接受‘打赏’。”

在有关报道里，成都市音乐产业推进办公室所言“街头艺人将成为成都的一道风景线”令人感慨万千。细想起来，偌大一座城市，“一道风景线”似嫌不够，诸如“煎饼果子”一类传承地方饮食文化的特殊景观、景致，其实均可用“城市经营艺术”的手法去串联、并联。

10 / 衣物捐助

YIWUJUANZHU

为给“旧衣捐赠”这个新事物预设发展空间，此间还特别创造了新词“善不厌勤”，意在“行善频次越勤越妙”，意在我们有些模式化、程式化的善举，有待改观，有待“加密”。

谈及“城事软肋”，以“旧衣捐赠”为代表的“善不厌勤”最有发言权，之前司空见惯且见怪不怪的定期善举，尽管好心好意，尽管费心费力，但从事物本身的逻辑关系来讲，“善不厌勤”更有魅力。

于此，《天大的小事》对照版后记曾言，“假如我们的‘民政局长’能看到我们的图读，或许穷人翘首富人也翘首的捐助网点早日随处可见。善不厌勤”。

16年前曾有幸为刚创办的“中华慈善总会”提供外脑服务，16年后，国内慈善事业状况今非昔比，大宗大件善事不说，仅寻常人家捐助的衣物就足以让无数被救济对象笑逐颜开。

人们虽然领会了多得不能再多的“捐赠要点”，但是很难适应少得不能再少的“捐赠网点”。于是，选个好听的日子统一行动成了行善的固定模式；于是，“献爱心，图省心”成了善男信女由衷的期盼。

西洋人也有穷人，也有善人，如何让生活节奏与慈善同步，西洋派有些做法很值得我们用心揣摩——诸如在公共场所设置硕大无比的“衣物捐赠箱”，诸如在其附近放置规格统一的“捐物袋”，看上去，学起来，既简单易行，又事半功倍。

现实中此类情况比比皆是，说大不大，说小不小，说靓不靓，说糗不糗，表面看啥也不是，但实践证明“啥也不是”往往蕴含了太多太多……

摘自《天大的小事》对照版

西城区首个社区爱心衣橱在白纸坊街道清芷园社区安家，不到20分钟内，就被居民带来的各种衣服喂饱了“肚子”。白纸坊街道相关负责人介绍，爱心衣橱装满后，将有社会服务组织地球站的专业工作人员进行收集、整理、运输，在严格消毒后，邮寄到贫困山区、灾区，送去一份温暖。 张海涛摄 J029

“俗人所见略同”。在原版《天大的小事》倡导此举多年后，2010 年 6 月 7 日，《北京晚报》刊文披露“政协委员提案旧衣物捐赠及流通应常规化”，文章说道：

“市政协委员季冬生在今年年初的市政协会议上提出提案，呼吁政府重视和支持旧衣物捐赠和流通，把旧衣物捐赠常规化，也让旧衣物领取成为扶持本地区低收入群体的一部分内容，统筹规划旧衣物捐赠和流通的渠道。”

群众是真正的英雄，也是真正的诸葛亮。在有人引进“旧衣物捐赠”思路、有人呼吁政府理应重视之后，据报道，“本市将试点‘慈善超市’，并有望在 6 月全面推开，力求做到每个社区每天能够接受市民家中旧衣物捐赠”，在实物捐助的同时，通过变现救助本市及灾区困难群众。

2014 年 11 月 5 日，《北京晚报》披露，西城区首个社区爱心衣橱在白纸坊街道清芷园社区安家。据介绍，专业工作人员对旧衣物进行收集、整理、运输，在经过严格消毒后，邮寄到贫困山区、灾区，送去一份温暖。

9月14日，安徽巢湖向阳苑小区的居民正在将家中的旧衣物放到旧衣回收箱里。近日，巢湖市10多个小区安装了旧衣回收箱，专门用于收集居民闲置不用的衣物、鞋帽等。此举不仅让众多废旧衣物变废为宝，而且还大大减少了对环境的污染，吸引不少市民参与。 马丰成摄（人民视觉）

推广“旧衣捐赠”，媒体予以极大宣传，其中《人民日报》功不可没。连续多年，有关报道图文并茂、常说常新。

2015年9月16日，该报刊发马丰成的图片新闻，告知：“巢湖市10多个小区安装了旧衣回收箱，专门用于收集居民闲置不用的衣物、鞋帽等。此举不仅让众多废旧衣物变废为宝，而且大大减少了对环境的污染，吸引不少市民参与。”

2019年3月，该报刊发陈娟采写的《旧衣回收箱不能一放了之》，其中说道：“旧衣回收箱的出现，做好了是件多赢的事。但从一些情况来看，其中也有一些需要解决的问题。旧衣回收箱能不能放、能放在哪、放了之后谁来管、出了问题去找谁，目前还都不明确，很容易让别有用心者钻了空子。”

同年4月，《人民日报》刊发姚雪青撰写的《给旧衣服找个好去处》，文章开篇就谈到这些避不开的琐碎之事。其中说道：“旧衣服有什么样的渠道可以捐出去？捐出后经过怎样的处理可以给到有需要的人手中？不适合再穿的旧衣服又可以怎么利用？其实，分门别类，旧衣再利用大有可为。”

11 / 食品银行

SHIPINYINHANG

在《天大的小事》对照版“善不厌勤”一栏中有个同类项叫作“食品银行”。作为发达国家的常用语，说白了就是店铺或第三方把“快到期但没过期”的临界食品捐给有需求的人。

看来，社会资源也要分“已开发”和“待开发”，而“有组织的食品捐赠”是个不错的范例。社会资源还有哪些有待开发，诸如晚间机关大院停车场、住宅楼空置的地下空间，都有理由热眼相顾。

有一说一，“食品银行”在我国需求量很大，且市场份额也不小，因此更上一层楼完全可行。举一反三，在熟视无睹的地方发现新大陆，在司空见惯的地方挖掘新能源，并非异想天开，并非天方夜谭。

11—1 食品银行

(24) 善不厌勤 / 食品银行　　眯起眼睛看西方

社会之大，无奇不有，这边“衣物捐赠箱”还没絮叨完，那边又驶来了一辆企业赞助的“食物银行车”，人以食为天，更何况此“银行”不同于彼银行，因此肯定要重重地写上一笔。

但见此车停在一家超市前，慢腾腾走出俩老者，片刻后，晃晃悠悠从店里推出一车货；上眼看，方知是慈善义工，将“未过保质期”的下架食品收集起来送往“庇护所”，用以救助食不果腹之人。

视此想起前不久电视台播放的一则专题，说的是某超市为标榜对顾客负责，每天打烊以前都要把那些“不是当日生产”而“尚在保质期”的食品乱棍打烂弃之垃圾桶，眼看着那些好端端的烧鸡酱肉零落成泥碾作尘，相信再有定力的素食者也会俗念蹿升。

人世间除了“穷乍富”一步到位，剩下的全得要按部就班。再新的商业业态，再炫的企业理念，一旦失去人味儿，照样也会变质……

304 天大的小事

摘自《天大的小事》对照版

国家工商总局今天推出新政

保质期“临界”食品须明示

专家提示 熟食距保质期限两三天、酸奶五天，都要慎重购买

本报讯(记者杨滨)超市卖场和社区食杂店销售的即将到保质期的食品，今后不能“藏着掖着”卖，而要在销售场所集中陈列或向消费者作出醒目提示。国家工商总局昨日首次对“临界”食品的销售方式提出要求。

目前许多商场都会有特价食品促销活动，市民在选购这些食品的时候，往往只看中了价格上的便宜，而忽视了查看生产日期和保质期。还有一些超市把即将到期的食品和新鲜食品放在一起捆绑销售。

国家工商总局昨日发出的《关于规范食品索证索票制度和进货台账制度的指导意见》中提出，食品销售者应对即将到保质期的食品集中陈列或者向消费者作出醒目提示。

什么时间范围算做食品“即将到保质期”，记者了解到，根据不同的食品品种，超市方面目前都有一个大概界定。熟食是两三天，酸奶等乳制品5天左右，而面包、现制糕点等食品基本是当天出清。也就是说，这些食品在临近保质期两三天到四五天内，超市就会加大促销力度，尽快出清。

物美集团业务部门相关负责人告诉记者，实际上现在许多超市对即将到保质期的食品都会“区别对待”，比如使用黄色降价标签，在某一类食品陈列货架中进行集中售卖，但是不可能出现大量堆存，因为“超市毕竟以销售新鲜食品为主”。

消协人士对工商部门的这种规范“临界”食品销售方式的做法表示肯定，中消协有关人士认为这种主张保障了消费者的知情权。而工商部门也提醒市民，“特价”食品一定要小心购买。对于接近保质期的商品，一定要看清楚商品的生产日期后再选择。D044

前些年，“保质期临界食品”还是个生僻词。2007年11月2日，《北京晚报》刊发《保质期“临界”食品须明示》，告知国家工商总局推出新政。什么算作食品“即将到保质期”？超市方面目前都有一个大概界定。

工商总局：快过期食品须醒目提示

北京130多家超市已设“临近保质期食品销售专区”

本报讯（记者杨滨）“本区食品为临近保质期食品，请消费者购买后在保质期内食用完毕”，不少消费者最近在家乐福、物美、美廉美等超市采购时，发现超市内多了“临期食品专卖区”，一些快到期的食品被扎堆儿在一起销售，有些还有优惠。国家工商总局近期要求各地工商部门严格监督食品经营者，对即将到保质期的食品在经营场所向消费者做出醒目提示。

北京工商部门去年就率先从海淀商家开始试行“临期食品专柜”，现在，本市家乐福、卜蜂莲花、城乡仓储、美廉美、物美、华联、统一法宝等大中型商场、超市均已开始逐步设立专区，销售临近保质期食品。而此前，商家往往会采用捆绑销售的方式，将一些快到期食品藏在新产食品中销售。“现在，集中明示销售快到期食品，既能让顾客放心消费，而且由于价格实惠，销售较快，在一定程度上减少了食品因过期而造成的浪费”，一家超市销售人员告诉记者。

目前，北京已有130多家超市设立“临近保质期食品销售专区”。超市把快到保质期的食品集中到一起统一标示、统一销售，并提醒消费者尽快食用。北京市工商局食品处相关负责人表示，目前对超市的要求是“自愿设置”，觉得效果好的商家可以选择长期保留。

据悉，国家工商总局进一步要求各地工商部门监督食品经营者建立并执行进货查验制度，确保购入食品来源正规可靠、质检合格报告真实有效；监督食品经营者定期检查食品的进、销、存质量安全情况，把好食品销售关；同时监督食品经营者对发现的不符合食品安全标准的食品、超过保质期的食品等立即停止经营、下架封存、依法处置或销毁，把好食品退市关。 D044

困惑：
同一商品能否两种价？

一家大型超市负责人对设置这种临界食品销售区提出了困

难题：
距离保质期多久才算是临界食品？

国家并没有明确规定怎么才算是临界食品，不同商家的理解也不

30天以上不足90天的，期满之日前10天；保质期16天以上不足30

借鉴：
国外咋处理临界食品？

加拿大：把即将过期的食物减价出售或捐给慈善机构，那些打折后仍

2012年2月1日，《北京晚报》刊发《工商总局：快过期食品须醒目提示》，谈及“国外咋处理临界食品”，告知有些国家降价出售或捐给慈善机构，有些国家则捐给穷人或将其丢弃。

家乐福“食品银行”募捐活动在全国多地开启

2017年12月09日至10日，由家乐福与“食品银行”合作举办的“食品银行”捐赠活动在全国多地大卖场同步上演。参与此次活动的门店均开辟“食品银行”专区以及慈善展位，旨在通过募捐的形式将消费者募集的食品赠送给经济困难人士。

家乐福自1994年起开始与“食品银行”合作组织捐赠活动，今年的活动在法国、中国、西班牙、波兰等十个

力。据了解，2016年家乐福“食品银行”活动募捐到食品达2万余件，重21吨，并全部被分发到贫困家庭、孤寡

台捐赠，如大米、食用油、罐头食品等不易变质食品。除了直接募捐的方式外，家乐福还开设慈善展位，提供米、

次分发给经济困难人群。

与此同时，在家乐福门店的活动现场，可以看到来自公益组织的志愿者们在活动现场进行宣传引导。小小志愿者饱含热情地向顾客宣传慈善理念，组织动员顾客积极参与募捐活动，同时也耐心地为消费者答疑解惑。随后，公益组织也将负责落实捐赠对象、物流发放等事宜，并和家乐福一起跟踪物资的去向，将消费者们的点滴爱心真真切切的落到实处。家乐福北京地区的公益活动，是与北京青少年发展基金会联合举办的，在十家门店里，北京青基会100多名爱心小天使身穿红色马甲，在北京10余所高校志愿者的陪同下，热情大方地向往来的顾客介绍着为贫困地区孩子送福袋活动的详细内容，每位顾客捐赠闲置食品、扫码捐赠或是现金捐赠，他们都会为这些爱心人士贴上一枚爱

心贴，感谢他们为贫困地区小朋友的热心付出。待活动结束后，小天使们将一同前往贫困地区，将社会各界爱心人士的温暖和关爱送到当地小朋友的学校或者家庭，祝福他们在新的一年里能有更好地成长和收获。

“有一种信任叫家乐福的”，家乐福始终贯彻履行自身的社会责任，以最好的服务回馈社会。

2017 年 12 月 13 日，《北京青年报》刊发《家乐福“食品银行”募捐活动在全国多地开启》，其中说道：

“由家乐福与‘食品银行’合作举办的‘食品银行’捐赠活动在全国多地大卖场同步上演。参与此次活动的门店均开辟‘食品银行’专区以及慈善展位，旨在通过募捐的形式将消费者募集的食品赠送给经济困难人士。”

上述活动与之前在欧美考察时见到的情形多有不同，比如“消费者可持家中闲置食品至家乐福服务台捐赠”，又比如“还开设慈善展位，提供米、面、油等多款折扣商品供热心市民前来购买作捐赠用”。因为不在现场，无法多予评说，但捐赠“家中闲置食品”如何把控食品安全？由顾客购买后“再捐赠”与原属性是否一致？均给这个老派的新生事物加注了不少问号。

绝不是吹毛求疵，尤其是拿“家中闲置食品”助兴，即便是好心好意，可一旦放到“食以安为先”的高度研判，还是因循守旧为妙。就此，《天大的小事》对照版还写了些啥，有兴趣不妨细细品读。

进口食品"白菜价"引热购

临期食品：销售难题变身另类商机？

本报记者 赵语涵

天猫超市里每盒16.6元的泰国椰子水10元3盒，网上售价25元一包的德国进口巧克力威化饼干10元2包，原价6元一瓶的马来西亚进口苏打水10元5瓶……这些平时售价不菲的进口食品，因为临近保质期，以意想不到的"白菜价"出售。如今，这样的临期进口食品折扣店正在京城悄然兴起。

往日让一些商家头疼难以处理的临期食品，似乎正成为一种新的商机。而这一商机也推动了曾经的小众进口食品，以极具竞争力的低价走入更多"寻常百姓家"。

临期进口食品店火爆社区

"广受欢迎的马来西亚青椰果汁再次到店，日期到7月2日，特价10元4盒，24元一箱！""给我留两箱，晚上去拿！""我要一箱，下午拿！"……每天，在一个名为"进口食品折扣店"的微信群里，这样的对话频频出现，很多货品还没有摆上货架，就已被订购一空。

这个微信群属于一家位于西城区广外大街的进口食品折扣店。在和小卖部一样的实体店内，花花绿绿的商品多是来自东南亚、欧洲、北美等世界各地的进口食品。这些食品基本都临近保质期，短则10天半个月到期，长则八九个月到期。

"刚开店的时候，很多人一进门，掉头就要走，说你这都是进口食品，肯定特贵。"每当这个时候，店主陈婕赶紧拦下顾客，"您看看价格再说。"临期食品价格一般都在原价的两折左右，低廉的价格迅速吸引了大批顾客。

开店不到一年，小店已经成为社区内的"明星店"，每月流水达到"10万+"。店内常客既有80后、90后等年轻群体，也有平时精打细算的大爷大妈。与陈婕店铺同品牌的加盟店，开在地铁站周边等人流量更大的地方，月流水一般稳定在25万元左右。

记者调查发现，近一年来，类似的临期进口食品店在京城悄然兴起，并以超低价格迅速吸引客户。形成连锁规模的品牌包括"悠品食惠"、"T3进口食品"等，连锁规模已达10余家。此外，记者登录淘宝发现，平台上也出现了不少专营临期进口食品的网店。

进口食品易临期成商机

早在这些进口食品折扣店兴起之前，其实不少人就有着"捡漏儿"临期食品的经历或消费习惯。各大商超，几乎每天都会有临近保质期的食品通过打折、捆绑等方式进行促销。市民陈女士就经常"捡漏儿"临期食品，"像晚间商超半价出售的面包、饭团，还有一些高端进口超市捆绑促销的进口酸奶、饼干等，我都常买，价格便宜，又没到保质期，尽快吃掉就可以了。"

近年来，随着国人对进口食品的消费购买力提升，除了一些专营进口食品的店铺，各大商超也都开设进口食品专区。一位物美集团内部人士告诉记者，扩大进口食品销售规模的同时，进口食品也成为了商超里最易临期的商品之一。

据艾瑞咨询发布的《2019中国进口食品消费白皮书》显示，从2009至2018年，我国进口食品规模以17.7%的复合增长率增长，2018年首次超过700亿美元。大量进口食品的涌入，也催生了大量临期进口食品。有商家敏锐嗅到其中商机，专营临期进口食品的折扣店由此应运而生。

刘先生是一位临期进口食品渠道供货商。他告诉记者，每周他给临期进口食品店供货的总价近20万元。近一年他发现，瞄准临期进口食品商机的淘金者明显增多。

临期食品可售卖须明确告知

临期食品是否安全？如何界定？是否可以专营售卖？记者咨询食品监管部门工作人员获悉，临期食品属于安全食品范畴，可以售卖。这位工作人员表示，以促销方式售卖临期食品也是一种减少浪费的做法，但必须明确告知消费者食品的临期情况。

2012年1月27日，国家工商总局发文明确要求，食品经营者对即将过期的食品应向消费者作出醒目提示，也就是说，到了保质期临界期限的食品需要告知顾客并单独出售。

随后，北京市工商局向外界公布了"食品保质期临界"的6级标准：标注保质期1年或更长的，临界期为到期前45天（如罐头、糖果、饼干等）；标注保质期6个月至不足1年的，临界期为到期前20天（如方便面、无菌包装的牛奶果汁等）；标注保质期90天到不足半年的，临界期为到期前15天（如部分真空包装并冷藏的熟食品、速食米饭等）；标注保质期30天到不足90天的，临界期为到期前10天（如一些灭菌包装的肉食品、鲜鸡蛋等）；标注保质期16天到不足30天的，临界期为到期前5天（如酸奶、一些点心等）；标注保质期少于15天的，临界期为到期前1-4天（如牛奶、活菌乳饮料、主食品、未灭菌熟食、未灭菌盒装豆制品等）。

世界各地也有不少鼓励临期食品售卖的做法。据日本新华侨报报道，近日，日本最大便利店品牌7-11尝试改革，出台了一项鼓励措施，对于购买临期食品如盒饭、面包等的顾客，给予积分奖励。7-11将从2019年秋天开始，在全日本两万多家便利店同时推行这一政策。

也可能是有人读过《天大的小事》对照版，也可能是有人学了家乐福的经营理念，2019年6月17日，《北京日报》刊发记者赵语涵采写的《进口食品"白菜价"引热购》，其中说道：

"往日让一些商家头疼难以处理的临期食品，似乎正成为一种新的商机。而这一商机也推动了曾经的小众进口食品，以极具竞争力的低价走入更多'寻常百姓家'。记者调查发现，近一年来，类似的临期进口食品店在京城悄然兴起，并以超低价格迅速吸引客户。"

文章还披露，世界各地也有不少鼓励临期食品售卖的做法，如日本最大便利店品牌7—11尝试改革，不仅出台鼓励措施，而且对购买临期食品给予积分奖励。

在为新事物点赞的同时，必须要将右页文章推荐给大家，该文摘自《天大的小事》对照版。为学懂弄通其中的原理与结构，作者也曾多方打探，但愿给广大消费者、经营者、监管者以必要启示。

(24) 善不厌勤 / 食品银行 静下心来想自己

免费“食品银行”风波

2003年秋我到美国旧金山留学，租住在珍妮太太的家里。为省时省钱，常常煮一大锅饭菜回来热一热就随便吃。

珍妮太太见我吃得这么简单，建议我不如到Food Bank(食品银行)拿来吃，那不用花钱。

她告诉我，所谓Food Bank，就是食品超市把客人买了而特意留下的食物集中在一块，以供给那些有需要的人。

当年圣诞节后不久的一天晚上，我从Food Bank抱回一大包食品，饱餐了一顿，还剩好多。第二天珍妮太太发现其中的一块牛排有异味，她要我马上就去投诉。我说算啦，人家是白给的，还投诉什么。

她很吃惊地问：白给就可以给变质的？若是你当老板，你可以把变质食品送给人家？我说虽然有点异味，但问题不大，我吃了一整天都没事，不必小题大做。

她愤愤不平地问：“你今天吃了没事，明天别人吃了中毒怎么办？难道你要等死了人才投诉他们？你做人怎么这样自私！”说着又要我马上打电话。

白吃了人家的还要投诉人家，这事我实在做不出来。她很生气地骂我做人太自私，然后抓起话筒，看了看食品袋上的电话号码，用她那又大又粗的手指狠狠地拨打了电话。

大约10分钟后，一个侍者带着一袋牛排来了，他进门就连声向珍妮太太道歉说，圣诞节这几天，里边堆放的食品太多，他们还来不及清理，所以发生了这意外，请我们原谅。

(摘自2005年3月《海外文摘》/作者 蔡志芳)

城市如何让生活更美好 307

摘自《天大的小事》对照版

12 / 共用车道

GONGYONGCHEDAO

关于“辨证治堵”，有人说“辨证”二字用得好，也有人讲“辨之前，先要辩”。辩来辨去没想到，“取消周末公交道限行”获“2018年北京市中小学生科学建议”特等奖。

围绕公交道有待展开的话题很多。由于墨守成规，由于不明就里，所以设置公交道的初心似乎有所偏离本真。

习总书记叮嘱，“各级领导干部要加快知识更新、加强实践锻炼，使专业素养和工作能力跟上时代节拍，避免少知而迷、无知而乱，努力成为做好工作的行家里手”。仅就如何“拓宽公交道围度”而言，规避少知、无知似为关键。

（31）辨证治堵 / 共用车道 眯起眼睛看西方

由于“堵因”复杂，所以“治堵”绝非易事，需要掰开揉碎，需要见微知著，在忽略不计的病灶里，“公交先行”与“公交专用道”的混为一谈，或许是视而不见的症结所在。

有些人喜欢跟风，有些事喜欢跟风，近年来，既不分人也不分事、跟风跟得最好当数“公交先行”。缘何，有说此举贴近老百姓，有说此举接轨国际化，总之是师出有名，总之是政出有门。

在北美既看到了超凡脱俗的“公交先行”，也看到了人多快行的“共用车道”，所谓“Carpool”，说的是无论啥车，只要按现场规定凑够人，即可成为特权车，即可大行共用道，警察不干涉，别人不眼红，大大提高了道路的利用率。

对此有人称道，有人质疑，可也是，这边厢动不动“车膜黑如炭”，车里坐着仨李逵还是俩李鬼的确很难分辨。然而办法总比困难多，一是贴膜的一律排除在外，二是人头够数的计程车放行，三是校车、班车网开一面……

380 天大的小事

摘自《天大的小事》对照版

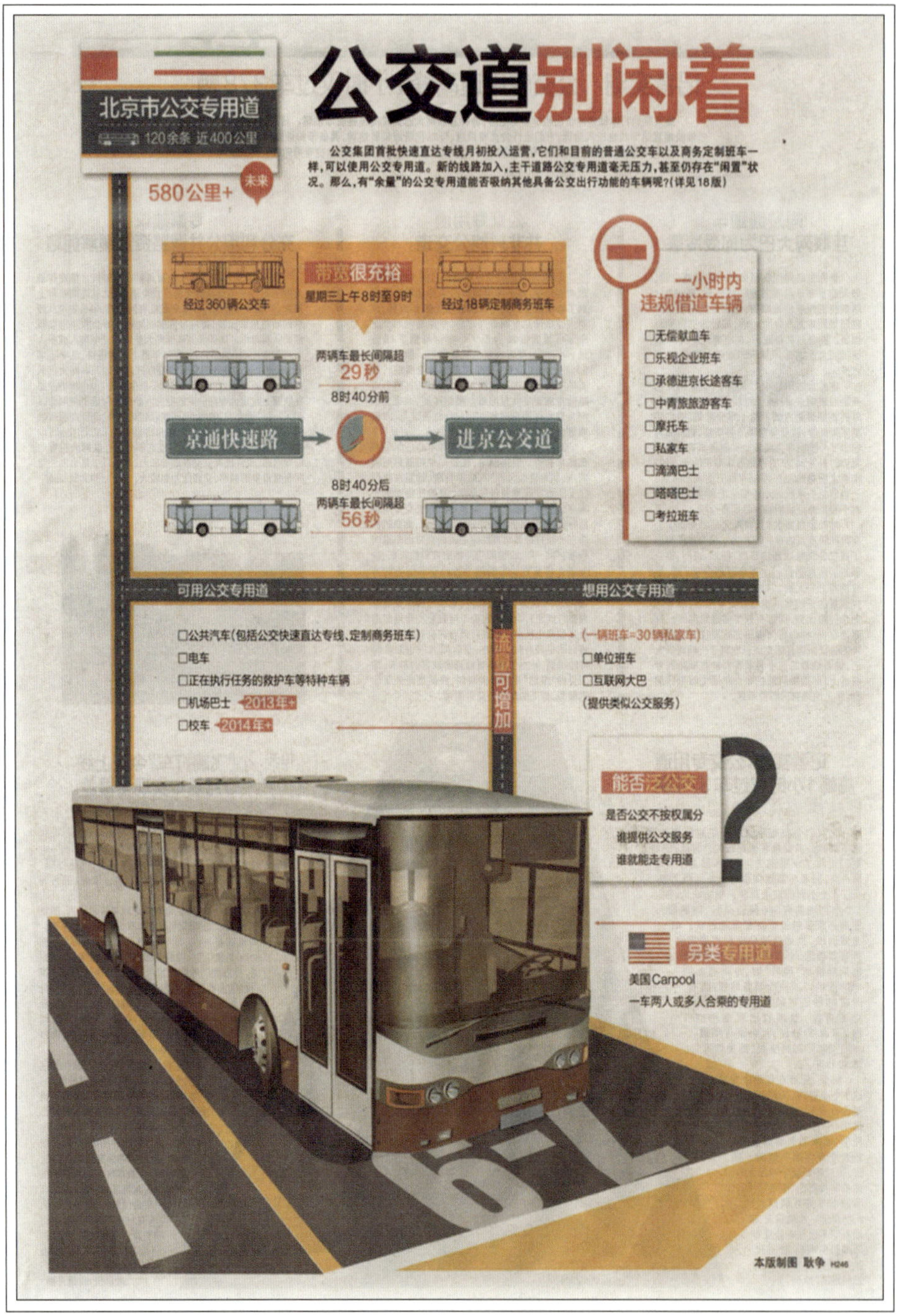

2015 年 8 月 18 日，《北京晚报》用两个整版刊发《公交道别闲着》。

深圳治堵新招：车内超两人可走专用道

交警昨日起开始对多乘员车道执法，8月8日起罚款；专家称北京外围道路可以规划

新京报讯 只要车内人数多于两人，工作日早晚高峰就可以走专用车道，这是深圳推出的"治堵"新招。昨日，深圳交警正式对深圳首条多乘员车道（HOV车道）开始执法，首周内交警对违法驶入的司机会进行教育警告，从8月8日起，将处以300元处罚。

今年4月18日，深圳首条HOV车道在滨河－滨海大道试行，在工作日早晚高峰时段（7点半到9点半、17点半到19点半）只允许乘坐两人及两人以上车辆通过。车道全程地面有绿色标线指示，路边也设有指示牌引导。

试行前曾开展网上投票

昨天是深圳交警对HOV车道开展执法的第一天。记者从深圳市公安局交通警察局（下称深圳市交警局）获悉，多数司机按规行驶，但仍有少数司机明知故犯。

据深圳市交警局机动训练大队铁骑队刘柳介绍，从早高峰7点半开始，截止到上午9点，其所带的队共劝离4辆违反驶入HOV车道的车辆。

在推出HOV车道这一

昨日，深圳交警正式开始对多乘员车道执法。一周后，将对违法驶入该车道的司机进行罚款。 深圳市交警局供图

厘清公交道的含义，为的是给"共用车道"让路。2016年8月2日，《人民日报》《新华每日电讯》《新京报》等纷纷刊登有关深圳治堵新举措的报道，告知"深圳首条多乘员车道正式推出，工作日早晚高峰只要车内乘坐两人及两人以上，车辆就可通行"。在城市交通不堪重负的当下，此举善莫大焉。

究竟什么是"多乘员道"？顾名思义，通常路段，超常限定，有地方规定仨，有地方允许俩，不管彼此认识不认识，只要提前凑够了数，您就有资格行其道。同样宽窄的路面，却轻轻松松承载了双倍或三倍的运量。事实证明，在不少发达国家此举颇得人心，不仅方便有车族，同时也便宜了"蹭车族"。为了赶时间，为了避拥堵，不少落单儿的乘员情愿掏钱"雇托儿"一路随行。

深圳是改革开放的排头兵、领头羊，所作所为多有前瞻性。在为其创举点赞的同时，不由得想起2006年原版《天大的小事》所思所议。倘若当年有人早早悟出"共用车道"抑或"多乘员车道"的重要性，轻松变通，不知分分钟造福多少路、多少车、多少人、多少事。

13 / 人行横道

RENXINGHENGDAO

人行横道又称“斑马线”，既直观又形象。按理说，行走于此，或面对于此，相关的行为理当好自为之。遗憾的是，此道、此线、此事、此举，却成为城市管理无尽无休的咏叹调。

发生在斑马线上的故事令人动容，包括那些常年值守街头的引导员，包括那些自动采集违章影像的高科技，不仅年复一年，日复一日，而且苦口婆心、仁至义尽。

“磨破嘴”既体现执着，也体现无奈。面对从文明层面似乎一时难以奏效的斑马线，有政协委员疾呼“让是法，不是礼，要有细则保障法规执行”。一语中的，处置违法似乎用不着太多的“礼尚往来”。

（05）科学交管 / 人行横道　　眯起眼睛看西方

“洋人”最擅长“夸张”，无论是说，无论是笑，无论是穿，无论是戴，不出格、不出彩决不叫到位，其中最常见的莫过一句“How are you”能拐八道弯儿，一声“Thank you”能点十次头。

包括七老八十的老人家，浓妆艳抹多为平常事，包括五大三粗的老爷们儿，照样五黄二色红配绿，从看不惯到看得惯经历了很长时间，在此过程中，“洋人”的夸张或夸张的“洋人”给我留下了很多新印象。其中，印象最深的莫过于斑马线的警示标志——但见一个路口戳着3个“人”，但见一个“人”配着两盏灯，您再没睡醒，到此一游也会二目圆睁。

有人说“斑马线其实就是文明线”，也有人说“人行道其实就是人性道”。时处“以人为本”的时代，以人为本“人”在哪，以人为本“本”为何。在行人过马路的问题上，由于“人”在其中，“本”在其中，所以任何看似夸张的手法都不为过……

74 天大的小事

摘自《天大的小事》对照版

东华门街道公共文明引导员　许书惠

“文明出行氛围依赖于市民素质提升”

第1期

去年4月，北京市启动“礼在北京让出文明——市民爱心斑马线专项行动”，到目前为止，礼让斑马线行动开展已近一年半的时间，示范路口也从46个扩展至100个，通过多方引导，市民群众礼让守序的出行习惯正在逐步养成，机动车通行秩序得到了进一步规范，非机动车和行人闯红灯、抢行现象也已明显减少。近日，新京报记者先

近年来，“礼让斑马线”成为交通管理大趋势。2018年9月14日，《新京报》报道了东华门街道公共文明引导员许书惠的事迹。自北京启动礼让斑马线专项行动以来，众多“许书惠”无冬历夏、费尽口舌引导北京市民文明出行。

2017年4月，北京市启动“礼让斑马线专项行动”；3个月后，全市46个示范路口率先被推出；次年夏天，石景山区开始全面动员部署争创全国文明城区工作……

“礼让斑马线”是创建全国文明城市的重要指标。石景山区“软硬兼施”，既对路口各类设施重新进行科学设置，也投入大量人力物力参与到礼让斑马线活动中。近日，新京报记者来到石景山区多个路口，探访了该区街头斑马线上的变化。

新京报记者　揭明玥

8月31日，石景山区银河南街和鲁谷路十字路口，公共文明引导员在路口引导交通。　新京报记者　吴江　摄

斑马线上立起交通安全岛，路口标写特色提醒语、设置文明等候区

石景山区每天投入530人次“擦亮”斑马线

“礼让斑马线”是创建全国文明城市的重要指标。北京石景山区对路口各类设施重新进行科学设置，并投入大量人力物力参与礼让斑马线活动。2020年9月3日，《新京报》刊文《石景山区每天投入530人次“擦亮”斑马线》！

交管部门展开路口秩序整治 46个路口重点整治闯灯越线、机动车不让行人等违法行为

司机不礼让斑马线罚200元扣3分

治理

46个路口
为第一批重点路口

针对群众反映强烈的易致乱致堵致祸的路口交通乱象，6月15日起，交管部门重点治理路口内行人、非机动车闯灯越线和机动车遇人行横道不避让行人等显性违法行为。

根据交管部门的统计，仅2016年全年，本市发生的因行人、自行车、电动自行车横过道路未走人行横道、通过路口未按规定让行以及闯红灯等事故达285起，伤237人，死亡103人，因机动车遇人行横道时未减速行驶或停车让行的事故也达37起，伤21人，死亡18人。

按照规定，机动车行经人行横道遇行人通过时，应当停车让行；遇行人正在通过人行横道时未停车让行的，依据《北京市实施〈道路交通安全法〉办法》第九十六条第十项的规定，处200元罚款处罚，并按规定记3分。驾驶非机动车不按照交通信号规定通行的，处20元罚款处罚。

交管部门介绍，在全面加强全市路口综合治理基础上，交管部门将长安街及其延长线、地铁路、平安大街等主要道路的46个路口作为第一批重点治理路口。落实"四个一律"即：非机动车、行人一律按照交通信号灯指示通行；非机动车一律在停止线

第一批重点整治46个路口名单

方巾巷路口、东单路口、王府井路口、南河沿路口、南池子路口、广场东侧路口、广场西侧路口、南长

不少行人在路口边等待红绿灯。在该路口，北青报记者统计发现，5分钟内，大约有4辆机动车过斑马线时没有及时礼让行人，这些车辆在行人过斑马线时没有减速，有的甚至加速，抢在行人前面通过路口。北青报记者注意到，抢行的机动车与行人之间的距离往往很近，有时不到1米。

此外，北青报记者在该路口过马路时，能看到一些机动车减速礼让，但在机动车礼让行人时，其后面的车辆有时会鸣笛催促。

正在等红绿灯的市民王先生告诉北青报记者，信号灯变绿时，行人都着急往路对面走，"这时经常会有汽车转弯开过来，只有等到车速比较慢的时候，我们才能放心往前快走几步"。

在路口执勤的交警表示，机动车礼让行人，应该在停止线前刹车，如果压线或者离线过近，也会对行人的心理造成压迫。"即使在路中间，行人只要走在斑马线上，转弯的机动车也应该礼让。"

双井桥路口：
五分钟有七辆车未礼让

而在双井桥路口，北青报记者观察发现，下午5点多的一段5分钟的时间里，有七辆车在斑马线上没有礼让行人，有的车在右转弯时加速抢行，或看到过往的行人时并未停车让行，缓速挤入人群当中行驶，但多数路人在过马路之前都会给行驶的车辆

关于加大处罚力度，2017年6月16日，《北京青年报》披露"闯灯越线、机动车不让行人均属违法行为，将被依法处置"。"罚200元、扣3分"力道十足，但若没有"平实化、常态化"助力，时间长了，执行力度或会递减。

217处路口电子眼升级增加新功能

不礼让斑马线将被罚款记分

本报讯（记者 安然）记者昨天从市交管局了解到，本市217个路口的"电子警察"升级，即将开始记录机动车"遇行人通过人行横道未停车让行"的违法行为，凡被拍摄的车辆，司机将被处以200元罚款，记3分。这也标志着，本市"机动车路口礼让行人"的举措，马上就要进入到"真刀实枪"的阶段。

市交管局8月3日晚间表示，为加强路口交通秩序管理，交管部门以礼让斑马线为切入点，对影响通行秩序和文明交通形象的突出违法行为加大管理整治力度。在开展现场执法的同时，警方新增设了一批交通技术监控设备，其中217处路口的"电子警察"升级增加了可记录机动车"遇行人通过人行横道未停车让行"交通违法行为的功能。这些新增监控设备已在交管局网站上向社会公示，公示期满后开始拍摄处罚。

《道路交通安全法》中明确规定，机动车经人行横道时应当减速行驶；遇行人正在通过人行横道应当停车让行。市交管局法制处负责人解释说：机动车不避让行人，是指机动车行经人行横道，车身任何部位没有进入人行横道区域，遇已进入人行横道且未闯红灯的行人即将通过机动车前方时，未停车让行的行为。比较典型的有：一是从正在通过人行横道的行人队伍中强行穿插，造成行人行进中断的；二是逼停正在通过人行横道的行人的；三是同方向已经有机动车停车避让行人，仍强行通行的；四是采取突然加速等方式绕过正在通过人行横道的行人的；以及其他影响或者妨碍正在通过人行横道的行人通行的。

这次新增设的交通技术监控设备收集的违法行为记录资料，经审核无误后录入道路交通违法信息管理系统。对机动车遇行人正在通过人行横道未停车让行的交通违法，交管部门将对违法行为人依法处以200元罚款，记3分。

交管部门表示，人行横道线既是引导行人有序通过道路的安全线，是保护行人降低事故风险的生命线，同时也是体现一座城市交通参与者良好形象的文明线，希望每名驾驶人都能自觉礼让斑马线，用守法保障安全，用礼让传递文明，共建共享文明首都的和谐交通。

相关情况如何？后续情况又如何？2021年8月4日，《北京日报》以"不礼让斑马线将被罚款记分"为题广而告之。同样的事由，前后对比，发现似乎除了"200元、3分"的处罚标准没有变，但前后政令发布时间足足跨越了4年多。

14 / 号牌遮挡

HAOPAIZHEDANG

在“城事软肋”中，“涉牌车”堪称软肋中的软肋。看上去无非是将车辆号牌隐蔽，但没有号牌的机动车一旦上路，不仅叫板城事管理底线，而且对抗社会治理红线。

严格说来，“涉牌车”的公共危害性远远大于无视单双号限行。奇怪的是，街边探头抓限行基本一抓一个准，而“涉牌车”无法无天招摇过市，却从未形成过街老鼠之“鼠窜状”。

一波又一波的严查周而复始，究竟说明了什么。有说恒心所在，有说力度如是，也有说城事“后天软肋”的病根、病灶、病理、病态即如此。

14—1 号牌遮挡

（05）科学交管 / 车辆号牌　　眯起眼睛看西方

“洋人”的车牌既简单也复杂，所谓简单是说车牌就是车牌，纵使皇上二大爷也休想从牌子上找便宜；所谓复杂是说车牌不是车牌，既肩负城市形象的广而告之，同时还附带着“车险”起止日等相关信息。

“洋人”前车牌没啥说法也没啥戏法，素面朝天几乎寡淡到可有可无，甚至有些城市顾腚不顾头干脆就没有前车牌。初看不解，再看不解，直至思前想后整明白车牌究竟干啥使才不再一头雾水。

车牌其实是车的专属标识，作用无非两种：一是自家看，另一是让警察稽查等差人看。便于自己看无所谓前后，而便于差人看，尤其便于“腰里掖着盒子炮”的差人追着看，撵着看，车牌在前、在后则大不相同。

与车相关的年检、绿标、保险、养路等费税项目繁多，其实满可以学学人家的“合并同类项”，由一枚专用贴纸独家来掌控。遗憾的是，也许是电脑不济，也许是人脑失灵，总之，身边的事往往会“老西儿拉胡琴，自顾自”……

86 天大的小事

摘自《天大的小事》对照版

遮挡号牌扣12分，百姓一致叫好

还征什么意见啊，赶紧的吧

昨天有媒体报道，交管部门拟加大对遮挡号牌、闯红灯等交通违法行为的记分处罚力度，遮挡号牌将由记6分改为一次记满12分，据称，相关改变正在行业内部征求意见。虽然这则报道尚未得到有关部门的官方认定，但网络之上对于遮挡号牌的高限处罚却一致叫好。

规定还未出台就受到公众一致欢迎，这样的现象并不多见，不过若真想把遮挡号牌这个交通痼疾治好，光有12分，恐怕还是靠不住。

传闻中要修改的，是2010年4月1日起施行的新《机动车驾驶证申领和使用规定》。即将参与驾照考试的考生，也许需要重新购买教材：故意遮挡、污损号牌可能改为扣12分，闯红灯也将改为扣6分。虽然在公安部网站及官方渠道中，仍未有相关消息公布，不过已有业内人士默认了这项传闻的真实性。

“遮挡不就是为了违章吗?这个不比醉驾的危害小”

钟岳（15年驾龄，坚持在每周限行日驾车出行，但从不遮挡号牌）：

我每周限行那天都会开车出门，但我从不遮挡号牌，因为我认为这两种行为有本质的不同。我选择限行日开车出门，是根据成本核算作出的选择，我这天出门如果打车，花钱一点不少，我就当是交了买路钱。从去年年检到现在，我被抓了12次，罚了1200块钱，我认为还是值。当然，我也采取了一些躲避检查的方法，比如绕开有摄像头和警察、早点儿出门之类的。当然，这毕竟是违规的事情，我说出来也没啥可骄傲的。

但我认为遮挡号牌的性质就完全不一样了，这属于一种欺诈行为。而且老话说得好，身怀利器，杀心自起，说的就是这个道理。你遮挡了号牌，就等于给了自己一种心理暗示，可不光是想逃限行这么简单，还有可能发生其他一些交通事故。现实情况大家基本也都看到了，那些不挂号牌的、遮挡号牌的，开到马路上基本都是横冲直撞的，对交通安全可以说是一种危害。从这个角度讲，我认为扣12分还是非常合理的。

张斌（化名，出租车司机，希望12分新规早日施行）：

这事我举双手赞成啊，我看12分挺合理，还收集什么意见啊，赶紧的吧。遮挡号牌这种事，常在街面跑的最有体会了，这个不比醉驾的危害小。他为什么要遮挡号牌，不就是为了违章吗？就是明知故犯啊。这种行为你说罚12分多吗？我觉得不多，还不够呢。

新规若能出台，将如何执行？多名业内人士均认为，执行难将成为12分新规难以推行之处。不悬挂号牌、遮挡号牌的行为，本就是逃脱警法追查的办法。想要严格执行，只有拿出查酒驾的人力物力，而这又似乎不太现实。那么，12分处罚是否会成为一纸空文呢？

2012 年 6 月 21 日，《北京晚报》刊发《还征什么意见啊，赶紧的吧》，告知“遮挡号牌将由记 6 分改为一次记满 12 分”。值得深思的是，“相关规定还未出台就受到公众一致欢迎，这样的现象并不多见”。

涉牌违法 7500名司机回炉

严施新交规 北京车速上升 近期将每天夜查酒驾

“平均每天交通拥堵的报警下降31%，拥堵路段的峰值环比下降了25%。”市交管局副局长陈龙波上午说。在北京开展“交通、环境、治安三大秩序整治”之后，北京道路上的平均车速上升了7.3%，双营路等常规拥堵路段的平均车速环比上升13.5%。

节前将全市夜查

“春节之前，交管部门将至少组织3次全市性的夜查。”陈龙波说。按照以往惯例，春节前一直是酒驾违法的高发时期。在上周交管部门组织的一次全市性夜查活动中，2小时内查处了35起酒后驾车行为。根据安排，近期每天都将组织一次区域行动，每周将组织一次全市性行动。

据通报，近期的四环路内的夜查原则上将在每天23点之后开始，尽量减少对正常交通的干扰。但警方同时强调，“并不意味着23点之前我们就什么都不干，大家也别想着喝了之后，早点回家就没事。”

查处1万多起行人违法

从秩序整顿开始至今，全市已经对非机动车、行人交通违法教育、处罚了13000多次。但交管部门表示，其中对于行人多是教育，处罚主要集中在电动自行车、人力三轮车的骑车人。“查处行人自行车的难度一直较大，但现在通过教育和处罚相结合的方式，还是得到了大多数市民的拥护，大部分人还是比较配合。”陈龙波表示，近期“中国式过马路”现象在中心城区已经开始减少。

涉牌违法查了7500人

公安部123号令对涉牌违法的处罚力度大幅度提升。北京警方表示，在“三大秩序整顿”的第二阶段，警方将以涉牌违法行为作为打击重点。截至目前，已经查处7500多起。这也意味着，将有7500多名司机回炉重学交通法。

陈龙波表示，查处涉牌违法时，巡警也将参与进来。当巡警在路面上发现有车辆遮挡、不悬挂、故意污损号牌时，将主动通知交通民警，再由交警进行查处。

山寨指路牌将被追查

在秩序整顿中，警方大规模拆除了遍及城市道路两侧的山寨指路牌，根据统计，现在已经拆除了2500多块。很多山寨牌子拆掉后，标志杆还立在路旁，为此警方又组织了28次“拔杆行动”。记者了解到，如果山寨指路牌连牌子带杆被清除，安装方至少损失万元左右。

交管部门表示，警方现在已经顺藤摸瓜找到了多家承接山寨指路牌安装工作的公司，并准备在近期进行处理。“希望这些公司也别再抱有侥幸心理了，别觉得装了也就装了。对这种违法行为，警方一定会加大处罚力度。”陈龙波说。

农用车将成整顿重点

在春节之前，农用车、马车违法进城并占道经营的情况屡见不鲜。近期这些行为又可能增多，严重影响社会秩序。警方多个警种为此组织了专项行动，从1月17日起，按照交通法和治安管理处罚法严肃处理。

据警方通报，对于阻碍执法的人员，必将一律依法处理。上周，已有两名农用车司机因暴力抗拒执法被刑事拘留。按照警方规划，将重点整治五环路以内的农用机动车、四环路以内的马车非法上路和无照经营，尽量杜绝这些现象。

共查处近20万起违法

截至目前，北京警方在各重点区域开展了135次攻坚行动，查处近20万起各类违法行为，扣车6700余辆，拘留640余人。

春节之前，警方将重点在火车站、机场、交通枢纽、商业区、公园景点、远郊旅游路线等重点地区强化整顿。在前期排查确定的187处秩序乱点之外，结合近期公众反映的情况，警方将全市230处乱点地区纳入了管理范畴。北京市公安局表示，三大秩序整顿行动开始至今，得到了广大市民的热烈响应和配合，对于公众的支持，警方表示由衷的感谢。 J060

2013 年 1 月 22 日，《北京晚报》刊发《涉牌违法，7500 名司机回炉》，其中说道：“北京警方表示，在‘三大秩序整顿’的第二阶段，警方将以涉牌违法行为作为打击重点。”

14—3 号牌遮挡

今起全市严查涉牌交通违法

严厉打击机动车假牌、套牌以及使用假证等行为

本报讯（记者安然）从今天起，市交管局根据公安部交管局的统一部署，在全市范围内持续开展假牌套牌假证违法行为专项整治行动，集中整治各类涉牌涉证违法行为，严厉打击机动车假牌、套牌以及使用假证等严重交通违法行为。

在车牌上动手脚，为的是在出现交通违法的时候躲避监控。因此，越是这些车，越容易出现随意超速、闯红灯、闯禁行、占用应急车道和公交专用道、违反限行规定等违法行为，扰乱市民正常出行秩序，极易引发交通事故。

发生事故后，存在涉牌违法问题的车辆也比较容易逃逸，这也增加了警方的办案用时和侦查难度，还有一些不法分子，专门以涉牌违法车辆为作案工具，背后往往隐藏着治安、刑事类违法犯罪。

据了解，交管部门在此次专项行动中，将重点通过加强民警路面执法，加强静态排查执法，以及强化科技手段应用等多项措施，进一步严厉打击机动车假牌、套牌以及使用假证等严重交通违法行为，同时积极与治安、刑侦等相关部门加强协调配合联合开展行动，从源头上加大对假牌假证的打击力度，力争通过集中整治行动，有效遏制假牌套牌假证违法行为，积极营造高压严管的整治氛围，健全完善常态长效治理机制，进一步净化本市道路交通秩序。 J060

链接　涉牌违法行为相关处罚标准

1.使用伪造的机动车号牌的，罚款5000元，并处5日以上15日以下拘留；

2.使用变造的机动车号牌的，罚款5000元，并处5日以上15日以下拘留；

3.使用其他车辆的机动车号牌的，记12分，罚款5000元；

4.上道路行驶的机动车未悬挂机动车号牌的，记12分，罚款200元；

5.故意遮挡机动车号牌的，记12分，罚款200元；

6.故意污损机动车号牌的，记12分，罚款200元；

7.不按规定安装机动车号牌的，记12分，罚款200元；

8.号牌不清晰的，警告或罚款200元；

9.号牌不完整的，警告或罚款200元。

2018年10月10日，《北京晚报》记者撰文告知，在车牌上动手脚为的是躲避监控。如此，极易出现违法行为，极易引发交通事故，且增加警方办案用时和侦察难度。

北京交警"随手拍"启用一个月，5.3万起违法线索录入非现场执法系统；占用应急车道等7类违法被举报最多

司机6次遮挡号牌被举报 扣72分

新京报讯　昨天，北京交警发布"随手拍"首月运行情况，经筛查审核，市民举报线索中符合证据标准的5.3万起交通违法线索，已依法录入非现场执法系统。此外，因部分证据缺失无法录入的举报线索，交管部门将进一步调查。

违停、占道行驶等7类违法被举报最多

北京交警"随手拍"举报受理平台自8月5日正式上线以来，"随手拍"平台注册用户36.6万。经筛查审核，市民举报线索中符合证据标准的5.3万起交通违法线索，已依法录入非现场执法系统。同时，对举报线索基本清楚，经传唤当事人补充调查，予以处罚的57起；对涉及遮挡、变造车辆号牌等严重交通违法行为的973

群众的眼睛不仅雪亮，而且无处不在。2020年8月，北京交警"随手拍"举报受理平台上线。时隔月余，《新京报》刊发《司机6次遮挡号牌被举报，扣72分》。72分啥概念，既说明违章了6次，也意味着要"回炉"6次。

15 / 限时停车

XIANSHITINGCHE

尽管一再表示“本书为教辅，不具专业性”，但仅就“限时停车”而言，业余研究似走在专业研判前面。2017年，媒体披露“北京首设限时停车位”，但笔者此间资讯显示“2005年限时停车首试朝阳区”。

无意争先后、论高下，只想凭此探究“缘何十余年前的首试”后来不见踪影。既然本书说的是“城事软肋”，那么原本坚实的过往缘何演化为柔弱的空白。因此，找不到固本的论据，于“软肋”无补。

同样，在“错时停车”呼声高涨的当下，多年前“上班时间你停在我家门口，下班时间我停在你写字楼下”的社区自治已被誉为“模式”。遗憾的是，挺好的美事，却起了大早赶了晚集。

● 15－1 限时停车

（32）**对症泊车** / 限时泊车　　　　眯起眼睛看西方

站在美加城市街头，随眼望开，各式各样的停车标志铺天盖地，可谓无所不在，可谓无所不包。想钻法规空子，纯属休想，纯属做梦。换言之，你想到的，政府已想到，你没想到的，政府早已想到。

牌子尺寸相当，式样相当，唯独相关提示互不相关，诸如什么车让停什么车不让停，几点钟让停几点钟不让停，一次能停多长时间等等，细化到每一寸土地，细化到每一个环节。

牌子是金属制品，象征“铁面无私”；钟点是白纸黑字，说明“法大于情”，一溜排开，仅从阵势看开去，敢存心叫板者寥寥无几。为拿第一手证据，曾接连蹲守无数次，但见人人急匆匆，生怕“抄牌的”表不准，生怕碰到“死性的”为超时十分八分求爷爷告奶奶。

徘徊街头由不得想，如此阵仗为何国内不曾见，如此场面为何我们不曾有。都说发达国家城市管理有一套，“一套”在哪？好像全是些“死心眼”……

400　天大的小事

摘自《天大的小事》对照版

北京首设84个限时停车位

超时段罚200元记3分

本报记者 孙宏阳

今后，看见虚线边框且带起止时间的停车位可要注意了！全市首设的84个限时停车位昨起投入使用，主要集中在停车资源紧张的居民区和学校周边。记者了解到，设置限时停车位的路段多为禁停路段，超过允许停放时段未驶离，将对驾驶人罚款200元记3分。

首批84个限时车位分两种

交管部门介绍，此次首设限时停车位，目的在于缓解居民区周边夜间停车难及学校周边上下学时段拥堵现象。因此，首批84个限时停车位分两种，一种设置在居民区周边，一种设在学校周边，允许停放的时间不同。

此次设在学校和幼儿园周边的车位有两处，规划路段分别是西城区赵登禹路北段四根柏小学北侧，设立限时车位10个，7时至8时、15时至17时允许停放。丰台北大街区政府幼儿园门前设立限时车位30个，允许停车时段分别是7时至8时、16时至18时。

居民区周边限时停车位一处位于西城区赵登禹路南段西四北头条路南侧，有限时车位11个，允许停放时间为19时至次日7时。另一处位于昌平区

向北方向看到，新增设的11个限时停车位已经施划完毕投入使用。路边停车起点和终点位置都立着蓝色的指示牌，牌子上标注着“限时停车，19:00—7:00”，非常醒目。与普通停车位不同的是，限时停车位采用虚线边框，每个车位内都标注了准许停车的时间“19—7”。

西四交通大队副大队长杨来春介绍，可以设置限时车位的路段一般具备两个条件，一是周边停车资源紧缺，二是非机动车道宽度要达到六米以上，至少为非机动车留出宽度一米五以上的行车空间。“通过前期摸底调查，西四北头条至八条停车缺口很大，我们在胡同内施划了一些停车位，基本满足了停车需求。”杨来春介绍，随着机动车保有量迅速增长，该地区又出现了30到50辆的停车缺口。限时停车位的施划，又能解决一部分居民的停车需求。

允许停放时段内免费停车

据了解，在允许停放时段，市民可以在这些限时停车位免费停车。

记者昨天上午在赵登禹路上的限时停车位处看到，虽然超过了允许停放时间，仍然有两三辆私家车停放。由于刚刚投入使用，一线交警对车辆进行了警告、劝离。

记者了解到，设置限时停车位的路段多为禁停路段，在提示停放时间的指示牌附近，还会设有禁停牌。超过允许停放时段未驶离，属于违反禁令标志停车，将对驾驶人罚款200元记3分。

此外，驾驶人还需要注意，停车时要将车辆停放在停车线内，且不得逆向停放，没有施划停车位的地方不得停车。

限时车位分布提示

赵登禹路北段四根柏小学北侧
西城 10个车位
7时至8时；15时至17时允许停放

北大街区政府幼儿园门前
丰台 30个车位
7时至8时；16时至18时允许停放

赵登禹路南段西四北头条路南侧

昌平燕平路（府学路至东关路）

相关新闻

本市再增40条黄色禁停线

本报讯（记者 孙宏阳）记者昨天从交管部门了解到，在首批17条施划黄色

2017年4月14日，《北京日报》刊发记者孙宏阳采写的《北京首设84个限时停车位》，其中说道：

“此次首设限时停车位，目的在于缓解居民区周边夜间停车难及学校周边上下学时段拥堵现象。因此，首批84个限时停车位分两种，一种设置在居民区周边，一种设在学校周边，允许停放的时间不同。记者昨天在赵登禹路南段南向北方向看到，新增设的11个限时停车位已经施划完毕投入使用。路边停车起点和终点位置都立着蓝色的指示牌，非常醒目。与普通停车位不同的是，限时停车位采用虚线边框，每个车位内都标注了准许停车的时间。”

说起来“停车难”是个大难题，可一旦拆解开来，大难题或会演化为一个个不太吓人的“难点”。相对而言，“小难点”抑或“大难点”肯定比“大难题”解决起来要得心应手些。

具体来说，有人需要“长停”，有人只需“短停”，就像“限时停车”，遇到难题只要不眉毛胡子一把抓，当事人就不会愁眉苦脸、不知所措。

武圣北路昨立“限时停车”牌

限时停车牌已竖在了华腾园小区外的武圣北路

其实细说起来，这个“便民神器”北京早已有之。2005 年 11 月 8 日，《竞报》曾图文告知：“今后武圣北路两侧每天 18：00 到次日 8：00 可停放车辆，按本市统一停车收费标准收费。”

“限时停车”首试磁器口

避开早晚高峰 拟在全市推广

本报记者 李雪报道 原本已取消停车位的崇外大街两侧，又整齐地停了几十辆车。昨天，作为全市路侧限时停车试点，崇外大街磁器口以南路段的停车位开始启用。

昨天，磁器口路口南侧立起了一块蓝色的停车标志牌，上面标出了可以停车的两个时段，新画的停车位已经停得满满当当。“我家就住里面的胡同里，取消了停车位之后，回来都没有地方停车。”家住清华街的徐先生将车停在了路旁，“好在现在又恢复晚上可以停车了。”

2006 年 5 月 25 日，《华夏时报》刊发《“限时停车”首试磁器口》，告知“拟在全市推广”。从“首试限时停车”到前文“首设限时停车”，虽只有一字之差，但前后耗时长达十几年。

(32) 对症泊车 / 错时泊车　　　　静下心来想自己

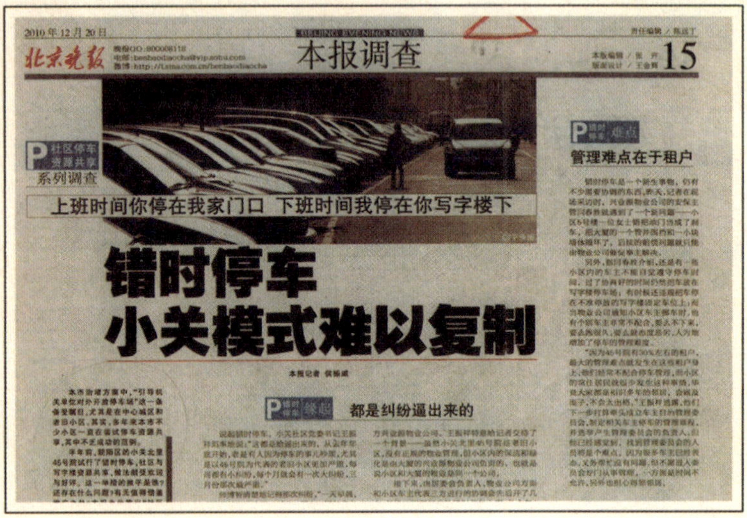

2010年12月20日

北京晚报

本报调查　15

社区停车资源共享 系列调查

上班时间你停在我家门口 下班时间我停在你写字楼下

错时停车 小关模式难以复制

都是纠纷逼出来的

管理难点在于租户

次日《北京晚报》继续报道错时停车的“双井模式”，此动议出自政协委员之笔，文章引言写道：

“针对停车难，政协委员韩巧玲围绕社区展开了一系列调研。双井一带是她重点调研的地区，最终形成提案《关于解决私家车停车难的问题》后，韩巧玲建议家乐福双井店与周围的FESCO公寓、九龙花园等社区实现停车资源共享。但因在现实中遭遇重重阻力，小区和写字楼各有各的顾虑，错时停车在双井一带还是毫无进展。”

什么是“各有各的顾虑”，文章坦言“业主担心社会车辆进出小区影响安全，写字楼担心夜间车辆进出增加成本”。问题是，如果停车仅与车有关，各方顾虑不无道理；反之，就需要统一认识，统一规划，统一行动。

文章同时列举了“上海：会员制打通多个停车场”、“巴黎：夜间和周末货车位共享”、“首尔：夜间和周末瞄上学校操场”，令人深思，令人遐想……

城市如何让生活更美好 403

摘自《天大的小事》对照版

呼市方便群众出行娱乐看喷泉

市政府停车场 傍晚免费停车

呼市最美是8月。傍晚，傅先生驾车，载着北京来的几个朋友去看音乐喷泉。车在车流中东拐西拐之后，径直进了市政府后院。客人还以为他有什么特权，傅先生说，这是市政府停车场，免费的，刚对市民开放。

音乐喷泉在如意广场，位于新华东街与腾飞北路交会路口处，如今已是呼市的标志性景观。每逢夏季，许多市民和游客都会聚集于此休闲娱乐。但同时，路旁停放的机动车，也常会造成道路拥堵。

能不能把附近市政府后院的停车场对市民开放？呼和浩特市党政机关大楼事务管理中心的路副主任在接受采访时说，市委、市政府、市交管支队及新城区交管大队专门对这事进行了调研，最后决定：8月6日起，市政府停车场定时向群众开放，而且免费。

这消息一公布，即受到市民欢迎。如今，该免费停车场已经对外开放20多天。路副主任说，现在每天可停车300多辆，极大地便利了傍晚来看音乐喷泉的市民；而同时，在这里停车已满的情况下，市民还能在双拥巷道路紧靠右侧就近单排停放车辆，停车数可达120辆左右。

负责管理此处交通的新城交管大队九中队的张姓女交警也介绍，自从市政府北停车场对外免费开放后，他们的交通疏导等工作也轻松了不少。"以前只要有人下午过来看喷泉，我们就得好好盯着，就那样也有很

2015 年 8 月 28 日，《北京晚报》刊发《市政府停车场，傍晚免费停车》，告知，音乐喷泉是呼和浩特市标志性景观，但路旁停车常会造成道路拥堵。呼和浩特市委、市政府最后决定市政府停车场定时向群众免费开放。

本市新增万余有偿错时共享停车位

集中在城六区和通州区 明年全市将对停车设施登记调查

本报记者 孙宏阳

把写字楼、机关单位夜间空闲车位错时共享，解决居民停车难，这样的共享停车位越来越多。记者从市交通委获悉，今年本市持续推进支路以下道路停车改革，开展有偿错时共享停车，截至10月底，城六区和通州区共协调新增万余个有偿错时共享停车位。2021年，本市还将全面开展停车设施登记调查，同步推进公共停车场动静态数据接入和车位共享。

有偿错时共享停车 缓解居住停车难

建设统一 停车设施空间数据库

统筹利用好路外停车资源，停车设施登记调查是基础。市停车管理中心相关负责人介绍，为建设统一的停车设施空间数据库，市停车管理中心与市测绘院信息中心依托现有现状数据底图，结合各街道反馈的实际现状，形成区、街道、社区、地块四级地块底图，制定待登记地块清单台账。

街道通过地块清单台账，再组织停车设施设置单位在地块上逐一标注停车场信息，提高停车设施登记覆盖率和准

位，或者临时调整用地规划补建一些车位。对于小区地下明明有空闲车位，周边道路乱停车较多的，执法部门可以加大执法力度。"市交通委相关负责人介绍，未来，如果居住区停车位得到规范管理，有偿错时共享停车以及挖潜补建停车设施把基本居住停车满足了，办理了道路居住停车认证的车位就可以逐渐退出，还路于行。

今年，全市还将在东城、西城、海淀等区选取部分街道，继续开展停车设施登记试点，完善登记实施指南和调查底图编制手册。2021年，全市16个区和市经济技术开发区都将全面组织开展停车设施信息报送工作，届时，全市的道路停车、公共停车场和专用停车场的停车设施都将录入到全市统一的停车资源平台，摸清停车底数，推动停车规划、建设、使用、执法的"一张图"管理。

明年，按照停车条例要求，还将推进停车诱导系统建设，全市备案经营的公共停车场要将车位实时动态数据接入区域停车诱导系统，并统一到市级停车资源平台，与从事停车信息服务的经营者建立信息共享机制，向社会发布公共停车场车位使用状态情况，大力推动公共建筑配建停车场或公共停车场有偿错时共享，盘活各类停车资源。

2020 年 11 月 6 日，《北京日报》刊发《本市新增万余有偿错时共享停车位》，披露："为推进这项工作，各区各街道通过停车调查摸清资源底数。"欣喜之余，不由得为先手棋"资源摸底"点赞。

16 / 枯枝再生

KUZHIZAISHENG

“枯木利用”在《天大的小事》对照版一书中归属“个性居所”。虽从表面上看似乎风马牛不相及，但居所周边所见，看在眼里记在心里。

先是看到“北京市园林废弃物总量达527万吨，其中90%以上被填埋，2%仍通过燃烧处理，废弃物作为有机资源的实际利用率只有5%”的“据统计”，后是获知科研人员于此有许多“爱莫能助”。

正所谓“新时代，新作为”。2020年晚秋时节，媒体刊发《天安门广场绿地首次“彩妆”过冬》。看来“园林废弃物”用对地方也是宝，看来“枯木逢春”不仅是形容词，不仅是超期待。

（15）个性居所 / 枯木利用　　　　静下心来想自己

年轻时从事过园林工作，多少还了解点树木剪枝的情况，说起来左上图所示“枯枝粉碎机”的现场加工和即兴倾轧可能不算什么，但由繁到简、由乱到治的思路却无比漫长，无比曲折。

据说被粉碎的树枝顷刻就变成了碎木屑，据说碎木屑很快被撒在“不太要样”的小路上，据说铺了木屑的小路会呼吸，据说会呼吸的小路能透水，据说能透水的小路人人爱，据说人人爱的环境万人迷。

右上图所示即为北美社区花园一隅。花园甬路铺的是“粗制滥造”的碎木屑，用着省钱，铺着省事，走着省劲儿，最初的设计理念是啥不清楚，但除了省钱省事似乎还能吸引我等眼球。

有人说“加拿大人活得讲究也活得将就”，说“讲究”是指只要秀色可餐指定争当冤大头，说“将就”是说只要看着顺眼绝对能省则省，树枝粉碎和碎木铺路即可略见一斑……

205　城市如何让生活更美好

摘自《天大的小事》对照版

本市最大园林废弃物消纳站被停电停工后

10万立方米绿化垃圾无处可消

1月12日，雾霾再次笼罩京城，持续多天。在朝阳区金盏乡一片荒地上，枯枝、落叶随风散乱，飘在空中。距此不到200米，就是北京规模最大的园林废弃物消纳站：朝阳园林废弃物消纳基地。

这家年处理量在10万立方米以上的消纳站，生产用电已被切断，正处于停产状态，不再接收朝阳区绿化队送来的园林废弃物。基地副总经理王永利告诉记者，如果这些绿化垃圾不被回收利用，那么处理方式只有填埋、焚烧或遗弃。填埋占用土地资源，焚烧或遗弃则严重危害环境。

据统计，2012年，北京市园林废弃物总量达527万吨，其中90%以上被填埋，2%仍在通过燃烧处理，废弃物作为有机资源的实际利用率只有5%。如果消纳站腾退后无法恢复运营，朝阳区每年将多出40%的落叶无处可消，增加环境污染成本6700万元，北京市园林废弃物的处理能力也将下降2/3左右。

一方面，政府在积极加大投入治理环境，另一方

配料设备停电变一堆废铁

朝阳园林废弃物消纳基地的院子里，草尖、树枝等园林绿化废弃物分成几堆，各自堆成三人高的黑色小山，散发出浓浓的酸臭味。"这是发酵的味。"王永利边说，边弯腰抓起一小把废弃物，举到记者眼前。废弃物形状似茶叶，呈现酥软的状态。

"你看，这堆是草尖，那堆是树枝，都是原始料。"王永利边用手指边介绍说，"因为工序不同，绿化队送来时也要分开卸下。切碎树枝要经过两道工序，草尖就不用。等发酵、晾干并处理后，密度会增加很多，配成的肥料就没这么多了。"

在仓库和生产车间里，记者看到成袋的肥料堆成长排。王永利估计，基地中尚余原料、半成品和成品肥料5万余立方米。"这么多的料和产品，如果不能继续运营了，要怎么办？多可惜啊！"他反复感叹。

生产用电已断，车间里十分昏暗，但仍能看清自动化配料传送带和传送带两旁的料斗。王永利说，这些料斗是为基质配料特别订制的。因为基质在混合配料的过程中会"搭桥"，不像粮食那样有很均匀的流速，所以设计了特别的料斗，可以对任何一种物料进行定量控制，按比例在运送带上进行混合。

"现在电一断，不能用来生产基质，这些量身订制的设备就成废铁了。"王永利说，"这些设备跟通用的设备不一样，没有别的功能。如果真的不能再用了，我们也

其实，枯枝利用只是司空见惯的路边见闻，比起灯红酒绿的西洋景，实在算不得什么。但不知为什么，就这点"极其一般般"，却令笔者在回国后的日子里常思常想，放心不下。

2015年1月15日，《北京晚报》刊发修佳明撰写的《10万立方米绿化垃圾无处可消》的调查报告，披露"2012年，北京市园林废弃物总量达527万吨，其中90%以上被填埋，2%仍通过燃烧处理，废弃物作为有机资源的实际利用率只有5%"。作为局外人，不清楚"绿化垃圾"都包括哪些，但有一点可以肯定，其中至少有50%是树木修剪下来的枯枝。

另据报道，有环保组织感慨"园林废弃物消纳基地面临拆迁"。谈及此，有专家表示，"从土地来再到土地去"是园林废弃物利用的一种理想的模式，树叶堆肥可以涵养土地，枯枝打成的木屑铺到树下有防尘作用。

前些天北京"张一元"卖花茶"高碎"卖出了行市。枯枝碎屑也如是，叫作"绿化垃圾"不值钱，称之为什么什么"碎"或许会受人待见。

枯枝变“地毯” 抑制扬尘扮靓景观

天安门广场绿地首次“彩妆”过冬

本报讯（记者 王海燕）天安门广场东西两侧绿地的冬季景观改造昨天启动。绿地仍延续之前的吉祥如意花带布置方式，不过，花带中的地被花卉被替换成了染成棕红色和黄色的木质覆盖物。这是天安门广场绿地首次扮上“彩妆”过冬。

这些覆盖物细看就是一根根小木条、小木片，但好像都被劈过一般，形状非常不规则，外缘还有丝丝缕缕的木质纤维。“这种形状不规则的木片更容易通过纤维的彼此交错连接成一个整体，从而更好地起到覆盖地表、抑制扬尘的作用。”现场施工人员介绍。

此次绿地景观改造计划铺设近5000平方米的木质覆盖物，厚度约3厘米。虽然单个儿木片很轻，但“犬牙交错”连接成一个整体后，就好比一张厚重的毯子，牢牢盖住了地表，不仅在正常风力条件下不会被扬起，还能起到给土壤保湿的作用。

记者从市园林部门了解到，天安门广场东西两侧绿地的花带，过去到冬季一般采用绿色无纺布覆盖，到了来年春季再布设花卉，扮靓广场景观。今年，天安门广场首次采用园林废弃物加工成的彩色“地毯”覆盖地表，既抑制了扬尘，又为冬季广场景观增添了色彩。

这种木质覆盖物近年来在奥林匹克公园、西山国家森林公园、城市副中心行政办公区、城市绿心森林公园，以及正在建设的环球主题公园中均有应用。前期试验显示，在持续覆盖的情况下，木质物的彩色景观可保持两到三年，之后木质物将逐渐降解，化为土壤养料。

用枯枝加工成的木条、木片、木屑等植物产品覆盖裸露地表，是近年来本市园林绿化废弃物资源化利用的新途径。目前，全市仅朝阳区就有60万平方米的应用面积。经过着色的覆盖物同时也是首都“增彩延绿”的生力军，即便是萧瑟寒冬，色泽依然鲜艳。

彩色木质覆盖物首次在天安门广场绿地大规模应用。
本报记者 王海欣摄

好事多磨，好事成双。2020年11月10日，《北京日报》刊发记者王海燕、王海欣采写的报道《天安门广场绿地首次“彩妆”过冬》，告知“枯枝变‘地毯’，抑制扬尘扮靓景观”，其中说道：

“天安门广场东西两侧绿地的花带，过去到冬季一般采用绿色无纺布覆盖，今年天安门广场首次采用园林废弃物加工成的彩色‘地毯’覆盖地表，既抑制了扬尘，又为冬季广场景观增添了色彩。”

另据介绍，用枯枝加工成的植物产品覆盖裸露地表，是近年来本市园林绿化废弃物资源化利用的新途径。这种木质覆盖物近年在奥林匹克公园、西山国家森林公园、城市副中心行政办公区、城市绿心森林公园、环球主题公园均有应用。前期试验显示，在持续覆盖的情况下，木质物的彩色景观可保持两到三年，之后木质物将逐渐降解，化为土壤养料。

所谓好事多磨，从“绿化垃圾”到“园林地毯”的确经历了一段时间；所谓好事成双，“用枯枝加工成的植物产品”已然色彩斑斓，渐入佳境。

筛分生活垃圾 堆肥再利用 保留部分观景

市属公园植物垃圾利用率提升70%

本报记者 叶晓彦

近日的降温、大风和雨雪天气，使市属各大公园里产生了大量枯枝落叶。这些植物垃圾去哪儿了？记者从各公园了解到，统一回收、粉碎回撒、制作有机肥……处理植物垃圾，公园各有高招。据市公园管理中心预测，今年市属各公园植物垃圾有效利用率同比去年将提高70%。

"枯枝落叶看上去是植物垃圾，但其实都是'宝贝'。"近来，香山公园管理处绿化队技术员宿宇霆每天都在跟枯枝落叶打交道，清扫、打包、运输、堆肥……植物垃圾处理全流程他都要盯着。宿宇霆告诉记者，每年11月到12月是公园处理枯枝落叶的高峰时段，"这两天每天的收集量都在60立方米左右。"而整个冬季，香山公园要产生超过1000立方米的植物垃圾。

香山公园绿化队自己制作袋子收集枯枝落叶。原来，由于植物垃圾量太大，为了方便收集和运输，绿化队从市场上购买成匹的彩条布，队员们自己动手，将彩条布缝制成长宽各两米的编织袋，共制作300余个袋子，在植物垃圾收集期间反复使用。这样的袋子每个最多能装100斤枯枝落叶，得四五个人一起抬。

除了清扫掉落的枯枝树叶，最近绿化队还忙着将前阵子摆放于花坛的3万多盆盆栽花进行"肢解"，将花盆、土壤和植株进行逐一分离。"这些植物都是一年

陶然亭公园留叶成景，供游客观赏拍照。 本报记者 刘平摄

料将全部回归林地，应用在开春之后的

圾站后，还会先将枯枝落叶摊开，用耙子

周边散落的叶片，让它们原地自然降解。

无独有偶。2020年11月23日，《北京日报》记者叶晓彦撰文《市属公园植物垃圾利用率提升70%》。在介绍"枯枝落叶被压缩和粉碎处理后再回园区，成为园区内植株根部覆盖物，有助于改良土壤"的同时，披露"处理植物垃圾，公园各有高招"。其中说道：

"绿色垃圾进入收集坑后先被粉碎成粗粉，再研磨成细粉，之后再通过添加微生物和水进行发酵，几个月后成为有机堆肥土。香山公园全园预计能产生200多立方米的肥料，这些肥料将全部回归林地，应用在开春之后的植物养护、花卉种植等方面，消纳率可达到100%。"

"绿色垃圾""绿化垃圾""植物垃圾"表面看相差无几，但后者描述似乎更贴切。然而，转念一想不对了，"垃圾"最初定义是"失去使用价值的废弃物品"，倘若用"植物残值"建档，或许"废弃"不再只剩"物"了。

右页图为《天大的小事》对照版相关章节。虽有时差，但最终彼此所见略同。

16－5 枯枝再生

(15) 个性居所 / 落叶收集　　眯起眼睛看西方

30多年前，不仅在马路上清扫过树叶，同时还在公园里清理过树叶，前前后后十多年，虽说不都和树叶打交道，但"扫还有，清不完"的愁思简直是"剪不断，理还乱"。

关于树叶，自古文人有文人的雅兴，闲人有闲人的闲情，诸如"一叶知秋"，诸如"落叶归根"，精彩得很也精辟得很。只是一旦沦落到劳力者的手上，那种有劲儿使不上的感觉真的让你急不得恼不得。

北美用吹筒清扫落叶很给力，同时将落叶变废为宝也很绝，他们用极其简单的过程将落叶变成有机肥，甚至不少公园还更将此道广而告之，让游人在平日司空见惯的地方发现美。

上图为落叶"变废为宝"的沤制过程，图右侧为商店有售的"沤肥箱"，朴实无华，平淡无奇，既看不出发达国家的家境，也看不透西方世界的世风，然而却或多或少折射出现代人的价值取向……

204 天大的小事

摘自《天大的小事》对照版

第三章　似是而非是与非

工具书对“似是而非”的解释是“好像对，但实际上并不对”。用这几个字作为本章标题，好像对，又好像不对。何以为妥，何以为是，好在本书是参考书，不必过分苛责。

本章大致涉及十四项“城事”类别，有家门口的门禁，有马路边的咪表，有就医避不开的尿液样本。总而言之，一半是火，一半是水，但是统统在你我日常生活之中。

生活是最好的课堂，但未必见得“有生活的人”就是好学生。如同“讨生活”，能不能讨到，既有机缘巧合，也有技术规范。

爱因斯坦说“想象力比知识更重要”，爱因斯坦还说“我不过喜欢刨根问底”。所谓似是而非，所谓模棱两可，成因不少，起因很多，规避短板，最重要的是要先学懂弄通其中的原理。

生活在进步，服务在提升，面对日新月异的生存共同体，如何不落伍，如何不外行，习总书记所言“各级领导干部要加快知识更新、加强实践锻炼，使专业素养和工作能力跟上时代节拍，避免少知而迷、无知而乱，努力成为做好工作的行家里手”，响鼓重锤，振聋发聩。

17 / 楼宇门禁

LOUYUMENJIN

门禁是不少楼宇的标配，省人工，省财力，实践证明，确实是日常生活的好帮手。

门禁的技术含量其实并不高，有时候“一夫当关，万夫莫开”，有时候如同虚设。命运虽各不同，但完全掌握在当事人手里。在城市管理中，“门禁失禁”现象比比皆是，既怪不得产品本身，也怪不得安装单位。一根树枝，半块砖头，就让“泰山石敢当”退居二线。

或许这也是本书称为“城事软肋”而非“城市软肋”原因所在。因为强调“门禁好自为之”不是住建部门的事，而是社会治理的本职，因此从门禁说开去，有关“门户失守”的话题或会延展许多。

（02）安居盲点 / 门户安防 眯起眼睛看西方

虽然“门禁卡”是新概念，但“门禁”却是老名词，“机关团体门口的戒备防范”，一语道出门禁的等级，门禁的威严。时代不同了，没有级别的市民住进商品房，用不着威严的业主同样有尊严，于是“门禁”演化为“门禁卡”。

细说起来，“门禁”与“门禁卡”还是有区别，前者有人值班，后者无人值守，因为有了高科技，虽说有人没人还是不一样，但只要自觉，只要规范，门禁系统还是能把外来人员统统挡在门外。

虽说无人值守的门禁系统沾了点高科技，但西方的科技含量未必就比我们高多少，困惑就出现在这里，同样的物件，同样的物权，我们的“禁”往往禁而不止，而人家的“卡”却总能一卡就灵。

问题出在持卡人身上，那边的业主只要卡“附体”，人就不是从前的人，脸就不再是从前的脸。有卡您自便，没卡您只好爱谁谁，赶上街坊邻居忘带卡，本可轻抬贵手，但遇到的情况大多会“视而不见”，不留丝毫的顺水人情……

32 天大的小事

摘自《天大的小事》对照版

门禁卡路边配 1秒一个

小区安全"配"出隐患

近日，网上频频爆出只要花费10到20元就可复制一张小区门禁卡、门禁卡复制器网上叫卖等现象，原本是保障业主安全的门禁，现如今却成了不少人挣钱的工具。记者一番调查后更是惊讶地发现，就连路边的修车摊位都能随意配制门禁卡，小区安全从何谈起？

路边配卡只需1秒

昨天下午，记者来到双井附近一个修车摊，"专业复制门禁卡"的红字赫然贴在修理车的车门上。

其实早在去年8月，本报就曾刊登过一篇名为《修车摊主公开打出"专业复制门禁卡"广告》的图片新闻，时隔一年，当记者再次走访这家位于双井附近的修车摊时看到，广告不仅仍在，摊主的生意做得还更加红火。

记者拿出一张圆形带孔的小区门禁卡，询问是否可以复制。摊主从盒子里拿出一个对讲机大小的手持

土？一些物业公司的解释也许能令人明白一二。

记者带着疑问联系了原崇文区左安浦园物业和丰台区明日嘉园物业。两家物业公司告诉记者，目前配制门禁卡并不复杂，只需五六分钟一张新卡就可配制完成，而且不需要原卡。两家物业公司出售新卡的价格也并不算高，分别是20元和10元，都在居民能接受的合理价位之中。

只不过为了保障小区业主的安全，两家物业公司均表示，门禁卡只出售给小区的业主，非本小区业主，那些租户们购买门禁卡时，必须要有业主陪同或者物业知会业主，进行确认后

2010年8月6日，《北京晚报》刊发《门禁卡路边配，1秒一个》，记者刘琳告知："网上频频爆出只要花费10到20元就可复制一张小区门禁卡。原本是保障业主安全的门禁，现如今却成了不少人挣钱的工具。"

地下车库不设门禁 封闭小区谁都能进

"别说我住哪 要不该招贼了"

"前些天我家开始装修了，工人来那天我让他们在单元门前的可视对讲机前按门铃，可他们竟说'不用，从地下车库就能直接上楼，您不知道？'我听后心里又惊又怕，这小区里外大门都有门禁，可这地下车库如此畅通无阻，门禁岂不都是形同虚设？"昨天下午，家住东北四环附近的张女士在对记者提及此隐患时一再要求，不能透露小区的名字，否则让不法分子知道了这个漏洞，她的家就将更不安全了。

业主

地下车库成了无设防入口

各单元门都设有门禁，进出行人都须刷卡通行。汽车入口只在南门，进门后向北不足10米处就是唯一的地下车库入口，记者试着开车进入小区，刚到大门口还未停稳，保安就开启了电动大门，开车进门后记者在车库入口处按下按钮取了卡，车库栏杆自动抬起后就顺利进了地下车库，而后乘电梯上了楼，这期间没有任何保安人员询问或是登记。"小区里外大门都有门禁，看起来把守森严，可是由于地下车库没有门禁，谁都能进来，其他地方设再多的门禁又有什么用？"赵先生斥责说。

物业

建议

门禁可否设在地库入口？

昨天下午，记者来到位于东直门街道的海晟名苑小区，在各单元入口处都设有门禁系统，门前还有保安值守，外人无法尾随进入。而地下车库通往各楼层的"安全出口"处的大门也紧闭着，门旁墙上安着一个带数字按键和刷卡屏的门禁系统，业主们纷纷刷卡进入。小区物业副经理何明告诉记者，地下车库设置门禁是为了实现真正意义的封闭式管理，有客来访时，客人可按键呼叫业主。紧急情况下，小区中控室会立即切断"安全出口"处的门禁，所以不会妨碍消防通道。

随后，记者来到广渠门附近的本家润园小区，与海晟名苑不同的是，门禁设在了地库入口处，因为车库入口的读卡器只能读卡不能取卡，保安员说，只有持物业发的车库卡才能进入，而该卡只对业主发放。若有访客，可将车停在小区外西侧及南侧的停车处，或者业主提前与物业打招呼便可让其进入车库。"虽然有客来访时可能有些麻烦，但是只有业主能进入车库我们心里觉得很安全、踏实。"在小区地下车库内，一位业主说。

本报记者于海波 J003

门禁不仅在楼门，在地下车库也是防范重心。2007年3月9日，《北京晚报》记者于海波撰文告知："很多小区的业主们都在热议地下车库没有门禁，从那里乘电梯或楼梯可直通到楼内各层的问题。"

年关将至 居民关于安全隐患的举报越来越多

形同虚设的门禁能防住什么?

地点1 柳芳北里小区1号楼 贴被盗提醒 门禁仍大敞

柳芳北里小区1号楼是一栋邻街的老居民楼。居民张女士反映,5单元的门禁坏了很长时间。这里曾经发生入室盗窃,尽管如此,门禁至今还是没有修好。

昨天下午,记者看到,5单元的门禁被一块砖别住,整个大门都敞着。铁门上贴着柳芳北里社区居委会的"安全提示",称该单元有一户居民家中被盗,本单元门禁系统务必关闭,不要人为用砖头等物品别住大门,造成门禁系统无法正常使用,给居民带来安全隐患。

张女士说,5单元的门禁根本锁不上,形同虚设,眼下年关将至,她很担心安全问题,于是拨打了12345反映此事,希望尽快修好门禁。

柳芳北里居委会工作人员称,这里的门禁是今年夏天刚换的,可能楼里有不少租户,没有办门禁卡,才习惯将门敞开,另外,他们也将赶紧联系厂家来此维修坏了的设施。

地点2 芳群园四区15号楼 产权分不清 半年没人修

小区单元门装着门禁,但是门一推就开,没有关,靠西边的三个门虽然是关着的状

芳群园小区物业工作人员告诉记

[记者手记]

无主管门禁,谁来修?

据了解,门禁的产权不同,维护单位也不同。商品房小区的门禁由开发单位设置,物业负责维护;而不少准物业管理的老旧小区门禁是街道投资安装的,一旦过了保修期,维修就不那么及时了,甚至一直无人问津。

多名反映者称,即使小区有物业,门禁也得不到及时维修。对此,物业公司有各种理由推托,如物业费里不包含门禁修理费、门禁厂家破产或者联系不上等。小小的门禁,不像电梯,坏了可以动用公共维修基金来修。因此,不少小区门禁坏了,始终无人维修,形同虚设。

2015年12月17日,《北京晚报》刊发《形同虚设的门禁能防住什么?》,文中说道:"门禁坏了很长时间,曾发生过入室盗窃,但至今没有修好。门一推就开,门禁成了摆设。据了解,门禁产权不同,维护单位也不同。"

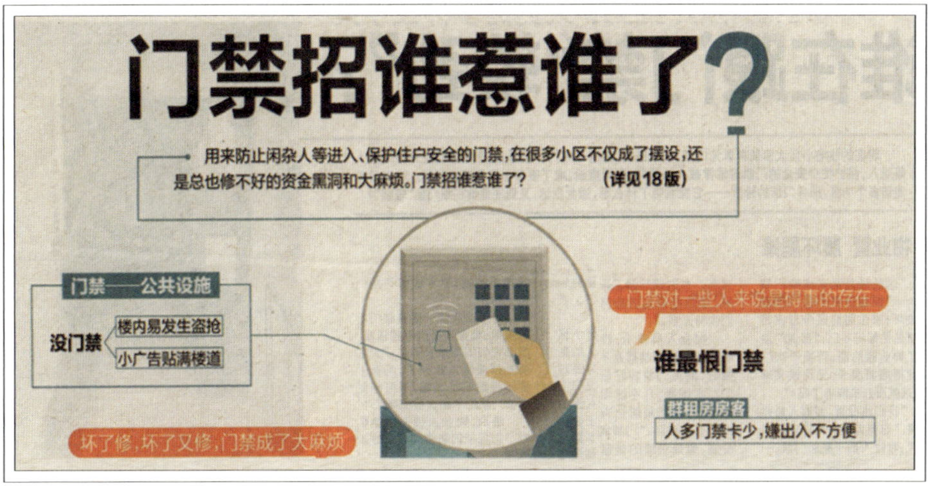

门禁招谁惹谁了?

用来防止闲杂人等进入、保护住户安全的门禁,在很多小区不仅成了摆设,还是总也修不好的资金黑洞和大麻烦。门禁招谁惹谁了? (详见18版)

2016年10月11日,《北京晚报》整版刊发《门禁招谁惹谁了?》,另一整版文章标题为《谁在跟门禁"较劲"》。想来想去,好像和门禁存心过不去的也包括楼内居民,不信,看看挡门的砖头就知道了。

18 / 垃圾桶

LAJITONG

《天大的小事》对照版一书谈及“垃圾桶”时，既没有多谈式样，也没有多讲材质，而是从浅显直白、好学不难的层面，奉出《关于“城市垃圾桶箱似应内衬套袋”的城事图谏》。

“垃圾桶套袋”牵扯的问题或许有不少，除了“没想到”，还有“管理成本提高”，需要配备多少垃圾袋才够数。其实大可不必，想想什么叫“省了盐酸了酱，省了袜子废了鞋”，一切不言自明。

或许钱不是主要问题。诸如售价5000元的垃圾桶很快风光不再，诸如售价7000元的“扫码开盖”很快“机关算尽”，都从旁印证了垃圾桶的真正内涵。

● 18—1 垃圾桶

西人对住宅垃圾管理有一套，对户外垃圾治理也很独到，所谓“独”，是指招儿不多但绝对好使；所谓“到”，是说事不难但贵在坚持。

加拿大的垃圾桶真可谓式样繁多，塑料的、金属的、木质的、水泥的，甚至还有汽油桶改造的。如果没有记错，从加东到加西，唯独没有看到过工艺品类的垃圾桶。与之相比，我们的垃圾桶则无奇不有，譬如小房子，譬如小摆件，一时兴起还敢“譬如国宝大熊猫”。

两下里比较，我们的精致他们的糙，我们的“口儿”小，人家的大，如果不分大与小，如果不管糙不糙，彼此最大的区别则在于——人家无论啥模样，都套有“塑料袋”；我们无论啥打扮，全是裸穿“空心袄”。

尽管没有“塑料袋”就不叫垃圾桶，但有传媒却严肃设问：“为啥不给垃圾桶洗澡？”没当过市长不知何为“城市学”，没管过市政不知“市政”比“家政”难多少，有了隔污层，您说，还用的着脱裤子放屁吗……

摘自《天大的小事》对照版

(20) 弃物消纳 / 器物清洗　　眯起眼睛看西方

散着味儿、流着汤儿、路人捂鼻一溜烟儿……这是记者暗访时在人来车往的刘家窑桥西北角的垃圾箱旁看到的场面。脏兮兮的铁皮垃圾箱，黑黄色的液体挂满外壁，隔着十几米就可以闻到一股恶臭。

1997 年北京市市政管理委员会发布了《北京市城市环境卫生质量标准》，该标准明确指出，果皮箱、垃圾桶（箱）应做到周围整洁，及时清理，每周刷洗一次，每年油饰两次桶体。

新中西里小区每个塑料桶都摆在离单元门很远的地方，"这些脏的痕迹都挂了很久了，有人掏垃圾却没人擦垃圾桶。"住在附近的刘先生说，只要天气一热，还是会有很恶心的味道。

记者还看到另一个现象，小区中的垃圾箱大都灰头土脸，但路边的垃圾桶却光鲜亮丽。原来，环卫工人擦它们是很勤的，每次清理都会用随身携带的抹布擦拭。路边垃圾箱能保持干净无味儿，小区的为何不行呢？

（摘自 2006 年 9 月 7 日《北京日报》/ 记者 刘冕）

244 天大的小事

摘自《天大的小事》对照版

随着社会不断进步、物质生活不断丰富，“垃圾桶”的官称也在不断与时俱进。然而，从“垃圾筒”到“垃圾桶”经历了怎样的变革，身在其外但物在其中的使用者似乎从未有人留意。

细说起来，“果皮箱”里未必全是果皮，多是随身的丢弃物，赶上气候干燥，随口往里吐痰也是常见现象。因此，放置于街头的果皮箱大多不会太干净，于是，成为社会难题，成为“城事软肋”。

2008年7月2日，《北京日报》传来喜讯，“果皮箱清洗车”问世。且不说是否真的管用，仅清了半天、洗了半天多是围绕箱体表面做文章，失去了最初的研发意义。只清洁外部，不如直接用抹布擦。

果皮箱、垃圾桶如何不再有“体味”，洗澡是一招，常换衣也是一招。于是在有了塑料袋的当下，在塑料袋价格能被接受的当下，在丢弃物与垃圾桶之间用其隔离，是当下宜居城市的不二之选。遗憾的是，“不二之选”非同“必选”，去过不少地方，肯花此钱、肯做此事者寥寥无几。

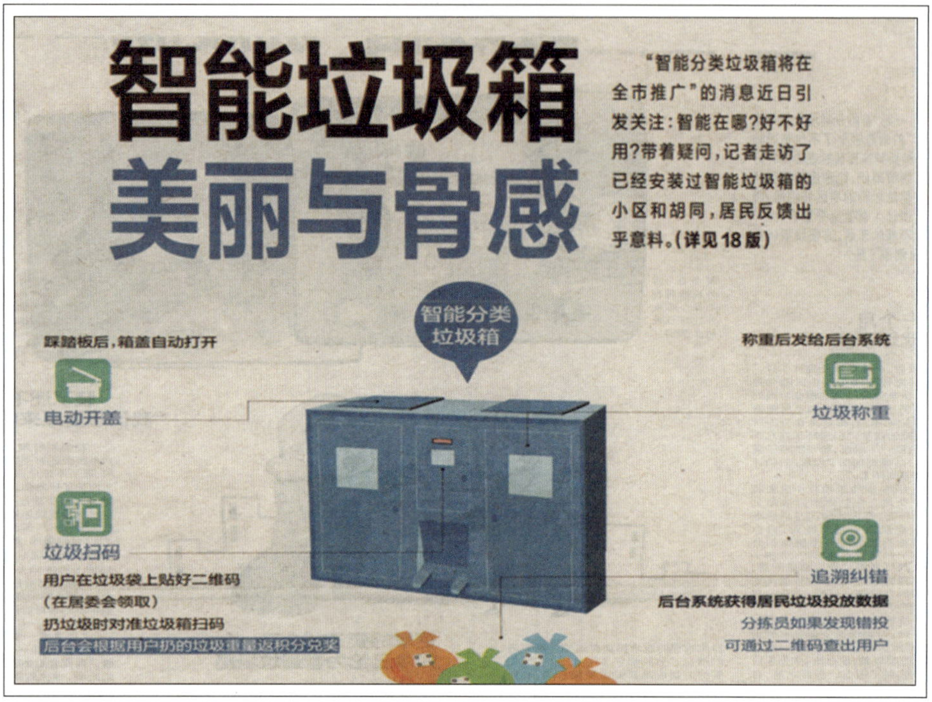
智能垃圾箱
美丽与骨感

“智能分类垃圾箱将在全市推广”的消息近日引发关注：智能在哪？好不好用？带着疑问，记者走访了已经安装过智能垃圾箱的小区和胡同，居民反馈出乎意料。（详见18版）

智能分类垃圾箱

踩踏板后，箱盖自动打开
电动开盖

称重后发给后台系统
垃圾称重

垃圾扫码
用户在垃圾袋上贴好二维码
（在居委会领取）
扔垃圾时对准垃圾箱扫码
后台会根据用户扔的垃圾重量返积分兑奖

追溯纠错
后台系统获得居民垃圾投放数据
分拣员如果发现错投
可通过二维码查出用户

2016年8月9日，《北京晚报》整版讲述《智能垃圾箱，美丽与骨感》，告知每台5000元，“电动开盖、垃圾称重、垃圾扫码、追溯纠错”等功能一应俱全的“智能分类垃圾箱将在全市推广”引发关注。智能在哪？好不好用？带着疑问，记者走访了相关小区和胡同，居民反馈竟出乎意料。其中小区安装了7台，胡同配置了30台，实际运营后的情况又是如何呢？

关于“开盖”：小区的两台出现故障，踩了也不开盖；胡同的功能已坏，索性敞口。关于“扫码”：一个月内小区仅有一名用户扫码，胡同的常出故障，眼神不好根本对不准码。其他：小区垃圾混放，称重数据不准；容量小，导致垃圾乱丢；箱体太高，箱盖和胸口一样高，扔垃圾费力。

无意挑谁的刺，只想就事论事。垃圾箱、垃圾桶是做什么用的，对于特定的储物，制造者该有怎样的先见之明，道理讲得再多，“绝对服从常态使用习惯”，既是底线思维，也是顶层思维。因此，没有“一手生活”与“一线经历”，再好的用心和再大的投入，有时也会类同“想起一出是一出”。

7000元/台 智能垃圾箱 说废就废啦

近日，一则“智能分类垃圾箱将在全市推广”的消息吸引了不少市民的眼球。这种新鲜东西智能在哪儿？好不好用？带着疑问，记者走访了已经安装过智能垃圾箱的小区和胡同，而居民的反馈让人有些出乎意料：这一台台价值不菲的东西，方便没提供多少，怎么反倒添了乱？

玉廊东园小区，因为垃圾箱打不开，居民只能将垃圾扔在周围。

西四北五条，智能垃圾箱已完全荒废。

刚装一个月 七个就坏了俩

“你看看，这垃圾箱还是打不开。”晚上7时，家住玉廊东园小区的李先生提着一袋事先分过类的厨余垃圾到楼下准备扔掉，但当他来到小区里新装的智能垃圾箱前，却怎么也打不开厨余垃圾箱的盖子。“已经坏了好几天了，按理说踩一下踏板，箱子的盖子就能自动打开，可现在踩了没反应，估计是里边的电路坏了。”

李先生说，新垃圾箱在小区里装了有近一个月。它们之所以被贴上“智能”的标签，是因为居民在扔垃圾前可以先在机器上扫二维码，后台APP会根据你扔的垃圾重量返积分兑奖。“先不说我要不要积分，这箱子盖你先让我打开呀！”令人尴尬的是，除了去踩箱底的开关，垃圾箱盖没有任何其他的办法可以打开，只会一直

装了还不如不装 “我们想要原来的大桶”

扫码不好用，但在西四北六条至少还有个别的用户会去用；盖子不好开，居民也只是在下面垫了块木头。而在西四北三、四、五条这几条胡同里，居民对于智能垃圾箱的反应要激烈得多——三条胡同总共装配了17台垃圾箱，除了两台贴满胶带不知作何用之外，另外的15台，不锈钢外壳都已被撬开，内桶全部被拉出。中午时分，大部分的内桶都已被装满，

与前文同日，《北京晚报》另一篇整版文章标题是《7000元/台，智能垃圾箱，说废就废啦》，其中说道：

“近日，一则‘智能分类垃圾箱将在全市推广’的消息吸引了不少市民的眼球。记者走访了已经安装过智能垃圾箱的小区和胡同，而居民的反馈让人有些出乎意料：这一台台价值不菲的东西，方便没提供多少，怎么反倒添了乱？”

文章披露的具体情况包括“刚装一个月，七个就坏了俩”，“一台垃圾箱5000元”，“但宣称的‘精细化统计’却难以达到”，“更早的要7000元一台，如今已沦为普通垃圾箱”，“装了还不如不装，‘我们想要原来的大桶’”。

记者在采访中，有位居民表述得极为清晰，极为符合“过日子人”的思维逻辑，他说：“装新垃圾箱本来是为了美观，但现在垃圾不够扔，还不如给我们把原来的大桶装回来。咱不说垃圾分类了，我们就希望能把垃圾扔进桶里，这点要求不过分吧？”

的确，垃圾桶以实用为主，最好少些“萌萌哒”或者“假大空”。

19 / 公园草坪

GONGYUANCAOPING

据说，孩童的梦想包括在草坪上追逐嬉戏；据说，浪漫的婚礼莫过于在草坪上海誓山盟。总之，草坪既是城市稀缺资源，也是市民难以割舍的情结。令人难堪的是，“请勿入内”把所有期盼统统拒之场外。

为什么不近人情？“怕踩”是唯一理由。于是，有市民吐槽“如果草坪不让躺，不如改种仙人掌”；有媒体发问“城市为何少有耐踩踏的草坪？”看来，“草坪与市民”与“市府与市民”可画等号。

与2018年某市“开出首张践踏草地罚单”相比，多年前太原市汾河景区“孩子则将草坪作为嬉戏场所”更吸睛。“不让踩种它有什么用。”当地居民的如是说，有理有据，给城市管理者好好上了一课。

序号 — 089

我国园林艺术源远流长，相对而言，玩树、玩花、玩石、玩亭台楼阁的多，而“大面积玩草”则未见哪位爷榜上有名。

古代如此现代亦如此，且不说城市地少人多舍不得大面积铺绿，即便是关键部位有所突破，也要插上个“请勿入内”让您望而却步。由此而来，博大精深的园林艺术在“草坪”上出现了断层。

其实，“请勿入内”并非执意放着河水不洗船，而“严禁踩踏”才是管理者刻意围挡的初衷。这就怪了，世人皆知“离离原上草”，“野火烧不尽”，火都不怕，还怕踩踏不成？

草坪的确不宜过分踩踏，过分踩踏会使根部板结。对于草坪的习性洋人似乎比我们吃得更准，图片所示“定期打孔”便是对症下药的一剂良方。由此而来，不尽草情的“请勿入内”有了新解；由此而来，不尽人情的因噎废食有可能走出既不自然也不自信的断层……

—111—

摘自《天大的小事》原版

如果草坪不让躺 不如改种仙人掌

读者话题

城市为何少有耐踩踏的草坪?

话由

最近有两条关于草坪的新闻，放在一起对比耐人寻味：据《西藏商报》报道，3月23日是西藏林芝第十一届桃花节，要接待3000名游客的嘎拉村村官罗布介绍，开幕式广场绿色的地毯下面，其实已经种下了草种，村里专门引进了抗踩踏的草种来种植草坪，等到下一届桃花节就不用铺地毯了，可以直接在草地上进行。而据《太原晚报》报道，阳春三月踏青好时节，在太原市汾河景区，草坪上密密麻麻布满了放风筝的市民，孩子们则将草坪作为嬉戏的场所，更有不少人坐在草坪上聊天。当询问这样是否会破坏草坪时，大家对此却不以为然，"不让踩，种它有什么用?"

每到风和日丽的假日，城市公园和公共绿地的草坪总能够吸引很多人进入，但是，更多的草坪却有"严禁进入"或"严禁践踏"的提示，尽管有时候提示也很温馨，但是依然无法阻止人们想在草坪上休憩的脚步。

曾几何时，"不践踏草坪"成了我们呼唤的社会美德，这和城市建设中盲目建观赏性草坪的不科学做法有关。如今城市中很多草坪都引用"洋草"，这些"洋草"品种之所以被选用就是因为其观赏性好，但是却忽略了这些"洋草"的实用性，很不耐践踏，无奈之下，呼吁人们爱护草坪的做法就是"远离草坪"。

草坪是植物界中最容易和人亲近的植物群，在国外，几乎没有草坪被公示说"严禁进入"，相反，更多的草坪专门就建在人多的中心地带，专门供孩子们嬉戏，供大人们休憩。美国白宫门前的草坪上经常可见很多人嬉戏玩耍；在东京国会大楼外的草坪上，随处可见游客的帐篷；在澳大利亚的墨尔本公园、悉尼达令港附近的草坪，俄罗斯的圣彼得堡市内等草坪，狗儿们也在草地上欢快地跑来跑去。草坪文化从西方诞生的那天起就注定是切切实实为人服务的，失去了人们和宠物亲近的草坪是多么孤单和冷寂。

如今，很多城市人选择了假日到城外零距离感受大自然的美，谁能够说这和城市草坪等绿化景观动辄被人为圈起来没有关系呢？如果城市的草坪也能够像郊外的草地那样随意亲近，一出家门就可以惬意地享受草坪带来的安逸，还有多少人愿意舍近求远，不惜浪费时间和精力劳累地往郊外跑呢？

公共草地本应是公民休闲地，中国的草皮往往只能观赏不能亲近，很不合理。

很多城市广场上都缺少必要的供游人休息的排椅等设施，游人累了没有地方坐。据我所知，加拿大多伦多就有"草坪的邀请"，一个挺大的公园，大片绿茵茵的草坪边，竖着一块色彩鲜艳的牌子，上面写着一行字：please walk on the grass(请在草坪上漫步)!

如今很多学者在大声呼吁城市建设应该还原草坪的实用性，还市民一个亲近的大自然乐园，一些市民的相关建议也被政府部门所采纳。几年前，北京市规划委表示，北京将建"步入式草坪"，北京城内的草坪将可以像国外的绿地一样可坐、可卧，甚至可以在草坪上野餐、晒太阳；在国内，去年杭州西湖对游客开放了几万平方米的草坪，根据人流量大小，部分草坪采取轮流开放、养护，开放一块，踩得严重了，马上养护起来，再换另一块开放，一来给草坪"休养喘息"的机会，同时也兼顾到了游客想亲近草坪的赏玩兴致。

"如果草坪不让躺，不如改种仙人掌"，这是网友对草坪不让亲近的慨叹和调侃，草坪何必一味"严禁踩踏"？请让我们在草坪上自由漫步，躺在草坪上沐浴春阳，来个深呼吸吧！

魏青 X154 制图李丽云 H119

无论从城市景观讲，还是从城市形象看，草坪，尤其是大草坪，无疑会为城市文化加分。然而，情况不仅不容乐观，还十分尴尬，"小草有生命，请勿任意踏"一类的劝导语，竟然各地有各地的语录。

2013 年 4 月 8 日，《北京晚报》刊发《城市为何少有耐踩踏的草坪?》，其中说道：

"最近有两条关于草坪的新闻，放在一起对比耐人寻味：某地桃花节，开幕式广场绿色地毯下面其实已经种了草种，而且还是抗踩踏的草种，以便下届桃花节就不用再铺地毯了。而在太原市汾河景区，草坪上密密麻麻布满了放风筝的市民，孩子们则将草坪作为嬉戏的场所，更有不少人坐在草坪上聊天。当询问这样是否会破坏草坪时，大家不以为然，'不让踩，种它有什么用?'"

"如果草坪不让躺，不如改种仙人掌。"网友对草坪不让亲近的慨叹和调侃给以人为本的城市管理将了一军、上了一课。如果真像新闻报道所讲，太原市汾河景区的"超常态"其实本该是市民期待的常态之举。

注：上图由同版报道标题与配图制作而成。

“若要公道，就得颠倒。”前文说过“如果草坪不让躺，不如改种仙人掌”，本文反过来讲讲“如果草坪随便踩，还要用心再等待”。2018 年 6 月 12 日，《北京晚报》刊发记者甘南采写的《奥森公园草坪惨了》，其中说道：

“赶上好天气，一家老小来到户外，大人们聊天，孩子玩耍，非常惬意。在奥林匹克森林公园的一处水边的树林里，不少游客甚至搭起帐篷，坐在草坪上野餐，享受悠闲时光。然而，他们却没注意到，身边草坪已经变秃。”

悖论。两难。姑且不说“小憩”与“安营”的区别，姑且不说“草上走”与“草上造”的异同，回到《天大的小事》对照版所讲“我国园林艺术源远流长，相对而言，玩树、玩花、玩石、玩亭台楼阁的多，而‘大面积玩草’则未见哪位爷榜上有名”特定议题上，随着城市发展日新月异，草坪在科学选种、专业护理上，的确百尺竿头，有待更上一层楼。

不由得信马由缰胡思乱想。倘若小到奥体公园，大到全国绿地，先到草种，后到管护，再到人的素养，均有对应匹配，届时，草坪将名副其实。

20 / 宠物管理

CHONGWUGUANLI

很多年以前，有篇《“世界城市”要从捡狗屎起步》，有点犀利，有点张力，有点想象力。从某种程度讲，“管狗”，尤其“管狗屎”，没有点过硬的真才实学还真很难应对。

近年来，“狗屎随排随清”的尝试常说常新，但说来道去似乎缺少长效机制，诸如“狗屎袋”怎样才能随处可得，诸如“狗屎袋”丢到何处才不污染环境，这些门道不浅的生活命题，往往被忘于脑后。

回到“城事管理”的层面，“管理狗”是个大话题、活话题，既有一定之规，也有“顺坡下驴”，诸如“植入芯片”可早可晚，可有可无，但“上街拴狗绳”“排便须清理”则无话可说，无情可讲。

（29）**宠物教化** / 饲养从善　　眯起眼睛看西方

对人来说，没有规矩不成方圆；对阿猫阿狗来讲，同样没有规矩难成体统。古人云“物极必反”，宠物一旦宠过了头，难免来个蹬鼻子上脸，难免来个翻脸不认人。

相比之下猫还好说，这年头“咪咪”越活越娇贵，足不出户与世无争，再没规矩顶多也就是挠坏了家私尿湿了炕，不像狗狗，再乖也要随地拉大便，再美也会不管不顾“随处抬后腿”。

西人的宠物情结似乎不比我们逊色，然而，情归情，理归理，遇到该较真儿的事情西人一般拉得下脸，譬如治理狗狗的随处大便和无绳乱跑，上限2000元的罚款绝非逗您玩。

那边厢，不仅给狗立规矩的告示比比皆是，同时为了方便遛狗者，免费提供的“狗屎袋儿”也随处可见。细端详，材质一般，“渗不出味儿”即可；款式一般，“放得进手、抓得住屎”即可。就这么点事，却难倒不少管狗人……

352 天大的小事

摘自《天大的小事》对照版

BEIJING EVENING NEWS

北京论语

今日快评

“世界城市”要从捡狗屎起步

苏文洋

北京要成为世界城市，追赶目标城市是纽约、伦敦、东京。现在，有专家在为我们研究北京世界城市指标体系，内容包罗万象，诸如硬实力、软实力、基础设施、综合地位、经济地位、政治地位、文化地位、信息地位、活力之都、创新之都、宜居之都等等等等，共有36项指标之多。研究报告据说明年就能够完成，宏伟蓝图据此大展。

我也很关心北京与世界城市的距离。尽管我们不能像专家那样搞出实地测评，但也无妨提出一些看似微小的合理化建议。鲁迅说：“譬如想有乔木，想看好花，一定要有好土；没有土，便没有花木了；所以土实在较花木还重要。”建设世界城市，也无非是两个方面，一个是城市称得上世界一流标准，一个是城市的人也要与之相适应。说到底，城市是人的城市，人民的城市。一个城市的人民要有世界城市人民的水准，现在叫素质，城市某些硬件一时达不到世界城市标准可以逐步提高，而世界城市人民素质可不是天生的，后天培养也要经过一个相当长的过程，绝不是人人会说英语就是世界城市。印度很多城市、乡村的人民都会说英语，菲律宾很多女佣都会说英语，但这与世界城市无关。

近日看到亦庄新康家园小区孩子被狗咬伤，居民网上起争论，片警出方案为养狗论战“降温”的报道。我以为，围绕北京世界城市建设可能有成百上千的话题值得讨论，养狗正是其中的话题之一，不仅不应当“降温”，反而应当在全市展开。通过一次或若干次讨论，使北京养狗率先进入世界城市水平。我曾经设想，北京人分期分批到纽约、伦敦、东京住上一段时间，体验世界城市里的人们如何生活、工作、学习。这是从北京人向世界城市人“转化”的最便捷途径，舍此别无捷径。路途远近不是问题，成本太高政府负担不起，全部由居民个人负担则太不现实。

好在学习成果可以转化，别人去过世界城市可以给市民宣讲，办大课堂。同时，还可以通过日常看电影、电视了解一些。据我所知，世界城市养狗很有讲究，几乎看不到满街狗屎，也听不到四城犬吠。大狗小狗一齐出门，高兴不高兴见人就咬，这简直不可能在世界城市发生。我女儿去过澳大利亚珀斯，一个小小的城市，说不上世界城市。邻居狗叫，有人提醒主人，如不改正，则报告当地政府。再不改正，每天罚款100澳元。一个连狗都不遵守规则的城市，很难成为世界城市。我养过狗，也知道狗的可爱，但我也看到过国外城市养狗人如何养狗，我希望我们城市里的狗也被人牵着走在街上，狗屎被主人用纸捡起来包好丢到垃圾箱。看到好狗被有教养的主人牵着走，仿佛是一道亮丽的风景线。特别是被那些绅士、贵妇牵着走，让你觉得狗有所值，与城市融为一体。

不论北京从何时开始打造世界城市，都可以从捡狗屎起步。哪怕我们城市的狗一时半会儿在品种上还赶不上世界城市，但家教可以与世界城市接轨，让我们的狗与世界城市的狗一样讲文明、懂礼貌、有教养，不随地大小便。

J012

建设世界城市，也无非是两个方面，一个是城市称得上世界一流标准，一个是城市的人也要与之相适应。

说到底，城市是人的城市，人民的城市。一个城市的人民要有世界城市人民的水准。城市某些硬件一时达不到世界城市标准，可以逐步提高，而世界城市人民的素质可不是天生的，后天培养也要经过一个相当长的过程，绝不是人人会说英语就是世界城市。

围绕北京世界城市建设可能有成百上千的话题值得讨论，而养狗正是其中的话题之一，不仅不应当“降温”，反而应当在全市展开。一次或若干次讨论，使北京养狗率先进入世界城市水平。

不论北京从何时开始打造世界城市，都可以从捡狗屎起步。哪怕我们城市的狗一时半会儿在品种上还赶不上世界城市，但家教可以与世界城市接轨，让我们的狗与世界城市的狗一样讲文明、懂礼貌、有教养，不随地大小便。

（摘自2010年7月30日《北京晚报》/作者　苏文洋）

2016 年 7 月 12 日，《信报》用对开两个整版谈及小区的十大烦心事，其中《宠物随地大小便成“第一烦”》，记者王萌写道：

“本报先后对本市 20 多个小区居民的遭遇进行了报道。在持续半年的走访中，记者发现，绿地被占、小广告泛滥、宠物在小区内随地大小便等问题，成为影响小区整体居住环境的‘害群之马’。”

据讲，《信报》之前曾刊发《小心！草坪有“地雷”》，告知：“小区的树坑中、路面上随处可见狗屎，稍不留神就有可能踩上。最令人担心的，还是隐藏在草坪中那些看不见的‘地雷’。草坪不仅是动物的天堂，孩子们也非常喜欢，但随着狗屎越来越多，家长们都不敢让小孩来此玩耍。小区有保洁员，但是捡拾的速度永远赶不上狗狗排便的速度。”

俗语“狗屎运”反讽运气好，而现实真踩到狗屎，不仅恶心到家，而且清洗起来也很闹心。或鉴于此，或烦于此，2010 年 7 月 30 日《北京晚报》一篇《“世界城市”要从捡狗屎起步》让不少城市管理者汗颜。

小狗不去“宠物厕所”赖谁？

天性使然，小狗会选择自己喜欢的地方大便。有的狗主人会带着卫生纸，把狗屎捏起来扔到垃圾桶。但一些素质不高的狗主人，就会任由小狗把狗屎拉在路上。在路灯不亮的人行道上，踩中狗屎并不是一件低概率的事。狗尿则更让人无奈，小狗是为了占领地盘，但苦了把车停在路边的人们。频繁的“尿轱辘”，让把车停在胡同里、小区里的车主几乎都会放块挡板。

为了解决这些问题，北京的一些街心公园、社区里出现了“宠物厕所”，但实际效果并不好。“宠物厕所”空着，一旁的路上仍是满满的狗屎。专家介绍，主要针对小狗的“宠物厕所”在西方国家非常普遍。但如果想要高效利用，除了提升设计、加强引导之外，更重要的是建立处罚措施，让“疏”与“堵”结合起来。

图为莲花池东路的“宠物厕所”，建成至今使用率很低。

烟头不少 狗屎不多

莲花池东路路南边的人行便道上，最近出现了两处“宠物厕所”。每一个大约一米见方，四周由木板围起，中间是沙土坑，旁边竖起的牌子标着“宠物厕所”。沙土坑中间还有一个竖起的粗木棍，这是让小狗在这里小便用的。这两个“宠物厕所”，与路边的街心公园同期建成。两名保安员既负责守卫公园，也负责清理这两处“宠物厕所”。

虽然已经建成一段时间，但“宠物厕所”的使用效果并不好。保安员说，原本希望市民遛狗时把狗抱上来，在“宠物厕所”里小便和大便。但实际的“宠物厕所”之外，大多数遛狗的人并不会这么做。几乎没有人会把小狗抱进“宠物厕所”里大小便，而是仍然如往常一样在路边解决，“宠物厕所”几乎一直闲置。

保安员说，因为公园里不让宠物进入，只要遛狗的人不把小狗带进去，不管用不用“宠物厕所”，我们都没法管。记者看到，靠西边的“宠物厕所”里没有狗屎，但有很多烟头。靠东边的里面只有一坨用卫生纸包着的狗屎，烟头比较少，但有一个废烟盒。远远看上去，这两个“宠物厕所”更像是垃圾桶。保安员说，他们会按时清

“尿轱辘”太多 挡板不够用

记者查阅资料发现，“宠物厕所”在国内一些城市以至于国外，已经比较常见。一般来讲，“宠物厕所”的设置都是在公园里，在一个单独的区域里设置一个沙坑，周围有一圈围栏。此外，一些国家的公园垃圾桶旁边，还有一个专门

倡导与处罚要并重

上世纪90年代的巴黎有句话，“如果你没在巴黎踩过狗屎，你就不算个巴黎人。”北京市养犬协会秘书长沈瑞洪认为，虽然西方一些城市在宠物排便问题上处理得比较好，但也都经历过北京现在的情况。

围绕“狗屎”有说不完的故事。2017 年 6 月 7 日，《北京晚报》记者李嘉瑞讲述的《小狗不去“宠物厕所”赖谁?》可谓拍案惊奇，其中说道：

“天性使然，小狗会选择自己喜欢的地方大便。有的狗主人会带着卫生纸，把狗屎捏起来扔到垃圾桶。但有些狗主人就会任由小狗把狗屎拉在路上。为了解决这些问题，北京的一些街心公园、社区里出现了‘宠物厕所’，但实际效果并不好，‘宠物厕所’空着，一旁的路上仍是满满的狗屎。”

文章同时告知，专家介绍，“‘宠物厕所’在西方国家非常普遍”。不知所云。作为将国外宜居“实操”引入国内的第一人，笔者在国外深度考察 10 余年，也许仍未脱开孤陋寡闻，但“狗厕所”的确闻所未闻。

当然，经过长时间训练，猫狗会蹲马桶也并非天方夜谭。关键是“大众化”的小狗“常态化”的排便，周而复始就难炫西洋景了。书归正传，如何让小狗不随地排便，不是一朝一夕、一招一式所能奏效的。如果偏要寻求“短平快”，或许，配套立法并配发“狗屎袋”是当务之急、权宜之计。

我们日夜在聆听

市政府12345 市情与民声

详见北晚官方微信

成立自律会培训小狗 外出遛狗带上小纸盒

清理犬粪他们有好招

最近，不少市民向市非紧急救助服务中心12345反映，天气持续高温，社区里的小狗拉屎撒尿问题备受关注。近日记者走访了很多居民区，发现无论是社区大院还是胡同，很多养宠物的主人都有解决问题的好办法，有的社区更是提出了以"链条"解决问题的新思路。

招数1：成立自律会规范文明养犬

记者来到了朝阳区团结湖街道水碓子社区，今年是社区养犬自律会成立的第十一个年头了，养犬自律会的成员多是社区里的养犬人。

养犬自律会的前会长高午莲今年75岁，她和现任会长——65岁的张培敏，一起向记者介绍了社区养犬自律会的情况。

早在2006年，和很多小区一样，犬粪的问题困扰着水碓子社区，在街道及各相关部门的支持下，当年7月13日，社区养犬自律会成立了。

养犬自律会首先就是解决犬粪问题，每位会员都以身作则，自觉清理犬粪。除了解决犬粪问题，自律会还会请犬医、驯犬师来社区义务为居民讲解与宠物狗有关的知识。大家的宠物狗们经过简单培训后，不向别人吠叫、不乱尿。水碓子社区也成了"无犬纠纷"社区。此外，自律会还会举办各种各样的活动，狗狗们聚在一起表演各种才艺时，会吸引很多社区的居民来看，很多宠物狗的表演让人惊讶。很多人从怕狗、不喜欢狗，到后来都愿意摸摸这些小家伙，邻里之间的关系也近了很多。2010年3月，养犬自律会成立了党支部，张培敏任党支部书记。当年养犬自律会刚刚成立的时候，只有12个人，两年内迅速发展到了125人。

招数2：小纸药盒派上了新用场

平房区不同于楼房小区，如果有人在胡同里遛狗不注意，留下犬粪不清理，会引发更多的邻里矛盾。

住在宝产胡同的居民就有应对狗粪的办法，除了会和遛狗的居民沟通，让宠物狗的主人马上清理，居民们也会对路面的犬粪及时清理，避免有人出门遛弯时不慎"踩雷"。

"一般我们都把不用的纸盒留下，尤其是装中成药丸的外包装纸盒清理犬粪特别好使。"很多居民说，小药盒或者一些硬纸的产品包装盒，封口一般都是两个"耳朵"加一个盖子，清理犬粪时，把包装盒倒扣在犬粪上，封口处两个"耳朵"往盒里一铲，翻过盒来把盖子一扣，不留痕迹不脏手。

建议：处理犬粪不要断链

虽然犬粪清理很容易，但是后期的处理却往往"断链"，很多人在处理犬粪时会直接丢入垃圾箱，这么热的天，垃圾箱里有了犬粪，气味可想而知。

对于犬粪后期处理问题，水碓子社区的居民告诉记者，早在2010年，史家胡同小学的四名学生在老师家长的帮助下，为社区设计了犬粪化粪池，犬粪进了池子，40天就可发酵成花肥。不过，当年的两个化粪池暂时闲置了下来。因为设计有待进一步改造，另外，花肥发酵好了，由谁来取，怎么用，也是一个待研究的课题。

社区工作人员也建议，能否通过引入志愿者等相应机制，由相关部门进行配合，从犬粪的清理、集中，到后期处理再利用，来构建一条完整链条，解决环境问题，同时变废为宝。

本报记者 景一鸣 J168

六旬老人义务拾犬粪

本报讯（通讯员王满仓）64岁的退休老工人闫德义义务捡拾犬粪、净化环境促绿化已有半年多了。他说："为了净化大家的居住环境，我愿意一直干下去。"

去年11月，家住丰台区马家堡东路福海棠华苑小区的老闫每每出门遛弯，总是看见有的养犬人遛狗时让狗随地便溺，而且完事就走根本不清除。

好心的他曾劝过一些养犬人，但人家不是置之不理便是翻翻白眼走开。于是，退休在家的老闫便拿起自家的笤帚、簸箕开始了义务清除犬粪的行动。每隔一天他便沿路寻找养犬人遛狗后遗留的粪便，人行道上、公园小路、草丛里、树荫下，见一处清理一处。捡拾后的犬粪，他一一放在小区的每棵大树底下，用碎土埋上以助力小区的绿化。

渐渐地，小区里和邻近公园中的犬粪少多了，看见他义务净化环境，不少居民给他点赞。不过，老闫也有自己的想法："我也不能这样一直持续清理，希望养犬人都能遵守《北京市养犬管理规定》，大家共同维护首都的市容环境和社会公共秩序，做一个文明养犬人。"

文并摄

小狗最终去不去厕所排便不得而知，此举是否长久也不得而知。时隔数日，2017年6月15日，《北京晚报》刊发记者景一鸣采写的《清理犬粪他们有好招》，听起来，想起来，似乎比"狗上厕所"更靠谱。

不少市民反映，天气持续高温，社区里的小狗拉屎撒尿问题备受关注。记者走访了很多居民区，发现无论是社区大院还是胡同，很多养宠物的主人都有解决问题的好办法：

"'一般我们都把不用的纸盒留下，尤其是装中成药丸的外包装纸盒清理犬粪特别好使。'很多居民说。清理犬粪时，把小药盒或者一些硬纸的产品包装盒倒扣在犬粪上，往盒里一铲，不留痕迹不脏手。"

俗话说"江山易改，本性难移"，其中的道理，既包括人，也包括狗。上述"随身揣着小盒，狗屎随时清净"，就这么点工夫和投入，比起教小狗上厕所，不知简单了多少，实用了多少。由此及彼，回到开篇所示，随处提供"狗屎袋"，似为让狗屎尽量绝迹的最佳选项。

21 / 医疗服务

Y I L I A O F U W U

医疗改革是深化改革的重要组成部分，要改进的工作有很多。因为选择了“小处着眼”的视角，所以，相关著述在“眯起眼睛看西方，静下心来想自己”的过程中，引进了一些医疗服务的鸡毛蒜皮。

没看过病的少，但“会看病”的不多。比如看似轻车熟路的“化验”，知道“尿样须留中段”的寥寥无几；又比如医院保留样本，能为患者着想，在取样处“就近安排”则实属超期待、超常态。

不能强求医生人人都是“高精尖”，但有理由苛责相关事务都“很长眼”。从这一角度看问题，医疗问题虽多，解决问题的出口也多；医患关系再复杂，化解矛盾的渠道也四通八达……

家庭医生处于北美医疗体系的外围，身处一线又非风口浪尖，个体经营又无太多随意性，总之，也虚也实、也宽也严的尺度的确很难拿捏。

家庭医生的就诊处又名家庭诊所，大小不等，因人而异，有独立支撑的，也有扎堆搭帮的，有在写字楼里安营扎寨的，也有在购物中心鹤立鸡群的，无论开办在哪里，其共同特点就是表面看都不太像医疗机构。

上述环境给我的第一感觉是亲和，如果不是有备而来，绝不会嗅出些许医院的味道，包括地毯，包括墙面，包括装饰，包括杂志……都会在无形之中舒缓了病患的心理负担。

久而久之，在和谐的环境中似乎也发现了若干“不和谐音”，诸如遍翻期刊就是不见医学杂志，诸如座椅高低不一削弱视觉美感……经人提示，方知有专家坐堂自不必临时遍翻医书，方知病患年龄不等病情不同，故而座椅也要高低不等软硬各异……

摘自《天大的小事》对照版

（23）**医不厌精** / 血液化验　　眯起眼睛看西方

温哥华医院的血液化验虽不及尿液化验那样“夸张”，但难免还会让人联想多多，感慨多多。

化验所的采样室一般面积没多大，然而面积小不等于道行小，空间窄不等于医术差，图片所示的“所在”虽然长宽各不过两米，可专业采血设施却一应俱全。无论是随手拈来、适度分离的备品格架，还是左右逢源、高低两便的伸缩支板，无论是大小适中、方便实用的暗筐，还是双边弧形、免撞病患的桌角，几乎把人道主义的基本原则表现得淋漓尽致。

国内医院去过不少，无论是以病人的身份造访，还是以顾问的身份巡访，我们的采样“所在”绝对要比图片所示大得多。遗憾的是，再大的所在有时候也是大而不当，再好的所在有时也会华而不实。

据说我们的医务工作者也常常出国观摩，我们的医院也常常引进国外专业设备，这就怪了，上图所示您咋就没瞧见呢……

292 天大的小事

摘自《天大的小事》对照版

(23) 医不厌精 / 血液化验　　　　静下心来想自己

以此图做续接绝无贬意，更无恶意，无论是采血器材，还是采血技术，都与前图所言不相上下，甚至，衬在病患胳膊下面的一次性垫纸，已经超越了北美，已经跨越了西洋。

然则，有话想说的是：似乎没人想到，此时病患有高有矮，固定高度的台子和不能升降的椅子是一对病灶；似乎没人提示，病患劈叉接受服务，其裆、其腿、其情、其景，其实皆为一种病态。

坦率而言，上述场景钱也没少花，劲也没少使，可即便就是医护人员的亲爹亲妈来了，也是这姿势，也是这过程，因此即便扯到打板子，似乎也打不到任何人身上。

有道是，人是环境的产物，君不见，银行如此这般却一直活得挺有人缘，尽管所有上赶着送钱的主儿要一律“劈叉储蓄”，但未见一人喊酸、喊疼、喊累、喊冤……

城市如何让生活更美好 293

摘自《天大的小事》对照版

(23) 医不厌精 / 尿液化验　　　　静下心来想自己

MDS Metro

Laboratory Services

如何在排出小便時收集小便化驗樣本

1. 把內褲拉低。洗手，然後把手抹乾。
2. 用化驗所提供的毛巾把私處洗淨。
   女士們，清潔私處時，必須由前面洗到後面。
3. 開始把小便排進廁所，不要讓小便中斷；在小便還在排出時，
   用指定的容器把小便搜集下來；在小便停止前，把容器拿去。
4. 蓋緊容器，切勿用手指觸摸容器的邊緣或內面。

Midstream urine instructions - Chinese (10/99)

旅居国外遇到了许多的意想不到，有的与工作方法有关，有的与思维方式有关，其中感触最深，当数求医问药时的各项化验，与其说是上医院，不如说是上了回“医学院”。

西人医疗体系与我们多有不同，初检过程中，血液与体便化验有的与家庭医生同在一处，有的合并同类项自立门户。我去过几处化验所，规模不大可学问不浅，让人眼界大开。

那边尿检的“取样所在”也是卫生间，不同的是，彼“取样”非此“取尿”，既然为科学化验打前站，一招一式都极富科技含量，诸如内裤怎样褪，诸如双手怎样洗，诸如私处怎样洁，诸如尿样怎样采……

同是当代人，同患一种病，同站马桶前，同撒一泡尿，不同的是化验结果有可能出现差异。据说，一滴水能折射无限；据考，一滴尿能折射许多。究竟怎样，相信“患者所见略同”……

城市如何让生活更美好 287

摘自《天大的小事》对照版

尿液样本，您留对了吗？

朝阳医院西院检验科 赵祎

现在人们头疼脑热到医院就诊，查个尿常规是最普通不过的事了，用尿液检查可以帮助医生诊断疾病和做愈后评价。

然而，这看似司空见惯的常规检查，简简单单的尿液样本，却有患者留的不对。在医院检验科，每天都会出现因尿液样本留取不合格而被拒绝的检验申请。试想，一份留取不合格的尿液，怎么可能得到一份准确的报告呢？今天，我们就讲讲尿液样本留取的事。

尿常规要留中段尿

如今检验科样本量最大的尿液检查项目就是尿沉渣分析组合，也就是大家俗称的尿常规。这个检查项目需要留取的是随机尿液。也就是说，您什么时候检查，什么时候留取尿液，不用计时，不用称量。看似简单，但也有玄机。首先是您送检的尿液一定是中段尿。也就是说，在一次排尿过程中，最先排出的一部分尿液，弃去不要。随后排出的一部分尿液按照要求保存在清洁的、专用的容器中送检。

为什么一定要留取中段尿？因为最先排出的尿液往往混有尿道口

第二点需要注意的就是送检的尿量。我们一般要求2/3管或半管以上，也就是10ml左右。当您留取的尿液量低于仪器检测所要求的下限时，就不能进行检测，或者检测结果出现严重的偏差，所以，不存在“将就用，凑合做”的说法。

第三点就是您留取样本的送检时间，随机尿液样本要求2小时之内送检，时间过长，尿液易受到污染。有人也许会问，“我早上没有喝水，没有尿怎么办”？方法其实很简单，就是喝水。对于尿沉渣检查来说，从检验的角度并不要求晨尿，也不限制您

24小时尿液怎样留取

说完了随机尿液再来说说24小时尿液的留取。24小时尿液通常用于检测尿蛋白、内生肌酐清除率、尿游离皮质醇等项目。标准的留取方法是，第1天早上第1次排的尿液不要，从排完第1次尿液开始计时，一共记24小时；其间所有的尿液都收集到一个清洁的容器中，放置到阴凉、避光的地方储存；满24小时后，测量所有尿液的总体积；记好体积数，将尿液混合，取其中10ml送检即可。

首先需要注意的是留取时间。最标准的方法是第一天早上7点到第二天早上7点。

第二点需要注意的就是储存尿液的容器。可以用干净的塑料桶，或者矿泉水瓶。但是不推荐用可乐瓶、雪碧瓶、药瓶之类的容器，因为这些容器中都容易残留对检测有干扰的物质。收集好的尿液，要放置到阴凉、避光的地方储存。

第三点就是要测量所有尿液的总体积，注意是体积，毫升数，不是公斤数。

说来惭愧，虽然《天大的小事》对照版读者甚多，影响甚佳，但关于就医过程中“尿液样本留中段”的忠告，既没有引起医疗机构重视，也未能让病患有所警觉，耽误了多少人和事，天知地知。

幸福可能真的是毛毛雨。2016年8月19日，《北京晚报》刊发了北京朝阳医院西院检验科赵祎医生撰写的《尿液样本，您留对了吗?》。尽管篇幅不大，版面一般，但报纸的发行量非同小可。其中说道：

“现在人们头疼脑热到医院就诊，查个尿常规是最普通不过的事了。然而，这看似简简单单的尿液样本却有患者留的不对。试想，一份留取不合格的尿液，怎么能得到一份准确的报告呢？为何一定要留取中段尿？因为最先排出的尿液往往混有尿道口和外阴部的一些炎性物质、上皮细胞和细菌等杂质，容易造成假阳性的结果。只有中段尿才能准确地反映人们尿路的真实情况。”

谢天谢地，更要感谢赵祎医生。如今，聊吃喝的节目很多，谈养生的也不少，真希望“大医生们”能放下身段，当回事聊聊“为何接中段”。

（23）医不厌精 / 粪便化验　　眯起眼睛看西方

说完“粪便取样”这点事其实该说的还很多，因为取样取得好，仍然不等于化验结果就准确，倘若“送检过程”有闪失，“移交手续”有疏漏，前面的细节再是无懈可击，到头来还会竹篮打水一场空。

上为一处大众得不能再大众的化验所“样本收集箱”，嵌在卫生间与化验室的连接墙内，木质结构，没什么新鲜的，和国内比较，甚至还有些寒酸。然而，小门轻启，却亮出诸多的不看不知道。

首先要看盛屎盛尿的家伙，通常情况，我们用盒他们用瓶，虽然盒也有盖瓶也有盖，但一般来说软质盒子的盖子没有“扣”，而没有“扣”的容器往往很难保质。

人们印象中上述地点多为不洁之处，加之人是环境的产物，所以“越是嫌脏越会脏，越是嫌乱越会乱”，于是墙倒众人推，破鼓万人捶，最终变得一塌糊涂。同样是这点事，同样是这点理，上述景致似可举一反三……

290 天大的小事

摘自《天大的小事》对照版

不用端着尿样跑　方便患者更人性

“验尿窗口”开在厕所里

很多在医院做过检查的人，可能都遇到过这样的尴尬：从护士那领了取尿杯跑去厕所，再端着一杯尿液回到化验室，途中要端着尿液在走廊里小心翼翼地穿梭，生怕洒出去弄人一身。此时，许多人都会想：要是化验室就在厕所边上该多好！近日，记者在首都医科大学附属北京朝阳医院就发现，厕所里有个专门的尿液回收口。

8月20日下午，记者来到朝阳医院的门诊大楼二楼，一进男厕所门，就发现洗手池对面的墙上开着一个玻璃窗口，窗外贴着一张尿液标本留取流程示意图，上面用图示说明了取尿的步骤。记者向保洁人员询问这个窗口的作用，一位姓张的保洁人员说，窗口后面的屋子是用来做化验室的，为的是方便患者留取尿样，不过现在还没有开始使用。

医院直击 33

对此，记者致电该医院检验科，一位科室负责人表示，由于门诊大楼是新建的，一些设施还在规划和完善之中，加上医疗资源有限，目前还不能保证每个楼层厕所旁的检验室都投入使用，尿液仍需送到三楼的检验中心。不过医院也考虑到患者的需求，在一些楼层厕所里放了存尿样的台子，由护士定时收取。

几位如厕的患者也对厕所里的化验窗口很感兴趣。曾在日本生活过的王老先生说，他在东京一家医院就医时曾见到过这样的设施，厕所一端有一个“送尿口”，“没想到国内医院现在也考虑到这点了，希望朝阳医院能快些开起来，别让这么好的建筑设施浪费了。也希望其他医院能学学这种做法，将化验室开得离厕所近些。”▲　（崔培如）

但凡上过医院的人，都有过“举着尿样可楼转”的体验。2010年9月3日，《生命时报》告知《“验尿窗口”开在厕所里》，“不用端着尿样跑，方便患者更人性”。文章说道：

“很多在医院做过检查的人，可能都遇到过这样的尴尬：从护士那领了取尿杯跑去厕所，再端着一杯尿液回到化验室，途中要端着尿液在走廊里小心翼翼地穿梭，生怕洒出去弄人一身。此时，许多人都会想：要是化验室就在厕所边上该多好！近日，记者在北京朝阳医院发现，厕所里有个专门的尿液回收口。曾在日本生活过的王老先生说，他在东京一家医院就医时曾见到过厕所有‘送尿口’，没想到国内医院现在也考虑到这点了，也希望其他医院能学学这种做法，将化验室开得离厕所近些。”

谢谢文章作者，也谢谢那位堪称“病患心声代言人”的王老先生。这些年，每每看到、遇到所见略同的人或事，都会不由得心存谢意，不是客套，更不是假客套，而是由此想到自己退身有望、交棒有时。

22 / 小广告

XIAOGUANGGAO

围绕治理小广告，有关部门“心没少费，累没少受，钱没少花，骂没少挨”，但到头来还是没能跳出“13个部门管不好一张小广告”的怪圈。于此，无论言者的感慨，还是闻者的感伤，心绪大体一致。

症结何在？且不说“九龙治水”的阵容是否太过夸张，仅从盲点、盲区说开去，正本清源，既有“身在其中，困在其中，软肋在软肋之中”，也有“诗在诗外，戏在戏外，功夫在功夫之外”。

城市“牛皮癣”的无处不在，既与市民“身体安放”相关，更与百姓“心灵栖息”相关。城市管理是面子，社会治理是里子。小广告从表象上看“乱眼”，但骨子里却是“乱心”。

（22）公害疏堵 / 小广告柱　　眯起眼睛看西方

国内常常把难以根除的“小广告”称为“牛皮癣”，虽然厌之深，恨之切，但由于下药不对症，久而久之，“办证”直接写在墙上，“收药”直接贴在地上，牛皮癣最终变成了花岗岩。

假药不是药，假钞不是钞，将“非法招贴物”命名为“小广告”，既和百分之大几十的非法招贴只有巴掌大有关，更和百分之大几十的“城管”没学过“城管”就无证上岗似乎也有些关联。

小广告禁而不止原因众多，主要是眉毛胡子一把抓惹的祸——对于存心和政府对着干的“另类反动标语”从轻发落实属养虎为患，对于无心和法规过不去的“实在有话要说”一把掐死太过野蛮。

一分为二，柳暗花明，如何治理“另类反动标语”不妨问警察，如何顺水推舟可以看他山，譬如北美不少城市随处设有简易“广告柱”，专供一时管不过来的小广告随意张贴……

266 天大的小事

摘自《天大的小事》对照版

擒住"小广告"

吱——随着一声急促的刹车声响起，一个发小广告的男孩被挡在了一辆车前。就在男孩一愣的工夫，已经被随后而来的民警抓个正着。昨天早晨，丰台有关部门对西四环散发小广告的人进行清理整治，仅半小时就抓获14名"小广告"。其中最大的19岁，最小的才12岁。(详见6版) 信报记者 王巍/摄

"小广告"既是某些人别名，也是某类物别称。2005年7月6日，《信报》刊登记者王巍采写的报道，画面中束手就擒的是关联人，地面散落的是关联物。图片说明如下：

"随着一声急促的刹车声响起，一个发小广告的男孩被挡在了一辆车前。就在男孩一愣的工夫，已经被随后而来的民警抓个正着。昨天早晨，丰台有关部门对西四环散发小广告的人进行清理整治，仅半小时就抓获14名'小广告'。其中最大的19岁，最小的才12岁。"

这是此间较早搜集的"小广告"相关报道，场面很难得，画面很逼真，尽管做了技术处理，但仍看得出"小广告"一脸无奈与愤愤。看上去既没什么来头，也没有什么行头，混在人群中就是个普通人，按在大街上就是个小可怜，然而就是这么一些个不速之客，竟然让所到之处患上痛痒难挨的"牛皮癣"。

盐为什么咸？醋为什么酸？"小广告"之所以蹬鼻子上脸，与发端之时的"昵称"不无关系，倘若早就判定为"非法传单"，估计没几个够胆胡作非为。

我们日夜在聆听

市政府12345 市情与民声

本期策划：王琼

13个部门共同治理小广告却怎么也治不好

违法小广告为何越治越多

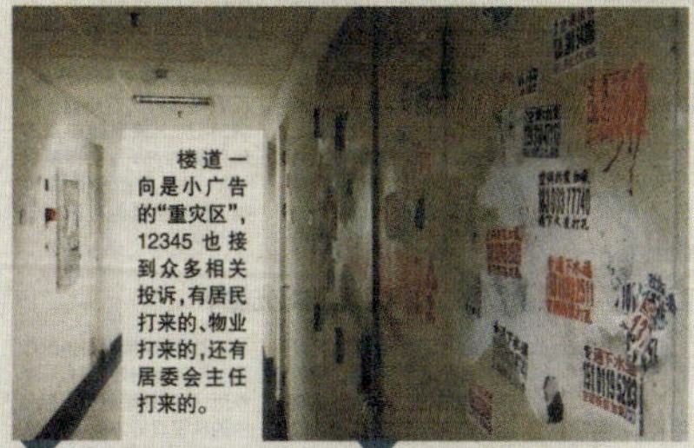

楼道一向是小广告的"重灾区"，12345也接到众多相关投诉，有居民打来的、物业打来的，还有居委会主任打来的。

居民 小广告直接往门上贴

张女士住在望京星源国际公寓222号楼，她向12345反映，楼道里到处贴的都是小广告，有时甚至都贴到居民家的门上。昨天，记者来到这栋高楼发现，里面有不少公司，进进出出的人很多，门禁没有投入使用。墙上贴的最多的是疏通下水道的小广告，用黑色油墨印在墙上、消火栓和消防门上，电梯间门

物业 抓住最多让清理掉

星源国际公寓一名保安说，由于长期值班，他一眼就能看出贴小广告的人，"他们往往背个小书包，有时还戴着个帽子，故意把帽檐压得很低。"有几次，他在巡逻中确实抓了个现形，可是通知民警和城管到场后，"只能让贴小广告的把小广告铲掉，批评教育两句就放走了"。

西城区红莲南里22号楼负责物业

居委会 打电话投诉没用

司女士是海淀区复兴路61号院社区居委会主任，她曾想尽各种办法，带领居民清理楼道里的小广告。然而，小区里小广告仍然很严重，尤其是宽带通的广告，贴在小区所有楼门的消火栓和变电箱上。

于是，司女士拨打了宽带通的电话投诉。当时，接线员告诉司女士，会将此事反映给上级领导，随后就没了音信。于是，司女士再次拨打这部电话投诉，接线员干脆称这件事不归他们管，给了司女士一个别的电话，司女士拨打那部电话反映问题后，始终也没有人去清理楼道里的小广告。

记者也拨打了宽带通的电话，接线员称，这里是总部，不管小广告的事，会通知营业厅工作人员去现场清理一部分。当记者质疑张贴小广告是违法的，根本不能贴时，她这才连忙改口说："那就不让再贴了。"

城管 处罚起来更难

早在2013年，北京市政府办公厅就发布了《非法小广告专项治理行动工作方案》，规定任何人不得在建筑物、构筑物等处刻画、涂写、喷涂标语及宣传品、广告，否则由城市管理综合执法部门责令清除，没收非法财物和违法所得，并处100元以上1000元以下罚款；对于情节严重的，处1000元以上1万元以下罚款。同时，对于擅自利用或者组织张贴、涂写、刻画、喷涂、散发标语、宣传品和广告进行宣传的，由城市管理综合执法部门没收非法财物和违法所得，并处1万元以上10万元以下罚款；对于情节严重的，处10万元以上50万元以下罚款。

尽管如此，一名基层城管队员称，他们根据小广告上的联系方式，找到广告宣传者，对方总是会否认用小广告进行过宣传，"很多时候，明明知道对方在抵赖，却没有更多、更好的办法"。

这名城管队员还透露，为了防止被城管队员发现，小广告张贴者往往选择夜间张贴，或者两三个人一起行动，一旦遇到城管队员执法，会互相掩护逃跑。此外，这些张贴者总是在"打游击"，有时城管刚清理完离开，随后就又给贴上了，防不胜防。

政府 13个部门还管不好？

时间过去十几年。2016年5月3日，《北京晚报》用半版篇幅刊发记者王琼采写的《违法小广告为何越治越多》，引题里那句"13个部门共同治理小广告却怎么也治不好"看了让人不是滋味。文章说道：

"张女士向12345反映，楼道里到处贴的都是小广告，有时甚至都贴到居民家的门上。昨天，记者来到这栋高楼发现，墙上贴的最多的是疏通下水道的小广告，用黑色油墨印在墙上、消火栓和消防门上，电梯间门框四周和楼梯间，也都密密麻麻地贴满了上百条小广告。"

文章称，据楼宇保安说，巡逻中曾几次抓了现形，可通知民警和城管到场后，只能让贴小广告的把小广告铲掉，批评教育两句就放走了。另据社区居委会主任讲，她曾拨打电话投诉宽带通乱贴小广告，宽带通接线员告知会将此事反映给上级领导，随后就没了音信。

早在2013年北京市就发布了《非法小广告专项治理行动工作方案》，之所以"越治越多"，既有客观原因，更有主观原因，个中情形发人深省。

学者出书专啃“小广告”

《一纸缠》梳理“北京与小广告的斗争史”

信报讯(记者江书波 管云琪)“十三不靠为哪般,万状难挨牛皮癣,水来土掩无底洞,兵来将挡起硝烟,二律曾经说背反,九龙合围一纸缠,防不胜防鬼吹灯,温故知新大道简。”学者王力在新书《一纸缠——“老剪报”杠上小广告》中,面对被网民吐槽的“小广告”问题,提出问题也一并提出解决方法,同时梳理出一部“北京与小广告的斗争史”。

昨日,记者在《一纸缠》新书发布会上了解到,该书由人民出版社和北京日报出版社联合出版,首印10……疗”建言献策,为深化改革进程中“学习型城市学什么怎么学”破题探路。该书倡导“精细化、人性化”,并在此基础上首度提出“平实化、常态化”的重要性与现实意义。

王力在书中提到,用“技防”治理小广告犹如“无底洞”。为了治理小广告,400公斤压力水枪、高压气枪、小广告防护衣、小广告铁布衫等等无奇不有。他提出疑问:一纸缠要了我们的短,但补短板非要如此大费周章吗?至于人防,王力在书中以西城区为例作了统计,230个

■相关链接

《一纸缠》与信报有缘

信报讯(记者江书波 管云琪)值得一提的是,6月21日,《一纸缠》一书截稿送到出版社。同一天,本报刊登了《五成居民深……类型中,通下水道广告、开锁广告、宽带办理广告占据“前三”。文章一分为二,在头版显著位置开题,告知经过网络调查数据分

不久,《信报》刊发记者江书波、管云琪采写的《学者出书专啃“小广告”》。客观而言,《信报》刊发的这篇文章篇幅也有限,但适逢“13个部门管不好一张小广告”,适逢“北京急于求治城市病”,此文堪称京媒相关报道之最。其中说道:

“十三不靠为哪般,万状难挨牛皮癣,水来土掩无底洞,兵来将挡起硝烟,二律曾经说背反,九龙合围一纸缠,防不胜防鬼吹灯,温故知新大道简。”学者王力在新书《一纸缠:“老剪报”杠上小广告》中,针对被网民吐槽的社会话题,不仅提出问题,而且一并提出解决问题的方法。“该书从小广告入手解剖分析病理,为城市病如何‘大病统筹、分级诊疗’建言献策,并为深化改革进程中‘学习型城市学什么怎么学’破题探路。在‘精细化、人性化’基础上首度提出‘平实化、常态化’的重要性与现实意义。”

必须承认该书销售不及预期。也许“城市病好了”,也许“城市管好了”,内情不详。

理论周刊

读书

“1:13”见证城市治理

——读《一纸缠——“老剪报”杠上小广告》

王力1987年创办国内首家公关、策划咨询机构。2006年推出《天大的小事》，旋即被评为“2007年最值得推荐的一本书”；2011年再版，被评为“加强和创新社会治理的典型案例读本”。2014年创办“北京创新思维博悟馆”，为推动“中国特色新型智库”建设提供互鉴互通平台。

王力一贯主张：一流智库要把更多的时间和精力用于研究前瞻性问题，事先准备好政策建议，早早赶到前面，搬个小板凳，在政府要路过的地方等着。《一纸缠——“老剪报”杠上小广告》就是王力这个有心人，坐在小板凳上，“十年磨一剑”，最新推出的研究成果。

继续《天大的小事》中的风格，在《一纸缠》中，王力从“十三个部门管不住一张小广告”这个城市治理的细节切入，为读者提供了一部当代资政连环画：上图（报纸相关版面）下文（王力读报心得），有夺人眼球的画面，有引人思考的文字，有生活的温度，更有思想的深度。他推出这部形式新颖生动、独具匠心的《一纸缠》，旨在通过整合治理小广告良策，剖析“城市病”病理所在，探究“学习型城市”发展之路。

北京城里的小广告，历史悠久，早在2005年7月6日，《信报》就有过生动的报道。2016年2月25日《北京晚报》再次发出“13个部门管不好一张小广告”的感叹。据介绍，这13个部门包括公安、城管、住建、卫生、药监、旅游、教育、税务、工商、民政、市政市容等。

为了治理小广告，我们几乎尝试了各种手段。“人防”有城管巡查，居民蹲守，社区小喇叭，奖励举报，“撕友”志愿者出击，“补牌侠”行走京城；“技防”有监控探头和防护电网，压力水枪，蒸汽清除，化学试剂，网上搏击微博，奋战二维码，查禁黑广播和伪基站；“法防”有强行停机，诉诸民事合同，交警联手医院保安，设置免费信息栏……各级政府为此付出了极大的代价。报载，仅以北京西城为例，2013年专项投入1300万，按清理大约1900万张小广告计算，每清理一张小广告的成本约为0.68元。

不容否认，有关部门一直在积极探索治理各种城市病的有效途径，但是结果并不理想。“十三个部门管不住一张小广告”，关键是一个“管”字：为什么“管”，“管”什么，如何“管”，事情琐碎，道理颇深。古人治水，鲧以“堵”为主，筑堤防水，九年未成，天堂化作泽国，“人或为鱼鳖”。大禹子承父业，治水理念和治水思路改为以“疏”为主，疏通江河，兴修沟渠，发展农业。于是水出三峡，长江成为中国最大内陆河，造福华夏；四川成为天府之国，蔚为大观。

现代化大都市是工业化和城市化双重历史进程的产物，面临着不同需求、不同文化、不同理念的撞击。在城市治理乱象的背后，其实是各种利益的博弈，是文化多样性与核心功能的互动，是治理体制和服务理念的对接。城市服务功能的多样性、层级性、复合性，决定了城市治理必然是一个系统工程，为此要注意提升城市治理的科学性，增强各种社会服务需求与供给的有机对接，避免出现“都管又都不管”“想管又管不了”的尴尬局面。

需求是拉动发展的最大动力，小广告的屡禁不止，与各种信息发布和获取的社会需求日益加大密切相关。为此，应该抓紧研究如何更好地发挥各种传播渠道在沟通信息需求与信息供给方面的不同作用，积极探索改“堵”为“疏”的有效路径。要对小广告的内容和作用进行具体分析，对于那些非法、淫秽的小广告，当然应该坚决取缔；而对于那些顺应百姓需求的小广告，则应该给它们以合法的安身之处。以此满足各个方面的合理需求，尽量避免那种两败俱伤、得不偿失的零和博弈。这里的关键，就在于一事一议，区别对待。

马克思曾经指出，主要的困难不是答案，而是问题。通观全书，王力似乎并未做出具体结论。但是，只要问题找到了，根源挖准了，有关方面下定决心，转变治理思路，加强顶层设计，敢于破除传统管理理念和部门利益的束缚，善于从细节入手，撸起袖子扎实干，城市治理能力必将会有一个大的进步，市民的获得感和幸福感也必然会有一个相应的提升。我们和王力先生一起期待着。（蔚青）

《北京西城报》是北京市西城区委宣传部主办的报纸，也许因为笔者是该区“宏观决策顾问”，也许因为“城市病”防治须接地气，2016年5月23日，该报《理论周刊》版刊发了戴时炎先生撰写的《“1：13”见证城市治理》，其中说道：

“该书从‘十三个部门管不住一张小广告’这个城市治理的细节切入，为读者提供了一部当代资政连环画：上图下文，有夺人眼球的画面，有引人思考的文字，有生活的温度，更有思想的深度。作者推出这部形式新颖生动、独具匠心的力作，旨在剖析‘城市病’病理所在，探究‘学习型城市’发展之路。”

戴先生继而说道：“马克思曾经指出，主要的困难不是答案，而是问题。通观全书，作者似乎并未做出具体结论。但是，只要问题找到了，根源挖准了，加强顶层设计，敢于破除传统管理理念和部门利益的束缚，撸起袖子扎实干，城市治理能力必将会有一个大的进步，市民的获得感和幸福感也必然会有一个相应的提升。我们和王力先生一起期待着。”

北京晚报 2017-02-13 周一

28 纪录

责编／张宏江 各 多
设计／张 涛 校对／熊 微

潘家园路某小区，六旬老人胡先生亲笔写给缺乏公德心的人的"劝告信"贴在楼道大门上，一个多月仍保存完好。

管管楼道小广告

一封贴在潘家园路某小区楼门口的"劝告信"引起该院居民关注——"不想骂你，只想劝你。请你不要在楼道喷贴字符广告，不要往楼道乱扔烟头废弃物。你怎么不往自己家里喷、贴、扔呀?！劝你做一个有道德、有素质的人吧！请大家共同爱护楼道卫生！"

写这封信的人姓胡，年过六旬，在此居住了20多年，平时常常义务打扫楼道卫生。胡先生说，眼看小区里的楼道被越来越多的小广告包围、污染，心里很愤懑。他真切希望通过这封信能唤起那些不讲公德的人的良知，爱护大伙居住的公共环境。

胡先生所指的楼道小广告在本市其他小区同样存在。那些喷在墙上的"专业打孔"、"空调移机"、"通下水道"、"开锁修锁"、"修理水管"等小广告密密麻麻、五花八门，已蔓延、渗透到小区的许多楼道和居民家门口，形成视觉污染，与社区整洁、敞亮的生活环境格格不入。

"这些小广告都是商家雇人所为。"胡先生说。许多年轻人受雇于商家，专门串到各个小区，在居民楼里喷涂广告。他们像马路上散发小广告的人一样，干一天赚一天的钱，收入还不错。天长日久，许多小区的小广告便越来越多，楼道也变得越来越脏。

同样是为楼道小广告苦恼过的周书玉老人今年春节挺高兴。她所住的劲松小区，去年底由街道出资，将楼体全部粉刷一遍，楼道里的小广告也彻底清除干净了，整个小区从里到外漂漂亮亮。就连过年贴在楼门口的对联和"福"字都显得比往年更艳丽一些。但她担心："怕过不了多久，这干净的楼道又会被那些小广告糊满。"

胡先生和周书玉老人为治理楼道小广告提出建议：物业、街道、城管等单位应共同重视，居民积极参与，拿出实招和办法。

本报记者 胡铁湘 摄影报道

潘家园，一位母亲买菜后经过喷满各种小广告的楼道，回家做晚饭。

天通苑东区，一位女孩在家

东二环广渠门内，漂亮的居民小区里，小广告充斥许多楼道。

松榆西里某小区，一栋塔楼里

2017年2月13日，《北京晚报》刊发整版报道，记者胡铁湘以图文形式告知："一封贴在潘家园路某小区楼门口的'劝告信'引起该院居民关注——'不想骂你，只想劝你。请你不要在楼道喷贴字符广告，不要往楼道乱扔烟头废弃物。你怎么不往自己家里喷、贴、扔呀?！劝你做一个有道德、有素质的人吧！请大家共同爱护楼道卫生！"

24 老有所依

北京晚报 2018-07-30 周一

责编 / 张建华
设计 / 高 峡 校对 / 侯晓通

老爷子清理楼内小广告不留情

古稀之年和楼道里的小广告较上了劲，自掏腰包买来各种工具铲广告，11层楼五十多户居民家门口的"牛皮癣"都被干净洁白的墙面代替……今年70岁的杨久大爷居住在回龙观龙泽苑东区，最近，街坊邻居纷纷投上宝贵一票推选老人参评"观里好人"，这让杨久大爷特别感动。杨久大爷有句话常挂在嘴边，退休了也不能闲着，能做多少是多少，"星星之火还能燎原呢"！

一年清理小广告近万张

杨久在退休前是北京首钢通用机械厂的分厂厂长，退休后自己还办过公司，老人家工作讲究，人爱干净，一直都闲不住。不过，跟小广告对着干还要从2017年初讲起，当时杨久刚刚从石景山搬到龙泽苑东区11号楼居住。这栋楼设计得不错，屋子住得舒服，就是楼道里的小广告密密麻麻，什么搬家的、清洗空调的、通下水道的，天天出来进去，这些小广告贴满了墙壁、电表箱和楼梯间，从打开家门的那一刻一直到出楼门到处都是，杨久坐不住了。

刚搬来不久，他就找出家里的钢丝球、小铲子、刮刀、油烟净、五洁粉，装修剩下的腻子也派上了用场，从自家的5层开始清理。杨久先是用小铲子把层层叠叠的小广告铲下来，再把和好的腻子粉用刮刀一点点抹平在凹进去的墙面上。整个5层清理干净了，杨久才觉得舒服点。自己家门前是干净了，可其他地方呢？

接下来，杨久又把目标瞄准了一楼、二楼、三楼……杨久当时刚刚动过手术，天天都需要服药，但他还是背着家人偷偷干。每天老伴一早出门去锻炼，杨久大爷紧接着也开始忙活。因为身体原因，只能零散着干，每天上午杨久最多坚持一个半小时，夏天的时候不一会儿背心就全被汗水打湿，老人家回来换件衣服继续干，一般四天一个楼层就彻底清干净，全靠着毅力支撑着。小广告最多的9层，仅一层楼的小广告就有650张之多，几乎都看不见墙面了，杨久清理了五天才干完。

最开始，也有邻居不理解，觉得贴小广告的人爱贴不贴，"反正没贴到我屋里去"，而且清理完回头又给贴上了，还劝杨久这么大岁数了别干了再累着。对此，杨久并不做过多的说教，而是用实际行动默默影响着大家，继续一层层地清。慢慢地，楼里住户的态度开始转变。家里装修剩的腻子用完了，谁家正装修，杨久就去说明情况，借一些腻子，邻居一听说是铲除小广告的都会非常支持。很多时候，清到某家住户门口了，还会打开门给递上瓶水，有的还给沏壶茶。每当这些时候，杨久都觉得心里很温暖。

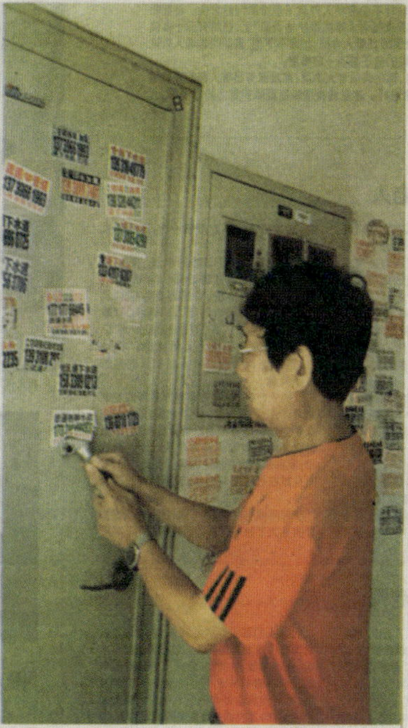

成为"观里好人"候选人

因为杨久的义务付出，整个楼的邻居也都记住了他。今年6月初，服务于北京大型居住区的回龙观社区网推出了一项"观里好人"评选活动，报名开始后收到了上千份推荐材料。经过仔细筛选，共有80组候选人胜出，其中就有70岁的杨久大爷。7月中旬，活动进入投票评选阶段，杨久所在的龙泽苑东区的邻居们都积极地为杨大爷投票呐喊，分享扩散到各个朋友圈中。

现在神器有了，人也多了，杨久清理小广告的心更盛了。不过，老伴却有些心疼他，"他这岂止是埋头苦干，简直玩命干，原来他不爱出门，都不认识他，现在走路上都跟他打招呼"，脊椎上打了四个钉子还去参加各种活动，蹲不下去就站着干。面对老伴的嗔怪，杨久表示，自己一直觉得老了年纪大了就等着养老、养生不是自己的风格，年纪再大也要发光发热，总要做点对社会有用的事。

在一次社区召开的党支部会议上，杨久也说："一家净不算净，一楼清不算清，整个小区的小广告都清理干净才是我们特别愿意看到的。我们老党员在有生之年，还可以发挥点余热，大家一起努力，一定可以做到龙泽东无小广告。"为此，支部党员刘凤琴还写了一首小诗：

服务队长叫杨久，
清理环境是好手。
生活垃圾小广告，
见他浑身就发抖。
举起铁铲不留情，
体无完肤赶紧走。
清除污渍环境好，
居民齐声赞杨久。

对付小广告杨久有"神器"

可别小看楼里的这些"牛皮癣"，它们可不是那么容易清理的，有的是用强力胶粘上的，有的直接喷涂在墙面上，在清理时稍不留意就会留下刮痕。清理的多了，杨久渐渐总结出一套对付小广告的经验，购置的设备也越来越齐全。

一个扁头的铲子，一个刮刀，钢丝球和五洁粉若干，一个盛水的盆子，还有一个被称为"神器"的刮刀。这个"神器"是一种铝合金刀头的专业级清理刮铲，最受杨久喜欢。最初是家住25号楼的秦阿姨在地铁里发现保洁阿姨在用，就推荐给了杨久。杨久一口气买了3把。杨久一边向记者展示他清理小广告的装备，一边传授清理经验。小铲子是用来对付简单贴上的纸广告的；喷门上的那种则要用钢丝球蘸上五洁粉再来点水加以清洗；电表箱、楼梯间的小广告在铲的时候要注意力道和角度；喷墙面上的小广告最难处理，得先用铲子把所有小广告都铲下来，再把现和好的腻子粉用刮刀一点点抹平在凹进去的墙面上。因为小广告的背面都有粘胶，在铲的时候杨久还会在下方接一个纸箱，一方面避免铲落的广告粘在地面上，另一方面可以直接当垃圾盒。

星星之火在"燃烧"

在杨久的带动下，11号楼的活动陆续开展起来。先是居委会沙静副书记

孙文文/文并摄 J192

2018年7月30日，《北京晚报》刊发了整版报道《老爷子清理楼内小广告不留情》，其中说道："古稀之年和楼道里的小广告较上了劲，自掏腰包买来各种工具铲广告，11层楼50多户居民家门口的'牛皮癣'都被干净洁白的墙面代替。"11号楼一共有11层，大家整整干了4个月，全楼55户居民家门前都干净了，"牛皮癣"被干净洁白的墙面所代替。

北京晚报 2017-06-26 周一

10 北京

我们日夜在聆听 市政府12345 市情与民声

楼道里被喷涂贴满小广告

如何破解家门口的顽疾 晚报邀您出高招

小广告被称为"城市牛皮癣"，是一种"容易反复发作"的城市顽疾。在环卫、城管等部门的治理下，张贴在街头电线杆、公交站台等处的小广告少多了，但小广告很快"转移战场"，如雪片般贴进居民小区的楼道里。居民们说，在全市开展疏解整治促提升专项行动的背景下，北京的市容市貌得到极大改善，环境越来越整洁优美、文明有序，但"楼道涂鸦"成为家门口一种不文明的存在。

昨天，本报记者随机走访了几个居民小区，看看楼道里张贴小广告的情况，反思小广告的治理在该谁管、怎么管、如何管好管住方面还存在哪些盲区与空白。

欢迎广大拨打本报热线电话010-85202188、85202199，或者扫描二维码关注北京晚报微信公众号给我们留言，分享您应对和治理小广告的高招。让我们一起对丑陋的城市牛皮癣说不！让文明从家门口开始！

地点1 家门口印满通马桶的广告

朝阳区富华家园

富华家园地处朝阳区东五环附近，小区已建成近20年。昨天下午，记者在富华家园2号楼看到，住有6户居民的第23层楼道里竟贴着近千张小广告！这些小广告颜色各异，内容大同小异，全是宣传"疏通下水道"、"空调移机打孔"、"开锁换锁修锁"等信息。

记者发现，不仅居民的防盗门、门框和奶箱上被贴满广告，就连楼道的墙面、甚至房顶都没被放过。更让人气愤的是，楼道的地上也贴着广告，一直延伸到楼层的电梯口。"这栋楼早被贴成了'花瓜'，没几片干净地方了！以前的小广告都是贴纸，我们还能用手撕下来。后来换成油印的，颜色浸在墙里根本抠不掉。"23层业主王先生无奈地说，有一次他出门，正巧碰到有人印广告，他追了出去想制止，不料男子跑楼梯溜之大吉。回头一看，男子印的小广告还没干，红色颜料顺着墙往下流。"你说家门口印满通马桶、通下水的小广告，这住得能舒心？"

李女士住2号楼1层，她告诉记者，物业在单元楼门口安装了橱窗，想发信息的人可在公示栏里贴东西，但有人故意避开这些区域，专往人想不到的地方贴，比如楼梯的转角、电梯的按键、居民防盗门的猫眼上。这些广告可能会被注意，但也成了小区里彻头彻尾的"牛皮癣"，"搞得哪儿哪儿都特别闹眼"。业主张先生称，就在前两个月，物业用白漆把楼道墙面重新粉刷，"干净了一阵儿，但白墙很快又被喷满了广告，大家看着特别心疼，感觉拿小广告没办法了。"张先生说，虽然已经启用了门禁，但不是每个居民都愿意刷卡开门，甚至故意用石块别住单元门，这导致小区处于开放状态，给喷小广告的人提供了畅行的机会。

地点2 小广告牢牢黏住新房门

丰台区日新家园

在丰台区日新家园小区，原本干净的白墙已被密密麻麻的广告覆盖。白墙黑字，让人看着眼花缭乱。

记者探访了小区的2、3、4号楼，从一进楼门口开始，墙壁上、台阶上、房门上都被盖满小广告，甚至连"警方提示牌"上的报警电话也被覆盖。陈先生说，小区目前没有物业，楼门口也没有门禁，楼内可以随意进出。之前还有人清理过小广告，没过多久又被喷满。"原本干干净净的墙，这看起来多脏啊。"陈先生说，小区现在正在选聘物业，希望物业尽快定下来，将小广告清理干净。

一位居民告诉记者，他曾接触过几位贴广告的年轻人。这些年轻人说，他们贴广告的首选是不带电梯且没有门禁的低层楼房。按照老板的要求，一个小区的每栋楼每个单元每个住户，一个都不能放过。如果墙上已有内容相同的广告，他们就直接将自家广告覆盖在上面。贴完广告，会有专人去巡查，如果贴得效果不好或有遗漏，会被要求重新贴或罚钱。

采访中，一位七十多岁的大妈特别激动，她说自己爱干净，前段时间儿子刚给家里换了一扇两千多元的防盗门，美观大方。不到半个月，门上就被贴了各种小广告，老人看着别扭，用手撕、用刀刮，结果好好的一扇门刮花了。"不刮我难受，可越刮越心疼。我就不明白了，这些贴小广告的靠给别人添堵挣钱，他们的良心去哪了？"

地点3 在小广告上刷漆看着更乱

朝阳区通惠家园

墙上喷满小广告，常用的清理方式就是刷墙。但因物业人力有限，小广告没撕下来就直接涂上白漆，住在通惠家园的王先生说，楼道里看起来更杂乱。

昨晚，记者在通惠家园4号楼2层看到，尽管电梯口处贴有"严重警告：请勿在墙上粘贴、打印小广告，否则罚款500元"的通知，但仍难挡楼道被小广告覆盖的噩运。居民陈女士说，楼道贴满小广告，居民意见很大，物业便找人把墙面新粉刷。由于广告太多，工程量大，很多贴纸广告没有一一撕除，就直接糊上一层白漆。时间一长，广告贴纸陆续掉落，墙上则形成一块块灰白相间的"补丁"。而贴在消防栓和铁门上的广告，物业刷漆时在上面抹出一块白，漆的厚度也不一致，现在小广告"半露半不露"，墙更"花"了。

物业的一位工作人员坦言，小区虽有门禁，但部分设施已损坏，进楼里贴广告的太多了，管或不管都很麻烦。通惠家园共有十几栋塔楼和板楼，物业工人还要负担小区绿化和保洁工作，人手不够用，刷漆时难免有疏漏。加之楼道内不同设施的颜色不同，采购不同颜色的涂料更是笔不菲的开支，这些现实原因让物业难有作为。

从2017年6月26日起，《北京晚报》连续3天整版刊发了记者景一鸣等采写的报道，告知："小广告是一种'容易反复发作'的城市顽疾。在环卫、城管等部门的治理下，张贴在街头电线杆、公交站台等处的小广告少多了。但小广告很快'转移战场'，如雪片般贴进居民小区的楼道里。居民们说，'楼道涂鸦'成为家门口一种不文明的存在。"

22—9 小广告

7北京

北京晚报 2017-06-27周二

我们日夜在聆听 市政府12345 市情与民声

小广告糊住了居民家的窗户

如何破解家门口的顽疾 市民和专家各出高招

昨天，本报刊发《楼道里被喷涂贴满小广告》一文，报道引发读者强烈反响。家门口的顽疾该怎么破解？居民们又能做些什么？大家踊跃提出意见和建议。也有读者反映，老旧小区是小广告的"重灾区"，胡同里的平房院也没躲过"城市牛皮癣"的攻陷。楼道里、胡同中的小广告为何难管？该谁来管？应该怎么管？有关专家也向记者表达了自己的观点。

胡同深处也被小广告攻陷

地点：

苏州胡同、中鲜鱼巷、南八宝胡同

"作为一种城市顽疾，小广告可谓无孔不入。不但居民楼里有，胡同中也很常见。"家住苏州胡同的王先生这样留言。昨天下午，多位住在胡同平房院里的居民说，在全市开展治理开墙打洞、治理背街小巷行动后，铺天盖地的小广告确实少多了。但可气的是，贴小广告的人见缝插针，竟然把小广告贴在居民窗下、门上。

苏州胡同毗邻北京站，由于外来人口多，过去曾是小广告的重灾区。昨天下午，记者在这里看到，胡同里整治开墙打洞的工作卓有成效，胡乱摆放、占道经营的摊点不见了，小广告也难见踪迹。在一处"街巷环境整治提升公示牌"上，写着街巷管理的"十无"标准，其中包含无违规广告牌匾标识、无乱贴乱挂乱画等内容。

然而，当记者走进苏州胡同74号院，却发现一间屋子的窗户底下被贴满小广告。记者看到，这里的广告内容和形式都与贴在楼道里的小广告有所不同，楼道里广告大多是修马桶、换锁、空调移机等内容。胡同中的小广告则大多是租房售房、加装宽带，小广告以纸质印刷居多，字体粗黑，覆盖面积大，贴在墙上很结实。

随后，记者又来到中鲜鱼巷19号院，这是一座规格较高的四合院，大门制式为广亮门，上面有四颗门簪，相当气派。然而朱红色的大门背后，却是一个破烂不堪的窝棚，上面不但贴着"求购平房"，还印着"疏通打孔"等。这样一番景象，和"大宅门"的气派格格不入。多位居民拉着记者说，他们对这种胡乱张贴的小广告特别反感，现在胡同里的环境得到了整治，希望这些"牛皮癣"也能被根治。

在南八宝胡同22号院，一面灰墙布满了小广告。最令居民气愤的是，贴小广告的人甚至直接把广告糊到了窗户上。

小广告竟然贴在居民家的玻璃上

苏州胡同74号院，小广告贴满墙。

专家声音

张新年 律师 公士公益团队发起人

在社区张贴小广告属违法

当前，社区小广告随处可见且屡禁不止，已经成为一种城市顽疾。从法律的角度讲，未经批准，在社区随意张贴小广告的行为属于违法行为。

我国《城市市容和环境卫生管理条例》明确规定，单位和个人在城市建筑物、设施上张挂、张贴宣传品等，须经城市人民政府市容环境卫生行政主管部门或者其他有关部门批准。《北京市市容环境卫生条例》进一步明确，任何人擅自在建筑、构筑物等处刻画、涂写、喷涂标语及宣传品、广告的，没收非法财物和违法所得，并处100元以上1000元以下罚款；情节严重的，处1000元以上10000元以下罚款；擅自利用或者组织张贴、涂写、刻画、散发标语、宣传品和广告进行宣传的，没收非法财物和违法所得，并处10000元以上100000以下罚款；情节严重的，处100000元以上500000元以下罚款；对于在广告中标明通信工具号码的，城市管理综合执法部门有权对该通信工具号码采取暂停使用等措施。标语、宣传品和广告的内容违反法律、法规的，应当依法处理；构成犯罪的，依法追究刑事责任。

社区小广告之所以如此"倔强"，存在多方面原因。比如：张贴小广告成本低、方便快捷；社区服务需求多样，有市场；有关行政主管部门监管不力；物业管理存在疏漏；社区居民责任意识有待加强等。对于整治社区小广告行为，既要依靠行政主管部门的严厉打击，更要依靠物业对社区的有效管理和社区业主的积极配合。

治理小广告宜疏堵结合

从物业服务的层面来看，依据《北京市物业管理办法》，物业服务企业应当按照物业服务合同和本市规定的服务标准、技术规范等提供质价相符的服务。通常而言，社区物业服务内容包含对出入人员进行监管和排除，并对社区治安进行定时巡逻。据此，当小区物业人员发现有贴广告人员出入时应立即阻止，对于正在进行的张贴广告行为不仅要制止，更要向有关部门及时举报，协助查处。

从社区业主自治的层面来看，作为各自楼道的共同所有人，应当以主人翁的身份切实捍卫楼道的整洁与干净，对已经张贴的小广告应主动铲除，对正在进行的贴广告行为应立刻制止，并向物业或者行政主管部门提供相关线索，积极配合查处。

从行政管理的层面来看，住建、街道、工商、城管、公安、环卫等部门在加大执法力度和宣传引导的同时，应深入联合社区和物业，并依靠业主，做好社区小广告整治群抓群管群治工作。

除此之外，治理社区小广告还应当转变观念，变堵为疏，可以在社区内设立固定集中的信息公示中心，便于小广告的统一发布；亦可引进"互联网+"思维，将小广告的服务内容和联系方式进行统计分类整合，建立社区线上服务网络。

本报记者 王琪鹏 张骁 文并摄 J219 J243

读者建议

碧水浮萍：小广告是顽疾，几十年未能治理，早该还原美丽首都真面貌！

芳芳：好期待出招，我们小区楼道，尤其住户门口用红色、蓝色、黑色拿扣的小广告，看不到一点白色墙皮，有关部门真该出面彻底解决这种破坏环境的行为，期待、期待、期待！

硬硬：保安的工作增加一条：看见贴小广告的，先抓住教育，请他自行清除小广告，抓住第二次扭送派出所。或者完善相关法律法规，没有监管没有处罚是管不住这些人的！

芊羽芊尘：终于引起关注了，上次报道老旧小区安装电梯时就看到楼道密密麻麻的小广告，特别难看。电信运营商应该把这些号码核实一下，停机处理！

张自良：政府加强打击、协助管理的同时，大家也要"各扫门前雪"，住户、商家都管好自己门口的小广告。我们社区还有老年志愿者服务队，每次看见七八十岁的大妈清理小广告都很感动，我也主动清理我家到电梯门口这一段。政府和老百姓应形成合力，巩固全社会抵制非法小广告的意识！

欢迎广大读者拨打本报热线电话：010-85202188、85202199，或者扫描二维码关注北京晚报微信公众号给我们留言，分享您应对和治理小广告的高招。

2017年6月27日，《北京晚报》的整版文章标题是《小广告糊住了居民家的窗户》，其中说道："昨天，本报刊发《楼道里被喷涂贴满小广告》一文，报道引发读者强烈反响。家门口的顽疾该怎么破解？居民们又能做些什么？大家踊跃提出意见和建议。也有读者反映，老旧小区是小广告的'重灾区'，胡同里的平房院也没躲过'城市牛皮癣'的攻陷。"

23 / 触电警示

CHUDIANJINGSHI

上网搜索，触电事故的信息会瞬间弹出，尤其是事关孩童触电的数据频繁呈现。

与其他章节一样，仅从自家有限的存报展开分析。从中得出的结论，与大数据分析不会相去甚远。无论出于何种原因，“不小心触电”，历来话题不断。

《天大的小事》对照版将相关研判收入其中，简单的“夸大其形”即可规避忧虑似不真实，但“逼真的带入感”会让无解变为有解。如同老派人家教育孩子远离热水壶，老人多会把孩子小手拽过来，让热气象征性“烫”一下从而“过热不忘”。

● 23—1 触电警示

（10）**居家险情** / 触电警示　　　　　　　　　　眯起眼睛看西方

表情夸张是西人的一大特点，交道打多了，也就看惯了，久而久之甚至发现，“夸张”其实是一门独到的行为艺术。尤其与生活中某些重要的事项进行对接，适时、适度夸张还是一门科学。

西人不仅表情夸张，同时在处理有些事情时也显得格外夸张，譬如安放在高压线、变压器附近“小心触电”的标志，我们的警示图案一般“一道闪电孤零零”，而西人则不让闪电击中画中人决不罢休。

不能说我们的警示图案缺乏想象力，不能说我们的闪电标识缺乏穿透力，然而就警示说警示，西方社会那个“活生生死于非命”的图像似乎更触目惊心，更过目不忘。

如何为此类警示标志打分，关键要看警示的对象究竟都是哪些人。越雷池者虽然多为无知者，但在关爱对方生命安全的事情上，不该采用轻描淡写田园诗般的平和态……

148 天大的小事

摘自《天大的小事》对照版

麦当劳门前变电箱电伤小女孩

电力公司：变电箱由麦当劳使用并维护

麦当劳：不只我们一家用

变电箱旁的广告栏旁还挂着触电女童的衣物

本报记者朱燕报道 昨天中午一点，前门地铁西南出口外麦当劳门前的变电箱发出嘭的一声闷响，并伴随一阵火光，一个孩子躺在地上抽搐着。紧接着，孩子的母亲哭着瘫倒在地上，原来是她一岁半的女儿爬进了未锁门的变电箱内被电伤。

变电箱大敞着门

记者在现场看到，占地大约6平方米的变电箱，门大敞着。被电伤的小女孩躺在门口，头发全被烧光，身上的衣服大部分被烧坏，皮肤被烧焦。孩子不停地哭着，并时而动动腿。为了安全，在医生到达之前谁也不敢动孩子。现场群众分别拨打110和120，999。

据现场群众说，受伤小孩是个约两岁的女孩，随家人从甘肃进京。小孩爬进变电箱前，她的妈妈正在附近忙着工作，因此没有看住孩子。10分钟后，120和999赶到事发地，迅速将小孩送医院抢救。

电力局称麦当劳负责变电箱

事发后，附近一栋正在拆迁的楼停电，楼内的麦当劳关门谢客。大约半小时后，一位身穿麦当劳工作服的人用钥匙将变电箱的门锁住。据长期在此处拉活的三轮车夫说，这个变电箱的门有半年都没有关过，而且也没有在明显位置张贴“高压电危险”标志。

下午2时许，电力公司工作人员

前来检查变电箱的抢修人员打开箱门查看损坏情况

几家”，而且“一直是相关部门在维护，一直没上锁的说法也没有证据”。随后，麦当劳方面谢绝了其他采访。

小女孩尚未脱离危险

危险期。

怎样赔偿不好说

电力局姓唐的工作人员说，这种

民发现变电箱损坏可拨打北京电力客户服务热线95598反映，电力局将尽快进行维修。

线索提供/关女士

摄影/本报记者 王鹏军

由于家里没有太小的孩子，所以对“孩童触电”似乎没有太多的感觉。先是看了2006年4月12日《竞报》那篇《蓝岛旁配电箱未锁，2岁女孩玩耍时触电》，再是看到了2006年8月31日《竞报》刊发的《麦当劳门前变电箱电伤小女孩》，心里才开始发紧。

文章所言“变电箱大敞着门”，不多几个字，让很多意想不到随之破门而出。事关生活安全空白，事关城事管理瑕疵，笔者决定将其写进《天大的小事》对照版，并当回事地鼓与呼。然则，一个人、一本书的力量毕竟有限，拜托执掌相关权力的读者，早日将“小心触电”的标志更加拟人化。

广州男生触电身亡 机箱存多处隐患

有业内人士表示，机箱内不应使用普通插线板，空气开关如无漏电保护功能则存在危险

焦点

6月8日下午5时许，在广州气象台发布暴雨红色预警信号一个小时之后，广州市某交通运输职业学校汽修专业二年级学生常某抱着行李箱，趟过机场路和南云西街交叉的十字路口。

根据在场人士拍摄的视频：这个17岁的少年在齐腰深的水中摔倒，旁边一位行人迅速将他扶起并送往路边实施急救。3小时后，常某在家属的陪同下被送往医院。第二天上午，医生向家属出具死亡证明，其中推断死亡原因为“电击伤”。

6月11日，广州供电局发布声明称广州供电局所管理的电力设施，没有发生漏电伤人事件。6月13日下午，广州市白云区政府应急管理办公室通过微博公布了调查结果：“在事发地有一固定在高出地面16厘米平台上的交通设施设备机箱，当天因持续暴雨，水位迅速上涨，致使箱内的220V电源插板遇水漏电，导致该男子触电身亡。”

经核查，出事机箱为金税信息技术服务股份有限公司负责管养。据专业人士分析，按照现场照片等

事发时，有路人试图救起常某。 视频截图

事发第二天上午，常某家属拍摄的机箱照片。机箱内有普通家用插线板，插线板后的空气开关无漏电保护装置。 受访者供图

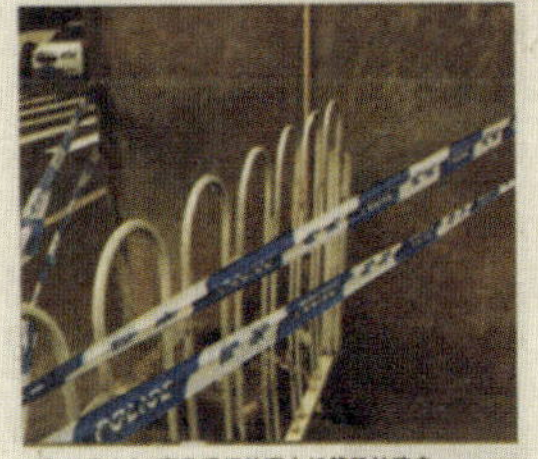

6月13日上午，事发现场的漏电机箱已被移走。 新京报记者 庞礴 摄

男生靠近铁箱摔倒

6月7日晚8点半，台风“艾云尼”在广东阳江海陵岛再次登陆，大暴雨降临广州。到第二天下午两时许，白云区机场路上，自岗贝路过街天桥到远景路街口600多米的路段上，水位正在不停上涨。

“车子在水里淹着，就像船在河上一样。”事发地200米外，南航贸易大厦的保安说，他当天下午将裤子挽到大腿根，趟着水走到公司。他为记者指出留在墙面上的黄色水痕、金鱼借水势逃跑后的空鱼池和泡水报废的安保设备。

在600多米的路段上，路西的商户多在三级至五级的台阶之上，而南云西街、松云街等都是一路下坡与机场路交叉。“这是这条街地势低洼的地方，”一位清洁工说。

当天下午5点左右，目击者孟桐（化名）正在从机场路和南云西街交叉的十字路口趟水而过。她一米六高，当时“水深及腰”。她记得，右手边有个白色衬衫的男子抱着一个银色行李箱，“估计是不想行李箱入水”。这个男孩就是常某。他带着行李箱，趟水行至路中央。

“正好那里有个铁箱一样的物体，男子把行李箱放在铁箱上面休息，然后就叫了一声往后倒入水里”，孟桐说。她本以为，他踩到玻璃之类的扭到脚，但是这男孩整个人在水里连同行李箱浮起，身上被行李箱压着，只有白色的衣服在水中浮动。

“当时我明显感觉到脚旁边的水突然变温热”，孟桐告诉新京报记者，“是不是触电了？”没人回答她的疑问，旁边一个中年男人伸出一把伞，又伸出手，和另外两名路人一起将男孩抱至路边。

据媒体报道，现场刚好有位医生经过，他为少年按压胸口、做人工呼吸。常某的母亲打通儿子的电话，路人告知她孩子在回家的途中触电。常某的父亲随后得到通知，一路步行、换乘摩的到达现场——此时已过晚上七点，天色逐渐变黑，道路两边已经拉起警戒章”，四处可见淤泥的痕迹。第二天晚上，他看广州卫视的新闻得知，机箱已被拆走。

6月13日下午，广州市白云区政府应急管理办公室公布了调查结果：“在事发地有一揭定在高出地面16厘米平台上的交通设施设备机箱，当天因持续暴雨，水位迅速上涨，致使箱内的220V电源插板遇水漏电，导致该男子触电身亡。”

某家电企业电控高级主任郭先生告诉新京报记者，在家属拍摄的图片中，一眼可以看出所使用的是普通插排，而通信设备的机箱中通常会使用更专业的“机柜用电源分配插座”（Power Distribution Unit，电力分散单元）。后者通常为黑色，两侧有金属槽方便固定，带有防雷、漏电、过载、断路器等保护，也就意味着更高的安全性。

就职于某电厂的继电保护中级技术员杨先生则表示，这个机箱还有其它隐患：“底部要求一般有（棕色）防火泥封堵，防火泥耐水但不防水，在广州应该再使用防水材料进行封堵。这些防护措施在图里都看不到，从图片看，电箱底板上是裸露状态。”

他认为，电箱内部的排线也同样有问题：“电箱布线最基本要求横平竖直、简洁，这个布线达不到最基本的要求。”

招标书明确低洼积水处不能安装

6月13日下午7点，在广州市白云区政府应急管理办公室公布调查结果后，新京报记者来到了位于广州市天河区天河软件园的涉事企业——金税信息技术服务股份有限公司（以下简称金税）。董事长秦爱民正在接听密集响起的问询电话。

据秦爱民说，此次故障设备的业主单位为广州市公安局，由另一家公司在2012年生产、2013年安装。金税在2015年至今两度中标，负责维护同批次的40台监控设备，需要按照合同定期检查维护。

据公开资料显示，2016年

不出来。”

郭先生表示，除了电箱的维护保养之外，电箱的选址或许也是问题之一。设备应该符合工信部发布的《YD/T5186通信系统用室外机柜安装设计规定》，其中提及“易于淹没的洼地不应设置室外机柜”，而且“落地安装的基座，基础的平面应高于历史最高水位不少于100mm”。

广州公共资源交易中心2018年发布的一份黄埔区电子警察设备的招标书中也明确规定“落地机箱安装位置的选择……低洼积水处不能安装”。

秦爱民说，金税只是负责设备维护，机箱的设计或许无法抵御长时间、深达一米的浸泡，“这或许就该考虑路政建设的问题，是不是应该有合适的排水设备？”

6月14日下午，新京报记者拨通广州市白云区应急管理办公室的电话。一位姓王的工作人员表示，目前调查组的工作进度等具体情况不便透露。

空气开关是否起作用至今存疑

“电线杂乱、机箱门开着，是因为当天晚上就有人做了检查。”秦爱民告诉新京报记者。至于为何检修人员未关闭箱门，他表示不便评价。

据秦爱民介绍，事发当天晚上，该公司工作人员已经配合电力部门前往事发地做了调查，结果显示，设备中的空气开关已经跳闸。他说，系统记录了断电时间，下午2点48分——这个时间是在事发之前。

接受采访的两位专家说，家属所拍摄的图片显示空气开关确已断开，但是，如果空气开关在事发前跳闸，处于下游的插线板就不会遇水漏电。

郭先生同时注意到，视频中所展示的空气开关没有漏电保护功能。带有漏电保护功能的空气开关的外观更宽，明显能看到漏电装置的按钮。视频中的空气开关很窄，且没有按钮。

带有漏电保护功能的空气开关可以设置漏电电流的阈值，到达阈值就会把空气开

2018年6月15日，《新京报》刊发《广州男生触电身亡，机箱存多处隐患》，说的虽是“机箱内不应使用普通插线板”，但外部标志若绝对雷人、吓人，想来该男生不会触电身亡。

不能说“小心触电”的标志因为加画了“触电人形”从此就万无一失，但“有猫就避鼠”的逻辑于此似乎行得通。试想，倘若幼儿教育对“不慎触电身亡”的特殊标志加以强调，如同早年告知孩子远离炉火和暖壶，多会边说边拽着孩子的小手在上面试，方法虽老派，但一试就灵。鉴于此，有些特殊试点似乎应该首先在这些地方提前试水。

24 / 街牌路牌

JIEPAILUPAI

在城事管理中，来自街牌、路牌的烦恼剪不断、理还乱。直到有一天，《人民日报》在头版头条披露“跟着路标走不对路，循着门牌找不到门”，“路标门牌有点乱”，门牌才被放到应有位置加以考量。

从步行为主到骑行为辅，再到开车上路，现实生活对路牌、门牌的要求发生着天翻地覆的变化。因此，早先的观念已不适应生活方式的新需求，早先的模式已不符合生活节奏的新期待。

多年前“给你一个门牌号你找得到吗?”的媒体设问，好像过时，又好像没过时。从手机App的定位功能讲，本文所言已属杞人忧天，但从“人民是具体的不是抽象的”说，门牌、路牌的附设功能不可或缺。

24－1 街牌路牌

（31）**辨证治堵** / 街牌·门牌　　　　眯起眼睛看西方

表面看，街牌、门牌和“治堵”风马牛不相及，但细想起来，行人走路犯晕所产生的后果，似乎有可能加重了人行横道的负担，似乎有可能加大了人车冲突的可能，总之由此导致的拥堵，其几率再小也不该忽略不计。

城市越整越大，别说老农民进城犯晕，即便就是我这样的老北京走在路上，也经常是撞了东墙撞西墙，撞了南墙撞北墙。缘何，城市建设日新月异是一说，而街道的路牌稀里糊涂也是一说。

无论东西南北中，我们街道路牌的特点是“铁路警察各管一段”。顺下里讲，一条大路长又长，看了一处也许真能管一天，而一旦横向里扯，虽然路在脚下，但路牌却大路朝天各走一边。

北美路牌值得拿来，值得借鉴，正所谓“一根立柱街角戳，东西南北分层搁”。不仅如此，区域内建筑物门牌号的“号段”牌上也有注，无论开车，无论行走，都十分一目了然……

372　天大的小事

摘自《天大的小事》对照版

给你一个门牌号，你找得到吗？

新京报记者按门牌随机寻找10个地点，仅两处容易找到；超八成受访者认为北京门牌楼牌需规范

记者 EXPERIENCE 体验

新京报讯　近日，新京报陆续报道了“北京门牌缺码断号”、“胡同门牌丢失损毁”、“多家单位公用一个门牌”等现象。昨日，新京报记者随机抽取了10个门牌号进行寻找，结果仅两个地点寻找时间少于30分钟。

新京报对80位北京居民进行的调查问卷显示，超过8成受访者认为北京门牌、楼牌问题亟须规范。

过半受访者“找不到地方”

“曾经为了追求一个

昨日，南锣鼓巷胡同内，一家咖啡馆门口挂着“自制”门牌，显示为“帽儿胡同1号”。　新京报见习记者 王飞 摄

胡同迷宫 办事发蒙

门牌、楼牌调查问卷

旧址干扰 街道办难寻

关于门牌号的困扰常见常乱，常说常新，许多年过去，问题改观不大。2013年11月14日，《新京报》刊发记者石明磊等采写的《给你一个门牌号，你找得到吗？》，其中说道：

“《新京报》陆续报道了‘北京门牌缺码断号’‘胡同门牌丢失损毁’‘多家单位共用一个门牌’等现象。昨日，记者随机抽取了10个门牌号进行寻找，结果仅两个地点寻找时间少于30分钟。超八成受访者认为北京门牌、楼牌问题亟须规范。”

相关体验分为4个板块。

体验1：胡同迷宫，办事发蒙。寻找王府井工商所，用时60分钟。

体验2：俩街同名，哪对哪错。寻找东城区人才服务中心，用时30分钟。

体验3：旧址干扰，街道办难寻。寻找望京街道办事处，用时90多分钟。

体验4：地标建筑，找起来不难。寻找西城区婚姻登记处，用时20分钟。

记者的亲力亲为令人感慨，而体验4所示地标建筑更对城事管理提出“可视化参照”。何为地标？有的靠建筑主体吸睛，有的靠建筑附属物夺目，但再好的地标也很难符合“门牌设置大全”的标准化。

微调查

跟着路标走不对路 循着门牌找不到门

路标门牌有点乱

本报记者 孙小静 王汉超 程远州

在北京，民政部和最高检的职工时常会为一件事苦恼：民政部员工的信件被送到了最高检，最高检员工的信件被送到了民政部。怎么会出现这种事？原因很简单，不在同一个大院的两家单位一直共用“东城区北河沿大街147号”的门牌。这是各地路标门牌信息混乱的一个缩影。

多数人曾经历“寻路难”

在河南郑州，同一条路却被不同部门起了“大小名”。英协路又被称作商贸路；公安系统标明的凤鸣路，市政部门称为金英路；福元路，市民的习惯叫法和购房合同上的名称却是沈庄北街。

在上海，去年10月有市民反映，淮海中路黄陂南路口一块路牌上显示往东往西都是“300号”，让人摸不着头脑。上海市路政局称，这是门牌编号混乱所致。

路标门牌信息混乱，不仅影响到众多行业信息系统建设，增加了社会管理的难度，而且给群众日常生活带来了诸多不便，多数人曾经历“寻路难”。

在北京开出租车已有8年的黄师傅感受颇深，“有的客人只知道路名和门牌号，路还好找些，门牌那么小、那么乱，怎么找？”

在上海徐汇区送快递的小张称，平时都是到目的地附近较显眼的地方，打电话让客户自取，“按门牌号送货上门，太难太费时间了”。

4种原因导致“理还乱”

造成路标门牌信息混乱的原因主要有4种：

一是历史原因。很多地方对住宅以外的其他建筑物没有纳入管理范围，造成许多商用楼内商户所在房间没有编号。

二是随着城市扩建，道路不断延伸，原来的路名为当地居民所接受，新延伸路段又起了新路名。

三是多头管理、监管困难。在2013年《河南省地名管理办法》修订实施前，郑州市道路命名归在民政部门，道路交通规划属规划部门，道路标牌设置归在市政部门，而楼门牌编排和设置属公安部门管理。

四是临时建筑不好管。北京市公安机关去年9月公布的数据显示，全市未经批准的自建、临建等建筑物共34万多座，临时建筑如何编号，在管理依据上尚属空白。

探索改革力求“斩乱麻”

纳入城市网格化管理平台。上海推出三级巡查机制、社会参与机制和长效管理机制，据不完全统计，2013年，城市网格化管理平台共立案违规设置道路指示牌逾13.38万件，结案逾13.27万件。另外，在技术上不断改进，比如采用门牌号码两边添加“+”、“-”的方案，指示路边某个方向门牌号码趋向于大或者小。

统一管理，避免“九龙治水”。河南以《地名管理条例》和《河南省地名管理办法》等有关法律法规为依据理顺地名管理体制，强化道路交通规划与地名规划的有效紧密衔接，同时对道路命名、标志设置及管理维护等职责进行归口管理。

目前，《北京市门楼牌管理办法（草案）》已征求公众意见，该草案拟把临时建筑纳入门楼牌管理，同时将门楼牌编号环节前移，确保门楼牌地址信息的唯一性，规定公安机关是北京市门楼牌的主管部门。另外，还开展了专项整治行动。

2014年1月6日，《人民日报》刊发记者孙小静等采写的《路标门牌有点乱》，其中说道：

“在北京，民政部和最高检的职工时常会为一件事苦恼：民政部员工的信件被送到了最高检，最高检员工的信件被送到了民政部。怎么会出现这种事？原因很简单，不在同一个大院的两家单位，一直共用‘东城区北河沿大街147号’的门牌。这是各地路标门牌信息混乱的一个缩影。”

文章小标题分别为《多数人曾经历“寻路难”》《4种原因导致“理还乱”》《探索改革力求“斩乱麻”》，对造成路标门牌信息混乱的原因进行分析，其中既包括历史短视，也包括现实短板。

7年过去了，“跟着路标走不对路，循着门牌找不到门”的缺憾已大为改观，不少城市路牌不仅标注了方向，还附带了各个方向门牌号起止提示，并且不少地方楼牌已然位置尽量高、字号尽量大。

然而，诸如方便司机在行驶中认知的“可视化参照”仍有待丰富。我们可以用“有手机导航”敷衍生活多样性，但“可视化参照”不仅满足司机需求，同时也会给匆匆过客留下似曾相识的美好印象。

（31）辨证治堵 / 路牌位置　　眯起眼睛看西方

尽管“治堵”是个系统工程，但没人会把“路牌”的悬挂位置与之混为一谈，同样细想起来，天晓得每时每刻究竟有多少“晕客”在苦苦寻路。

初到国外往往不敢开车上路，心理障碍全在于路况不明。细想起来，再熟悉的环境，再没有语言障碍，往往也怕一边开车一边找路，缘由比较复杂，但特定环境中的“眼不够使”最为雷同。

如何应对，西人采用了最原始的方式，将路标高高悬挂在十字路口“正上方”。实践证明，不仅“边开车边向上撩眼”出事的几率相对比较低，同时“少走冤枉道”也会大幅度减少城市车流量……

374 天大的小事

摘自《天大的小事》对照版

西罗园、潘家园等地安装单方向指路标志 拟全市推广

街边指路牌 挂在司机正前方

2007 年 11 月 25 日，在原版《天大的小事》发行一年后，《法制晚报》刊发记者白冰、杨威采写的《街边指路牌，挂在司机正前方》。又是“俗人所见略同”，其中说道：

“记者来到开阳里路口，发现在前方路口信号灯上悬挂了一块蓝色标志牌。与以往集合了各个方向道路名称的指路标志不同，这种指路标志只画了一个向前的标志，并标明前方道路的名称为‘开阳里二街’。据交管部门介绍，这是新安装的‘试验品’，与安装在路侧的路牌不同，这种标志安装在路口内。以往的路牌安装在路侧，司机在进入路口前扭头才能看到。”

此外，关于“单方向指路标志”，原版《天大的小事》不仅提示悬挂在道路上方比较科学，还指出“该标志明示横向路名更合情合理”。试想，一条马路十里长，其中每个十字路口路标都一样，想预判行驶路线确实有点难。

于此赘言，仍可用“有手机导航”一笑了之。但生活就是生活，若将似有似无“了去”太多，人的想象力会与日衰退，而想象力又比知识更重要。

25 / 人行步道

RENXINGBUDAO

尽管上下班开车，但有时间还是喜欢用脚感受地表，既能看到行车所不视及的城市起伏，也能感悟匆匆过客所不知的城市温度。所谓日新月异，不完全在高楼平地而起。

在用脚丈量城市宽度的同时，触到了一些不和谐体，碰到了一些不和谐音，比如有恃无恐的“地锁”，比如见缝插针的“地桩”，比如无处不在的“护栏”，都在不经意间为城市降级，为城市添堵。

严格说来，嵌在墙面的小广告和戳在地面的地锁地桩，同为最严重城市病，不仅让常态管理失常，让有形秩序无序，而且既乱眼又乱心，让亲历者、旁观者平添焦虑与不安。

（03）行道安步 / 工地护栏 眯起眼睛看西方

由于“罗马不是一朝一夕”建成的，所以城市市政建设都会周而复始永无宁日。对此，有人好意思脸红，有人不好意思脸红，而北美不少建筑工地的防护措施则看了让人脸热、心热。

工地围挡护栏是常规常理，但为了减少护栏“支脚”对行人的磕碰，当地不少施工现场都将护栏的支脚涂成极为醒目的“荧光漆”，不仅白天有效果，同时晚间也有效果，每每行走于此，心中总会产生别样的感觉。

如果没有记错，广东方言的“醒目”专指“眼力劲儿”；如果没有搞错，无论南北方，无论古今事，举凡醒目者多会受人待见，举凡醒目者多会受到追捧。因此，今古奇观多为“不打勤的不打懒的专打不长眼的”；因此，天下奇缘多为“与人方便才能与己方便”。

如此说来，“护栏”也有世界观，“支脚”也有方法论，往深了研究，活到老学到老；往浅了琢磨，只要自家娃儿在周边戏耍，一切无师自通……

46 天大的小事

摘自《天大的小事》对照版

2007 年 7 月 4 日

北京晚报　BEIJING EVENING NEWS

北京新闻/热线

图省事　广告牌拆除齐根儿割

留后患　铁茬咬人腿

我们的工地护栏是怎样的如此那般暂且不讲，而“路面异物”则不能不说。2007 年 7 月 4 日《北京晚报》专版头条告知，广告牌遗留物十分锋利，记者沿途发现，1000 米范围竟有 200 多处。日前有孩童“不慎被绊，凉鞋刚断，脚趾血流不止”。

2008 年 12 月 8 日

北京晚报　BEIJING EVENING NEWS

警法新闻

限高杆立在车道上　底座未拆除干净成路面“杀手”

老两口儿殒命获赔36万

祸根密布，自然祸不单行。2008 年 12 月 8 日《北京晚报》专版头条告知，“因限高杆底座未拆除干净”，转脸变为暗藏杀机的“马路杀手”，致使途经此处的三轮摩托车“瞬间侧翻”，两位乘车人当即一命呜呼。

摘自《天大的小事》对照版

（03）行道安步 / 路面异物　　　　静下心来想自己

2009年1月15日

BEIJING EVENING NEWS

北京晚报

民生新闻

只图自己方便 纷纷圈地停车

路边私装地锁谁来管？

本报讯（记者李环宇）为了给自家车找到个固定的停车位，一些居住在德胜里西街的居民们打起了门前马路的主意，从去年10月份开始就不断有人在马路上私自安装地锁，为此，居民李先生拨打市政府非紧急救助服务中心电话12345反映：“真希望有相关部门能够对此进行治理，制止这种随意占地的行为。”

昨天，记者来到德胜里西街，在这条不到10米宽的马路上，已然停放着16辆汽车。这条马路上没有画白实线，在道路旁边也没有设立禁停的标志牌。记者注意到，沿着马路西侧的空地上，零散地安置着黑黄色的三角铁支架，有的支架上方还停放着车辆。在马路东侧的一处空地上安置着两根直径约3厘米的空心钢管，有两辆汽车停放在钢管上面。

5号院的居民李先生告诉记者，这些三角铁和一些空心钢管都是附近居民在马路上私自安装的地锁。“其实这片老旧小区里有车的居民并不多。”据李先生透露，从去年10月开始，住在附近的一些居民为了给自家的私车找个固定的车位，就开始在马路上安装地锁了。李先生说当时安装地锁的人并不多，但随着时间的推移，这安装地锁的人越来越多。虽说德胜里西街比较偏僻，又是个死胡同，没有发生过交通堵塞的问题，但这样圈地停车的现象还是挺让人恼火的。李先生郁闷地说，由于私自安装的地锁越来越多，使得一些没有安装地锁的居民开车回家后经常要在找车位上花工夫。

位于5号院北侧的一家小卖铺的店员表示，小卖部门口的两个三角铁地锁是店里设置的。“之所以在门口设置地锁，是因为经常有私家车停放在这里，他们的运货车都无处停车卸货。”该店员说，正因为看到别的空地上也装上了地锁，他们也就效仿了，至于其他的地锁是何人安置的他并不清楚。

西城区德外城管分队的工作人员告诉记者，前一阵他们已经接到了市民对此的反映，对于在马路上安装地锁的情况，城管没有可依据的条文来进行管理，因此他们把相关情况通知了交通队。

记者从北京市交管局新闻中心了解到，居民私自占用马路安装地锁的行为是不对的，对于这种情况，需要交通和城管两个部门联合进行执法，目前正在协调此事。 J002

铁茬未尽，又添新锐。2009年1月15日《北京晚报》专版头条严肃设问：“私装地锁谁来管？”问得好也问得结实，可惜的是“设问”归设问，“设法”归设法，加之媒体不是公堂，报人不是包拯，此类擦边儿之事，一般无人挺身作答。

BEIJING EVENING NEWS

18

本报调查

2010年9月8日

北京晚报

“既然没人管，我也安一个”

胡同和老旧小区安地锁抢车位成风

2009年，由“开心网”等网站引发的“抢车位”游戏曾风靡一时。近几个月来，一场真实版的“抢车位”也正在京城兴起。无论是老旧小区，还是街边胡同，市民都会发现如今的身边，多出了不少非正规地锁，有些小区甚至在几个月内就多出数百地锁。缘何“抢车位”一夜成风？本报记者跟随一位私家车主，体验了私装地锁的全过程。

“我的调查”开栏

晚报邀您做调查员

果不其然。时隔20个月《北京晚报》告知：“近来一场真实版抢车位正在京城兴起。无论是老旧小区还是街边胡同，市民会发现如今的身边多出了不少非正规地锁。有些小区甚至几个月内就多出数百地锁。”有点法不责众，有点有恃无恐。

摘自《天大的小事》对照版

私装地锁最高将被罚 5000 元

本市将建立停车管理和发布系统 市民可实时查询停车位使用状况

本报讯（记者 董鑫）近日，市政府常务会原则通过《北京市机动车停车管理办法》，其中私设地桩、地锁违规占用停车位的行为被明确禁止，并将面临最高 5000 元的罚款。当事人不在场，执法部门有权强制拆除。另外，本市将建立停车管理和发布系统，市民可实时查询停车位使用状况。

目前，本市机动车保有量已达 539.8 万辆，正式停车位却只有约 276 万个，居住区基本停车位缺口超过 50%，非正规停车比例超过 80%。2012 年，城六区机动车与停车位比例为 1:0.59。

由于停车位紧缺，乱停车、停车难的问题非常突出。一些市民为方便自己停车，随意在路边或者公共区域设地锁，对道路通行造成影响的同时，也致使公共停车资源被占用。

为解决这种"守法者吃亏、违法者得利"的不合理现象，办法规定了具体的处罚处理措施，明确公安交管、住房城乡建设、城管三部门分别对应管理道路、居住区和其他公共区域三类地区的私设地桩、地锁行为，如发现此类行为，不仅将责令改正并处以 500 元以上 5000 元以下罚款，在当事人不在场或拒不拆除的情况下，还有权根据行政强制法强制代为拆除。

“步道安防”是此间专著的独立章节，从“工地护栏”说开去，涉及“无良地面异物”和“无序地桩、地锁”。2013 年 11 月 7 日，《北京青年报》记者董鑫告知《私装地锁最高将被罚 5000 元》，其中说道：

“一些市民为方便自己停车，随意在路边或者公共区域设地锁，对道路通行造成影响。近日，市政府常务会原则通过《北京市机动车停车管理办法》，其中私设地桩、地锁违规占用停车位的行为被明确禁止，并将面临最高 5000 元的罚款。当事人不在场，执法部门有权强制拆除。”

笔者收集的有关随意、肆意安装地桩、地锁的媒体报道，时间跨度近 20 年，数量大致千余篇。缘何如此上心，盖因与小广告相似，均为“城市病”重中之重。换言之，地锁和小广告既乱眼，更乱心，早已超出城事管理的范畴，若听之任之，会给社会和谐带来意想不到的危害。

再换言之，城市管理是面子，社会治理是里子，其中的交叉与融合，其中的量变与质变，乱眼、乱心的地锁似乎脚踩两只船。

多管齐下挖潜停车位“根治”私装地锁

4月以来北京已拆除地桩地锁等9500余个；将利用腾退空地建停车位，协调企业单位与居民共享停车场

近日，市城管执法局召集市住建委、市城市管理委、市公安交管局等部门在海淀区西三旗街道召开地桩地锁整治行动推进会。记者从会上了解到，自今年4月起至年底，市城管执法局会同各部门在全市范围内开展私装地锁专项整治行动，这也是首次针对私装地锁行为集中开展整治行动。

据了解，根据2018年5月1日起实施的《北京市机动车停车条例》第二十六条规定，任何单位和个人不得在未取得所有权和专属使用权的停车泊位上设置地桩、地锁。目前，各区已拆除地桩地锁等障碍物9500余个，立案处罚近400起。

【问题】

“停车难”导致私装地锁行为较多

推进会结束后，参会部门来到海淀区西三旗街道的清缘东里小区及锋线阁小区，实地观摩重点点位整治情况。记者在执法现场看到，执法人员正对小区内公共停车位上的多个私装地锁进行拆除。执法人员几人一组，使用车辆移位器、叉车先将车辆移出原有车位，待地锁拆除后，再将车辆移回原位。

个违规地锁。街道自5月15日起开展“清锁行动”集中整治，前期为争取地区单位、居民和物业的支持，街道印制发放了“致社区居民的一封信”，并发动各社区利用电子屏、展板、条幅、微信群等方式集中宣导。同时，通过日常巡查、摸排，掌握各社区内部及周边道路停车位数量和实际保有机动车数量。目前，正对辖区

5月22日，海淀区锋线阁小区，工作人员将车推出车位，以便拆除车位上的地锁。 本版图片/新京报记者 王飞 摄

2019年5月26日，《新京报》头版头条通栏标题为《全市俩月拆地桩地锁近万个》，同时在《北京新闻》专版整版刊发记者周依、王飞采写的《多管齐下挖潜停车位“根治”私装地锁》，其中说道：

“近日，市城管执法局召集市住建委、市城市管理委、市公安交管局等部门在海淀区西三旗街道召开地桩、地锁整治行动推进会。记者从会上了解到，自今年4月起至年底，市城管执法局会同各部门在全市范围内开展私装地锁专项整治行动，这也是首次针对私装地锁行为集中开展整治行动。”

“2018年5月1日起实施的《北京市机动车停车条例》第二十六条规定，任何单位和个人不得在未取得所有权和专属使用权的停车泊位上设置地桩、地锁。目前，各区已拆除地桩、地锁等障碍物9500余个，立案处罚近400起。”

有几个关键语句，一是“首次针对私装地锁行为集中开展整治行动”，另一是明确了“地锁是非法障碍物”。前者可联想得比较广泛，毕竟地锁成灾已经一二十年；后者用“障碍物”定论，与作者谈及的“步道安防”更为贴合。

我们日夜在聆听

市政府12345 市情与民声

详见北晚官方微信

便道难行 布满“梗阻”

昨天，《我们日夜在聆听》栏目“便道不便”的报道引发强烈反响，大家纷纷给市非紧急救助服务中心12345打去电话，反映让行人不便的便道有不少。有的是设计原因导致的“先天不足”，有的却是由不讲秩序的“人祸”引发的。对于市民反映集中的便道问题，记者逐一赶往现场查看。

地点一

立水桥地铁站A口外 便道上单车挡路 便道旁汽车乱停

昨天下午，姜先生推着坐轮椅的奶奶出门。走在地铁立水桥A口前面的马路上，他前后张望，密切留意停在路边却可能随时启动的车辆和一辆辆疾驰而来的单车。“我也想上便道行走，可是路边车堵着、石礅挡着，我推着轮椅上不去啊！”

姜先生走的这条路位于地铁13号线的高架桥下，上下两车道，路北侧仅有一条用圆形石礅隔开的人行便道，宽度原本勉强能容纳下一个轮椅，可是现在，原本不宽敞的便道上还停着单车。“我就是把轮椅推过去，这才是便道不便呢。”记者看到，并不宽敞的人行道上停着两辆共享单车，单车不挪，轮椅肯定过不去。而间隔行车道和便道的石礅一侧，停满了头尾相接的车辆。即便是便道上没有挡路的单车，姜先生要从车辆缝隙间把轮椅推上去也不容易。

立水桥站是地铁5号线与13号线的换乘站，早晚高峰时段的客流量非常大。狭窄的便道容纳不了瞬间涌出的巨大人流，行人只能在行车道上与车辆混行，非常危险。

除了便道窄、被单车占用的问题，路边停满车辆，上下便道困难，也让行人抱怨。据地铁站供电工人张师傅说，道旁停放的车辆，车主大多是乘坐地铁的上班族。“你看这辆车停放的位置，正是我们地铁的消防通道大门。”张师傅说，车停得多的时候，地铁站运送防汛防火物资的车辆都进不来。熟悉情况的周边居民提到，这条马路以前是可以走车的，它西侧与中东路相连，东侧通往立汤路。”不过，因为紧邻地铁出口，

各种乱停车辆堵了便道和消防通道。

立水桥地铁站外，单车让本不宽敞的便道变得更加难行。

地点二

空军总医院西侧 便道只有一米宽 行人无奈走马路

空军总医院西侧不足一米宽的便道上布满线杆、树坑。

在海淀区空军总医院西侧有一条长约300米的道路，由于道路两侧的便道过于狭窄，并且上面布满了各类障碍，因此行人在该路段不得不跟机动车抢道。

记者周一下午来到现场发现，在这条300米的道路两侧便道时有时无、断断续续。有的地方设有便道，有的地方机动车道则直接与周边建筑的外墙相接。即便是在设有便道的地方，这些宽约一米的便道上也布满了树坑、灯杆、共享单车等各类障碍，这样的便道几乎是形同虚设的。

称“几乎”，是因为偶尔也有行人会选择这条便道，但大多走到半途，还是忍不了“沟沟坎坎”，随着人群下到了机动车道上。但无疑这样带来了更大的风险。附近小区居民刘先生告诉记者，他几乎每天都要驾车从这里经过，走在这条路上，减速避让人群是习以为常的事

2018年7月4日，《北京晚报》的《我们日夜在聆听》栏目，用整版篇幅刊发了记者曲经纬等人采写的《便道难行，布满“梗阻”》，其中说道：“‘便道不便’的报道引发强烈反响，大家纷纷打电话，反映让行人不便的便道有不少。有的是设计原因导致的‘先天不足’，有的却是由不讲秩序的‘人祸’引发的。”

何为“先天不足”？文章列举“某医院西侧便道只有一米宽，行人无奈只得走马路”。何为“人祸所致”？记者告知“某地铁出口外，便道上单车挡路，便道旁汽车乱停”。总之，“便道不便”是个不容小觑、亟待固本的“城事软肋”。

我们日夜在聆听　市政府12345 市情与民声　详见北晚官方微信

“行不通的便道”还有不少

本周，《我们日夜在聆听》栏目持续关注了便道让行人出行不便的问题，在市非紧急救助服务中心12345接到市民反映“便道不便”的问题上，记者发现，便道太窄、便道被占用也是导致行人通行不便的原因。除了重新规划、移除占道物外，还有哪些问题需要相关部门协调解决，记者也进行了探访。

地点一

地铁惠新西街南口站C口　单车杂乱堆放　行人出行太费劲

地铁惠新西街南口站C口站外，每天晚高峰时，站外的所有便道都会被共享单车堵得严严实实，让人无路可走。橙色、黄色、蓝色，单车的颜色大致三种，每天这些品牌的共享单车数量不一，“排兵布阵”的方式也不相同，看得人眼花缭乱。

张先生连续两周对地铁口外的共享单车占道情况进行了估算，上周四是占道最严重的一天。从地铁口出来向西几步，二三十辆共享单车将便道堵死，有好心人想挪挪车，留出条缝让人走，却发现这些车的车把、脚蹬子纠缠在一起，扯也扯不开。无奈之下，行人只好走下便道，但是整条便道旁侧都设有护栏，绕过了被共享单车占用的路段，也没办法再走回便道上了。

张先生算过，每天晚高峰，从17点到19点这两个小时，是便道被占用最严重的时候，惠新西街南口站是5号线与10号线的换乘站，而从这里坐地铁，往东走一站是13号线的换乘站，往西坐两站是8号线的换乘站，是周边地区的交通枢纽。每天晚高峰，这里汇集大量人流，单车来得多，走得少。张先生说，此前他也向《北京晚报》反映过这个问题，经报道，问题好了一阵，可没过多久又有反弹。

惠新西街南口站地铁站便道。

地点二

万源北路　相隔不足百米　便道差距可不小

一条便道平整，照明充足。而在不足百米

万源北路便道。

地点三

鼓楼西大街　便道停放车辆　行人马路中间走

鼓楼西大街。

鼓楼西大街，经过背街小巷治理，整条路上的很多老问题都得到了解决，唯独停车占道问题还没有完全得到解决。鼓楼西大街的便道被附近居民称做“走不通的便道”，一辆辆横在便道上的机动车，将行人的通路拦腰斩断，走在这条便道上，时而上了道牙，时而又得下来，对于正在行驶中的车辆来说，更是增加了隐患。

记者在鼓楼西大街看到，便道上停满了机动车，一些机动车如果顺向停在便道上，则能给行人留出肩宽的通道，如果图省事，把车横在便道上，行

次日，《北京晚报》再度整版刊发记者景一鸣等人采写的《“行不通的便道”还有不少》。真是不说不知道，一说吓一跳，其中包括“地铁惠新西街南口站C口，单车杂乱堆放，行人出行太费劲”，“万源北路，相隔不足百米，便道差距不小”，“鼓楼西大街，便道停放车辆，行人马路中间走”。

“便道不便”究竟谁之过，有先天，也有后天；有顾不上，也有没顾上。倘若相关管理人员能隔三岔五到现场走一走，看一看，至少“今天不同昨天”。回到城事管理的话题上，不少日常生活的新尝试、新经验完全可以拿来借鉴，诸如为了体验老婆怀孕不易老公负重效仿，就是有助固体的良药药引。

防护栏无强制标准 厂家生产约定俗成

北京交通防护栏间隙多为9厘米，不同护栏不同部门管理；新京报记者探访3起护栏卡人事发地

焦点 FOCUS

近日，陕西榆林米脂县一名孕妇头部被卡在道路旁边的防护栏后身亡引起关注。目前，因孕妇未做尸检，具体死因无法确定。新京报记者不完全统计，近年来，全国各地已发生十余起防护栏卡住行人脖子的事件，涉及北京的有3起。

虽然多数护栏卡人后死亡事件多未确定死因与护栏有关，但防护栏的设计制作标准仍引起关注。新京报记者多方了解到，公路护栏国家并无明确标准，多个厂家表示，生产规格多按客户需求定制，"多年来约定俗成，规格稳定"。

不同护栏不同部门管理

国标委相关负责人对新京报记者表示，护栏标准及规范方面，一般则属于交通等行业领域监管，目前尚未制定国家强制性标准。

负表示，交通护栏并没有国家统一标准，但是有一个公共的行业标准，北京都是按照此标准进行。

新京报记者查询了解到，在北京2012年公布的《公路护栏设置规范》中，并没有对护栏缝隙提出明确标准。

新京报记者注意到，卡人事件的涉事交通护栏多为"U"形管，有网友反映，能否换成像长安街封闭式护栏一样的形状，"安全性更高。"

市政市容委表示，"长安街的封闭式护栏属于我们管理，造型有考虑到美观等因素。不同的护栏由不同部门来管理，并没有一个统一的标准，交通护栏由交管部门管理。"

对于绿化护栏，东城区园林绿化局相关负责人解释，绿化护栏的选择没有硬性标准，主要考虑实际需求及景观效果。有的护栏利于植物攀爬，有的防止市民踩踏地栽花卉及草坪等。

厂家：生产约定俗成

多位生产护栏的企业负责人对记者表示，护栏生产规格是按照用户需求制定，每个省市都各有特色，不尽相同。

昨日，一家护栏生产公司的负责人告诉新京报记

■ 回访

三事发地护栏间隙并不一致

近几年来，北京也发生过多起防护栏卡人的案例。

昨日，新京报记者走访了其中三处事故地点，均为公交车站。其中两处栏杆高度和样式相同，事发后未有改变与安全提示，另一处栏杆已被拆除。

北京市急救中心资深急救专家贾大成称，遇到此类事件应第一时间让被困者脱离险境。在没有工具的情况下，尽管有可能造成再次伤害，但可采取从身后将其抱住，拍出头部的方式。

此外，现场情况复杂多变，有时等待消防人员破拆会错过最佳救援时间，如果公共设施旁边配备相关工具则更有助于救援。

本版采写/新京报记者 程媛媛 信娜 李婷婷 见习记者 曾金秋 实习生 朱卓琳 王春晓

昨日，中关村南公交车站，路西，记者将脖子下滑至护栏8厘米深时，呼吸困难。

●地点：海淀区中关村南公交站

案例：2013年10月22日，一女子脖子被卡在白色交通防护栏里，消防、公安、急救人员将她救出，后经医治无效身亡。

回访：昨日，发生事故的防护栏仍在原处。其位于两块广告灯箱的背后，少有人经过，栏杆没有被损坏的痕迹。

新京报记者测量卡脖护栏间隙的宽度为7厘米，间隙高约20厘米，护栏整体高度约130厘米。这些缝隙的设计为圆弧形，记者尝试将头部靠在缝隙处，顺着栏杆的弧度向下滑至8厘米深处，已经感到呼吸困难。防护围栏由单个防护栏相连组成，一个防护栏长约3米，每一处的宽度和高度均匀一致。

路面"步道安防"，除了地桩、地锁等异物烦扰平安出行之外，还有原本为防止人、车乱行的防护栏也会平添状况，甚至惹出人命事故。

2016年4月1日，《新京报》记者王嘉宁实地探访"3起护栏卡人事发地"，告知《防护栏无强制标准，厂家生产约定俗成》。其中说道：

"近日，陕西榆林米脂县一名孕妇头部被卡在道路旁边的防护栏后身亡引起关注。据不完全统计，近年来全国各地已发生十余起防护栏卡住行人脖子的事件，涉及北京的有3起。虽然多未确定死因与护栏有关，但防护栏的设计制作标准仍引起关注。记者多方了解到，公路护栏国家并无明确标准，多个厂家表示，生产规格多按客户需求定制，多年来约定俗成。"

适逢"走转改"，该记者表现确实非同一般，不仅对事发地栏杆高度、间隙有一手了解，甚至还亲自"以脖测试"。何为"约定俗成"，不同阶段有不同认知，面对上宽下窄且极易坠滑的护栏上端，只要试过一次即可明悟"缘何俯身其上双腿一软很快自行卡毙"的因由所在。

护栏间隙也是检验城市管理的标尺

本报特约评论员

今日社评

日前，一位女士双腿跪地、脖子卡在路边交通防护栏后没有挣扎迹象的视频引起网友关注。据目击者介绍，女子怀有身孕，事发时无人陪伴。目前，陕西榆林市米脂县警方确认孕妇当场死亡，已排除他杀，具体死因需尸检后进一步确定。

现场的图片经由网络传播，很难让人相信这是一起真实上演的悲剧。然而意外确实发生了。虽说该名孕妇的具体死因，还有待相关部门进一步确定，但若现场人员的反馈属实，该孕妇只是因头晕而扶着栏杆准备休息从而发生悲剧，那么这样的事件，就不应该完全视为只是偶发的意外。事实上，类似的"护栏杀人"事件也并非第一次出现，2010年南京就曾发生过类似的悲剧。作为城市街道上普遍存在的公共设施，屡屡与命案"相连"，就不应该回避公共的追问。

住建部2011年8月通过的《住宅设计规范》中，明确规定了阳台护栏间距应该在11厘米以内，其出发点就是只有在11厘米内，才不会造成成人和儿童由于头部

粗放的城市管理模式下，我们不时看到路面的无常坍塌，井盖的缺失，公共厕所的难寻，也可能是一个不经意间吞噬生命的护栏。这些细节或许看似无足轻重，并往往被忽视，然而一旦出事，就可能酿成无可逆转的悲剧。

介绍，由于没有国家标准对街道护栏缝隙进行规范，所以当前的制作标准多是业内的约定俗成，那么，当类似事故一再发生，这样模糊的约定俗成是否更应被精确而规范的标准所替代？

城市发展要注重品质与细节，实现精细管理，这早非陌生的话语。而看似不起眼的街道护栏的间隙宽度，其实同样关系

璃外侧时，当然会增加日常的危险系数。从这样的细节中不难看出，所谓的精细管理，不过是事先把人的安全和便利放到一个更加重要的程度，把安全风险和意外事件的发生几率预设到"最大"，从而进行对应的细节改进。

讲到城市公共管理的安全性与人性化，往往显得过于宏大，但全部的安全感和人性化都体现在细节当中。粗放的城市管理模式下，我们不时看到路面的无常坍塌，井盖的缺失，公共厕所的难寻，也可能是一个不经意间吞噬生命的护栏。这些细节或许看似无足轻重，并往往被忽视，然而一旦出事，就可能酿成无可逆转的悲剧。

仅从城市发展的硬件看，当前我国城市建设水平或许已经接近甚至超过不少发达国家，但我们却可能依然是止步于外在的豪华与解决"有无"的问题，而较之精细管理仍有相当的距离。最新发生的这起护栏上的悲剧，显然又为此提供了新的注脚。

公共场所人性化与精细化的细节，总会在不经意间带给人以舒适与便利，更重

2016年3月31日，《北京青年报》刊发社评《护栏间隙也是检验城市管理的标尺》，其中说道：

"类似的'护栏杀人'事件也并非第一次出现，作为城市街道上普遍存在的公共设施，屡屡与命案'相连'，就不应该回避公共的追问。仅从城市发展的硬件看，当前我国城市建设水平或许已接近甚至超过不少发达国家，而较之精细管理仍有相当的距离。最新发生的护栏悲剧，显然又为此提供了新的注脚。"

此间辅政特征包括"提出问题的同时一并提出解决问题的方法"。3月31日，一纸《关于提升防护栏公共安全系数的紧急建议函》送至北京市质监局，建议函谈到了"财力允许，或对重点区域局部更新，或将上端圆弧处再处理"，谈到了"财力有限，或放置提示牌，并加大媒体宣传力度"，同时还特别提到"防护栏日后生产要推行全新标准"。

辅政读本、专项建言、辅导报告是此间智库的"三部曲"，而"步道安防"，则是《天大的小事》对照版百例"城事图谏"的重要篇章。

26 / 单车骑行

DANCHEQIXING

说起来，“自行车王国”最具有绿色出行的底蕴或基因，但实际情况未见得。也许是还没过够开车的瘾，也许是骑行路况不理想，总之，“能开车绝不骑车者”绝非少数。

共享单车的确重振骑行雄威，但遗憾的是，自身的稚嫩与无序，未能给“骑行的安身立命”带来本质上的提升——倘若横空出世之初，能“挟头盔以令骑者”，不仅功德无量，而且公德无量。

单车情况如此，电动车更是如此。日前，媒体不仅告知《头盔救命！电动车骑行者佩戴寥寥》，而且披露，仅深圳一地，2018 年“涉摩电死亡者中，因头部颅脑损伤致死的占 77%”。

（05）科学交管 / 行人 · 单车　　静下心来想自己

英国多塞特郡的一条公路，日前被评为国内“最窘最傻的道路”，一切皆因设计者将自行车道的宽度设定为2米，而汽车道则只有1.4米。看着一辆辆汽车在狭窄的车道上局促不安地行驶着，众人皆叹，真不知道设计公路的人当初是怎样想的。

原来，这段公路为一段上坡路。根据设计师的构想，一般人骑着自行车上坡时都会因为费力蹬车而令车身左摇右摆起来，这样才能使上劲。因此，为了确保骑车人的安全，这才决定缩减汽车道的宽度，好让汽车离自行车远点，别蹭着骑车的人。

虽然设计者初衷是好，却令驾车人叫苦连连。虽然惹来众多非议，不过当地筑路部门表示，他们不会更改这样的设计，今后将在道路两旁设置更多的警示标志以引导司机安全驾驶，并希望将这种模式推广至全国，鼓励更多的人放弃开车，加入骑自行车的行列。　（摘自2010年4月22日中国日报网 / 作者 梁杉）

城市如何让生活更美好 99

摘自《天大的小事》对照版

● 26—2 单车骑行

□　遇到必须推行的“提示”，一家老小均无条件服从之。

□　遇到可以骑行的提示，于是翻身上马重新赶路。

摘自《天大的小事》对照版

多年前，媒体刊发《骑车有骑车样》公益广告。感慨之余，总觉少了点什么。

（06）儿童交安 / 安全头盔　　眯起眼睛看西方

夏令营是个人见人爱的好去处，时间可长可短，事由可大可小，只要把孩子们聚到一起，只要让孩子们乐到一处，不仅对孩子的未来有益处，同时对未来的社会也会有好影响。

在所有见过的夏令营里，上图所示印象最深刻，感觉最到位，虽然规模不大，营员不多，但主题却非同小可，正如“电脑要从娃娃抓起”一样，交通规则也要从娃娃说起。

在本书所有的图片中，这一组最是来之不易，因为涉及孩子，所以也就扯出社会极为关注的“儿童保护”的话题，比如孩子的脸部绝对不可面众，比如图片绝对不可用于商业广告。

现场拍了不少照片，但最终被家长认可的不多。事后陆续拿给友人看，有说构图尚可，有说选题不错，非常可惜的是，就没有一位看出交规要从娃娃抓起，“头盔”也必须要从娃娃戴起……

104 天大的小事

摘自《天大的小事》对照版

（06）儿童交安 / 安全头盔　　　　静下心来想自己

城市如何让生活更美好 105

摘自《天大的小事》对照版

2019 年 6 月 28 日，《北京青年报》刊发记者黄亮等人采写的新闻，告知针对不满 12 岁孩子的骑行需求，市交通委在本市首条自行车专用路起点建设儿童骑行乐园。其中说道：

“儿童骑行乐园长约 100 米、宽约 30 米，地面用醒目的黄色颜料涂刷，很容易识别。此外，为了增加娱乐性，乐园里面设置了供自行车骑行的陡坡，每当周末，带孩子来骑行的家庭更多。未来，建设方将根据需求情况，研究是否在专用路沿线继续增加骑行乐园。”

在为上述人性化设计点赞的同时，不由得想起“骑行头盔应从娃娃抓起”的老生常谈。儿童骑行乐园投入大量人财物力，倘若在进口竖有相关提示牌，或干脆设置个头盔借用处，于现实，于未来，都会功德无量。

说到头盔普及，不由得想起共享单车，天马行空，无所不及，唯独这点“捎带手的大爱无疆”被置之度外。倘若当初有缘提供外脑服务，不但建议首开强制佩戴头盔先河，同时还会联动广大儿童为此举助阵。

头盔救命！电动车骑行者佩戴寥寥

新京报记者街头探访发现：或嫌麻烦、或因路程短电动自行车骑行者大多不戴头盔

6月15日，立汤路天通苑南站路口，多数电动自行车骑行者没戴头盔。 新京报记者 郑新洽 摄

一位孕妇骑着电动车，与公交车碰撞发生事故。孕妇脸朝下，头部被卡在公交车底。因为戴着头盔，她获救后并无大碍。近日，发全。"赵坤说。他重视头盔，是因为送外卖期间，看到六七起电动车交通事故，"在事故中受伤的，都是没戴头盔的人"。

敬在树荫下乘凉时，头上的蓝色头盔仍未摘下。

"我的安全意识比较高。而且上岗时不戴头盔，公司查到了会罚款。"他说。

载人时，有的没有防护，有的则戴草帽遮阳。

朱先生表示，他平日出行都不会戴头盔。"我住在小辛庄，离地铁站大概两公

6月11日9时许，在回龙观自行车专用路的服务区，5分钟内目测有53辆自行车经过，仅5名骑行者佩戴头盔。

■ 专家观点

预防伤害意识较弱

全球道路安全合作伙伴组织技术顾问丁宝国认为，目前在我国，非机动车骑行者戴头盔现象之所以少见，是因为公众主动预防伤害的意识较弱。

他举例，在瑞士、西班牙、美国等国家，民众骑行时基本都会戴头盔，"他们的防范意识相对更高。"

丁宝国认为，目前，学校是交通安全教育的有效平台。他们曾到中小学宣传，其中就包括骑行时佩戴头盔的提示。而对于成人来说，则缺乏有效平台，许多有用知识大众都不了解。

在他看来，大众防范意识薄弱，与不掌握相关的伤害数据和案例有关。"如果能结合相关的伤害数据和身边的事故案例去提倡，大家的防范意识就会增强。"

■ 链接

深圳杭州有强制性规定

如果说，让儿童率先佩戴头盔和骑行共享单车戴头盔有点要求过高，那么，满大街骑电动车的未戴头盔则实属说不过去。

终于，血的教训血写成。2019 年 6 月 17 日，《新京报》刊发了记者潘闻博采写的《头盔救命！电动车骑行者佩戴寥寥》。其中说道：

"今年开始实施的电动车新国标提出，'建议骑行时佩戴头盔'。据深圳交警部门消息，在 2018 年深圳涉摩电死亡者中，因头部颅脑损伤致死的占 77%。近日，记者探访发现，北京多处街头的电动车骑行者鲜有佩戴头盔的。"

专家分析认为，在我国，非机动车骑行者戴头盔现象之所以少见，是因为公众主动预防伤害的意识薄弱。如果能结合相关的伤害数据和身边事故案例去倡导戴头盔，大家的防范意识就会增强。

专家还强调"学校是交通安全教育的有效平台"。赞同之余，不由得想到了《天大的小事》对照版有关"戴头盔从娃娃抓起"的倡言与呼吁。习惯成自然，儿时的体验，童年的感悟，似乎越早越容易扎根。

27 / 泊车咪表

BOCHEMIBIAO

咪表即电子计时器，用于路边停车管理。所谓泊车咪表，即采取计时刷卡收费的方式。早先为手动模式，后来为电子结构，属成熟技术，诸多发达国家屡试不爽。

由于自己平日开车，在国外考察期间也开车，因此，不仅对如何开车有感觉，同时对如何停车也有心得。在《天大的小事》对照版一书中，“对症泊车”由多个建议合成。

据说咪表在我国水土不服。以北京为例，从1999年第一台咪表安装，到2019年路边停车全部电子收费，莫名其妙的“咪表之殇”当引以为戒。

27—1 泊车咪表

（32） 对症泊车 / 咪表通则　　　　眯起眼睛看西方

天下糗事无奇不有，有的不可理解，有的不可理喻，相对而言，“不可理解”似乎比“不可理喻”的感觉要略好一些。

眼下最不可理喻之事当数城市路边的存车位，共和国地皮，纳税人铺就，可偏偏任由某些企业五马分肥，分就分吧，掠就掠吧，可那扮相，可那吃相，着实让人不可理喻。

停车难难于上青天，如何应对，最妥的说法是“依靠价格杠杆来拼缝”，最高的期盼是“鼓励警察敢罚爹”。于是，同样提起停车头就大的西人早就打起各式各样的鬼主意，诸如“认钱不认人”的咪表，诸如“限时不限车”的告示，功能各异，作用无非是和形形色色的“随心所欲”过不去。

细说起来，这些年为探究“宜居”走访了不少地方，可真是奇了怪了，几乎所有的“他山路”都戳着由全球集体智慧创造的“咪表”，可唯独我们的城市，要么干脆没有，要么有也干脆不用……

396 天大的小事

摘自《天大的小事》对照版

“咪表”即“电子计时表”。咪表采取计时刷卡收费方式，可以提示车主在占用道路停放车辆时应有时间观念和缴费意识，以减少机动车对道路的占用时间和空间，提高道路的通行能力。

美国：停车管理首选“咪表”

首先是咪表制度。这是国际通行的汽车有限停车表，即路边的泊车位有一个咪表，丢了硬币进去咪表就开始走动，用完后咪表停止。如超时，咪表会出现红色违规停车信号，巡逻车就会给超时者罚单。汽车管理局与违规停车者的信息连线。如果不交罚款，在第二年登记车牌时就会显示出一共欠款多少，利息多少，补缴之后才能继续使用汽车。

除了按路段设置咪表，还要进行车流量和人流量的计算。例如洛杉矶市中心靠近金融街有一段路处于交通要道，每逢上下班时间车流量特别大，于是那里咪表写明上午 8 到 9 点和下午 4 到 6 点禁止使用。

（摘自 2005 年 2 月 28 日《东方早报》/ 作者 吴琦幸）

法国：停车管理首选“咪表”

巴黎市内各种各样的停车收费“咪表”有上万只，每只相隔不足百米，遍布大街小巷。停车卡亦可兼作电子钱包之用，一卡多用，停车表既可以投硬币，也可以插卡，方便了消费者。

在巴黎，停车场由市政当局管理。“停车”和“泊车”的概念分得很清楚，前者司机不离车，为乘客上下或货物装卸做短暂停留，后者司机熄火离车时间较长甚至过夜。为此，路牌分禁停禁泊、禁泊不禁停、上半月禁泊或下半月禁泊几种。

半月禁泊标志，不是不让你停车，而是要你上半月将车子停泊在单号建筑物马路一侧，下半月停泊在双号建筑物马路一侧。

（摘自 2010 年 4 月 9 日《人民日报》/ 作者 冯羽）

摘自《天大的小事》对照版

（32）对症泊车 / 咪表通则　　　　眯起眼睛看西方

针对“11年总共安装6000多只咪表，实际只用300多”之现状，2010年5月25日《北京晚报》发表记者调查——

“本市正在研究改变现有占道停车经营模式，采用电子收费系统替代人工作业。这也就意味着“咪表”收费模式又将大规模推广。”

“1999年本市安装第一台咪表，目前95%的咪表处在闲置甚至废弃状态，其中不少已被严重损坏。咪表再次‘被上岗’，命运让人难放心。”

“樱花园一名居民听到记者问咪表的事很激动：‘当时肯定花了钱装的啊，立在那儿起码有五六年了，闲置着不用，有的还被破坏了，真是严重的浪费行为，应该追究责任。’在羊坊店路，一名居民更是有点义愤填膺：‘你看这路上有刷卡式的也有投币式的，你看这都破成什么样了啊，真是造孽啊，浪费啊！’”

“记者网络搜索了一下咪表，几十万条信息，几乎全是负面新闻。这个风靡国外70多年的电子停车装置，在国内各大城市却显得水土不服。”

398 天大的小事

摘自《天大的小事》对照版

智慧桩上岗 停车之乱退场?

大兴，科苑路，每个路内停车位右后方的人行道边缘，都立着一个智慧视频桩。

巡检员高师傅正在滑动着手持管理端的屏幕，他点开031号泊位上的停车图片，一辆京A牌照奥迪A6L映入眼帘——这辆车子从早上9点42分起停在科苑路北侧，目前计费12.5元，这是该车第二次在此路段停泊，无欠费历史。路南停泊的一辆面包车正要驶离，车主朝穿着马甲的高师傅走来。高师傅操作管理端，得出最终收费，车主想讲价，高师傅把客户端拿给他看："车辆信息都拍下来了，交少了会显示欠费。"

路内停车收费电子化的尝试，二十年来从未停止：在国外应用成熟的咪表，在北京水土不服，而随着现代人与智能手机的绑定、停车法规的出台和路内停车管理方式的改革，电子化正在升级袭来。

咪表败走："当时想得太简单"

1999年4月，咪表第一次出现在北京街头。咪表就是在路边竖立一个计时器，通过投币或者刷储值卡的方式，由司机自主购买某泊位上的停车时长。

北京清华同衡规划设计研究院静态交通所所长王婕是咪表在北京推广的见证者："最早进入北京的是法国斯伦贝谢的集中式咪表，1999年在前三门等地试点，一共150台，停车人需要走到咪表的地方去投币买一刻钟、两刻钟，再把咪表打出来的票贴在车辆的前风挡上，走的时候如果超时还得去补钱，这种咪表一台管二三十个泊位，停车人投币贴票，一来一回得走100米，而且当时的咪表只能投币，非常不方便，很快就没人用了。"

2004年，北京机动化程度大大提高，为了响应政府治理路内停车的号召，公联顺达与华普停车在樱花东街等124条市属路段安装了6093台国产咪表，一台咪表管两个车位，可刷储值卡缴费；

智慧桩上岗：1人巡检50泊位

近两年，在天坛东门、大兴国家新媒体基地等地，一种不到一米高、形似棒球棍的智慧桩悄然出现在路内停车位右后方。

车主手机上安装"北京交通"App（市区）或者"慧停车"App（大兴）并进行注册，当车辆驶入泊位时，智慧桩的摄像头识别车辆，手机App就会自动推送订单给车主，显示具体停车时间、地点和收费标准，停好车后车主即可离开；当车辆驶离，App会再次推送信息，车主可通过已充值的App账户、微信、支付宝等进行电子缴费，还支持打印电户缴费等，从收费员转变为辅助角色，1人巡检50个泊位没问题，双向泊位理想状态下能达到1比100。"而在人工收费时代，这个比例在1比15左右。

2016年北京市交通委启动城六区和通州部分道路的路内停车电子收费试点，其中3000余个车位实现了智慧桩覆盖。

电子收费新方式会否重蹈咪表的覆辙？王婕认为关键在于立法和执法能否跟上："咪表之所以能在西方国家成为主流的路内停车收费方式，是因为有法律法规在约束停

快评 关乎停车，更关乎财政收入

收费电子化、智能化不仅节约了人工成本，更重要的是让停车费直接上缴财政成为可能。

去年年中，《北京市路侧停车管理改革方案》出台，提出改革停车管理收支制度，将现有的特许经营制度转变为政府购买服务模式——特许经营，即企业从区政府或街道处取得路内停车位的经营权，缴纳占道费后，收取的停车费归企业所有；政府购买服务，则是企业代政府管理路内停车位，停车费直接上缴财政，政府按照管理绩效向企业支付服务费。

停车费直接上缴财政，显然是人工收费无法实现的。十多年前，王婕曾经在一线收费员队伍中"卧底"12天，"员工腐败问题太让人头疼，各级经理、主管、班长、副班长、收费员，一层一层，触目惊心，实际收到的停车费其实只有应收的五到六成。并且占道费的缴纳也有很多漏洞，比如今天这条路上丢了个井盖，企业就打个报告说占道费

"咪表之殇"沉寂了好些年以后，2018年7月3日，《北京晚报》刊发记者白歌采写的《智慧桩上岗，停车之乱退场?》。何为"智慧桩"，即新款"咪表"；何为"咪表"，即电子计时器。文章说道：

"在国外应用成熟的咪表，在北京水土不服，而随着现代人与智能手机的绑定、停车法规的出台和路内停车管理方式的改革，电子化正在升级袭来。停车费直接上缴财政，显然是人工收费无法实现的。十多年前，有人曾在一线收费员队伍中'卧底'12天，员工腐败问题太让人头疼，各级经理、主管、班长、副班长、收费员，一层一层，触目惊心，实际收到的停车费其实只有应收的五到六成。而收费电子化、智能化，不仅能压缩议价空间，还能让停车费少过几次手，无疑与政府购买服务模式更契合。"

上述文章属深度调查，不仅从电子收费技术层面讲，更从财政收入宏观层面讲，可谓有理有据。回转本章，无论是《天大的小事》对照版所讲的"咪表"，还是今天的"智慧桩"，其实都是在电子收费范畴里打转儿。

明年底路侧停车电子收费全覆盖

城六区及通州电子收费覆盖道路现已增至43条；对违法停车场和私划车位将加大处罚

新京报讯 （记者裴剑飞）目前，北京城六区和通州区路侧停车电子收费覆盖道路已增至43条，电子收费停车位已增至4800余个。昨日，北京市交通委停车管理事务中心、石景山区交通委、朝阳区交通委相关负责人介绍了路侧停车电子收费实施进展。根据规划，2019年12月1日起，北京全市将实现道路停车电子收费全覆盖。

朝阳成立停车公司接收路侧停车场

“2017年12月，城六区、通州区37条试点路段4086个路侧停车实行电子收费试点。截止到2018年上半年，各区都在逐步增加覆盖范围。”市交通委停车管理事务中心相关负责人表示，截至6月底，城六区和通州区电子收费覆盖道路增加至43条，新增747个电子收费车位，共产生电子订单217.9万笔。新增车位全部采用高位视频进行覆盖。北京交通APP的路侧停车注册用户已达7.5万人，其中绑定车牌用户数为4.2万。

据朝阳区交通部门相关负责人介绍，2017年，东大桥路等4条道路实现了路侧电子停车收费，根据每条道路情况，采用地磁、视频桩……试点，在两个路段344个车位进行试点，主要选择视频桩和地磁形式。“下一步将对行政服务中心周边划电子停车位，方便前来办事的人。”该负责人表示。

东西城通州率先实现电子收费全覆盖

根据规划，2019年年底，北京全市路侧停车将实现电子收费全覆盖。据了解，具体计划分三步推进：2019年1月1日起，东城区、西城区、通州区，道路停车电子收费全覆盖；2019年7月1日起，朝阳、海淀、丰台、石景山区道路停车电子收费实现全覆盖；2019年12月1日起，全市要实现道路停车电子收费全覆盖。

“电子收费可有效避免乱收费、私议停车费，同时有利于管理部门有效掌握辖区内路侧停车情况。”市交通委停车管理事务中心相关负责人表示，停车行为将有据可依，可为欠缴追缴提供证据。为规范管理，北京将加快电子票据系统对接测试工作，并对违停等行为依法处罚，对违法停车场和私划停车位加大处罚。

北京工业大学城市交通学院院长陈艳艳认为，路侧……

2017年12月26日，城六区和通州区37条路段开始试点路侧停车电子收费。图为路侧停车位电子收费桩。 图/视觉中国

■ 贴士

遇路侧停车问题可拨打12328

时隔两天，2018 年 7 月 5 日，《新京报》刊发记者裴剑飞采写的《明年底路侧停车电子收费全覆盖》，其中说道：

“北京城六区和通州区路侧停车电子收费覆盖道路已增至 43 条，电子收费停车位已增至 4800 余个。根据规划，2019 年 12 月 1 日起，北京全市将实现道路停车电子收费全覆盖。电子收费可有效避免乱收费、私议停车费，同时有利于管理部门有效掌握辖区内路侧停车情况。”

对此，北京工业大学城市交通学院陈院长认为：“路侧停车电子收费既是实现停车精细化管理的有益举措，也是停车管理改革大势所趋，有助于培养车主‘停车入位、停车付费’的习惯，并在一定程度上解决停车纠纷。”

于“电子计时收费”而言，无论 20 余年前首装“咪表”，还是 10 年前《天大的小事》对照版为所谓水土不服的“咪表”旁征博引、鼓与呼，以及时下为“穿马甲的咪表”重出江湖做铺垫，感觉起来，有点殊途同归，有点似曾相识。好在大方向一致，迟来，早来，反正都到场了。

28 / 行车并线

XINGCHEBINGXIAN

10余年前，媒体曾披露《新司机违章乱变道最多》，告知在机动车事故中，驾龄在3年以内的新司机占了四成左右，而新司机最容易出现的交通违法行为主要是违法变更车道。

同样，早在10余年前，“路怒症”开始成为世界通病。为此，越来越多的国家开始重视“路怒症”给社会造成的消极影响，如英国、芬兰等国，每年都对驾驶员进行心理评测，合格方可上路。

据讲，“路怒症”诱因虽多，但随意并线似为祸首。大谈《关于“司机并线似应推行转望死角”的城事图谏》，从并线讲到消除社会消极影响，是“城事管理”而非“城市管理”的要点所在。

28—1 行车并线

（05）科学交管 / 规避盲区　　　　静下心来想自己

摘自《不列颠哥伦比亚省安全驾驶指南》

在北美，与“白天开灯行驶”同样，“并线一定要回头”也是让不少国人费解的“谜”。据说不少初到那里的老司机，换照考试的时候，一般多会“折在”脖子不会打弯，多会毁在并线漫不经心。

虽然常把此事当成笑话讲，但本书原版却没有意识到“并线回头”的重要性，直到 2010 年 3 月 23 日看了《新华每日电讯》的《驾车小心后视镜盲区》，才开始觉察到有必要速将此“他山石”运回国内。

其实，不用烦劳专业人士解释，相信任何一位司机都或多或少有过不堪回首的经历 —— 尽管提前看了后视镜，提前打了转向灯，但在并线的一瞬间，仍会有辆事先没注意的汽车与您擦肩而过。

西人开车“并线回头看盲区”的样子实在是夸张之极，动静那叫一个大，转头那叫一个狠。可笑的是，受此启发，不少新移民为了对付死教条的洋考官，应试时往往穿件高领“铁布衫”，只要一扭头，音效随之而起……

城市如何让生活更美好　83

摘自《天大的小事》对照版

新司机违章乱变道最多

专家建议调整“训练路段” 提高考试难度

在机动车事故中，驾龄在3年以内的新司机占了4成左右。车管部门对北京各项交通违法和事故的统计分析显示，新司机最容易出现的交通违法行为主要是违法变更车道、违法掉头、占用应急车道和人行横道前不减速。专家建议，要想让新手们不再成为“马路杀手”，最直接的办法就是调整驾校的实际训练和考试路段，提高考试难度，降低驾照考试的一次通过率。

数字 新司机每周增加上万人

截至10月30日，本市驾驶员总数已经达到616.6万人，连续数月每周平均净增超过1.1万，增长速度已处于历史高位。

根据公安部交管局的统计，驾龄在3年以内的新驾驶员肇事数占驾驶员肇事总数的四成左右。

新手发生事故最多的是在冰雪天，其次是雨天和雾天。目前，北京只有极个别驾校购置了能够一定程度上模拟恶劣天气环境的模拟机供学员练习，但绝大多数新司机在上路之前完全没有类似的学习机会。现在北京已经临近入冬，新司机们面临的考验已近在眼前。

现象 出了驾校门还得找陪练

刚刚从京北某驾校毕业的岳女士在上路之前，又找到陪练公司，花10小时“补课”。“驾校也有实际道路训练，还花了10个课时，但练车是在北清路上，根本没什么车，更没什么人，当时只觉得考试会比较容易，可真要上路了，才开始害怕。”在陪练的带领下，岳女士几乎要从头学习实际道路的驾驶技巧。据记者调查，在北京，像岳女士这样需要找陪练才敢上路的新手有很多。

原因 驾校教育无法适应现实路况

驾管中心民警告诉记者，新手违法和事故高发的重要原因是驾校对学员自觉守法、文明驾驶的教育不足，实际道路的适应性训练更是远远不够。“现在的实际道路训练，路段都是固定的，哪个位置会出现什么情况几乎也是固定的，路段上能够涵盖的情况还不够多。”

一位驾校教练于师傅告诉记者，和真正北京道路环境相比，现多数驾校“实际道路训练”其实毫不实际，只能用来混个驾照，对日后上路的帮助不大。“北京的驾校都在市区外围，‘实际训练道路’都是一些车流量很小的支路路段，有的驾校的训练路甚至干脆没车，这样对学员的所谓训练没什么用。其实不论是科目二还是科目三，现在驾校的教学方法基本是应试性的，和真正让学员掌握能正常上路的驾驶技能有很多不同。”

建议

业界人士认为，要想让新手们不再成为“马……

……时间，提高考试难度，降低驾照考试的一次通过

有话要说

阿伽蓝儿：很多人拥有驾照，根本不具备开车的能力。应该在考取驾照后，进行实车驾驶时间以及事故违规率的统计，作为驾照的后续内容。

77水兵：城市考生应根据其城市特点，多在城市交规和城市路段上下工夫。重大交通事故要与教练、驾校挂钩。

燕赵农民老李：恢复实习驾照制度，一年实习期内不得单独上路。

李凡：建立教练认证制度，领驾照以后3年的重大事故和教练挂钩。

曼陀罗：统计一下，哪个驾校出的马路杀手最多，就取消驾校的培训资格。

长春藤：驾校应加强复杂路面的驾驶训练，考试难度应当加大。

笑尘：建议设计一模拟道路行驶软件，能完全通过的才是合格司机。

奔驰：再增加马路培训100小时。

蒋有三：交管部门应定期公布发生交通事故的新司机是哪个驾校毕业的。

李开：学车前走路骑车就不遵守

交通安全和交通管理是笔者的长向研究课题。其中，违章变道既在纸面上备受关注，同时在街面上也为害不浅。

早在2010年11月3日，《北京晚报》就刊发了记者安然采写的《新司机违章乱变道最多》，告知：“在机动车事故中，驾龄在3年以内的新司机占了四成左右。车管部门对北京各项交通违法和事故的统计分析显示，新司机最容易出现的交通违法行为主要是违法变更车道。”

不该说“横人”是惯出来的，但“毛病”肯定是平日养出来的。回想，倘若当初教官日复一日强行要求“并线注意死角”，至少也会练就“肌肉记忆”，等到拿本上路，并线想不先侧脸观察都难。

公安部曾经发起“起点工程”，以“行驶安全从起点抓起”为基本理念，在全国驾校展开自查，提高教学质量。按照“新司机违章乱变道最多”这一说法，“并线”无疑比“起步”和“半坡起步”更要紧。因此，如果今后还有“起点工程”，客观完善相关细节是当务之急。

女司机被暴打 北京街头随意变道多见

成都女司机遭暴打引发热议；记者北京街头探访发现，开车加塞、开远光灯等不文明驾驶行为多见

记者体验

近日，成都女司机被暴打视频在网上引发热议。成都警方随后公开的视频显示，事发前，先是女司机行至一出口处附近时，连续变道引起男司机不满，随后两车疑似斗气，相互多次“别”车。

两段视频广泛流传后，不少网友指责男司机殴打行为“太残忍”，也有很多网友对

昨日，三环主路靠近双井桥出口处，一些机动车轧实线变道。 新京报记者 王嘉宁 摄

■ 背景

连续变道 女司机被暴打

5月3日，关于此事的第一条视频流出。在这段时长35秒的视频中，两辆红色小轿车先后停靠在路边，一名男司机从前车上下来，打开另一辆车的车门，将女司机从驾驶座拖出来进行殴打。该过程中，男司机多次踢中女司机头部。

该视频在网上引发热议，网友几乎一边倒地对男司机进行谴责，不过事情很快出现反转。

5月4日，成都警方公布了男司机车上的行车记录仪视频，这段5分多钟的视频记录了事发前的经过。

视频显示，5月3日下午，男司机张某驾车行驶在靠右的主车道上，女司机卢某的车则在其左侧车道上行驶，在离一出口约五六米处，卢某的车突然打起右转灯，随后向右连续两次变道，从出口驶

■ 体验

10分钟内11辆车路口强行变道

随意变道

《中华人民共

在东三环双井桥北往南一侧，下了国贸桥后，车道由

观察统计，共有49辆车出双井桥口，这些车辆全部都打

了后方直行车辆的不满，多辆车鸣笛表示不满。

一段时间以来，由随意变道引发的事故纠纷常说常新。其中，2015年5月6日《新京报》记者林野采写的《女司机被暴打，北京街头随意变道多见》最有代表性。文章说道：

“近日，成都女司机被暴打视频在网上引发热议。成都警方随后公开的视频显示，事发前，先是女司机行至一出口处附近时，连续变道引起男司机不满，随后两车疑似斗气，相互多次‘别’车。在‘你遇到过哪些不文明开车行为’调查中，有1万多名网友表示在道路上行驶时猛拐急停、抢道变道的情况最多。”

早在很多年以前，“路怒症”已成为世界通病。2008年，美国“路怒症”患者就有1600万人，其中公交车、出租车和长途车司机患这种心理疾病的比例更高。鉴于此，越来越多的国家开始重视“路怒症”给社会造成的消极影响，如英国、芬兰等国，每年都对驾驶员进行心理评测，合格方可上路。

从“并线侧视后方”扯到“消除社会消极影响”可能有点远，但“城事科学”的过人之处即在于此。

29 / 桥梁限高

QIAOLIANGXIANGAO

最早听说“汽车卡桥”权当笑话听，如同个儿高的撞上了门框，如同个儿矮的卡在窗口。慢慢的，卡桥的车多了，甚至卡出恶性事故，脸上才收敛了笑容，开始布上了愁容。

在国外考察期间，笔者对“桥梁限高”好像关注得最多、最勤，不是相关个案如何了得，而是驾车行进过程中多会遇到鲜活的案例教学。诸如一座桥梁的限高有多个不同提示标志，诸如提示牌前置百余米。

“限高杆”立意不错，但理不糙活儿糙，有的宛若“铁门闩”，有的犹如“拦路虎”。既然“立标杆”是为提醒过往车辆，那么依此初心，该做什么、不该做什么其实不言自明。

29—1 桥梁限高

古代有个成语叫做“吹毛求疵”，现代有个俚语叫做“事儿妈”，虽然各有各的讲法，但表述的皆为大可不必的“大可不必”。

国有国事儿，洋有洋事儿，在五花八门的洋事儿中，“公路限高标志”似乎最事儿。由于地面起伏的原因，由于桥洞起拱的原因，总之，由于各种各样的客观存在，国人眼里满可以一刀切的3.5米或4米整，人家竟然精确到小数点后两位，看来限高原本没有“差不多”。

尽管全世界的司机没有一个会一板一眼地按照标识行事，尽管全世界的货车没有一辆会不折不扣地按照标高行驶，但我坚信，有了“3.82”，有了“3.96”，有了“4.10”，任何莽撞之人途经此处都会变得乖巧起来，不仅眼睛好使，同时头脑也更为清醒。

限高从严，但提示却必须从远，附图所示的前置距离，据说比较符合汽车的行驶车速，据说比较符合司机的反应过程……

摘自《天大的小事》对照版

2017年7月29日 星期六 新京报

现场 A09

7月28日凌晨，北京海淀区学清路一辆运送钢材的大货车超高卡在桥底，造成车体凹陷。现场救援人员正在切割货车上的钢板。 本版摄影/新京报记者 王飞

现场 SCENE

大货卡天桥 桥身位移3cm

已恢复通行，桥面鼓起部位暂围挡

事件：一辆超高货车卡在林业大学路口北侧天桥下，桥体受损。

地点：海淀区学清路

时间：7月28日凌晨

7月28日凌晨，一辆超高货车卡在海淀区林业大学路口北侧天桥下，造成桥体受损，主梁整体向北位移3厘米。

居民称夜里1时听到一声巨响

昨天上午10时，"@北京交警"通报称，凌晨，海淀区学清路一辆运送钢构件的大货车超高，卡在过街天桥桥底。现场无人员伤亡。因清理需要，目前学清路林大北路与月泉路之间主路封闭。

10时30分许，记者在现场看到，天桥底部高度约5米，事发车辆为一辆红色货车，长约10米，车上所载货物为钢板。车头翘起搭在一辆清障车上，车体一部分弯曲落在路面上，有一块钢板翘起顶在天桥底部。现场工作人员正在操作切割机和起吊机将钢板转移到旁边的货车上。

周围一名居民告诉记者，夜里一点多的时候曾听到一声巨响，疑为现场车辆出事故时的声响。

现场一名市政养护集团的工作人员称，凌晨两点多赶到现场进行抢修清障。"货车司机事发时没有立即报警，而是发现车辆确实无法从桥下弄出后才报警。工作人员赶到现场时，看到车身已弯曲。"

至于天桥受损情况，该工作人员表示，要等到货车清理出来后进行检测才清楚。

12时05分，顶在天桥底部的钢板被吊起放置在旁边货车上，出事货车被清障车从桥底拖走。天桥下方的地面散落着两块货车车身挡板和一块切割掉的钢板。13时许，天桥完成清障，被封闭路段恢复通行。

天桥主梁整体向北位移3厘米

15时，北京市交通委路政局通报称，凌晨3时30分，北京市城市道路养护管理中心启动抢险工作，经现场初步检查发现此桥主梁在受撞击部位有局部变形，钢构件翘起位置插入钢主梁底部造成破损，主梁整体初步检查向北位移3厘米，东侧梯道伸缩缝有变形，梯道盖梁因受力有局部破损。

通报介绍，已完成对货车上钢构局部切割工作，并将车辆拖出事故地点，13时10分抢险完毕，恢复现场交通。天桥可以正常通行，桥面伸缩缝鼓起部位暂时用锥桶围挡，夜间将进行维修。

下一步，北京市城市道路养护管理中心将组织检测单位对桥梁进行全面检测，制定维修方案。

新京报记者 刘经宇

大货车超高卡在桥底，造成车体凹陷。拖出来时，货车车厢内有凹陷破洞。

救援现场，清理结束后，被拖出的车辆和钢材。

救援期间，该路段南北主路被封锁。下午1时左右恢复通行。

责编 陈思 图编 王子诚 美编 俞丰俊 责校 范锦春

2017年7月29日，《新京报》整版谈及"3 cm"，可见事情的严重性。

三环两座天桥被超高车辆撞坏

安华桥东天桥因损坏轻将对撞损部位临时修复　马甸东天桥受损较严重将更换新梁体

据北京市交通委路政局消息，4月14日上午，北三环中路安华桥东天桥和马甸桥东天桥因超高车辆通行撞击，造成桥梁承载力受损。为确保行人通行安全，天桥将采取临时封闭措施，随后开展后续维修工作。

4月14日上午，城市道路巡查人员发现北三环中路安华桥东天桥和马甸桥东天桥梁底出现不同程度损伤，经初步判断为超高车辆撞击所致。

在发现被撞后，北京市城市道路养护管理中心第一时间启动应急响应，报警并积极配合追查肇事车辆，同时组织人员将事故造成的现场危险悬挂物进行清理，防止次生事故发生。随后到场人员立即开展了勘察工作，并采取了安华桥东天桥局部封闭导行维护，马甸桥东天桥断行维护方式。

北京青年报记者了解到，截止到4月14日晚10点，肇事车辆尚未找到。北京城市道路养护管理中心评估后发现，安华桥东天桥因损坏轻，将连夜对撞损部位进行临时修复。马甸东天桥因受损较严重，今天凌晨将进行梁体吊装拆除，更换新梁体。昨晚，安华桥东、马甸桥东暂封闭主辅路通行。养护管理方将在专家评审后，制定桥梁恢复方案。“我们会先行垫付资金将桥梁修复好，同时寻找肇事车辆，在找到肇事车辆后，进行索赔。”

相关

撞坏限高杆和桥梁 超高车辆多次惹祸

北青报记者了解到，近几年来，北京几乎每年都有桥梁被撞事件发生，多为超载超高车辆违规行驶所致。北京城市道路养护管理中心数据显示，2016年初至2017年10月，北京共发生238起限高杆被撞事件，市属桥梁被撞事故7起。

据介绍，车辆在撞损桥梁后，需要肇事方根据实际修复发生的费用进行赔付。2015年，四惠桥被撞严重，采取换梁修复方式，费用高达300万元。

本组文/本报记者　刘珜

道路养护管理人员在为被撞坏的天桥作紧急处理　　供图/李庭伟

2018 年 4 月 15 日，《北京青年报》记者刘珜告知：“安华桥东天桥和马甸桥东天桥因超高车辆通行撞击，造成桥梁承载力受损。为确保行人通行安全，天桥将采取临时封闭措施，随后开展后续维修工作。”

文章披露：“近年来，北京几乎每年都有桥梁被撞事件发生，多为超载超高车辆违规行驶所致。北京城市道路养护管理中心数据显示，2016 年初至 2017 年 10 月，北京共发生 238 起限高杆被撞事件，市属桥梁被撞事故 7 起。车辆在撞损桥梁后，需要肇事方根据实际修复发生的费用进行赔付。2015 年，四惠桥被撞严重，采取换梁修复方式，费用高达 300 万元。”

车辆卡桥也好，撞桥也罢，原因多是车比桥洞高。车辆行驶中，既不能逢桥停车现场丈量，也不能大概其晕着走，因此，“自知车高”和“明知桥高”成为唯一的混合安全系数。“限高提示”越靠前、越精准，驾驶人员的警觉越提前、越靠谱。换言之，物是死的，人是活的，虽然大桥固定不动，但恰到好处的提示会让静物也有灵动，也有能动。

这根限高杆 隔三差五总挨撞

附近居民呼吁：就不能彻底根治一下吗？

昨天下午1时许，一辆货车将京通快速路进京方向辅路的一根限高杆撞倒，所幸无人员伤亡。记者发现，自2009年起，这根限高杆多次被撞，造成的事故也频频见诸报端。然而时至今日，隐患仍未根除。

现场 大货撞倒限高杆

这根限高杆位于高碑店桥东侧，京通快速路进京方向辅路与东亿国际传媒产业园南门道路的交叉路口。昨天下午，记者在现场看到，一辆集装箱货车将限高杆撞断，破损的杆体卡在了货车驾驶室与后方集装箱中间的空当位置。货车司机身体没有大碍，但他感觉这事故发生得有些蹊跷："我是从京通辅路一直开过来的，前面好几根四米高的限高杆都安全通过了。这根杆也是四米高的，怎么就撞上了呢？"

双桥交通队的民警、北京养护集团的抢修人员很快来到现场处置。记者看到，为了保障抢险秩序，民警将京通辅路上的车辆截停，疏导部分小客车穿行产业园的内部道路绕行。相比之下，十几辆大公交就没那么幸运了，它们不能临时改道，只能载着全车的乘客停在这里。"师傅，开开门吧。"有乘客耐不住性子，下公交换乘地铁去了。

震惊 这根限高杆连年被撞

昨天晚上，破损的限高杆和右侧的支撑立柱被抢修人员运走。地上裸露的钢筋头，也被人用锥筒挡了起来。然而，附近保安的一句调侃让人不禁思考："为什么这根杆总是被撞？"

"挨撞的老是它，邪了。"张先生说，就在11月1日，这根限高杆刚被撞过。"（那次）和这次情况如出一辙啊，货车

2010年，开始有肇事司机抱怨："我沿京通快速路辅路连续过了几个限高杆都没事，所以来到这根限高杆前没有减速，结果一下子将横梁剐倒。"2011年起，陆续有市民质疑："限高杆标注高度是不是不准？""铺新路面后，高度不够了？"

当时，路政局勘测人员的解释曾让

追问 根除安全隐患真那么难吗？

那为什么会出现频繁撞杆事故呢？双桥交通队称，不少司机不愿意绕行朝阳路，是导致事故发生的主要原因。据了解，京通辅路的实际限高是在4.5米左右，而高碑店桥东的这根限高杆确实比别的限高杆矮了些，导致很多司机以为前面的限高杆都能通过，这根也没问题。

交警说，为了防止事故发生，他们提醒这些货车提前绕行，并在建议绕行的路口设立专门

曾几何时，"限高杆"成为护桥的"马前足"，原本是个用于提示的摆设，但慢慢地竟然成了"替罪羊"。2016年11月16日，《北京晚报》记者张骁撰文《这根限高杆，隔三差五总挨撞》。其中说道：

"一辆货车将京通快速路进京方向辅路的一根限高杆撞倒，所幸无人员伤亡。记者发现，自2009年起，这根限高杆多次被撞，造成的事故也频频见诸报端。然而时至今日，隐患仍未根除。2010年，开始有肇事司机抱怨：'我沿京通快速路辅路连续过了几个限高杆都没事，所以来到这根限高杆前没有减速，结果一下子将横梁剐倒。'2011年起，陆续有市民质疑：'限高杆标注的高度是不是不准？''铺新路面后，高度是不是不够了？'"

或如日常所见，或如上图所示，不少"限高杆"更名为"限高柁"或"限高梁"似为更妥，那叫一个"万年牢"，那叫一个"铁杠头"。其实，细想起来，当初叫"杆"不叫"杠"绝对不无道理，意在立竿见影，给驾驶人员精准提示。

武汉公交车撞上限高架致1死7伤

此前曾发生数起被“削顶”事故

12月27日下午，武汉一辆593路双层公交车撞上高架桥匝道限高架，造成8名乘客受伤。据当地通报，其中1人因抢救无效死亡，1人重伤，6人轻伤，肇事司机已被控制。

武汉市洪山区警方昨天发布警情通报称，12月27日14时许，洪山警方接群众报警称白沙洲大道白沙三路口附近白沙洲高架闸口处有一辆双层公交车（593路）撞上限高架。接警后，洪山警方调集周边交管、消防及120等单位迅速到场救援处置。

据相关报道，593线路并不途经白沙洲高架。目击者称，该593路双层公交车二层受损严重，匝道口两个相距约10米的限高架横梁均已嵌入公交车二层，其中一根限高架横梁已嵌入车体中部，另一根限高架横梁嵌在公交车二层车头部分，公交车二层车头被限高架横梁切断，二层车身多个车窗破碎，车窗支架多数弯曲断裂、变形。

警方通报，肇事公交司机已被警方控制，现场交通已恢复，具体相撞原因正在进一步调查中。昨天下午传来消息，一名伤者因抢救无效，不幸去世。

另据报道，武汉此前曾发生数起双层公交车被限高架“削顶”事故。最近的一次是在2017年1月13日，当天早6时许，白沙洲高架往武昌火车站方向上桥处，一辆539路双层公交车撞上限高架，车顶因此受损，车上十余名乘客受伤，公交司机被拘留。　　据武汉晚报　湖北日报等

前文话音未落，限高设施又惹出了麻烦。2018年12月28日，《北京晚报》刊发《武汉公交车撞上限高架致1死7伤》，同时告知“此前曾发生数起被‘削顶’事故”。其中说道：

“武汉一辆双层公交车撞上高架桥匝道限高架，造成8名乘客受伤。据当地通报，其中1人因抢救无效死亡，1人重伤，6人轻伤，肇事司机已被控制。另据报道，武汉此前曾发生数起双层公交车被限高架‘削顶’事故。最近的一次是在2017年1月13日，一辆双层公交车撞上限高架，车顶因此受损，车上10余名乘客受伤，公交司机被拘留。”

听话听声儿，锣鼓听音儿，标题所示“限高架”非同一般“限高杆”。有图为证，那叫一个粗壮，那叫一个牢固，即便把公交车削了顶，也未见限高架变形。透过文章仔细想，为什么“此前曾发生数起双层公交车被限高架‘削顶’事故”，或与当地限高架不无关系。

经一事，长一智。“限高杆”该怎样设置，望与读者一对一切磋。

30 / 路口暂停

LUKOUZANTING

但凡上点年纪的人一定记得“一慢二看三通过”，此话曾为汽车途径路口安全行驶的“七字经”。慢慢的，路广了，车多了，有红绿灯的路口有探头了，“慢”被“停”替代，“看”被“灯”聚焦。

信号灯是车辆川流不息的城市主干道标配，支线路口则没必要整齐划一。于是乎，主理“一停二看三通过”的“路口暂停”标志（又称STOP牌）成为无信号装置路口相安无事的守护神。

称之为神器，是说行驶中遇此牌车速必先归零；视之为神奇，是说只要按了暂停键，继而再墨守“先到先走”的成规，路口再是繁忙也出不了事故，司机再是忙乱也犯不了错误。

● 30—1 路口暂停

（05）**科学交管** / STOP 牌　　　眯起眼睛看西方

西方很多国家都是老牌儿汽车王国，车的种类多，车的事故也多，交警人手富裕的时候管理状况还算说得过去，反之顾此失彼。为了实现“警察在与不在都一个样”，城市管理者想出了不少“以不便应万变”的招数，实践出真知，其中那些管用的逐渐为人们所接受。

北美街面最打眼的路牌莫过于比比皆是的“STOP”。初到此地，熟悉的八边形似曾相识，简单的洋码子似曾相知，一问方知，此间的 STOP 乃“暂停”也；一试方知，无信号灯的路口“STOP 牌”犹如机器战警，遇此神圣，车速必须无条件“归零”，并依序完成“一停、二看、三通过”。

其实类似的“一慢、二看、三通过”我们早就有，不仅用于交规，同时还用来讥讽社会时弊。可惜的是，人的诗性不同于车的野性；可悲的是，“停”和“慢”原本分属性质不同的阴阳界。前者车速“归零”再想找死不容易，后者量变无标准，即便是放慢速度蹭出去，横下里不受伤挂彩那才叫怪……

78 天大的小事

摘自《天大的小事》对照版

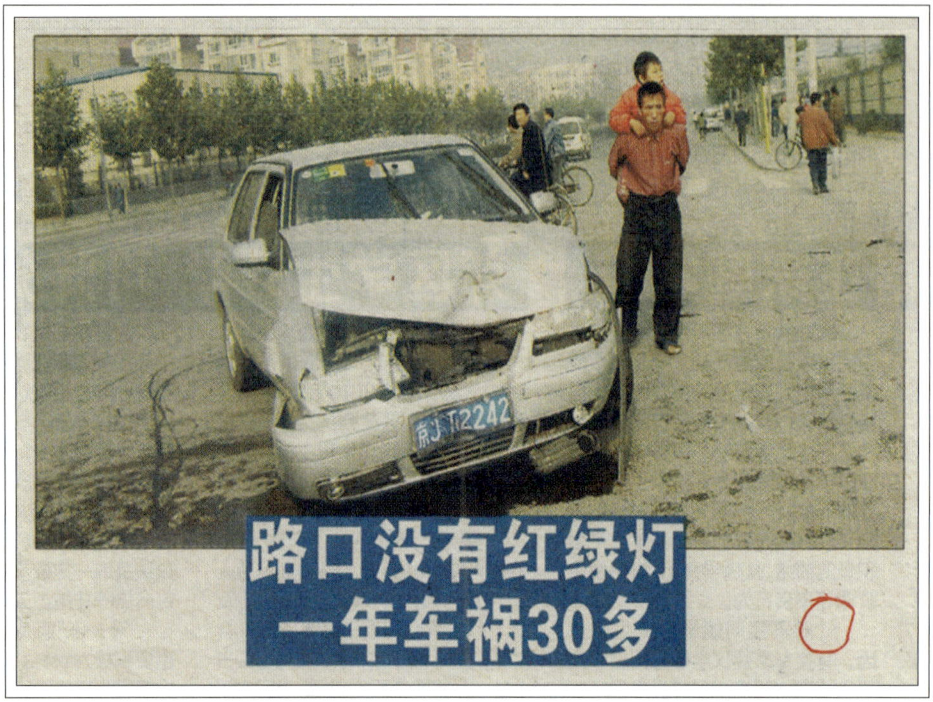

多少年以来，有关“无信号灯路口事故频发”的情况数不胜数。笔者收的最早资讯，应为2006年10月31日《北京晚报》记者蔡文清采写的《路口没有红绿灯，一年车祸30多》。其中说道：

“青年北路与姚家园北路交界路口发生一起两车相撞事故，造成两车受损两人受伤。该路口建成仅一年有余，却已发生交通事故30多起，事故多发的原因是因为这里没有红绿灯。记者了解到，这两条道路交会的十字路口四个方向竟然都没有红绿灯，四面八方的车辆行驶到这里，既不让行，也不减速，呼啸而过。一位居民说：‘这个路口经常出事故，前一阵子这儿才撞死了一个老头儿，若不及时安红绿灯，迟早还得出事。’”

细细看来，交叉路口没安装信号灯的情况挺普遍；细细想来，交叉路口也未见得都要安装信号灯。国外相关经验也是“血写成”，也付出过惨痛代价。因此，“他山之石，可以攻玉”也好，“他山之玉，可以琢器”也罢，一是没有信号灯的路口要安装STOP牌，再是已经安装的路口要切实用好STOP牌。

顺义龙湖香醍小区周边

多盏路灯不亮 没红绿灯危险

近日，家住顺义龙湖香醍小区的居民向本报反映，小区间的金牛路和周边其他几条道路，虽然安装了路灯但总不亮，十字路口也没有安装红绿灯，来往车辆无序通行，经常发生交通事故。他想通过本报呼吁，希望小区开发商和属地政府能够协调安装路灯和红绿灯，保证居民出行安全。

1月15日，热心读者带着记者来到小区外查看。他所居住的龙湖香醍小区位于顺义右堤路东侧，因为小区面积比较大，分割成不同区域，小区之间有一条东西走向的金牛路，这条路是主干道，路两侧安装了很多太阳能路灯，但是大部分灯都不亮，偶尔有几盏灯亮，但起不到多大作用，长约1公里的路段黑咕隆咚，行人出行都得借助路面的汽车灯光。这条路与南北走向的两条道路的十字路口，都没有红绿灯，南来北往的车辆经过这里时，互不相让，你争我抢乱成一团，路边也没有交警管理。"这两个十字路口每年都会发生几起交通事故。"该读者希望赶紧在十字路口安装红绿灯，避免交通事故发生。

随后，读者带着记者来到了二区北侧，一路之隔是牛栏山第三小学，这条路上的路灯也不是全亮，而且各路口都没有红绿灯。老人接送孩子过马路，在车空隙里钻来钻去非常危险。尤其是很多没有人接送的孩子，自己过马路更是险象环生。记者看到一名女子带着小孩过马路，来往的车辆没有一个让道，俩人只能在路中央左右张望，等了很久才过了马路。

记者采访了解到，该小区最早一批住户是2008年入住的，十年来，小区周边几条道路的十字路口都没有红绿灯。据说两年前，金牛路的太阳能路灯还是亮的，但是这两年只剩几盏灯还亮着，其他都坏了。居民向牛栏山镇政府反映过这一问题，但得到的答复是这条路的产权一部分归开发商，一部分归属地政府，目前属地政府正在与交管部门和开发商协调，但不知道什么时候才能有结果。

记者致电龙湖地产的热线，几经周转接到了该小区物业公司的来电。一位工作人员说，目前由开发商配建的小区周边路正在往属地政府移交。当初修路时安装的太阳能路灯，因为蓄电池的寿命已经快到了，吸收电能和储存电能的效果不好，造成了很多路灯供电不足，晚上只能亮很短的时间。另外，因为道路不能移交，开发商不再反复维修更换太阳能路灯的蓄电池，所以造成了目前的现状。

小区的业主告诉记者，他们也向属地交管部门反映过问题，希望能够在路口安装临时的红绿灯，保证车辆行人安全，但是也没有结果。他们希望通过本报呼吁，希望这几条路能尽快亮起来。

本报记者 杨晓斌 通讯员 梁生 文并摄

借着车灯看，十字路口路灯不亮，没有红绿灯。

小区外路灯不亮两年了。

时间一晃过去了许多年。2019 年 1 月 23 日，《北京日报》刊发记者杨晓斌等采写的《多盏路灯不亮，没红绿灯危险》。不能说十二三年来此类事情屡见不鲜，但"时有发生"绝非空穴来风。文章说道：

"十字路口也没有安装红绿灯，来往车辆无序通行，经常发生交通事故。记者来到现场查看，发现这条路与南北走向的两条道路的十字路口，都没有红绿灯。南来北往的车辆经过这里时，互不相让，你争我抢乱成一团。"

既无红绿灯也未安装 STOP 牌的路口不仅经常发生交通事故，而且常因通行无序导致拥堵。2019 年，《北京日报》刊发《丁字路口没有红绿灯常年堵》，路口既无红绿灯，又无 STOP 牌，不堵才怪。时隔月余，《新京报》告知《路口无信号灯，往来车辆"打架"》，虽不是同一路口，但道理同样。

本书付梓之时，笔者办公室所在——北京国际俱乐部的老员工季荣告知附近无红绿灯路口近来发生多起交通事故，希望代为呼吁。STOP 牌花不了多少钱，费不了多少事，交规也早有明示，为什么难以推广，着实不可理解。

第四章　老生常谈固本经

所谓老生常谈，毫无新意是一说，旧话重提也是一说，本章所述属于哪一类，掩卷或有结论。

本书是社科类“城事教辅”，并非城建类专业教材，因此，既有就事说事，也有就此言他。从“公交司机健康状况”说开去，把“地铁屏蔽门”扯出来；从“警车为急救车开道”絮叨起，拿“校车安防神器失灵”敲边鼓。谈及一点，不及其余，既有身在其中，困在其中，软肋在软肋之中；也有诗在诗外，戏在戏外，功夫在功夫之外。

生活中有一种水，“似水柔情”；有一种火，“隔岸观火”。本章最后谈及的两个重点个案，强调的就是“硬伤中的硬伤，软肋中的软肋”。所谓“似水柔情”，讲的是城市园林水域也曾刮起大风掀翻 3 条游船；所谓“隔岸观火”，讲的是火虽然是同样的火，但烧在别人家，烧在“未来时”，再是感同身受，脑子里的一闪念，仍与骨子里的刻骨铭心相去甚远。

何为“固本”，举凡软肋皆需之，举凡虚空即为之。此间面对 20 余年前开题的世界宜居研究，智库辅政读本《天大的小事》对照版，先以“居以安为先”开篇，后用“宜以适为度”跟进。

31 / 公交安保

GONGJIAOANBAO

多年来，关于“公共汽车安全防范”的话题可谓常说常新。强项于此，但软肋也于此。本章所述一语中的，其实细说起来，“完善驾驶员自身安全防护”才是整车及行车路途的最大安全防护。

多年来，“昏厥前他拉住手刹打开车门”一类的消息常说常新。感慨之余，理性似乎有理由设问“倘若昏厥前他没拉住手刹打开车门”。突发事件虽无法预知预判，但相关健康指标与事先征兆不会骗人。

为救儿子的哥穿尿不湿拉活，网约车司机猝死引出关注司机健康确保乘客安全话题。相比而言，“港珠澳大桥穿梭巴士安全管理严格，司机连打3个哈欠，系统会报警”，让人禁不住呼吁赶紧学来、做来。

“城事软肋”虽无固定部位，但是相对来说，司空见惯，熟视无睹，都离软肋不远。诸如“公交安保”，第一时间反映的是这是那而不是“司机本身”；同样，赞美“公交舒适度”，夸这夸那却想不到“驾驶席如何了得”。

公交汽车上最舒适的座位当属驾驶席，不仅软硬适度，同时还可控制高度、角度、温度、光照度。但见驾驶员“大爷般”往上一坐，托得住车，也托得住自我，据说只有如此，一车性命才会在相对保险的前提下倾车出动。

想来也是，与任何乘客相比，司机在车上时间最长，哪有点不舒服，哪有点不得劲，都有可能迅速放大。因此尽量为驾驶员提供“享受”，已成为发达国家的城事管理共识。

更值得一提的是，在为驾驶员提供良好环境的同时，不少国家还会给驾驶员尽量创造良好“心境”，诸如在运营路线可以随时下车上厕所、随时停车买咖啡。当时看在眼里只觉新奇，但事后想起心悦诚服……

摘自《天大的小事》对照版

昏厥前他拉住手刹打开车门

专家呼吁:公交司机应强制休息

本报讯(记者轩燕龙)今天上午9点,德胜门345路快车总站外,北京的几位老公交迷自发组织了为83路公交司机李艳彬师傅捐款的活动。截至上午11时许,北京公交迷为李师傅捐款共计940元。

"李师傅已经走了,留下了妻子和刚上高中的孩子,捐款对于他们家庭的帮助可能微乎其微,但我们就是想让他的家人、他的同事知道,公交司机们并不孤独,还有我们这些公交迷想着他们。"公交迷老康说。活动开始后不久,一位母亲推着轮椅上的孩子来到了捐款点,轮椅上的孩子也是位公交迷,在得知今天上午公交迷组织为李师傅捐款的活动后,他义无反顾地要求母亲带着他去捐款。"钱不多,代表我们的心意。"他说。

捐款活动的组织者田先生告诉记者,这次活动仅仅是公交迷圈里,活动从网上发起,在公交迷网和BK970公交论坛上发帖,随后有不少网友回复,表示今天要来。活动现场的陈设很简单,仅仅是在公交志愿者岗亭内的桌子上摆了一个写有"李艳彬师傅一路走好"的牌子,牌子前面放着一束黄菊花。所有捐款的人会在下面的名册上留下自己的姓名和电话。得知公交迷自发组织捐款,公交客运一分公司、345路快车车队的工作人员也纷纷赶来捐款。

事件回放

6月22日上午,公交司机李艳彬驾驶83路公交车即将驶入德胜门公交车站,突然一阵眩晕,司机李师傅将车靠在路边,随即迅速地完成了挂空挡、拉手刹、打开前车门后,他身体向右侧一斜,瘫倒在方向盘上。

王澈 摄

83路车队张队长说——

老李是位入党积极分子

在我们83路车队大家伙的眼中,老李是位勤勤恳恳工作,踏踏实实办事的老实人。干了十年公交的李师傅在2008年奥运会期间调入我们车队工作,平时他身体不错,真没想到会是这样。

老李还是一位入党积极分子,按照他的工作态度和工作状况,在今年建党90周年之际,老李很可能将被发展成为一名共产党员,可如今他已撒手人寰了,同事和朋友真是惋惜呀。其实,就算老李还没有正

老公交说——

上趟厕所都得和乘客商量

我们车队7成的人都有咽喉炎,更别提腰、肩周、颈椎这样的司机职业病了。公交跑一圈的路程大多比较长,像740这样的特别线路,即使不堵车跑满一圈也要3个小时。为了减少上厕所的次数,很多司机不得不减少喝水的次数。水喝得少,乘客咨询的又多,嗓子基本上都有炎症。有时候实在憋不住了,就和乘客说两句好话,在距离公厕比较近的车站跑着上个厕所。现在绝大多数公交司机都是早晚班换班制度,线路长的一个班的时间内就跑两圈,中间休息几十分钟,线路短的就多跑几圈,有时候

政策难点

48小时抢救无效死亡才算工伤

从事发到李师傅去世,医院抢救了10余天。我国职工认定工伤的条件是:突发疾病死亡或者在48小时之内经抢救无效死亡,才能被认定为工伤。

"48小时内经抢救无效死亡",48小时,是个模糊的概念;死亡,更是一个复杂的医学名词,究竟是脑死亡还是停止呼吸,很难说得清楚。

目前,在我国的工伤界定中,缺乏对慢性积累性疾病的认定。一些病症平时可能察觉不到,可一旦病发往往却容易致命,现在的医疗设备已经非常先进,想要维持48小时似乎并不太难,但这也让家人、朋友在亲情和法规面前无从选择。有关人士呼吁,工伤方面更为详尽的法律、法规应尽快出台,以保障工人的利益。

本报记者 轩燕龙

专家观点

公交司机应强制休息

劳动法专家、北京浩东律师事务所王建平律师表示,目前我国对于公交司机行业乃至极端天气下劳动者的权益保护问题还没有作出一个明确规定。仅有的高温津贴仅是针对劳动者在高温天气下劳动所给予的一定津贴性质的补偿,对高温作业事故的避免没有直接作用。而高温作业不仅危害劳动者的人身安全和身体健康,还可能会对其他人的安全造成危害。公交司机晕倒,威胁整车乘客和路面其他车辆的安全就是这样的典型例子。

2011年7月10日,《北京晚报》刊发记者轩燕龙采写的《昏厥前他拉住手刹打开车门》,告知:"李艳彬驾驶公交车即将驶入德胜门公交站,突然一阵眩晕,李师傅将车靠在路边,随即迅速挂空挡、拉手刹、打开前车门后,他身体向右侧一斜,瘫倒在方向盘上。"

李艳彬师傅因脑出血不幸故去,相关话题引起社会广泛关注。为此,"专家呼吁:公交司机应强制休息"。尽管呼吁得有些晚,但"晚"胜于无。文章配发了专家观点,其中说道:"室外作业用人单位应该采取防暑措施,比如在公交司机座位处安装降温工具等。"

仅就防暑降温而言,2011年媒体曾告知《两公交司机中暑及时刹车》,2012年媒体曾告知《老公交车司机座位烫屁股》,尤其看过《新京报》那篇《"公交老爸"的"高温生活"》,女儿的体验令人动容。

无论是谁,都很难精准预见突发病的发病时间,公交司机也不例外。但是,若将此事很当回事,事先、事中的相关措施,想必更及时,更到位。

广昆高速一大客车翻车 已致10死32伤

事故因司机身体突发异常引发

昨天10时许，一辆牌号为桂A93638的大客车在广昆高速公路坛洛往石埠方向G80K590+200处发生翻车事故，已致大客车驾驶员等10人死亡、5人受重伤、27人受轻伤。目前，伤者已被送往医院，医院正组织专家全力抢救，有3名伤员接受了紧急手术。南宁市成立了事故调查组，正对事故原因展开调查。据悉，事发路段路况平缓、视线较好，事发时也无恶劣天气，相关方面初步判断，发生事故与司机身体突发异常有关。

现场 司机昏迷瘫在座位上 大巴撞护栏后翻下路面

记者昨天下午从南宁坐车前往事故现场时发现，受翻车事故影响，南宁往百色方向行进缓慢，坛洛至石埠路段一度堵车长达五六公里。在事故现场记者看到，路旁护栏被撞倒十余米，地上仍可看到血迹，路边有辆严重变形，被救援赶赴现场的起重机吊到路边。交警在现场引导，交通正在逐步恢复，工程车辆也到了事故现场，着手修复护栏，以尽快全面恢复交通。

59岁的伤者凌敏汇说，当日8时许她从田东县中途上车，一路上不时惊醒，随后车辆再次发生撞击，她前往驾驶室发现司机已失去意识、面部发黑，瘫软在座位上，怎么叫都不醒。售票员随后把昏迷了的司机拉了出来，在乘客的提醒下试图调整方向盘，踩住刹车，让车速降下来，"但可能是太紧张了，并且为时已晚，没住座椅，从车里爬了出来。

救援 乘客大都颅脑腰椎损伤 1危重伤员抢救难度大

事故发生后，广西壮族自治区迅速启动应急预案。南宁市组织多部门开展救援工作，伤员分别送至自治区医科大一附院西院、南宁市八医院救治。接收重伤员的自治区医科大一附院西院相关负责人介绍，伤者大多为颅脑、腰椎等外伤，医院正组织专家全力抢救，有3名伤员接受了紧急手术，1名危重伤员抢救难度较大。

据自治区交警、安监部门相关负责人介绍，事故车辆属于广西超大运输集团有限公司，昨天6时许从百色开往南宁，车辆核载47人，实载42人，未出现超载行为，司机及车辆相关证件齐全。

司机身体出现异常导致车辆失控时有发生。2016年8月29日，《北京晚报》告知："广昆高速一大客车翻车，已致10死32伤，事故因司机身体突发异常引发。据悉，事发路段路况平缓、视线较好，事发时也无恶劣天气，相关方面初步判断，发生事故与司机身体突发异常有关。"

尽管文章未透露司机突发何种"身体异常"，但估计与心脑血管疾病有关。这确实很棘手，事先全无征兆，事发突如其来，怎样与"不测"交手，老生常谈，唯有"防患于未然"。

防不胜防如何防，平日加倍科学防护是唯一可行之举。有消息说，"港珠澳大桥穿梭巴士安全管理严格，司机连打3个哈欠，系统会报警"，也有消息说"公交司机岗前评估有待进一步细化"。

一段时间以来，高铁乘务人员瞄准"空姐"，包括言谈举止，包括发型着装。受此启发不由得想，倘若将"飞行员岗前评估"移植到公交领域，可能会"事倍功半"，但从公共安全考量，不妨一试。

为救儿子 的哥穿尿不湿拉活

辽宁的哥儿子罹患白血病 为多赚钱穿尿不湿节省时间

病中的杨琦仍在练习书法

结束拉活的杨建文(左)交车换班

穿尿不湿开车只为赚钱救孩子

这段感动了无数网友的"为救11岁患白血病的儿子,的哥穿尿不湿'拉活'"视频的主角杨建文是辽宁省本溪人。杨建文在视频中介绍,在他每天开车的十几个小时中,他几乎是不下车的,等到晚上交班后,再回家取下尿不湿,"都很重了,而且还有了异味。"

拉活赚钱。为了赚钱,杨建文穿上了尿不湿。杨建文告诉北青报记者,刚有带尿不湿的想法时,他也很排斥,"一大老爷们儿,带那玩意儿。"但是后来,为了拉更多的活儿,又不耽误时间,他还是选择穿上尿不湿备用。"开始使用的时候,身上会起湿疹,但是后来也就习惯了。"

才是个头。

杨建文表示,钱很难借,"别人都觉得是个无底洞,我还没开口呢,就以各种理由推脱借不了钱了。其实我每次借钱心里都特别难过。"

就在接受北青报记者采访前,杨建文刚赶回本溪老家申请低保,另外再东拼西凑一点好带到河北

2018年9月5日,《北京青年报》刊发记者熊颖琪采写的《为救儿子,的哥穿尿不湿拉活》,其中说道:"人们在关心患儿病况的同时,也担忧着视频中的的哥,怕他因超负荷工作将身体拖垮。"

据当事人介绍,"每天开车的十几个小时中,他几乎是不下车的,等到晚上交班后,再回家取下尿不湿",尿不湿有时很重,"而且还有异味"。上述这番话,尽管听了很心痛,但从出租车司机特殊工种分析,总觉得此举不宜提倡,此事不宜宣扬,毕竟出租车不是私家车,毕竟出租车上路事关公共安全。

很长时间以来,有关出租车司机"过劳死"的事例时有听闻。2013年12月19日,《新京报》就在专版头条刊发《的哥车内死亡,疑过度疲劳猝死》。逝者已矣,生者如斯。同人的教训,行业的教训,无知者谁之过?

既然扯到尿不湿,不妨讲讲公交司机为了工作减少如厕次数,有的"高温不敢多喝水",有的"憋得不行去也匆匆回也匆匆",这样的状态可用于冲刺,但常态化运营万万要不得,万万使不得。

网约车司机猝死 大家在惋惜的同时也提出建议

关注司机健康确保乘客安全

12月5日下午，一名网约车司机驾车行驶在望京附近路段时，突然发病离世。大家在惋惜的同时，也提出网约车司机应该像出租车司机一样接受定期体检，既保证司机的安全，也保证乘客的安全。

猝死时头歪在座椅上

事件发生在望京阜安东路，这名网约车司机为男性，驾驶一辆黑色大众牌轿车。他被发现时，车停在机动车道上，歪倒在座位上，身子一动不动。警方随后到场处理，经过检查确认死亡。记者核实得知，该司机属于一名网约专车司机。

获悉此事后，该网约车平台第一时间联系家属，安抚家属情绪。虽然司机死亡时并不在订单服务期间，但出于人道主义关怀，仍然会为车主家属提供合理的保障和帮助。事发后，该平台一直积极配合警方等相关部门调查取证。目前从平台后台数据时长显示，该司机过去一个月内驾驶时间正常，不存在超长时间服务的情况。关于司机死因，目前仍在等待警方的调查结论。

从事发时开始，该事件就在网络上引起关注。一些经常乘坐网约车的网友表示，每天都乘坐网约车，真是不知道司机们工作很辛苦，希望他们为了自己和家人，也为了乘客安全，关注健康问题。

网约车司机没有体检

在惋惜司机生命的同时，更多的网友开始关注乘客的安全。"如果是驾驶途中发病，车辆就可能失控，司机和乘客的生命安全都没法保证。"一位网友说，出租车司机有安全的保证，但新兴的网约车在安全方面还很欠缺。"既包括司机和乘客的安全，也包括车辆的安全。"

记者了解到，网约车司机并没有定期体检的规定，这和传统的出租车司机区别很大。传统出租车司机会根据单位的安排，每年进行体检。北京市劳动模范、北汽集团的出租车司机刘韶山表示，每一家正规出租车公司都会为司机安排体检，既是保证司机师傅的身体，也是保证乘客的安全，如果身体不达标不能上岗。

记者采访了几位网约车司机，他们表示，公司不会安排体检，体检都是个人的事情。"生病了就自己去看，病得不重就坚持拉活儿。"一位网约车司机说，网约车司机们和公司的联系也少，平时也不会去公司。

接单数量时间应受限制

除了体检之外，网约车平台也不会限制网约车司机的接单数量、接单时间。只要司机自己愿意接单，就可以一直拉客人。几位接受采访的网约车司机表示，以前刚刚兴起的时候，公司给的补贴多，挣钱容易，每月轻松过万，甚至能到两万。但现在补贴少了，想挣钱只能靠自己多接单，靠延长运营时间。

一位网约车司机说，自己的车是在网约车兴起后，专门为了跑网约车才借钱买的。没想到现在补贴少了，想着要还钱，自己只能玩命干，身体情况的确不太理想。

在大幅度缩减补贴之后，网约车司机的收入锐减，很多网约车司机都有了没日没夜拉活儿的经历。那位借钱买车开网约车的司机对记者说，现在每天想的就是开车拉活儿。吃饭也不好好吃，中午就在路边吃个快餐，只要手机一响有活儿了，放下饭碗立刻就走。

与此相比，传统出租车行业则会设置一些"门槛"。刘韶山告诉记者，公司会监控每一位出租车司机的运营里程、运营时间、运营收入。"比如这个星期，别人都拉了一千块钱的，要是有人拉了八千的，公司就会找他。"刘师傅说，公司要问一问是怎么回事，如果是连轴转疲劳驾驶，单位就会干涉。"这当然是保证司机师傅的安全，同时也是保证乘客的安全。"

在国外，一些网约车公司设置了驾驶时间限制，以此避免疲劳驾驶。根据澳大利亚媒体报道，当地网约车公司的平台软件记录司机驾驶时长。如果司机连续驾驶超过12小时，将被强制下线且6小时内无法登录。这一规定已在澳大利亚新南威尔士州生效。

据报道，此前一名网约车司机在悉尼市中心交通肇事，车内乘客被甩出，卷入一公交车底当场死亡。警方调查发现，案发时司机已连续驾驶21个小时。当地网约车公司发布的指南建议，网约车司机在感觉疲劳时停止驾驶并休息。上述事故发生后，当地网约车公司发表声明，表示将实行强制性规定。

期待更加规范的网约车

作为分享经济的重要组成部分，网约车的发展一直伴随着争议。记者采访的一位女性乘客表示，白天还会使用网约车，但到深夜之后肯定不会选择网约车。"还是正规出租车更有保证。"她说，自己总感觉网约车还是缺乏监管。

有网约车司机表示，今年上半年，出台了一系列针对网约车的政策。他也希望这个行业正规起来，不希望每天都在担心各种检查。"只有正规起来了，和传统出租车一样正规了，我们这个行业才能受到信任，也才有可能发展得越来越好。"

本报记者 李嘉瑞 J340

绝非杞人忧天，绝非空穴来风。2017年12月8日，《北京晚报》刊发记者李嘉瑞采写的《关注司机健康确保乘客安全》。文章一共有四个小标题，分别为《猝死时头歪在座椅上》《网约车司机没有体检》《接单数量时间应受限制》《期待更加规范的网约车》。文章说道：

"事件发生在望京阜安东路，这名网约车司机为男性，驾驶一辆黑色大众牌轿车。他被发现时，车停在机动车道上，歪倒在座位上，身子一动不动。经过检查确认死亡。记者核实得知，该司机属于网约专车司机。在惋惜司机生命的同时，更多的网友开始关注乘客的安全。如果在驾驶途中发病，车辆就可能失控，司机和乘客的生命安全都没法保证。"

据说，网约车横空出世仰仗大数据；据说，"为司机体检"或"要求自行体检"是大数据中的一个小数点。然而，此点非彼点，人情冷暖不仅聚集于此，同时行业规范、行业自律也聚集于此。换言之，牵一发动全身，有时一叶障目，有时一叶知秋。

32 / 地铁安防

DITIEANFANG

30余年职业生涯，做了些事，写了些书，同时还存了不少报纸。有人说是多此一举，因为“网上应有尽有”。不尽然，或只知其然。同样的资讯，阅读与浏览各不相同。

以“地铁加装屏蔽门”为例，除了同感，还有伤感。从2005年告知“北京地铁1、2号线要装屏蔽门”，到2018年“2号线屏蔽门全线起用”期间，既有媒体设问“北京地铁老线路装个屏蔽门为何这么难”，也有“公众可接受的客观原因”未予及时披露。

此为伤感，或为善感。在“城事软肋”固本强身的当口，不仅城市部件有待筑牢，同时与市民互动的告知机制也应大幅改善提升。

(04) 公交安宁 / 地铁护拦　　　　眯起眼睛看西方

细算起来，地铁引入我国已有些时日，仅拿北京来说，从当初的一条线，到现在的许多许多条线，不仅给市民出行带来极大的方便，而且给宜居建设带来极大的自信。

不是得便宜卖乖，在享受便捷的同时由不得对地铁的安防有些担心，尤其在大张旗鼓“路面治堵”的今天，曾经空间还算宽松的地铁已然摩肩接踵、人满为患，万一有个闪失，呼啸而来的机车同样翻脸不认人。

为防止意外，一些有条件的地铁站台多会设置“屏蔽门”，图为香港地铁站台，由电脑控制自动开合的安全门不仅有效阻止了险情发生，同时还可隔离噪音和粉尘，真可谓一举多得。

虽然发展中国家的路数不能与发达国家等同，虽说在已建成的地铁站台补建屏蔽门难度极大，但物是死的人是活的，一时没钱“全封闭”至少可以“半封闭”，学着公交车站先整点“铁栏杆”也未尝不可……

60 天大的小事

摘自《天大的小事》对照版

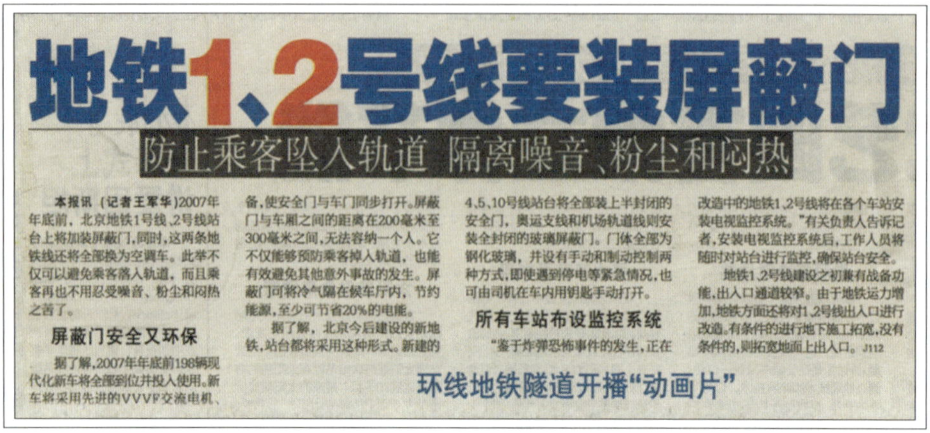

地铁1、2号线要装屏蔽门

防止乘客坠入轨道 隔离噪音、粉尘和闷热

本报讯 （记者王军华）2007年年底前，北京地铁1号线、2号线站台上将加装屏蔽门，同时，这两条地铁线还将全部换为空调车。此举不仅可以避免乘客落入轨道，而且乘客再也不用忍受噪音、粉尘和闷热之苦了。

屏蔽门安全又环保

据了解，2007年年底前198辆现代化新车将全部到位并投入使用。新车将采用先进的VVVF交流电机、

备，使安全门与车门同步打开。屏蔽门与车厢之间的距离在200毫米至300毫米之间，无法容纳一个人。它不仅能够预防乘客掉入轨道，也能有效避免其他意外事故的发生。屏蔽门可将冷气隔在候车厅内，节约能源，至少可节省20%的电能。

据了解，北京今后建设的新地铁，站台都将采用这种形式。新建的4、5、10号线站台将全部装上半封闭的安全门，奥运支线和机场轨道线则安装全封闭的玻璃屏蔽门。门体全部为钢化玻璃，并设有手动和制动控制两种方式，即使遇到停电等紧急情况，也可由司机在车内用钥匙手动打开。

所有车站布设监控系统

“鉴于炸弹恐怖事件的发生，正在改造中的地铁1、2号线将在各个车站安装电视监控系统。”有关负责人告诉记者，安装电视监控系统后，工作人员将随时对站台进行监控，确保站台安全。

地铁1、2号线建设之初兼有战备功能，出入口通道较窄。由于地铁运力增加，地铁方面还将对1、2号线出入口进行改造。有条件的进行地下施工拓宽，没有条件的，则拓宽地面上出入口。 J112

环线地铁隧道开播“动画片”

早在 2005 年 7 月 25 日，《北京晚报》记者王军华就撰文《地铁 1、2 号线要装屏蔽门》，说道：“2007 年底前，北京地铁 1 号线、2 号线站台上将加装屏蔽门。所谓屏蔽门和安全门，就是在地铁轨道上方加上一道罩子，把地铁轨道同乘客区隔开。”

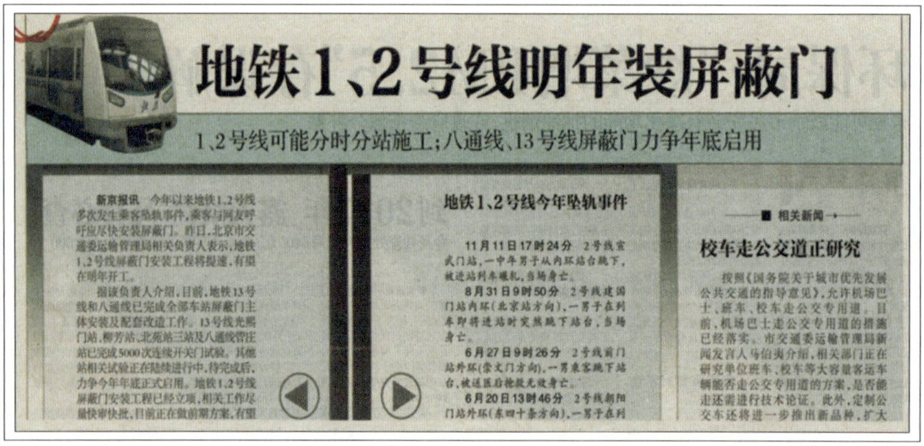

地铁1、2号线明年装屏蔽门

1、2号线可能分时分站施工；八通线、13号线屏蔽门力争年底启用

新京报讯 今年以来地铁1、2号线多次发生乘客坠轨事件，乘客与网友呼吁应尽快安装屏蔽门。昨日，北京市交通委运输管理局相关负责人表示，地铁1、2号线屏蔽门安装工程将提速，有望在明年开工。

据该负责人介绍，目前，地铁13号线和八通线已完成全部车站屏蔽门主体安装及配套改造工作。13号线光熙门站、柳芳站、北苑站三站及八通线管庄站已完成5000次连续开关门试验。其他站相关试验正在陆续进行中，待完成后，力争今年年底正式启用。地铁1、2号线屏蔽门安装工程已经立项，相关工作尽量快审快批，目前正在做前期方案，有望

地铁1、2号线今年坠轨事件

11月11日17时24分 2号线宣武门站，一中年男子从内环站台跳下，被进站列车碾轧，当场身亡。

8月31日9时50分 2号线建国门站内环（北京站方向），一男子在列车即将进站时突然跳下站台，当场身亡。

6月27日9时26分 2号线前门站外环（崇文门方向），一男乘客跳下站台，被送医后抢救无效身亡。

6月20日13时46分 2号线朝阳门站外环（东四十条方向），一男子在列

■ 相关新闻

校车走公交道正研究

按照《国务院关于城市优先发展公共交通的指导意见》，允许机场巴士、班车、校车走公交专用道。目前，机场巴士走公交专用道的措施已经落实。市交通委运输管理局新闻发言人马伯夷介绍，相关部门正在研究单位班车、校车等大容量客运车辆能否走公交专用道的方案，是否能走还需进行技术论证。此外，定制公交车还将进一步推出新品种，扩大

8 年过后，北京地铁 1、2 号线屏蔽门仍然无着落。2013 年 11 月 14 日，《新京报》记者郭超撰文《地铁 1、2 号线明年装屏蔽门》，说道：“今年以来地铁 1、2 号线多次发生乘客坠轨事件。昨日，北京市交通委运输管理局相关负责人表示，地铁 1、2 号线屏蔽门安装工程将提速，有望在明年开工。”

二号线8天内再发乘客坠轨事件

当事男子身亡，警方称其自杀；网友再度呼吁地铁一、二号线加装屏蔽门

新京报讯（记者许路阳 李雪莹 郭超）北京地铁二号线站台又发生一起乘客坠轨身亡事故。昨日上午9时26分，地铁二号线前门站外环（崇文门方向），一名男乘客跳下站台。列车紧急停车，跳轨男子被救起，送至北京医院后，因抢救无效身亡。

警方表示，死者为38岁男子，北京大兴人。经初步侦查，确认该男子坠轨为自杀，具体原因不明。

这起突发事件造成了二号线部分列车晚点。

在漫长过程中，安全隐患不幸变为安全事故。2013 年 6 月 28 日，《新京报》刊发《二号线 8 天内再发乘客坠轨事件》。痛定思痛，不由想起《天大的小事》对照版，该书关于“早期地铁站台似应加装护栏”的城事图谏，不仅发力精准，而且实施起来省功、省力、省钱、省事。

两年多坠轨39起 地铁建干预机制

从事前干预到事后总结经验；新京报记者不完全统计北京近两年多坠轨事件，1号线和2号线占比过半

关注 FOCUS

新京报讯 3月2日早8时许，地铁1号线万寿路站下行（开往苹果园方向）一名乘客进入运营轨道正线。据目击者介绍，该名乘客当场死亡。

据新京报记者不完全统计，2014年1月

工作人员：多次参加自杀干预培训

地铁前门站区一位负责人在媒体采访时表示，针对不时发生的地铁老线跳轨自杀事件，地铁逐渐摸索出一套干预机制，并逐步在站区推广。

具体包括察言观色事前干预；事中快速救治，常备便携式扶梯快速搜救跳轨者；事后总结经验以及对员工进行心理疏导等方面。

地铁某站一位工作人员介绍，他曾参加过多次自杀干预培训。此外，地铁工作人员都会进行定期的相关工作培训。站内会有专人负责上下班高峰期地铁乘客的安全疏导工作。

在地铁站内，记者发现，除了有工作人员不时对乘客进行提醒，在隧道口处也有摄像头进行实时监控。

培训专家：工作人员已具备事先干预能力

据了解，3月28日，地铁2号线前门站区邀请回龙观医院心理危机研究专家为站区内工作人员进行自杀干预培训，站区内包括武警战士、公安和地铁工作人员共计60多人参加了培训。培训内容包含“人为什么会自杀”、

昨日，复兴门地铁2号线，一辆列车驶入站台。

时隔 3 年，计划安屏蔽门的 2 号线频出状况。2016 年 3 月 31 日，《新京报》刊发《两年多坠轨 39 起，地铁建干预机制》，告知“北京近两年多坠轨事件，1 号线和 2 号线占比过半”。为什么 1、2 号线坠轨事故频发？记者调查结果显示，“客流大，空间小，未安装屏蔽门等保护措施”是关键所在。

北京地铁老线路装个屏蔽门为何这么难

据新华社北京3月30日新媒体专电（记者杨毅沉、丁静）3月29日，北京地铁1号线国贸站一名乘客进入运营轨道正线，造成列车紧急制动，该乘客后被抬上站台。记者统计，自2013年以来，北京地铁各条线路发生20多次“乘客主动或意外进入地铁轨道”的突发事件，大部分发生在仍没有安装屏蔽门的地铁1号线和2号线。

记者了解到，上述两条地铁老线路的屏蔽门初步设计方案，虽已获得北京市发改委的批复，正式进入招标阶段，但何时进入施工阶段仍然难以确定。

四年前承诺安装屏蔽门

近年来，国内各大城市迎来地铁建设高峰，在各个城市新设计或新开工的地铁线路中，绝大部分站台都安装了屏蔽门系统。

在北京，有关部门早在2011年就承诺，将从2012年开始对地铁1号线和2号线实施屏蔽门改造。可实际上，2012年1号线和2号线的屏蔽门改造并没有太大进展。2013年11月，北京市交通委运输局表示，1号线和2号线车站将加装屏蔽门，已在进行前期安排准备，但因为是运营历史长的老线路，改造的难度会比较大。

2015年北京市两会期间，相关部门再次表示，正准备对1号线和2号线实施屏蔽门改造，但仍然没有给出具体改造完成时间。

装个屏蔽门为啥这么难？

2015年春节期间，北京地铁因设备大修，对10号线呼家楼站进行封站。对此很多乘客提出，为什么1号线和2号线不能采取类似措施，在客流量下降的时间段实施屏蔽门改造？

对此，相关主管部门和专家表示，在地铁老线路加装屏蔽门，改造难度很大。北京地铁运营方向记者介绍，由于1、2号线建设年代太早，若加装屏蔽门，土建改造和设计安装施工难度特别大，受限因素特别多。再加上夜间施工也就3个多小时，站台面积小，各专业交叉，所以需要统筹考虑进行安排。在应急、施工方案稳妥之后，才能进入施工阶段。

据了解，加装屏蔽门的工程，有安全要求高、施工周期长、涉及专业多、工程难度大等特点。而且，屏蔽门门体安装完成后不能立刻投入使用，还需要经过机房设备改造、车站综合显示屏改造、连续5000次开关门试验等程序，以及调试确认满足手动投入条件、车载信号系统改造等步骤。

北京市交通委运输局相关负责人此前对记者介绍，之前北京地铁13号线和八通线在进行全部车站屏蔽门主体安装及配套等进行检测，这些都已经列入地铁日常工作。由于每天检测维护屏蔽门需要不少时间，不少专家表示，如何利用夜间几个小时，在一段时间内进行屏蔽门的改造、试验，确实给北京地铁出了难题。

（实习生刘雅萱、梁天韵）

对于姗姗来迟的地铁加装屏蔽门，2015年3月31日，《新华每日电讯》刊发记者杨毅沉等人采写的《北京地铁老线路装个屏蔽门为何这么难》，有理有据，有问有答，其中说道：

“3月29日，北京地铁1号线国贸站一名乘客进入运营轨道正线，造成列车紧急制动，该乘客后被抬上站台。记者统计，自2013年以来，北京地铁各条线路发生20多次‘乘客主动或意外进入地铁轨道’的突发事件，大部分发生在仍没有安装屏蔽门的地铁1号线和2号线。记者了解到，上述两条地铁老线路的屏蔽门初步设计方案，虽已获得北京市发改委的批复，正式进入招标阶段，但何时进入施工阶段仍然难以确定。”

据介绍，“近年来，国内各大城市迎来地铁建设高峰，在各个城市新设计或新开工的地铁线路中，绝大部分站台都安装了屏蔽门系统”；据介绍，“2015年北京市两会期间，相关部门再次表示，正准备对1号线和2号线实施屏蔽门改造，但仍然没有给出具体改造完成时间”。

在感慨地铁屏蔽门加装受阻之际，仍念念不忘《天大的小事》对照版关于“早期地铁站台似应加装护栏”的城事图谏。

2号线屏蔽门全线启用

昨日，乘客在安装有屏蔽门的地铁2号线崇文门站乘车。当天，北京地铁2号线前门站、崇文门站站台安全屏蔽门投入使用，至此，地铁2号线各站屏蔽门全部启用。此前，13号线、八通线、1号线、2号线都无屏蔽门，去年，地铁1、2号线开始安装屏蔽门工程。

新京报记者 王嘉宁 摄

地铁加装屏蔽门，“说加，没加”，“又说加，但又没加”，前后历经12年，2017年8月21日，《新京报》记者披露“2号线屏蔽门全线启用”。在此之前，2005年媒体曾告知“地铁1、2号线要装屏蔽门”；2013年有媒体透露“地铁1、2号线明年装屏蔽门”。对于千呼万唤不出来的1、2号线屏蔽门，不仅乘客“超期待”，地铁同样也“超期待”。

关于“未能兑现”，媒体曾讲“有关部门早在2011年就承诺，将从2012年开始对地铁1号线和2号线实施屏蔽门改造。可实际上，2012年1号线和2号线的屏蔽门改造并没有太大进展。2013年11月，北京市交通委运输局表示，1号线和2号线车站将加装屏蔽门，已在进行前期安排准备，但因为是运营历史长的老线路，改造的难度会比较大”。

平心而论，“地铁加装屏蔽门”是个高难动作，如同改旧衣，如同夹生饭，所以工程“因故停滞”并无不妥。问题在于，虽然地铁运营单位也有“公司”二字，但在群众的印象里，“地铁归属政府管理”，再不济也是“国家的买卖”。有这样的先入为主，“话该怎样收”与“话该怎样说”，同样是门讲究分寸、讲究火候的“半官方谈话艺术”。

33 / 急救先行

JIJIUXIANXING

关于救护车的传说数不胜数，尽管收集了不少，但一篇《反写的两个字》让人眼前一亮、心中一怔。原来，日本救护车车头上喷写的“急救”二字竟故意反写，为的是让前车司机从后视镜一目了然。

如同斑马线抑或人行横道究竟应该怎样避让救护车，从道德层面，从自律层面，多有辩说与辩解，但从实际效果看，既与自觉遵守有距离，更与蔚然成风相去甚远。怎么办？只有同心协力待来年。

“警车为急救车开道”不失美好尝试。但从“急救车、警车同为特种车”的逻辑讲，此举应为权宜之计，既然相关软肋长在急救车身上，还是健其身为好，还是固其本为妙。

● 33—1 急救先行

（23）**医不厌精** / 急救车辆 眯起眼睛看西方

尽管牛看上去老气横秋毫无威猛可言，但国人还是喜欢用“牛”字来界定心目中的狂与酷，譬如说到大街上跑的汽车哪个最炫，往往都会用“牛”一字以蔽之。

我们街面跑的车既以品牌分高低也以“车牌”论高下，一般说来，白牌的比蓝牌的好使；不一般来说，没牌的比有牌的更牛。带着此种逻辑往国外套，套了半天没看到一辆白牌车，套了半天没找到一块无字牌。

无意中发现西人汽车也有牛等级，如果按级别排顺序，救火车往往拔头筹，救护车常常随其后，学校校车不哼不哈同样是不好惹，而警车貌似老大酷似老大其实排名在其后。

图为北美街头一辆救护车呼啸而过，警灯如闪电，警笛如狮吼，见此状众人忙躲闪，见此物众车全趴窝，生怕影响了救死扶伤，生怕造成了终身遗憾，生怕摊上了刑事拘留，生怕稀里糊涂背上个“二级谋杀”……

278 天大的小事

摘自《天大的小事》对照版

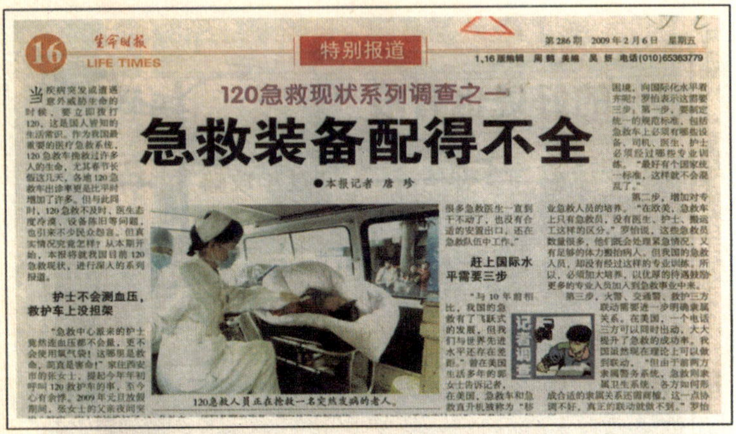
16 生命时报 LIFE TIMES 特别报道

第286期 2009年2月6日 星期五

120急救现状系列调查之一

急救装备配得不全

●本报记者 唐 珍

护士不会测血压，救护车上没担架

赶上国际水平需要三步

120急救人员正在抢救一名突然发病的老人。

相比之下，我们的急救车仍有许多的不尽如人意，2009年2月6日《生命时报》披露，“作为最重要的医疗急救系统，120急救车挽救过许多人的生命，但与此同时，120急救不及时、医生态度冷漠、设备陈旧等问题，也引来不少民众怨言”。

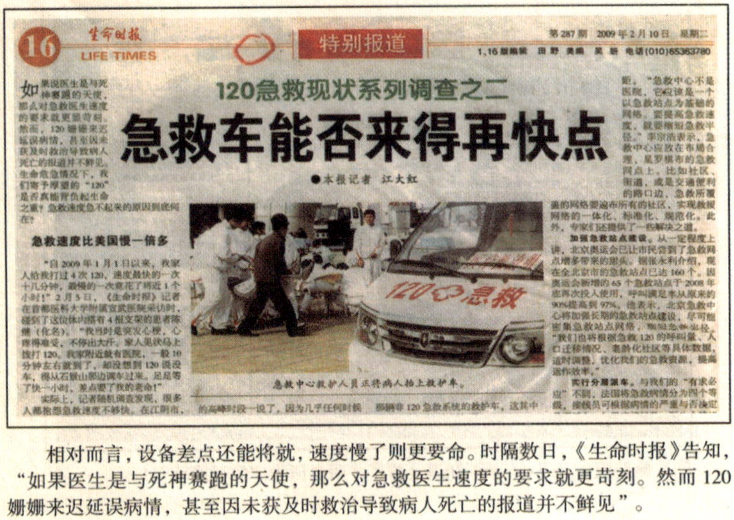
16 生命时报 LIFE TIMES 特别报道

第287期 2009年2月10日 星期二

120急救现状系列调查之二

急救车能否来得再快点

●本报记者 江大红

急救速度比美国慢一倍多

急救中心救护人员正将病人抬上救护车。

相对而言，设备差点还能将就，速度慢了则更要命。时隔数日，《生命时报》告知，“如果医生是与死神赛跑的天使，那么对急救医生速度的要求就更苛刻。然而120姗姗来迟延误病情，甚至因未获及时救治导致病人死亡的报道并不鲜见”。

摘自《天大的小事》对照版

要闻·今日热闻

2007年9月6日 星期四　　广州日报 3

接报到达

广州120慢欧美国家10分钟

堵车、罚单难撤销、司机缺乏让道意识、救护车无专用通道是"生命通道"受阻主因

新闻提示：一年一度的"世界急救日"（每年9月的第二个周六）即将到来。记者昨日从《广州日报》和广州市红十字会共同举办的一个急救培训活动上了解到，近年来广州的急救网络建设已经日趋健全，拨打"120"已经成为大多数市民碰到紧急医疗事件时的第一反应。

面对一个生命垂危的伤员或者病人，"120"能否以最短时间到达现场，并以最快速度将患者送回医院是抢救成功与否的关键所在。然而，由于受交通状况、市民公共意识薄弱等诸多因素的影响，目前广州"120"从接报到到达现场的平均时间需要10～20分钟，比发达国家的6～10分钟相对落后。如何才能让"急救通道"更畅通无阻值得全社会的重视和关注。

现状堪忧

"120"平均10～20分钟到达现场

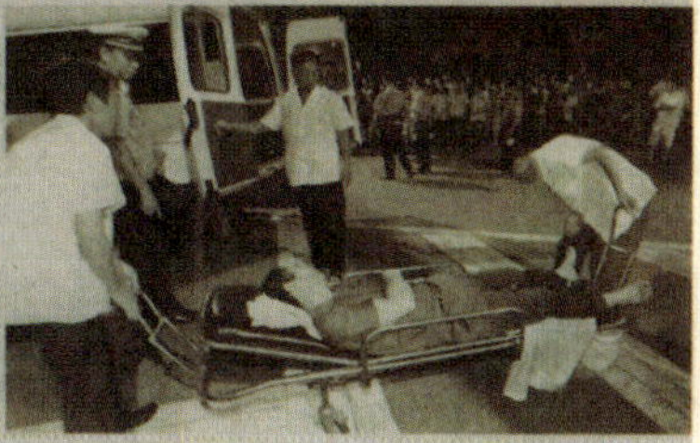

"急救速度急不起来的原因到底何在？"早在2007年9月6日《广州日报》就告知，"由于受交通状况、市民公共意识薄弱等诸多因素影响，目前广州'120'从接报到现场平均时间需要10—20分钟，比发达国家的6—10分钟相对落后"。

京华时报　　2010年7月17日 星期六　　NATIONAL　　各地·热点 15

武汉同济医院内黑车扎堆

黑救护车延误时间致病人死亡

有湖北市民近日向媒体反映，在武汉同济医院院内误叫了一辆黑救护车，因车上既无专业医生、护士，也无专业的抢救设备，导致病人死在车上。记者调查后发现，像这样的黑救护车目前在武汉有几十辆，状况触目惊心。

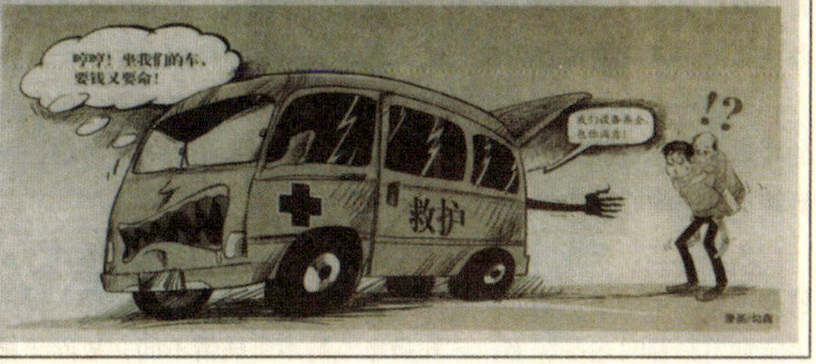

更糟糕的是，2010年7月17日《京华时报》披露，"有市民近日向媒体反映，在武汉同济医院院内误叫了一辆黑救护车，因车上既无专业医生护士也无专业抢救设备，导致病人死在车上。记者调查发现，像这样的黑救护车目前在武汉有几十辆"。

摘自《天大的小事》对照版

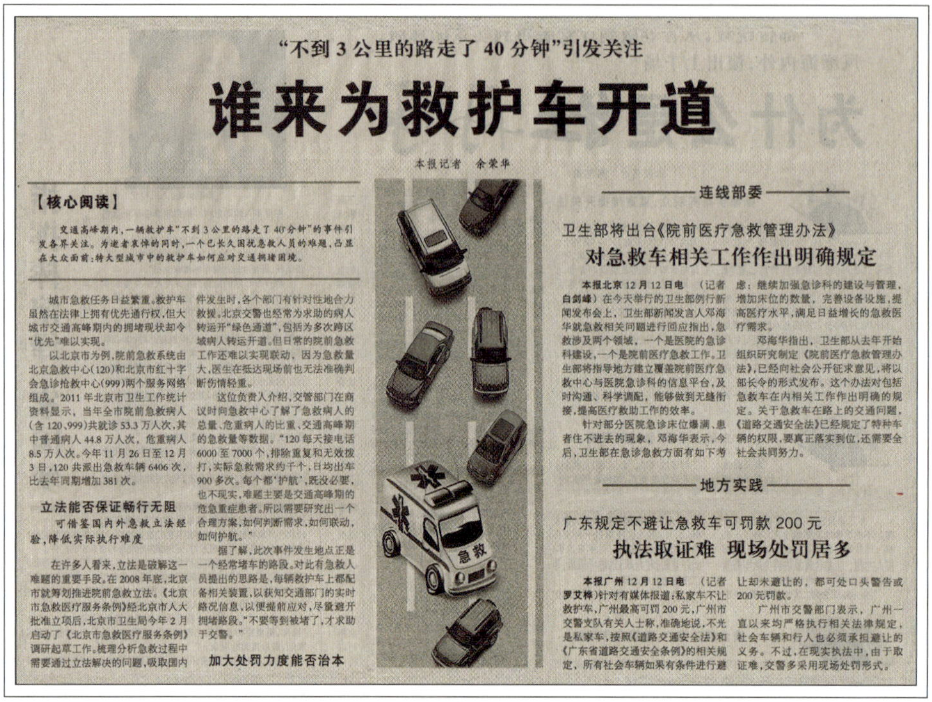

“不到 3 公里的路走了 40 分钟”引发关注

谁来为救护车开道

本报记者 余荣华

【核心阅读】

交通高峰期内，一辆救护车“不到 3 公里的路走了 40 分钟”的事件引发各界关注。为逝者哀悼的同时，一个已长久困扰急救人员的难题，凸显在大众面前：特大型城市中的救护车如何应对交通拥堵困境。

城市急救任务日益繁重。救护车虽然在法律上拥有优先通行权，但大城市交通高峰期内的拥堵现状却令“优先”难以实现。

以北京市为例，院前急救系统由北京急救中心（120）和北京市红十字会急诊抢救中心（999）两个服务网络组成。2011 年北京市卫生工作统计资料显示，当年全市院前急救病人（含 120、999）共就诊 53.3 万人次，其中普通病人 44.8 万人次，危重病人 8.5 万人次。今年 11 月 26 日至 12 月 3 日，120 共派出急救车辆 6406 次，比去年同期增加 381 次。

立法能否保证畅行无阻

可借鉴国内外急救立法经验，降低实际执行难度

在许多人看来，立法是破解这一难题的重要手段。在 2008 年底，北京市就筹划推进院前急救立法。《北京市急救医疗服务条例》经北京市人大批准立项后，北京市卫生局今年 2 月启动了《北京市急救医疗服务条例》调研起草工作。梳理分析急救过程中需要通过立法解决的问题，吸取国内

件发生时，各个部门有针对性地合力救援。北京交警也经常为求助的病人转运开“绿色通道”，包括为多次跨区域病人转运开道。但日常的院前急救工作还难以实现联动，因为急救量大，医生在抵达现场前也无法准确判断伤情轻重。

这位负责人介绍，交管部门在商议时向急救中心了解了急救病人的总量、危重病人的比重、交通高峰期的急救量等数据。“120 每天接电话 6000 至 7000 个，排除重复和无效拨打，实际急救需求约千个，日均出车 900 多次。每个都‘护航’，既没必要，也不现实，难题主要是交通高峰期的危急重症患者。所以需要研究出一个合理方案，如何判断需求，如何联动，如何护航。”

据了解，此次事件发生地点正是一个经常堵车的路段。对此有急救人员提出的思路是，每辆救护车上都配备相关装置，以获知交通部门的实时路况信息，以便提前应对，尽量避开拥堵路段。“不要等到被堵了，才求助于交警。”

加大处罚力度能否治本

—— 连线部委 ——

卫生部将出台《院前医疗急救管理办法》

对急救车相关工作作出明确规定

本报北京 12 月 12 日电 （记者**白剑峰**）在今天举行的卫生部例行新闻发布会上，卫生部新闻发言人邓海华就急救相关问题进行回应指出，急救涉及两个领域，一个是医院的急诊科建设，一个是院前医疗急救工作。卫生部将指导地方建立覆盖院前医疗急救中心与医院急诊科的信息平台，及时沟通、科学调配，能够做到无缝衔接，提高医疗救助工作的效率。

针对部分医院急诊床位爆满、患者住不进去的现象，邓海华表示，今后，卫生部在急诊急救方面有如下考虑：继续加强急诊科的建设与管理，增加床位的数量，完善设备设施，提高医疗水平，满足日益增长的急救医疗需求。

邓海华指出，卫生部从去年开始组织研究制定《院前医疗急救管理办法》，已经向社会公开征求意见，将以部长令的形式发布。这个办法对包括急救车在内相关工作作出明确的规定。关于急救车在路上的交通问题，《道路交通安全法》已经规定了特种车辆的权限，要真正落实到位，还需要全社会共同努力。

—— 地方实践 ——

广东规定不避让急救车可罚款 200 元

执法取证难 现场处罚居多

本报广州 12 月 12 日电 （记者**罗艾桦**）针对有媒体报道：私家车不让救护车，广州最高可罚 200 元，广州市交警支队有关人士称，准确地说，不光是私家车，按照《道路交通安全法》和《广东省道路交通安全条例》的相关规定，所有社会车辆如果有条件进行避让却未避让的，都可处口头警告或 200 元罚款。

广州市交警部门表示，广州一直以来均严格执行相关法律规定，社会车辆和行人也必须承担避让的义务。不过，在现实执法中，由于取证难，交警多采用现场处罚形式。

时间又过了几年，2012 年 12 月 13 日，《人民日报》专版刊发记者余荣华采写的《谁来为救护车开道》。文章说道：

“交通高峰期内，一辆救护车‘不到 3 公里的路走了 40 分钟’的事件引发各界关注。为逝者哀悼的同时，一个已长久困扰急救人员的难题，凸显在大众面前：特大型城市中的救护车如何应对交通拥堵困境。”

文章分为 3 个段落，小标题和导语分别为：

立法能否保证畅行无阻：可借鉴国内外急救立法经验，降低实际执行难度；交警能否提供“护航”：急救量大难以实现联动，建议同步获取实时路况信息；加大处罚力度能否治本：应逐步提高文明行车意识，完善急救体系。

文章同时披露，“卫生部将出台《院前医疗急救管理办法》”，“广东规定不避让急救车可罚款 200 元”。欣喜之余，与“太原经常有医护人员弃车抬担架跑步进医院”相论，“将出台”似等不及，“200 元”略显毛毛雨，救护车本身就是特种车，如同警车，真不知“谁来为警车开道”。

首尾“一公里”拖慢急救车

重症急救路线将请交管疏导

本报记者 方芳 实习生 杨馨媛

日前发生的“急救车无人避让，3公里路走了40分钟”的事件引起市民关注，急救车生命线畅通与否成为热议焦点。记者昨日从北京急救中心获悉，因急救车延迟到达引发的患者投诉达到总投诉量的10%左右。记者调查发现，拖慢急救车的不仅仅是交通拥堵，进小区接患者的“第一公里”和送患者进医院的“最后一公里”都因为乱停车、小商贩云集等现象堵塞了生命通道，使急救车寸步难行。

急救第一公里：小区乱停车堵住急救车

30岁出头的李大夫，已在120急救中心工作多年，对于接患者进不去小区，他感触颇深。那是一次深夜，在东城区的一个胡同，急救车进不去，李大夫和同事推着担架车走了一站多地，才进了患者家，楼上患者，简单急救后，将患者放上担架车，又是一路狂走，才回到急救车上。这种事，在李大夫和同事们的职业生涯中很常见。

老城区的胡同以及老旧小区乱停车，经常给急救车添堵。“夜里接病人，路上挺顺，就是到了小区进不去。这些地方原本没有停车位，晚上路边停的都是车，有的直接就把路给堵死了。”李大夫说。

还有的小区原本有三四个门，但物业为了安全和管理方便，往往只开一个门。碰到需要急救的患者住得离开放的门远，急救车就要在停满车的小区里蹭着走很久，这也在一定程度上延误了急救时间。还有老小区私设一些门，急救车深夜进小区，甚至需要临时找人拿钥匙开门，非常耽误时间。

急救最后一公里：急救车逆行才能进医院

昨天下午15时20分，尚不是交通高峰期，但记者在积水潭医院南门看到，门外仅有狭窄的两车道，乱停的车辆占据了出医院的车道，五六辆车拥堵在医院进口处，一辆120急救车正好开来，进退两难。堵了5分钟后，急救车司机只好拐到逆行车道，从医院出口开进了医院。

逆行，在某些医院门口，已经成了急救车进医院的无奈之举。每天早高峰时，宣武医院东门从北向南能堵上几百米，急救车只好从南边逆行过来，从出口驶入。

老城区的大医院门口堵车现象更严重，友谊医院、宣武医院、天坛医院、积水潭医院、协和医院、广安门医院门口大多只有两车道，有的甚至是单行线，拥堵时别说开辟急救车道，就是自行车都骑不过去。

朝阳医院东门口是一条单行线，周边又都是小路，急救车要进医院只能从北门绕到东门。昨天下午2时许，记者开车从北门绕到东门，不过几百米，竟堵了半小时。

急救部门表示，老城区的大医院过去门诊量一天不超过三四千人，绝大多数患者都坐公交来，如今一天门诊量近万，还多是开车来看病的，在门前道路很难拓宽的情况下，拥堵不可避免。要彻底解决这一问题，需要大医院的外迁。

急救未来将请交管支援

北京急救中心新闻发言人范达介绍，由于道路拥堵导致急救车延迟到达的投诉率占全部投诉量的10%左右。“让120‘飞’起来是我的梦想。”

去年底，本市120、110、122、119建立四台联动机制，但这一机制目前只是针对重大突发事件发生时，各个部门有针对性的合力救援，而目前的院前急救工作很难实现联动，因为急救医生在抵达现场前无法准确判断伤情。

“3公里路走了40分钟”的事件给急救部门敲响了警钟，120负责人表示，下一步针对重症患者，急救中心将加强与交管部门的合作与联动。一旦急救医生抵达现场后发现伤者伤势严重，属于重症患者，将在联系转送医院开通绿色通道的同时，将行车路线汇报给120调度中心，由调度中心向交管部门请求支援和道路疏导。

据了解，本市危重症的急救量占到全部急救的20%，每年在几千人次左右。

今天将讨论急救立法

今天，市卫生局应急办将组织《北京市急救医疗服务条例》的研讨会，这意味着急救立法已经启动。

据了解，本市急救立法立项已经结束，法条正在编写，预计一至两年内出台，“规范市民对急救车使用”等内容将写入条文。

目前北京急救中心也正在就分级派车研究制定相关的细则，需要“抢救型”派车的主要包括火灾、车祸、突发等需要紧急抢救的情况，这类情况下派出的车辆上将配备心电监护、氧气、呼吸机等各类急救设备，可以满足各类急救情况的处置，且随车出行的有医生和护士。“非抢救型”派车的情况主要包括已经在大医院接受手术，病情稳定的患者，需要转到下级医院康复；从家到医院复诊者以及从医院转送到火车站的病情稳定患者等。

2012年12月12日，《北京日报》刊发记者方芳采写的《重症急救路线将请交管疏导》。也就是说，届时急救车将由警车开路。文章说道：

“日前发生的‘急救车无人避让，3公里路走了40分钟’的事件引起市民关注，急救车生命线畅通与否成为热议焦点。记者获悉，因急救车延迟到达引发的患者投诉达到总投诉量的10%左右。调查发现，拖慢急救车的不仅仅是交通拥堵，进小区接患者的‘第一公里’和送患者进医院的‘最后一公里’都因乱停车、小商贩云集等现象堵塞了生命通道，使急救车寸步难行。”

看来，“重症急救路线”并非全在大马路上，一头一尾均属黄金时间，均刻不容缓。“有困难找警察”。这样的迫在眉睫，这样的被逼无奈，请出交管助力，于情于理，似乎再妥不过。

然而，凡事怕较真。“急救未来将请交管支援”，说起来挺好，但想起来未必。路况无常，是急救车一出动就请交管开道，还是到了堵点再烦劳交警疏通；是一路护送，还是相机行事，其中的任何环节似乎都无法用想象力想象。

5小时21分！急救车疾驰500公里转运，比预期快了两个多小时

抢救重伤学生 全城为爱让行

本报记者 刘欢 孙宏阳

“爱心让行！拯救13岁北京中学生小宇泽的生命！”从10月15日傍晚起，朋友圈里的一条消息开始牵动全城人的心。昨天上午10时36分，在社会各界的共同努力下，急救车一路畅行，5小时21分钟疾行500公里，将伤者从内蒙古人民医院转抵北京天坛医院。爱心让行，让生命的接力比预期时间快了两个多小时，其中北京境内90余公里用时78分钟。

目前，天坛医院正在对小宇泽进行紧急抢救。

急救车队在警车护送下经过西二环官园桥。

“今天请为这三辆车让行！”

这名中学生名叫小宇泽，“十一”期间，他随家人前往内蒙古旅游，其间发生车祸。经当地医院诊断，小宇泽存在重度颅脑损伤、气胸以及身体多处骨折。孩子伤情严重，被送到医院已经没有呼吸心跳且瞳孔散大，期间经过多次心肺复苏抢救，并实施了开颅手术，一直在用呼吸机维持生命体征。

10月8日，北京999急救中心接到小宇泽家人的求助电话，希望能将孩子送回北京进一步治疗。接警后，999急救中心迅速与当地医院进行联系，第一时间了解患者病情。但因患者病情危

市交管局指挥中心已设有专人盯守，跟踪车辆行驶情况。

上午8时，“车队到张家口了，预计一个半小时后进入北京界。各单位做好准备！”市交管局指挥大厅内，指挥调度中心科长伍贤利已早早守候在大屏幕前，紧盯着早高峰路况。

第一个接棒的是昌平。在河北进入北京界的康庄检查站，昌平交通支队高速路大队大队长宇海鹏亲自带队，迎接转运车队。“来了！准备上路。”9时20分，宇海鹏看到三辆急救车远远驶来，

子。“祝福孩子早日康复！”

“急救车队已到达官园桥”“车队已过复兴门桥”“车队已到白纸坊桥”“已到菜户营桥”……“北京交警”微博上，车队实时进展以分钟为单位滚动更新着。

即将接棒的是丰台。“路线调整了，我立即去医院东门。”临时调整路线并没有让经验丰富的交警措手不及，曾在2016年“7·20”暴雨中感动众多网友的“背影哥”——丰北交通大队交警周殿生沉着应对，从西四环巡逻

短评

“生命接力”彰显城市大爱

京平

5小时21分，一场跨越地区的生命接力。

“@所有司机，为生命接力，今天请为这三辆车让行！”当转运受伤

一段时间以来，“警车警察为急救车开路”的相关报道传递了诸多正能量。2018年10月17日，《北京日报》记者刘欢、孙宏阳撰文《抢救重伤学生，全城为爱让行》，告知：“爱心让行，让生命的接力比预期时间快了两个多小时，其中北京境内90余公里用时78分钟。”

据介绍，当天5时15分，救护车从呼和浩特市出发之际，北京市交管局指挥中心已有专人盯守；车辆进入张家口，指挥中心已下达“各单位做好准备”的指令；而到达北京界，相关高速路段交警大队领导坐镇；进入市区，由于原定路线车流量大，市交管局指挥中心当机立断改变线路；10时36分，“警灯闪烁的急救车队驶入天坛医院”。

正如文章所言“对待普通人的态度，最真实地折射出一个社会的温度”；正如文章短评标题所言“‘生命接力’彰显城市大爱”。然而，面对生命礼赞、人性礼赞，仅从“无条件避让急救车”这一窄义的话题谈开，那么多急救病人，那么多急救车辆，全靠警车开道，全靠接力维系，似不现实。

四川遂宁消防人员出火警遇早高峰“暖心拥堵” 通过隧道20分钟车程仅用5分钟

私家车上演“教科书式让道消防车”

22日上午早高峰时段，四川省遂宁市消防人员驾车通过当地一处隧道去救火时，所有私家车司机听到警笛后，纷纷向行车道两侧挪车，腾出了可供一辆车通行的空间，让消防车优先通过。消防员拍下视频传上网后，被网友称为“教科书式让道消防车”。

昨天，在22日出任务的消防人员接受北京青年报记者采访时表示，这段隧道高峰时段可能需要20多分钟才能通过，但当天在私家车司机的配合下，消防车仅用5分钟就通过了隧道。

消防车出任务遇早高峰

22日9时许，四川省遂宁市消防工作人员接报称，遂宁市一居民楼内电器起火，消防人员赶紧驾驶3辆消防车前往扑救。

参与扑救的消防人员王林回忆，从消防队的位置前往火场需要跨过涪江，有两条路可以选，“一条路是走过江大桥到江对面，但是这条路绕道，距离远得多。另一条路是走观音湖下穿隧道，是最近的一条路，为了尽早抵达火场，我们决定走隧道。”

确定了路线，包括王林在内的不少消防员也有担忧，“观音湖下穿隧道是遂宁市最主要的交通干线之一，有两条车道，早高峰时段，20多分钟都未必能通过。”

私家车贴近隧道墙壁避让消防车

私家车主有秩序避让

让王林等人没有意料到的是，进入隧道后，虽然两条车道排满了车辆，但听到消防车的警笛之后，车道上的车辆不约而同地向两侧的隧道壁靠拢，在中间留出可以供一辆车通行的空间，供消防车通过。

王林拍摄的一段视频显示，在消防员可见的范围内，所有的车都自觉向两边靠拢，“有的车可能距离隧道墙壁只有5厘米，每辆车都在努力贴近隧道墙壁，给消防车腾出空间。”这段视频被消防人员发布到网上后，被网友称为“教科书式让道消防车”。

避让消防车的钟女士告诉北青报记者，当天，她和丈夫开车堵在隧道里，忽然听到身后传来消防车警笛声，“当时我跟老公说，后面好像出事了。”过了一阵子，声音越来越近，“我从后视镜发现后面的车都纷纷往两边靠拢，贴近隧道墙壁，我老公也将车子往边上靠，给消防车让路，大家都很有秩序。我们刚靠过去没半分钟，消防车就从我们车旁开过去了。”钟女士说，消防车通过后，避让的司机们又纷纷将车开回到自己的车道上。

“我们后来看网上视频才知道，大家为执行任务的消防车让出了通道，感觉自己身为其中一员，很光荣。”钟女士说。

消防车5分钟通过隧道

王林回忆，整段观音湖下穿隧道全长超过2公里，早高峰拥堵时段，他所在的消防车只用了5分钟左右就通过了隧道。王林表示，由于众位司机的避让，消防人员及时赶到火场，火灾很快被扑灭，未造成人员伤亡。

在王林印象中，平时出勤中，消防人员也会碰到堵车的情况，此时经常会看到车主尽力避让。“虽然遇到过不避让的情况，但我们消防车也可以超车过去，可是隧道里不能超车，我们开始确实很担心。没想到大家的消防意识这么强，让我们得以顺利通过。因为是早高峰时但还是给消防车让路，这一点太难得了，因此就拍下了视频，真的感谢大家的支持。”王林说。

为让急救车提速，各地想方设法，包括“车辆后方1.5公里范围出现急救车，百度地图导航系统将会自动发出语音提示”。此举确为善事，但是许多现实问题难与虚拟状态对接。

有个怪现象，避让特种车，不管是感觉“不让不行”，还是寻思“不让不好”，司机多会为警车、救火车让道。现象诚如此，但2019年7月24日《北京青年报》那篇《私家车上演“教科书式让道消防车”》，却把“二合一”的情景呈现在读者面前。为此，记者屈畅写道：

“上午早高峰时段，四川省遂宁市消防人员驾车通过当地一处隧道去救火时，所有私家车司机听到警笛后，纷纷向行车道两侧挪车，腾出了可供一辆车通行的空间。这段隧道高峰时段可能需要20多分钟才能通过，但当天在私家车司机的配合下，消防车仅用5分钟就通过了隧道。”

不得不说是奇迹。但奇迹出现却没有太多的铺垫，没有太多的渲染，也许是隧道空间非一般空间，也许是遂宁群众非一般群众。

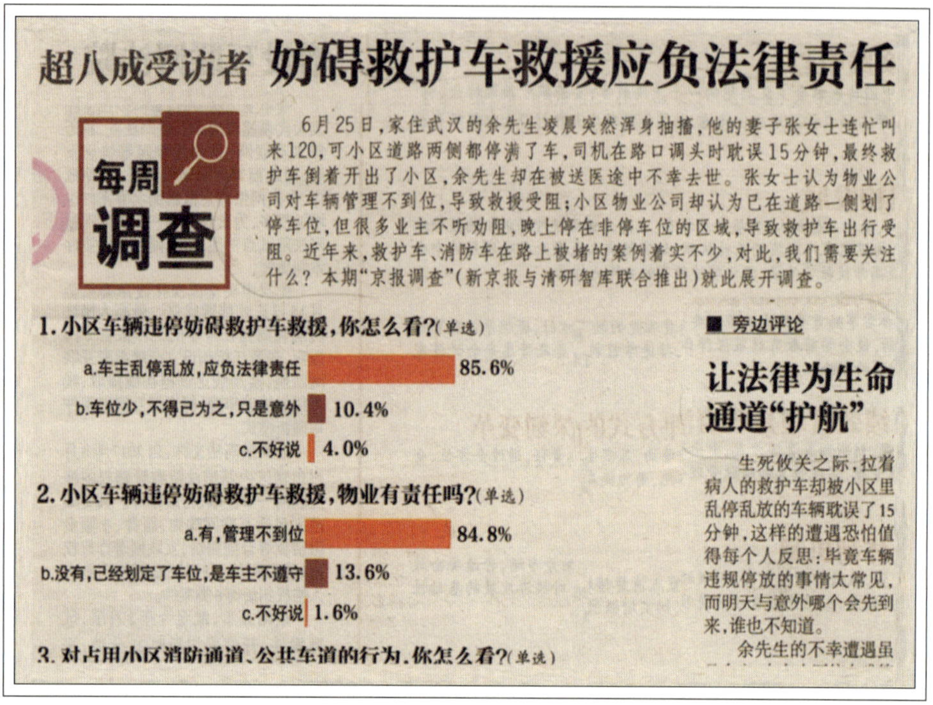
超八成受访者 妨碍救护车救援应负法律责任

每周调查

6月25日，家住武汉的余先生凌晨突然浑身抽搐，他的妻子张女士连忙叫来120，可小区道路两侧都停满了车，司机在路口调头时耽误15分钟，最终救护车倒着开出了小区，余先生却在被送医途中不幸去世。张女士认为物业公司对车辆管理不到位，导致救援受阻；小区物业公司却认为已在道路一侧划了停车位，但很多业主不听劝阻，晚上停在非停车位的区域，导致救护车出行受阻。近年来，救护车、消防车在路上被堵的案例着实不少，对此，我们需要关注什么？本期"京报调查"（新京报与清研智库联合推出）就此展开调查。

1. 小区车辆违停妨碍救护车救援，你怎么看？（单选）

a.车主乱停乱放，应负法律责任 85.6%

b.车位少，不得已为之，只是意外 10.4%

c.不好说 4.0%

2. 小区车辆违停妨碍救护车救援，物业有责任吗？（单选）

a.有，管理不到位 84.8%

b.没有，已经划定了车位，是车主不遵守 13.6%

c.不好说 1.6%

3. 对占用小区消防通道、公共车道的行为，你怎么看？（单选）

■ 旁边评论

让法律为生命通道"护航"

生死攸关之际，拉着病人的救护车却被小区里乱停乱放的车辆耽误了15分钟，这样的遭遇恐怕值得每个人反思：毕竟车辆违规停放的事情太常见，而明天与意外哪个会先到来，谁也不知道。

余先生的不幸遭遇虽

在急救车难以突破"提速瓶颈"的问题上，抑或在相关"城事软肋"的话把儿上，除了急救车辆在路面上开不快，还有一个堵点在病患住家附近。2018年7月7日，《新京报》刊发评论员陈静的调查报告，其中说道：

"家住武汉的余先生凌晨突然浑身抽搐，他的妻子张女士连忙叫来120，可小区道路两侧都停满了车，司机在路口掉头时耽误15分钟，最终救护车倒着开出了小区，余先生却在被送医途中不幸去世。"

近年来，救护车、消防车在路上被堵的案例着实不少，对此，《新京报》与相关单位展开联合调查。问卷话题包括：

1. 小区车辆违停妨碍救护车救援，你怎么看？

2. 小区车辆违停妨碍救护车救援，物业有责任吗？

3. 对占用小区消防通道、公共车道的行为，你怎么看？

4. 生命通道被堵，你认为最主要的原因是？

怎么看？据说超八成受访者认为妨碍救护车救援应负法律责任。

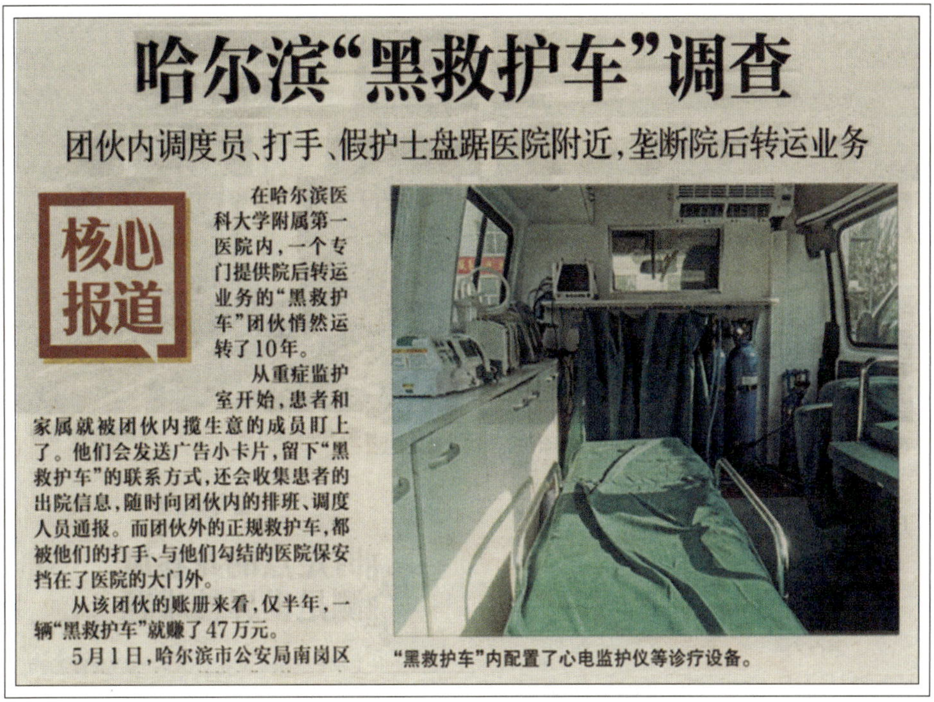

哈尔滨“黑救护车”调查

团伙内调度员、打手、假护士盘踞医院附近，垄断院后转运业务

核心报道

在哈尔滨医科大学附属第一医院内，一个专门提供院后转运业务的“黑救护车”团伙悄然运转了10年。

从重症监护室开始，患者和家属就被团伙内揽生意的成员盯上了。他们会发送广告小卡片，留下“黑救护车”的联系方式，还会收集患者的出院信息，随时向团伙内的排班、调度人员通报。而团伙外的正规救护车，都被他们的打手、与他们勾结的医院保安挡在了医院的大门外。

从该团伙的账册来看，仅半年，一辆“黑救护车”就赚了47万元。

5月1日，哈尔滨市公安局南岗区

“黑救护车”内配置了心电监护仪等诊疗设备。

岁数大了，有时难免会想，有些事，值得没结没完放心不下吗？其中，谈及急救车不忘“打击黑救护车”就是一例。如前所述，《天大的小事》对照版有所披露，10余年未断关注。

2019年7月4日，本书已结题，但《新京报》记者李英强采写的《哈尔滨“黑救护车”调查》还是被破例收录。从这篇文章不难看出，“团伙内调度员、打手、假护士盘踞医院附近，垄断院后转运业务”，纯属有组织犯罪，然而很难想象的是，“在哈尔滨医科大学附属第一医院内，一个专门提供院后转运业务的‘黑救护车’团伙悄然运转了10年”。

据有关部门负责人表述，“黑救护车”团伙的出现，“与该市院后转运系统的运力不足有关。一般来说，各地的120急救中心会把更多的力量集中在院前急救方面，对院后转运的投入相对不足”。

更为“软肋”的即在于此，“在院后转运领域，国内还没有专门规范性文件，属于法律法规的空白地带，无形中为‘黑救护车’提供了生存滋长空间”。

34 / 校车盲点

XIAOCHEMANGDIAN

在《天大的小事》对照版一书中，“校车管控”是大话题，包括《关于“避让校车似应视为公德底线”的城事图谏》，也包括《关于“校车构造应与国际标准接轨”的城事图谏》。

曾几何时，校车成为城事新宠，尽管很多人不知其所以然，但对于“黄色”“大鼻子”似乎人尽皆知。问题即在于此，有时候，一知半解不如浑然不知，譬如车身上的“STOP 牌”该怎样设定。

随着校车的普及，又一个“不求甚解”随之而来，它同样关乎生命安全，同样关乎以人为本，那就是“校车遗忘”。作为运营此车的底线、红线，居然有那么多当事人熟视无睹。

（07）校车管控 / 法定铁律　　眯起眼睛看西方

数年前某地政府通过了《道路交通安全管理办法》，明确告知，“校车安全由学校负责”，按照“养不教，父之过”的逻辑推理，校车安全的确该由校方负责，可按照“父之过，谁之责”的逻辑推演，责任又该谁负？

本文与“问责制”无关，本图与“谁之过”无缘，本图文只想探讨一个问题，即“校车的归类与管控”。问题看似简单，只是由于“物”上还坐着些大活人，因此，按“物以类聚”不合适，按“人以群分”也不合适。

国外“校车安全”由谁负责说不清楚，但大街上“谁也不惹它”却是事实。不妨上眼看，先说颜色，那叫一个炫，不管怎样混在车堆儿里也照样一目了然！再说配饰，有多少警灯不讲，有多高提示音不说，仅一块随身流动的“STOP牌”，就叫包括警车在内的所有车辆望而却步。

有消息说“八幼童黑校车夺命”，有消息说“校车安全已不容忽视”，从案情分析，并不复杂的案由似乎不仅仅只与学校相关……

114 天大的小事

摘自《天大的小事》对照版

● 34—2 校车盲点

(07) 校车管控 / 法定铁律　　　　静下心来想自己

摘自《不列颠哥伦比亚省安全驾驶指南》

美国大城市的郊区公路也常常堵车，每次堵车多因一辆黄色大巴在前缓行，它一停不仅后面的车都要停下，甚至对面车辆也不例外。这是何方神圣如此权威，连警车都要对它让步。同车司机告知，此乃学校巴士。

美国住家比较分散，不少人住在郊区，为了免得父母接送，学校按线路分别接送学生，既节省了能源节省了人力，同时也提高了道路的利用率。此外，高速公路还开辟“共用车道”，超过3人即可优先上路。

学校巴士开到一座别墅前面停下，左、右两旁均伸出“STOP”标志。右面车门打开，身背书包的学生跳下校车……“要停，只要停右边的车子好了，为什么对面车子也要停？”我们不禁又发出疑问。

“有的孩子住在左边房子里，生怕横穿马路被对面的车子撞倒，所以对面的来车也要停下。”司机不无自豪地说，“为了孩子即使总统的座车也照样停，因为每个孩子都有可能是明天的总统。”　（摘自《文汇报》/作者 薛家柱）

城市如何让生活更美好 115

摘自《天大的小事》对照版

(07) 校车管控 / 法定铁律

校车停靠路边，司机左侧“STOP”牌自动弹开，过往车辆必须依法停车等候。

不仅后面车辆无条件等候，同时对面车辆也必须如此，因为有学生在公路另侧居住。

摘自《天大的小事》对照版

校车事故时有发生，相关话题也层出不穷，因篇幅所限，不谈形势走势，只说“校车软肋”。首先从校车的特性、特权说起。2011 年 11 月 29 日，《北京青年报》转发新华社记者王成云采写的《校车——美国的“黄色特权车”》，其中说道：

“为保障学生们的安全，美国校车在街道上享有极大特权。当校车减速时，它的黄色闪光灯像交通信号灯一样闪烁；当校车停下来时，校车上的红色停车牌就会打开，过往车辆必须停下来等待。违反此法规的驾车人常常被处以巨额罚款，甚至判以重刑。”

文中所讲“停车牌”如图中所示，位置在驾驶员一侧，且位于车身前部。装置于此，功效不言自明：主要给前方车辆看，同时也提醒后方司机千万别二五眼。结合之前图示，“STOP 牌”也好，“停车牌”也罢，总之，看上去一个不大的多边形，却代表了人，代表了车，代表了法。

此为“校车软肋”。事实证明，就在眼前，近在眼前，但时常熟视无睹。

记者探访"最牛校车"

车体全钢 货车底盘 8年跑40万公里没大修 被小轿车追尾仍安然无恙

甘肃正宁校车事故发生后，网上流传一张图：一辆以彪悍著称的悍马撞上一辆美国校车，结果悍马半个车体粉碎，校车安然无恙，美国校车被称为"最牛校车"。其实，"最牛校车"咱河南就有两辆，它们已在郑州大学西亚斯国际学院服役了8年。21日，记者在郑大西亚斯国际学院见到了这种美国的原装进口校车。

■全钢外壳，货车底盘

在西亚斯国际学院的运输服

■全车有5个紧急出口

美国校车，车体两侧布满窗户。其中，两侧各设两个紧急出口，都有英文标志。

■跑了40万公里 挡泥板完好无损

"美国原装进口的校车，我国就4辆，两辆在西亚斯，另两辆在重庆。"郑大西亚斯国际学院运输服务中心主任李军说，这两辆车

■全车都有这样的警示牌

相关新闻

甘肃排查各类校车 部分问题校车停驶

新华社电（记者 宋常青）甘肃省连日来在全省范围内排查各类校车。甘肃省公安厅通报的最新情况表明，截至21日晚已经有一批问题校车停驶。

从11月中旬以来，甘肃省开始进行道路交通安全隐患特别是校车交通安全集中检查整治行动。行动要求对全省各类校车进行全面检查，确保不带安全隐患上路。

庆阳市公安局西峰分局从11月17日起，对辖区包括47所私立幼儿园在内的58所幼儿园111辆校车逐车检查，进行车况安全性能监测和驾驶员资质审查；庆阳市镇原县8所幼儿园11辆校车，经镇原县公安局检查，其中临泾乡幼儿园1辆校车因未办理校车相关手续被取缔，其余10辆校车全部由交警部门作安全技能监测；华池县公安局对查出的3辆问题校车，全部严令停运。

武汉家长举报校车超载

9座面包车 装了23个孩子

武汉新洲城关一所幼儿园的部分家长举报称，幼儿园给孩子们提供的校车经常超载，校车每天到站后，一名跟车教师就会将孩子们接上车，随后迅速关门离开。"有时候车到这里的时候早就已经坐满了，要想再上几个孩子，他们就往里面硬塞。"一位孩子的奶奶透露。

21日上午9时34分许，一辆银灰色的金杯面包车来到了曹西岗，记者在车窗内反复清点人数

2011年是国内校车多事之秋。11月23日，《北京青年报》刊发了吴静等人采写的《记者探访"最牛校车"》，告知欲要一睹最牛校车风采，大可不必舍近求远，原来国内早有引进。文章说道：

"甘肃正宁校车事故发生后，网上流传一张图：一辆以彪悍著称的悍马撞上一辆美国校车，结果悍马半个车体粉碎，校车安然无恙，美国校车被称为'最牛校车'。其实，这车咱河南就有两辆，它们已在郑州大学西亚斯国际学院服役了8年。记者在郑大西亚斯国际学院见到了这种美国的原装进口校车。"

所谓"牛"，除了"车体牛"（全钢外壳、货车底盘）、"应急牛"（全车有5个紧急出口）、"性能牛"（跑了40万公里挡泥板完好无损）以外，还有"警示牛"，校车前后风挡顶部都有两红两黄的警示灯。据一位司机说，这两个灯，穿透性特别强，一两公里外都能看得到。

相比之下，紧靠驾驶室的"STOP牌"格外醒目，格外好使，不仅自动开启，同时牌子上下部位也安装了警示灯，据说"2公里以外都能看到"。

接二连三的校车安全事故引起全社会高度关注。2011 年 11 月 28 日，《北京青年报》刊发《国务院责成制定校车安全条例》，告知：

“要预防和避免儿童各种意外伤害，特别要加强校园治安、消防安全和校车交通安全工作。国务院已责成有关部门迅速制定校车安全条例，抓紧完善校车标准，做好校车设计、生产、改造、配备等工作，并建立相应管理制度。做好校车工作所需资金由中央和地方财政分担，多方筹集。”

同日，某纸媒在头版刊发相关图文报道。让人哭笑不得的是，用那么大的篇幅说校车、画校车，由于知其然不知其所以然，居然把校车“神器”画错了位置。表面看，无所谓，但此笔误非彼误，在贯彻落实国务院有关条例的过程中，媒体本该首先明白无误，“先知先觉者”率先稀里糊涂，跟上来的“后知后觉者”将会怎样，令人一时无语。

无知也好，无语也罢，作为“天大的小事”专业户，必须要知无不言，必须要言无不尽，必须为孩子们的安全担些“就你事儿多”的骂名。

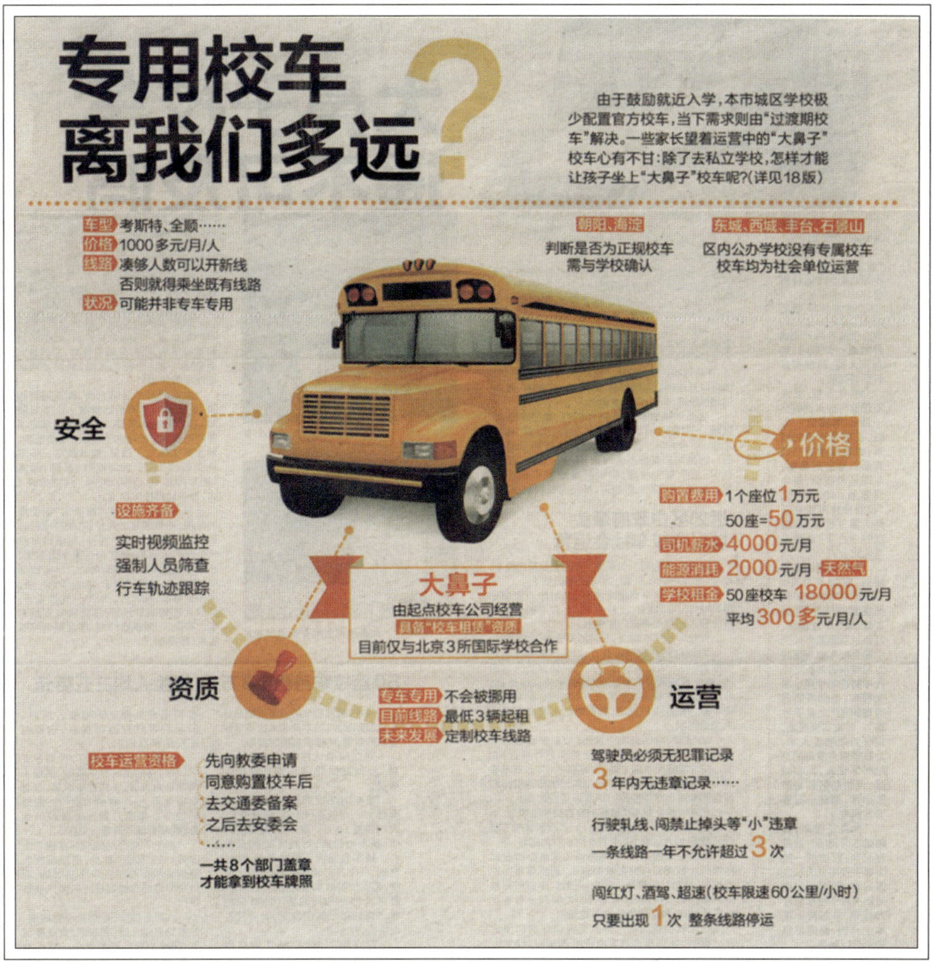

2016年5月24日，某报用了两个整版的篇幅刊发《专用校车离我们多远?》《大鼻子校车遥不可及吗?》。所谓“大鼻子校车”，如图所示，因为车头加长，所以不仅感觉坚固许多，同时实践证明也确实安全许多。

回到“校车软肋”的话题上，尽管相关示意图面面俱到、图文并茂，而且对安全、资质、价格、运营讲述得精准有加，但令人遗憾的是，校车的重要部件“STOP牌”，不仅无从说起，甚至无从画起。

我欲无言。虽然碍于情面避开新闻出处，但在推进校车安全的进程中，“词达意”但“画不达意”的媒体绝非一家两家。

长沙：3岁女孩被困“高温校车”8小时

正在医院接受治疗，不排除会留下后遗症可能

新华社长沙8月7日专电（记者帅才）记者7日从湖南省儿童医院获悉，长沙3岁半女孩6日被困校车8小时生命垂危，目前正在医院接受治疗，不排除会留下后遗症可能。

8月6日早上，长沙3岁半的女孩小柔（化名）被长沙德才火星中心幼儿园校车司机忘在车内，从早上8时开始直到下午放学时才被发现。经过8小时的高温煎熬后，小柔生命垂危。之后幼儿园立即就近将其送往马王堆医院救治。病情得以控制后，小柔被迅速转移至湖南省儿童医院。

据湖南省儿童医院介绍，8月6日晚6时，从马王堆救护车转运来院的小柔在“高温校车”炙烤后出现脱水性休克，经医院积极抢救治疗，7日上午意识已清醒，目前能简单交流，可少量进食，精神仍比较差。

事发后，长沙市芙蓉区政府及芙蓉区教育局迅速成立两支应急小组开展工作，调查了解事故原因，并派人赶赴医院，配合抢救工作及安抚家属。同时责令该民办幼儿园立即关停，做好其余托管幼儿的疏散工作，并吊销该园办园许可证。目前，涉事司机等人员已遣送派出所接受调查。

校车另一致命软肋是“被遗忘”。每每翻阅相关资讯心总会被抽紧，如同在蒸笼中渐渐失去生命体征的孩童近在咫尺。2013年8月8日，《新华每日电讯》刊发《长沙：3岁女孩被困“高温校车”8小时》，所谓被困，其实是被遗忘。事发后，“涉事司机等人员已被遣送派出所接受调查”。

“遗忘症”缘何成幼儿乘校车杀手

据新华社郑州9月3日专电（记者李鹏）9月1日，河南省鄢陵县于寨村“校车闷死幼儿”事件中的四名当事人被当地公安机关依法刑拘。发生在8月29日的这起事件中，一名3岁的幼儿园男童被老师遗忘在校车内“整整一天”，闷热致死，死时“全身衣服湿透、脸色发青”。

2012年，国务院出台《校车安全管理条例》。此后，校车车辆管理日趋严格，因交通事故而导致的学生伤亡事件逐渐减少。但同时，幼儿被教师、司机遗忘在校车内从而致死的悲剧却依然频频上演。

在3个月之前，类似事件就曾在河南郑州市廖寨村上演：陪护幼师将一名3岁幼儿遗忘在校车一整天，导致其闷热窒息死亡。据记者梳理，2010年至今的3年多内，湖北荆州、安徽安庆、广东肇安、广东佛山、安徽肥东、西安、济南等全国多地频频被曝出乡镇或农村的“校车闷死幼儿”事件，而闷死幼儿的元凶都指向了幼教和司机的“遗忘症”。

乡镇和农村的民营幼儿园教师缘何频频患上“遗忘症”？“幼师失误致使幼儿闷死，严格意义上讲，是责任事故，而非安全事故，责任事故的原因首当其冲的是幼师责任心不强，”鄢陵县教育局的一名负责人认为，“幼儿教师对执行校车管理条例和细则的责任心不强与‘学前教育资源紧张、财力不足、从业人员素质不高’息息相关。”

以鄢陵县为例，全县公办、民营幼儿园共计210多所，在校幼儿学生2万余人，但仍难以满足入园需求。教育资源的紧张致使实力良莠不齐的民营幼儿园丛生，其中占全县三分之二强的幼儿园为民营；因为收费相对较低，“庭院式幼儿园”在边远农村也大有市场。与“就近入学、划片招生”的公办幼儿园不同，为了盈利和在竞争中生存，许多民营幼儿园不限招生区域，以校车接送吸引生源。

“一辆30座、符合国家规定的校车至少30多万

时隔数日，2013年9月4日，《新华每日电讯》刊发《“遗忘症”缘何成幼儿乘校车杀手》，告知：“一名3岁的幼儿园男童被老师遗忘在校车内‘整整一天’，闷热致死。”而在3个月之前，类似事件在邻市就曾上演过。据讲，“闷死幼儿的元凶都指向了幼教和司机的‘遗忘症’”。

■"山东沂水女童待车内9小时死亡"追踪

3岁女童车内亡 幼儿园被停业整顿

山东沂水涉事幼儿园班主任已被取保候审；女童死因仍在调查

焦点 FOCUS

新京报讯 7月11日，山东沂水县一名3岁女童上学途中，被幼儿园园长遗忘在车内，9个小时后被发现死亡。昨日晚间，沂水县委宣传部相关负责人书面回应新京报记者称，涉事园长已被刑拘，班主任被取保候审，其死亡。目前，园长刘某玉已被刑事拘留，班主任已被取保候审，案件正在进一步调查中。

尚不能确定死因系"高温窒息"

据孩子家人称，出事轿车"车内温度有七八十度，孩子的尸体有臭味，身体像被蒸熟了一样"，怀疑孩子因车内高温窒息死亡。孩子家人在医院看到，女童"肚子、腿上都脱了一层皮"。

对此，沂水县委宣传部新闻科钱科长表示，孩子的

■ 体验

教孩子三招 困车内可救命

新京报记者测试通用凯越HRV、大众POLO、标致307、本田思域、别克君威等车型后发现，多数车辆都有简单的求救、逃生措施，比如按危险报警闪光灯、按喇叭，提前教孩子识别这些功能按钮，有助于遇困时自救。

体验1

可开启危险报警闪光灯

新京报记者测试显示，车辆在发动机熄火、拔除钥匙的情况下，车辆都可以开启危险报警灯只需要将其按下，且按钮有红色三角标志，儿童易于辨认和使用。

被困时，如果孩子

2015年7月14日，《新京报》刊发《3岁女童车内亡，幼儿园被停业整顿》，告知："沂水县一名3岁女童上学途中被幼儿园园长遗忘在车内，9个小时后被发现死亡。涉事园长已被刑拘，班主任被取保候审，涉事幼儿园已被责令停业整顿，官方正对全县学校展开排查。"

北京青年报 06 综合新闻 2016年6月18日 星期六

6月16日，湖南省常德市临澧县四新岗镇启智幼儿园司机和随车监管员接送学生来校时，一名4岁小男孩被遗忘在车内，后发现孩子在车内已死亡。北京青年报记者调查发现，事发当天幼儿园校车正式司机有事没有上班，临时换了一名司机替班。临澧县方面表示，目前幼儿园园长、随车司机、随车监管员、班主任已被警方控制，具体死亡原因公安部门正在调查之中。

4岁男孩被遗忘在校车内死亡

事发当天为临时司机代班 相关责任人已经被控制

四岁留守男童 被遗忘在校车内死亡

6月16日晚，有网友爆料称，16日早上，湖南省常德市临澧县四新岗镇启智幼儿园司机和随车监管员接送学生来校时，一名小男孩被遗忘在车内，后发现孩子在车内死亡。网传一段视频显示，一名小男孩躺在长椅上，一旁的家属泣不成声，另有一位疑似孩子家属的悲伤过度瘫倒在地。

北青报记者了解到，小男孩今年4岁，家住临澧县四新岗镇杨柳村，父母在浙江打工，和奶奶一起生活。当地一位居民莫女士告诉北青报记者，杨柳村离启智幼儿园二十多公里，平日都由校车接送这些孩子上学。

莫女士介绍说，小男孩由于身体不适，前几天没来学校，"这个孩子早上坐校车前喝了点感冒药，可能在车上睡着了，下车时监管老师也疏忽了，没一个个清点。那天温度又高，中午有三十几度"。

据当地媒体报道，当天早上7点，小男孩的奶奶看着4岁的孙子毛毛（化名）走上了幼儿园接送孩子的面包车，因为孙子说当天想去姨奶奶家玩，便给妹妹打电话让她放学后去接孩子。下午3点多，毛毛的姨奶奶赶往去幼儿园接孩子，结果没看见人。

"老师讲，当天孩子没有来上学，我觉得奇怪，就接着问，你给他奶奶打电话问了没有？老师讲，没有。"毛毛的姨奶奶在接受当地媒体采访时说，随后老师转身走开去询问确认。不一会儿，老师从停在院子里的面包车上把孩子拖了出来。她上前一看，"孩子头发全是湿的，脸发紫嘴巴发乌，送到卫生院，医生说瞳孔已经扩散，没救了。"

临时司机开车 校车是辆金杯面包车

当地居民文先生告诉北青报记者，他的孙子也在启智幼儿园上学。据他介绍，这所民办幼儿园已经开了十年，设有四个班，每个班20多个孩子，一共100多人。他表示，目前园长和老师都已被警方带走，幼儿园已经停止上课。

文先生透露，当天幼儿园校车的正式司机由于有事，换了一个临时司机，"这个司机可能没经验，下车也没看下，就把车门锁上了。"另一位居民也证实，正式司机当天没上班，于是请了一位临时司机。此外，当地多位居民均对北青报记者表示，该幼儿园使用的校车并不正规，没有任何校车标识，"就是金杯车，比普通面包车大点，能坐十几个人"。

而根据国务院2012年3月28日颁发的《校车安全管理条例》，其中第二十五条明确规定："机动车驾驶人未取得校车驾驶资格，不得驾驶校车。禁止聘用未取得校车驾驶资格的机动车驾驶人驾驶校车。"同时，第十七条规定："取得校车标牌的车辆应当配备统一的校车标志灯和停车指示标志。"

据文先生介绍，四新岗镇一共有两所幼儿园，一所为公立幼儿园，另一所就是这所民办的启智幼儿园，"其实这个民办幼儿园一直办得不错，老师也都很有责任心，对孩子都很负责"。不过，他考虑在开学后将孙子送去公办幼儿园，"[illegible]发生这样的事，感觉挺可怕的，之后应该不会送过去了"。

涉事人被控制 孩子死亡原因仍待查

昨天上午，北青报记者致电临澧县县委宣传部，相关负责人表示，目前相关人员已被警方控制，具体死亡原因公安部门正在调查之中。

据官方通报，6月16日，临澧县四新岗镇一民办幼儿园启智幼儿园的司机和随车监管员接送学生来校时，将一名4岁毛姓幼儿遗忘在车内，后发现该幼儿在车内已死亡。事件发生后，当地公安部门第一时间介入，幼儿园园长、司机、随车监管员、班主任已被警方控制，具体死亡原因公安部门正在调查之中。

昨天下午，北青报记者致电临澧县县委宣传部，询问该幼儿园校车许可证和临时司机的问题，但截至发稿未收到回复。 文/本报记者 周丹

时隔一年，2016年6月18日，《北京青年报》刊发《4岁男孩被遗忘在校车内死亡》，告知："临澧县一名小男孩被遗忘在幼儿园校车内，后发现孩子在车内死亡。据知情人透露，当天幼儿园校车的正式司机由于有事，换了一个临时司机。这个司机可能没经验，下车也没看下，就把车门锁上了。"

9月28日，河北省秦皇岛市开发区第三小学望海店村北斗校车乘车点，学生们刷卡、乘车、到学校。

日前，河北省秦皇岛市与北京中兴恒和卫星应用科技股份有限公司签署战略合作协议，双方将围绕智能交通、环境监测等14个项目展开合作，共同建设“北斗数谷·数字城市”秦皇岛科技示范项目。项目完成后，可实现产值20亿元，初步形成立足秦

也许同样为人父母，也许此类事故撕心裂肺，因此，尽管笔者相关存报不少，诸如2017年“河北连发四起幼儿园校车遗落幼儿致死事故”，诸如2019年5月“湖北通城、海南万宁发生校车遗落致死案”，但把相关报道二次公开，的确于心不忍，的确于情所悖。

校车安全固本，同样离不开“人防”与“技防”，本图所示，似乎兼而有之。

2014年9月29日，《人民日报》披露秦皇岛市开发区第三小学校车“刷卡、乘车、到校”一条龙，从技术层面上杜绝了“校车遗忘”。

应该说，这个小学是幸运的，因为更多地方的学校在短时间内很难补齐短板。怎么办，难道离开高科技校车遗落问题就无解？就无为？答案有些似是而非。从偶然性讲，“养活孩子让猫叼走”也不是没有可能；从必然性讲，“怎么没有把自己落车里”也是似有似无的死穴。

期待“校车遗落”的混账事就此打住，期盼预防“遗落”的措施包括传统的数数和摸摸脑袋。

会讲故事的校车司机

安全驾驶近5年无一起事故，还会陪生病的学生排队挂号，给军训学生买西瓜

发现 2015 北京公民榜样

NO.26

刁华 55岁

社区：朝阳区望京东湖湾

【榜样说】

虽然工作很累，但把孩子平安地送到地点，平安地接回来，就觉得一切都值了。

——刁华

11月2日，北京市陈经纶中学分校，校车司机刁华。 新京报记者 薛珺 摄

歇后语“养活孩子让猫叼走”的后面一句话是“没有搁心的人”。由此可见，“搁心与否”是安稳、安妥的关键所在。

关于校车的搁心人，早在2015年11月9日，《新京报》特别报道就刊发了记者李馨采写的《会讲故事的校车司机》，其中说道：

“自2011年2月起，刁华成为北京市陈经纶中学分校的唯一一名校车司机，他安全地保障了学校里每一位学生和老师的日常出行，在岗期间从未发生过一起安全责任事故，被北京市教委评为年度‘北京市优秀校车司机’。”

刁华师傅说：“虽然工作很忙，但特别充实有意义，每当校园里有学生喊一声‘师傅好’，我都觉得心里美滋滋的。”刁华师傅还说：“虽然工作很累，但把孩子平安地送到地点，平安地接回来，我就觉得一切都值了。”

事很普通，话很质朴，因此能担当刁师傅工作的人很多，能说刁师傅同样话的人也不少。关键是如何发现如何培养，那句“由校长亲自推荐获评北京市优秀校车司机”不是白说的，不少用人之道尽在其中。

每年夏季气温升高之时，经常有媒体报道民众因暑热感到不适，其中最严重的莫过于年幼的孩子被关在高温的汽车中，长时间得不到救援，最终导致不治的报道了。

随着家用汽车的普及，方便出行的同时，一些起初未曾考虑到的危险，也逐渐浮现在人们的生活中，不可忽视。

妈妈，别把我落在后车座

一桩惨祸

今年5月底的一天，住在美国田纳西州的乌特·巴克，早上7时30分开着自己的小卡车出门，他要把两个孩子送到幼儿园去。可是不知什么原因，他只把五岁的老大送到园里，却忘记了一岁的养女卡特拉还在车里。然后他则若无其事地开车回了家，

高发危险

美国每年40个孩子死于高温车内

据美国有线电视网今年7月份的报道，根据加利福尼亚州圣何塞大学自1998年开始收集的资料显示，仅美国每年就平均有36到40个孩子死于高温车内，以7月份为高发时段。

美欧此类事故近年来呈增长趋势

夏季车厢赛烤箱

据美国加州大学和亚利桑那大学的联合实地调查，在高温的车中，只需60分钟，就足以使两岁的孩子中暑致死。

在他们长达八年的追踪研究中，专家们收集了大量一手资料，并实地测量了不同车辆内部的具体温度。他们共采集了六辆不同体积，但是外部为浅色

儿童座椅警报系统

即使在欧美国家，研发防止孩子被遗落在高温车辆中的高新技术，也才刚刚起步，但是几年来已有相当的发展，可见他们的重视程度。

*例如一款应用蓝牙无线技术的*儿童座椅警报系统，大约只有成人手掌大小，可以用磁铁吸附在车辆

说起来，犹如粗心的幼儿园老师、校车司机，其实，不少粗心的父母也经常上演将亲生子女不慎遗落车中的悲剧。2018 年 8 月 13 日，《北京晚报》那篇《妈妈，别把我落在后车座》，借孩子之口发出哀叹，其中说道：

“每年夏季气温升高之时，经常有媒体报道民众因暑热感到不适。其中最严重的莫过于年幼的孩子被关在高温的汽车中，长时间得不到救援，最终导致不治的报道了。随着家用汽车的普及，方便出行的同时，一些起初未曾考虑到的危险，也逐渐浮现在人们的生活中，不可忽视。”

据讲，防止孩子遗落车中的高新技术已有很大发展。例如，一款应用蓝牙无线技术的儿童座椅警报系统，可吸附在儿童座椅下方，信号连接并转到父母手机上。如停车后没有松开儿童座椅安全带，也就意味着坐在儿童座椅里的孩子没有被带走，当父母离汽车 10 米远时手机警报器会鸣响提醒。

之前曾有一起盗车案，父母短暂离车未抱走孩子，结果车被盗孩子遇害。全城为小生命祈福，却忘了以此为鉴将“遗落”提到城事固本高度。

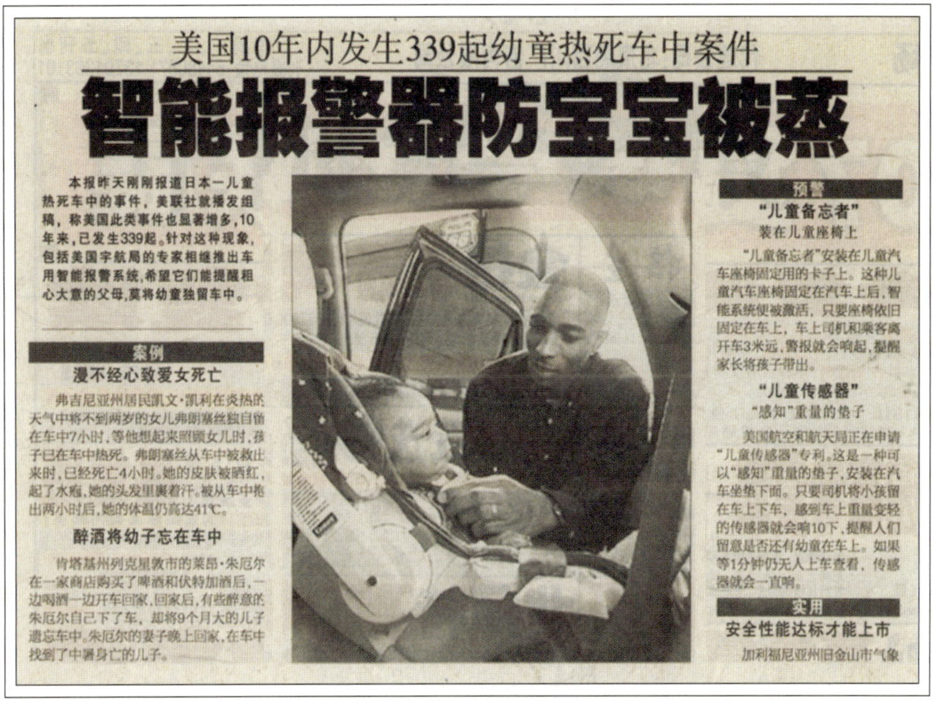

美国10年内发生339起幼童热死车中案件

智能报警器防宝宝被蒸

本报昨天刚刚报道日本一儿童热死车中的事件，美联社就播发组稿，称美国此类事件也显著增多，10年来，已发生339起。针对这种现象，包括美国宇航局的专家相继推出车用智能报警系统，希望它们能提醒粗心大意的父母，莫将幼童独留车中。

案例

漫不经心致爱女死亡

弗吉尼亚州居民凯文·凯利在炎热的天气中将不到两岁的女儿弗朗嘉丝独自留在车中7小时，等他想起来照顾女儿时，孩子已在车中热死。弗朗嘉丝从车中被救出来时，已经死亡4小时。她的皮肤被晒红，起了水疱，她的头发里裹着汗。被从车中抱出两小时后，她的体温仍高达41℃。

醉酒将幼子忘在车中

肯塔基州列克星敦市的莱昂·朱厄尔在一家商店购买了啤酒和伏特加酒后，一边喝酒一边开车回家，回家后，有些醉意的朱厄尔自己下了车，却将9个月大的儿子遗忘车中。朱厄尔的妻子晚上回家，在车中找到了中暑身亡的儿子。

预警

“儿童备忘者”

装在儿童座椅上

“儿童备忘者”安装在儿童汽车座椅固定用的卡子上。这种儿童汽车座椅固定在汽车上后，智能系统便被激活，只要座椅依旧固定在车上，车上司机和乘客离开车3米远，警报就会响起，提醒家长将孩子带出。

“儿童传感器”

“感知”重量的垫子

美国航空和航天局正在申请“儿童传感器”专利。这是一种可以“感知”重量的垫子，安装在汽车坐垫下面。只要司机将小孩留在车上下车，感到车上重量变轻的传感器就会响10下，提醒人们留意是否还有幼童在车上。如果等1分钟仍无人上车查看，传感器就会一直响。

实用

安全性能达标才能上市

加利福尼亚州旧金山市气象

确实，“被遗忘”并非校车专利，亲爹亲妈照样也有犯晕的时候。具体数字从网上很容易查到，但总觉得“带血的数字”还是少碰为好。

很多年前，有纸媒告知“儿童乘车安全六大事项”。看了看，想了想，发现其中遗漏了很重要的一项——别把孩子独自放在车里。于是，借《天大的小事》对照版大书特书，广而告之，并且煞有介事地提出《关于“严禁将孩童单独留在汽车内”的城事图谏》。

早在2007年7月30日，《北京晚报》就刊登了《智能报警器防宝宝被蒸》，告知：“仅美国，10年来已发生339起幼童热死车中的恶性事故。”虽然没机会采访事故家长，但有理由相信，爹妈是亲的，孩子也是亲的。

由此及彼，谈及“校车防蒸”。很后悔当初只想到“宝宝被蒸”而没多想“学童被蒸”，很后悔当初只将此列为“个体儿童交安”而未能置顶于“公共儿童安全”。有鉴于此，在撰写本书之际决心认认真真补上这一课，期盼不要再有一个活蹦乱跳的孩子死于此类意外。

35 / 游船救生

YOUCHUANJIUSHENG

2016年仲夏，一位可尊可敬的报社实习记者，亲力亲为，开展田野调查，写出了有些记者不曾关注的城事盲点，告知“夏日划船频出险，12处热门景区游船无一配救生衣”。

近年划船落水事故时有发生，游客没穿救生衣是事故主要原因，痛定思痛，倒逼出原本对此不甚重视的游客安全意识，故而记者提出游船配备救生衣应成为强制措施，有关部门应予以高度重视。

13年前开谈“游船救生”有点力不从心、声嘶力竭。游船该不该配备救生衣？没穿救生衣该不该放行？救生艇是不是马后炮？一艘救生艇能买多少救生衣？事该怎样做，账该怎样算，一时无语。

（13）水域救生 / 游船救生　　　　眯起眼睛看西方

工作关系曾近距离接触过许多舰船，其中最真最酷当数我国的导弹驱逐舰，最大最假莫过深圳的“明斯克”航母，最小最美最可爱的则是儿时《让我们荡起双桨》中的那只小舢板。

无论身世差别有多大，相信很多人对“小船儿轻轻推开波浪”的感觉记忆犹新，然而嘴上唱了若干年心里哼了若干年，可重在异国他乡让小船飘荡在水中之际，才突然有点后怕，为什么关键时刻能救人一命的“救生衣”，竟然不见了踪影？

相信我们的专业船只配备了落实到人的救生设备，相信我们的商业船只也都配备了落实到位的救生物品，但可怕的是，公园船客多为花儿与少年，除了无助一无所有，除了无知一无所知。

图片所示为北美游船码头，不穿救生衣不放行已成铁律，在这里，“水火无情”似乎不太讲究什么游戏规则……

170 天大的小事

摘自《天大的小事》对照版

狂风突袭昆明湖 水面激起千层浪

家长孩子游船惊魂半小时

本报讯(记者黄敬) 昨天下午，选择在颐和园昆明湖游船上为孩子庆祝儿童节的父母们都为这个选择后悔不迭。16时30分，碧空蓝天转瞬被狂风细雨替代，当时湖面约200多条游船上的乘客全都经历了一番生死考验，不少儿童都吓得失声痛哭。在公园的工作人员和游客的帮助下，船上乘客最终全被安全解救。

张女士当时正和丈夫带着8岁的女儿划船。"我们刚离开码头不远，就感到有小雨打在身上。脚踏船上有顶棚，我们还不在意。没想到，几十秒钟过后，突然刮起狂风来。"据张女士回忆，她从来没感到过这么恐惧，竟形容船被水浪晃动而倾斜的幅度达到45度。湖面马上响起了救命声，不少离岸较近的游船被大风和水浪推向岸边。

"我当时心想，靠了岸会安全些，没想到那里的浪更大。船毫无规则地上下摆动，我们站不起来，也不敢坐着，全都蹲在船中央。我紧紧搂着女儿，使劲安慰她。一个浪过来，

我们全都坐在了船中的水坑里。"张女士对记者介绍，仅她周围当时就大约有20多条游船，几乎每条船上都带着一个小孩。

马上，在水上经历生死考验的人们盼来了救星。"我先看见几艘快艇从远处开过来，一条来到岸边，另几条向湖中央开去。接着，岸上也跑过来了几名保安。我旁边那艘船上也是对年轻的夫妇，带着一个1岁多的孩子。父亲努力站起身想把宝宝递到岸上，但是根本站不稳。游艇上的工作人员冲我们大喊不要慌张，让我们把扶在船边的手全部缩回，然后告诉我们要先救小孩和老人。"那个1岁多的宝宝被工作人员率先救上岸。由于岸边离水面大约有1.5米的距离，成年人也很难独自上去。岸上的保安每两人分抓一名游客的双手，后面还有两人搂着保安的腰，防止被拖入水中。这时，由于风雨而躲避在远处的游客也闻讯纷纷跑来帮助救援，被救上岸的男人们也迅速加入其中。就这样，人们一个个脱险了。

张女士被拉上岸后惊魂稍定，她看着湖面远处的几艘游船已经被快艇用钩子拖住驶向码头。"前后大约经历了半小时吧。我们全都浑身湿透却完全顾不上。所有的孩子都被吓哭了。"

据颐和园公园管理处介绍，昨天他们共出动7条救生艇和60多名员工参与救援，先后从湖上撤回了200多条游船。"我们从气象台购买实时天气预报，但是昨天预报到来的时间略晚于起风时间，所幸没有人员落水。"据一位负责人介绍，只要接到当地有4级或以上大风预报，公园就将停止游船业务。 **照片由张女士提供** J008

公园里一池碧波能掀多大浪？2008年6月2日，《北京晚报》记者黄敬撰文告知，"狂风突袭昆明湖，水面激起千层浪"，竟让家长孩子游船惊魂半小时。文章说道：

"昨天下午，选择在颐和园昆明湖游船上为孩子庆祝儿童节的父母们都为这个选择后悔不迭。16时30分，碧空蓝天转瞬被狂风细雨替代，当时湖面约200多条游船上的乘客全都经历了一番生死考验，不少儿童都吓得失声痛哭。在公园的工作人员和游客的帮助下，船上乘客最终全被安全解救。据颐和园公园管理处介绍，共出动7条救生艇和60多名员工参与救援，先后从湖上撤回了200多条游船，所幸没有人员落水。"

"所幸没有人员落水"。何为"所幸"，说白了，说穿了，其实就是"不幸中的万幸"。万一200多条游船上的数百条性命有个闪失，和死者如何交代，和生者如何交代，恐怕不是一个"交代"所能解决的。

成语"亡羊补牢"出自战国，但"补牢不能总在丢羊后"，应是功在当下。

大风掀翻昆明湖3条游船

公园迅速出动救援艇 3岁女孩落水后获救

本报讯(记者宋玮)昨天下午3时许的一场大风，给颐和园昆明湖荡舟的近百名游客带来了一次水上历险记。不仅50多艘游船被困湖面，而且大风吹翻3艘游船致船上9名乘客落水。危急关头，园方出动11艘救援艇将落水和被困船上的游客接回岸边，所幸无人员受伤。昨天下午5时，部分临时关闭的码头恢复营业。

市民石先生称，昨天下午他走到昆明湖边，突然黑云压顶，天空开始落雨点，路边的行人纷纷狂奔到长廊处躲雨。昨天下午3时许，风力渐大，他看到湖面上的游船开始摇晃，粗粗一数，有50多艘。正当避雨的游人为船上的人们捏一把汗时，大家隐约看到有一艘电瓶船已经下沉了，只露出绿白条的船顶。当时能见度很低，并未看到落水的游客，但从湖面上远远传来的呼救声让人惶恐。5分钟后，五六艘快艇率先向湖中心驶去，陆续把游客从游船上转移到快艇上。

湖中沉船

随着雨势加大，公园启动应急预案，停靠在每个租船点的救援快艇紧急驶出，将船边的游人救到快艇上并送到就近的停靠点。租船点的王师傅

记者随后在颐和园派出所见到了4名落水游客。来自河北的韩先生告诉记者，他和妻子带着3岁和7岁的两个女儿到颐和园玩耍。上船了。不会水性的韩先生夫妇在落水的瞬间抓住了船两侧的护栏，当时水已经没到了脖子，他和妻子用手把孩子高高举起。"我们在不停地喊'救命'，小女儿3岁，刚会说完整的词，也跟着一直喊。"韩先生随后把小女儿放在船顶上，并与妻子合力将大女儿托住，女儿吓得哭喊起来。救援艇靠近他们的小船后，工作人员用钩子搭住游船使两船平行并尽量平稳，并抓住他们的手把四人拉上快艇，一家人脱险了，但是手机和钱包已落入水中。

据了解，不少落水游客在获救后便自行离开了颐和园。但是韩先生一家人来到派出所，要求颐和园对此事进行赔偿。

颐和园管理处工作人员介绍，颐和园每天都会与气象部门联系，对天气情况实时监控，只要接到当地有4级或以上大风预报，公园就将停止游船业务。但昨天下午的大风来得太突然，颐和园瞬间风力达到6级，导致翻船。据悉，颐和园在事发前，也就是当

时隔一年，2009 年 7 月 25 日，《北京晚报》刊发了记者宋玮采写的《大风掀翻昆明湖 3 条游船》。还是"昆明湖"，还是"狂风突起"，还是"所幸无人员受伤"，文章说道：

"昨天下午 3 时许的一场大风，给颐和园昆明湖荡舟的近百名游客带来一次水上历险记。不仅 50 多艘游船被困湖面，而且大风吹翻 3 艘游船致船上 9 名乘客落水。危急关头，园方出动 11 艘救援艇将落水和被困船上的游客接回岸边，所幸无人员受伤。"

据介绍，公园"每天都会与气象部门联系，对天气情况实时监控，只要接到当地有 4 级或以上大风预报，公园就会停止游船业务。但昨天下午的大风来得太突然，颐和园瞬间风力达到 6 级，导致翻船"。

据说，园方共"出动 11 艘救援艇"参加救援，可谓阵容强大，可谓装备精良。感慨之余不由得想，遇到紧急关头，遇到生死关头，是事后驰援管事，还是事先自保好使，不言自明。

北海公园游船开航　昨日，北海公园，游客们在南岸码头乘船，当天北海公园游船正式开航，8个码头开放。昨天正式下水开船的还有颐和园、紫竹院和玉渊潭三大公园。　新京报记者薛珺 饶沛 摄影报道

每年初春，各公园游船正式开航的消息，都会在媒体重要版面公布。上图为2014年3月16日《新京报》报道。据讲，不仅北海公园如是，颐和园、紫竹院、玉渊潭等也纷纷随春而动。

仅从图片来看，尽管春寒乍暖、厚衣未减，但一家老小其乐融融，好不惬意。然而细细一看不对了，无论大人还是孩童，竟无一人穿着救生衣。好像多余，好像无所谓，好像太液池水与“水可载舟亦可覆舟”并无关联。

“让我们荡起双桨”歌自北海，所以有关“游船救生”的资讯少不了北海，包括2009年《紧急演练“游客落水”》，包括2011年《湖面大风突起，游船有惊无险》，当然，也包括右页所示发生在2016年的“天有不测风云”。

据媒体报道，包括北海公园，不少公园都添置了救生艇。从现代化进程来讲，此举无可厚非；但从游客落水的“生死一瞬间”来看，游艇再好，速度再快，也还是赶不上落水游客“自带救生衣”。从这样浅显的道理讲，救生艇有条件要有，而救生衣即便没有条件也要想方设法有。

北海公园游船被“旋风”吹翻

两名游客落水后被救 专家称水面上的“旋风”并非“龙卷风”

游船被风掀翻 两名游客落水

昨天13点50分左右，几位网友在微博上发布消息称，“北海公园一阵风把大莲花顶给掀掉了，后面的小船直接翻了。”并上传了几张游船侧翻在水中的照片，另有一位网友上传了一段游船发生侧翻时的视频。

这段时长1分42秒的视频显示，北海公园一处水域刮起了“龙卷风”，视频拍摄者称：“有一艘船被卷进去了，刚开始看那阵风还以为是土和沙子。”

这阵“龙卷风”刚刚移动到水面时，坐在远处船上的视频拍摄者还对这种罕见的情况表示惊奇，没过一会儿，视频中突然传来一阵惊呼，远处一艘莲花形状的游船篷子被直接掀掉，另外一艘游船逐渐被“吸”进了“旋风”中发生了侧翻。大约四五秒后，附近一艘巡逻救生船迅速赶到了侧翻游船所在的水域。

不过“龙卷风”并未“停下脚步”，在掀翻一条船后快速移动到视频拍摄者乘坐的游船附近。视频中，船身被吹得晃了起来，水面也被风吹得“啪啪”作响，一名乘客被吓得直喊“救命”，所幸的是这阵风很快消散了。

水面瞬时状况 无法进行预报

北海公园瞬时旋风吹坏多艘游船篷子，一艘游船被掀翻

此间剪报虽不系统不全面，但有关公园游人落水却时有报道。2016 年 4 月 4 日，《北京青年报》刊发《北海公园游船被“旋风”吹翻》，告知，有一位网友上传了一段游船发生侧翻时的视频，镜头显示，“一阵风把大莲花顶给掀掉了，后面的小船直接翻了”。

同样是“事发突然”。工作人员告诉记者，事发后，公园随即启动应急预案，附近巡逻救生船迅速将两名落水游客救起，均未受伤。随后工作人员将游客带到休息室洗澡，在晾干衣服后，两个人离开了公园。

此外，该负责人表示，“北京市气象台每天定点会给北海公园发气象预报，凡风力大于 4 级将会停止出船”，当天气象台的预报是微风，但事发时却是瞬间“龙卷风”，根本无法预测预报。

“防微杜渐”是安防工作重中之重。尤其对于“根本无法预测预报”的突发事件，“防患于未然”是没辙的辙。面对“水欲静而风不止”，防范措施其实只有一种，就是“提前强制性要求乘船游客穿救生衣”。

夏日划船频出险，记者走访北海、颐和园等公园发现

12处热门景区游船无一配救生衣

本报实习记者 王可心

正值暑期，不少家长选择带孩子到公园游玩，北京各大公园景区迎来了客流量的小高峰。炎热的天气下，卡通造型的电瓶船、脚踏船更是受到了小朋友们的青睐。记者随即实地走访了颐和园、北海公园、后海等13家提供租船项目的景区，除之前偶遇大风天气突发险情的后海外，其余12家公园均未在游客上船前主动向其提供救生衣。询问后，工作人员表示码头上没有储备救生衣。

夏日划船事故频发

网友"准上"前不久在微博中详细描述了她们在后海乘船游玩时的惊险经历。一周前的一天下午"准上"与朋友一同前往后海地百码头，租了一艘脚踏船，上船前工作人员并未提供救生衣。不多时湖面突然起风，"短短几秒钟，水浪突然变急，我们拼命蹬，拼命掌舵，但小船的力量根本不足以和狂风对抗，我们撞到岸边，又被推向湖心，再拼命靠岸，又被推向湖心。"整条船几乎翻倒。绝望之际，岸上酒吧工作人员听到呼救伸出援手，这才使三个女生脱险。

事故发生后，什刹海景区的各码头立即加大了对救生衣发放工作的监管力度。码头的工作人员告诉记者："我们要求所有的游客必须穿戴救生衣才能上船，如果被领导发现有人不穿我们要被处分的。"

近年来，夏日划船事故出现过多次，游客没穿救生衣是事故的主要原因。2012年4月，一艘搭载8人的快艇在苏州太湖游览时，与货船缆绳相撞，事故导致4名上海大学生死亡，4人受伤。据悉，艇上所有人都没穿救生衣是该起事故的主要原因之一。2015年11月，福州西湖公园也发生了翻船事件，船上俩大人、俩小孩落水。所幸4名落水游客均被救起。随后福州市园林局要求全市公园游船，必须穿上救生衣才能上船，未穿救生衣者将被劝离。今年6月，四川广元白龙湖景区双龙号游船突遇大风天气，船体倾翻，因天气炎热大人们都没有穿戴船上的救生衣，小孩也陆续把救生衣脱掉，该事故造成15人死亡，3人受伤。河南、山东潍坊、四川凉山州等地在最近几年已经陆续出台相关规章制度，强制规定游船航行时，所有人员必须穿救生衣。

12家热门景区无一配救生衣

记者随后来到了附近的北海公园，时间已过下午4时，湖面上仍有近百艘造型可爱的脚踏船或电瓶船，游船售票处也还在排着长队。在这些船上，记者并没有看到有游客身着救生衣。走到码头，也没有发现任何提醒游客穿戴救生衣的警示标志。码头上空空如也，找不到堆放救生衣的储备箱。记者观察到码头工作人员并未主动向游客提供救生衣，也没有游客主动向工作人员索要。记者随即以游客的身份询问码头的工作人员，码头是否有救生衣可以提供，工作人员摇头并催促记者尽快登船。

记者在北海公园随机采访了几位来此划船的游客，家住西城区的陈先生说："这么多年一直没听说脚踏船还得穿救生衣的，又不是快艇，这天儿这么热，穿个救生衣再给捂出痱子来。"与之同行的妻子刘女士却不赞同："我家孩子淘气，闲不住，在船上总怕他掉下去，说也不听。要是有个救生衣给他穿上挺好的。"记者共采访15位游客，其中有6人跟陈先生持同样意见，认为穿救生衣就是多此一举，夏日天气较炎热，再穿一件有点负担，而且大部分救生衣又湿又脏，大家轮着穿，不少女孩子也在担心卫生问题。其余9人则认为还是安全第一，如果园区提供救生衣，安全会更有保障。

除北海公园外，记者还走访了颐和园、圆明园、玉渊潭公园、龙潭公园等11家热门景区，遗憾的是这12家均未向游客提供救生衣。

汛期风雨疾有备无患

记者从市园林绿化局公园风景区处了解到，每年各公园游船正式对市民游客开放以前，都要申请海事部门检测，合格后才能正式下水运营。目前对于游客租用手摇船、脚踏船、电瓶船这类危险度较低的游船项目，还没有关于必须穿戴救生衣的强制性规定。海事部门也表示，相关标准还在制定当中，今后将加强对游船乘客穿戴救生设施的要求，增强园区安全意识的培训，目前正着手于救生衣的改良，制作更轻便、易清洗的救生衣作为每艘游船的必备设施。

如今正处在"七下八上"的主汛期，暴雨、大风等灾害性天气的异常性、突发性和局地性特征比较突出，容易突发雷阵雨天气，短时阵风最高可达8级。如果突遇大风天气，类似后海的情况很有可能再次发生。

"出来玩还是安全最重要，希望游船配备救生衣能成为一个强制的措施，如果遇到紧急情况能救命，以后带着孩子出来玩也安心。还是希望有关部门能重视这个问题，脚踏船上也要给我们救生衣。"刘女士这样说。

2016年8月2日，《北京日报》实习记者王可心撰文披露"夏日划船频出险，记者走访北海、颐和园等公园发现，12处热门景区游船无一配救生衣"，其中说道：

"正值暑期，不少家长选择带孩子到公园游玩，北京各大公园景区迎来了客流量的小高峰。炎热的天气下，卡通造型的电瓶船、脚踏船更是受到了小朋友们的青睐。记者随即实地走访了颐和园、北海公园、后海等13家提供租船项目的景区，除之前偶遇大风天气突发险情的后海外，其余12家公园均未在游客上船前主动向其提供救生衣。询问后，工作人员表示码头上没有储备救生衣。"

记者告知："近年划船落水事故时有发生，游客没穿救生衣是事故主要原因，痛定思痛，倒逼出原本对此也不甚重视的游客安全意识，故而有人提出游船配备救生衣能成为强制措施，希望有关部门能重视这个问题。"

游船该不该配备救生衣？没穿救生衣该不该放行？救生艇是不是马后炮？一艘救生艇能买多少救生衣？一件救生衣能反复救助多少人？扪心自问。

其实，也不尽然。2016 年 3 月 23 日，《人民日报》刊发了记者徐烨的图片新闻，告知："为了提升游客安全、环保意识，什刹海码头除了救生圈、救生衣，杯托和垃圾桶也成了游船新标配。"

听话听声儿，锣鼓听音儿，看来救生衣已然是随船配备的老物件。到过北京的人都知道，什刹海和北海相通相连，为什么同为一池水，但"水患意识"各不相同，为什么市属热门景区少有配备，而西城区什刹海却成为《人民日报》的报道对象，想了许久，没有结论。

实在想不出来，只能往"城事软肋"上靠。什么叫"软肋"？"软肋"不是病灶，但不甚坚挺，不甚牢固。由"软肋"不由得想到"盲点"。何为盲点？原来盲点位于视网膜，因无视觉细胞，所以物体影像投落不能引起视觉。

2019 年 6 月 14 日，什刹海景区又爆新闻，一款马蹄形遥控救生器大显神威。据介绍，此物"入水后以每秒 4 米速度推进，一次可浮载两三名成年人"。

说了半天又绕回来，"水患意识"为什么什刹海总会常思常想，值得思考。

本市端午节系列文化活动昨日在龙潭公园启动

“粽香”端午节 龙舟渡“龙潭”

2019 年 6 月 6 日，《北京青年报》刊发记者魏彤采写的《“粽香”端午节，龙舟渡“龙潭”》，告知：“本市端午节系列文化活动昨日在龙潭公园启动，伴随着充满节奏感的鼓点，健硕的桨手用手中的船桨划开碧绿色湖水，拼尽全力，一桨一桨把龙舟推向终点。”

细看上图，龙舟桨手多是水中高手，缘何还要穿上救生衣，远的不说，只讲近的。2018 年 4 月“桂林两龙舟失控翻船 17 人丧生”的噩耗至今不忘，据现场参与抢救的消防救援人员透露，“桨手大多数没穿救生衣”。

书归正传，就从这场“桨手穿了救生衣”的龙舟赛事说起，同一个面积相同的湖，同一波深浅相当的水，不清楚除了端午龙舟大比拼，其他时间，其他的船，是否也让乘船者全都穿上了救生衣。

《天大的小事》对照版写起来虽动情，但唯有第 170 页的“游船救生”和第 15 页的“危情报警”无论什么时候读起来总会落泪。水火无情，而水火对无知、无助的孩子更无情。

Q A10 看天下

北京青年报 BEIJING YOUTH DAILY

小学老师与家人出海游玩 见同船11岁男童落水后舍己救人

他救起落水男童 生命定格在35岁

孩子获救了，他却告别了这个世界。7月27日，山东济南商河县郑路镇褚集小学的老师伦学冬带着孩子在烟台海滨游玩时，为了救一名落水男童不幸离亡。7月30日，伦学冬的亲朋在褚集村为伦学冬举行遗体告别仪式。

35岁教师跳海救人

7月27日早上，35岁的伦学冬带着9岁的儿子踏上了前往烟台旅游的路。下午2点多，伦学冬带着儿子在金沙滩公园旅游景区坐上了出海游玩的船，同船的还有一名11岁的男孩。

下午4点多，眼看着游船距离岸边越来越近，同船的11岁男孩在看到了妹妹后兴奋地站了起来，却因此不慎跌入海中。伦学冬看到男孩落水后，毫不犹豫地跳入大海，拼尽力气托举男孩，避免男孩呛水窒息。

在伦学冬跳入水中救人的同时，景区的工作人员也发现了异常，立刻前往事发海域营救，将伦学冬和落水男童救援上岸。男孩由于受到伦学冬的托举没有呛到海水，身体并无大碍，但伦学冬却因为力竭和呛水过多失去生命体征。景区工作人员立刻对伦学冬实施心肺复苏抢救，并拨打120。最终，伦学冬在经过数小时的抢救后死亡。

家人没敢告诉长辈实情

昨日，北青报记者从伦学冬的弟弟处了解到，生于1985年的伦学冬在大学毕业后就走上了教师岗位，一干就是12年。这12年间，伦学冬的工作一直都很忙，不仅要上课教学，平时还要处理学校的其他事务，而此次假期也不例外。"我们这里的老师7月初就放假了，我哥一直忙到25日才休息。"伦学冬的弟弟说，伦学冬放假后就想着带孩子出去玩玩。"他有两个孩子，大儿子9岁，小女儿2岁，为了上学方便，平时孩子都是住在县里，而我哥则要在村里的学校上班。这次旅游其实是我家亲戚报的，因为有事去不了，就问我哥要不要带孩子一起去玩，我哥想着平时陪孩子的时间少，刚好可以借着这个机会出去玩玩就答应了，但没想到却发生了意外。"

事发后，伦学冬的父亲、弟弟连夜从老家赶到了烟台。因为悲伤过度，伦学冬的父亲在看到儿子的遗体后晕了过去，被直接送到了医院抢救。为了怕伦学冬的母亲承受不了失去儿子的痛苦，前几天家里人都不敢和母亲说实话，"我们刚开始只是告诉她，我哥在烟台突发了疾病，后来过两天才说我哥没抢救过来，去世了。直到我哥的事迹被更多的人知道，志愿者到家里来慰问时，我们才告诉我妈，我哥是因为救人去世的。"

褚集村小学的师生及爱心人士送别伦学冬

学生和家长等人自发送别

伦学冬生前所在学校的朱校长表示，伦学冬老师是一名非常优秀的老

2019 年 8 月 1 日，《北京青年报》记者王天琪披露，济南商河县郑路镇褚集小学伦学冬老师与家人出海游玩，遇到同船 11 岁男童不慎落水，伦学冬老师救起落水男童，生命定格在 35 岁。文章说道：

“游船距离岸边越来越近，同船的 11 岁男孩兴奋地站了起来，却因此不慎跌入海中。伦学冬看到男孩落水后，毫不犹豫地跳入大海，拼尽力气托举男孩，避免男孩呛水窒息。与此同时，景区工作人员也发现异常立刻前往营救，将伦学冬和落水男童救援上岸。男孩受到托举没有呛水并无大碍，但伦学冬却因力竭和呛水过多失去生命体征。”

痛定思痛。在为舍己救人的灵魂工程师默哀之际，有几个不得不说、非说不可，一是孩童坠海是因为“在船上站了起来”，可见船不很大；再是“景区工作人员也发现异常”可见出事船只离岸边不远。由此两点，倘若痛“前”思痛，无论公园水域，还是江河湖海，“游船配备救生衣”是最佳救生方式。

亡羊补牢，但“补牢不能总在丢羊后”。

36 / 火患新知

HUOHUANXINZHI

有关“消防、防消”的话题，有些沉重，有些拗口，甚至还有些云里雾里。虽篇幅有限，但愿“危情报警”“逃生通道”“逃生门”“逃生梯”“新消防”等板块，能清晰表达作者对火患的深切关注。

为什么“餐馆的大门理应向外开”，为什么“防盗网封住逃生路等同于杀人”，为什么“安全门里出容易外进难”，为什么“防火告示煞有介事最完满”，生死攸关，首先学懂弄通至关重要。

不少“未列事宜”有待补充，不少“未尽事宜”有待补正，诸如“老楼加装逃生梯与加装电梯哪个更紧要”，诸如“楼道算不算消防通道”，只有把“软道理”搞明白，硬道理才会高开高走，大开大合。

36—1 / 危情报警

WEIQINGBAOJING

在所有感触里，对能够提前救人于水火的“危情报警”最耿耿于怀。遗憾的是，至今未见哪栋居民楼跟进，未见哪个商品楼安装。

请人算了算，一个喇叭不过几十块钱，加上其他用材，整栋楼均摊下来，每平方米成本上涨不过几块钱。

（01）**安居要点** / 危情报警　　　　眯起眼睛看西方

所谓“居以安为先”，讲的是无论怎样的居所，再是注重地段、房型，也一定要把“安全”放在第一位。上为北美普通公寓一隅，虽然装修和装饰都极为一般，可平淡之中却蕴含了生命第一要素。

如图所示，居室天花板上有三个带电的物件，由远及近，一是“顶灯”，二是“烟感报警器”，第三个就是开篇着重讲述的“楼宇危情报警喇叭”。与“烟感”不同，前者偏属高科技，有烟就鸣笛，后者则纯粹属低科技，遇事全靠人吼。

其实“报警喇叭”就是司空见惯的“广播喇叭”，一头通往大堂，而另一头挨家挨户穿墙入室，遇有危急情况，管理人员及时发号施令，从而最大限度规避了无谓的伤亡。

国内像样的楼房很多，但有上述装置的并不多，偶尔有之也大多装在楼道里，遇有火情，门板薄儿点的、睡觉轻点的还能闻风而动，如果赶上房门隔音效果好且睡眠质量高的，不静等着出大事那才叫怪……

14 天大的小事

摘自《天大的小事》对照版

36—1—2 危情报警

（01）安居要点 / 危情报警　　　　静下心来想自己

□ 上图摘自 2010 年 11 月 16 日的《北京青年报》。

上述图谏开讲于 4 年前，其后，对应事例成为特别关注之焦点，其中既有见贤思齐之喜悦，也有不幸言中之悲哀。本书杀青适逢“上海 11·15 特大火灾”，火在上海，痛在全国，但事后整体的亡羊补牢却齐刷刷地疏漏了一个关键所在，即“楼宇危情报警”究竟该安装在哪里。

对于最初的火情，11 月 17 日《北京晚报》讲述得极为具体，“据一位退休教师介绍，发生火灾那天她正在家里上网，老伴则在睡午觉。当她发现窗外面有烟时，还没有意识到已经着火了，是外面的喊声提醒了她……半小时过去了，火势愈演愈烈，看到烟雾已经从门缝钻了进来。这时家里电话响了，是在隔壁小学念书的小孙女打来的。当时学校已经开始疏散，孩子看到自家大楼火光冲天，赶紧通知爷爷奶奶逃命。电话里孙女泣不成声。”

危急时刻究竟由谁报警？究竟怎样报警？痛定思痛，虽说位置再合理的报警喇叭依然灭不了火，但在解救生命的第一时间却有可能一呼百应……

城市如何让生活更美好　15

摘自《天大的小事》对照版

（01）安居要点 / 危情报警　　　　眯起眼睛看西方

2010年11月18日 星期四 8 广州日报 国内新闻

安监总局局长骆琳:2名电焊工违规操作引发大火后逃离 工程存在违法分包

惨剧“完全可以避免”

2010年11月18日《广州日报》披露，事故调查组组长、国家安监总局局长骆琳说“这是一起不该发生的、完全可以避免的事故”，同时从中暴露出电焊工无资质等五个方面的问题。此话不无道理，可唯独少了“楼宇危情报警严重缺失”。

6 2010年11月18日 星期四 经济社会新闻 光明日报

你了解高楼防火知识吗？

高层建筑发生火灾 需使用正确方法逃生

救援设施需要升级

掌握高楼火灾逃生知识

近年世界火灾

同一天《光明日报》高调设问“你了解高楼防火知识吗”，告知，当务之急是“起火时注意听广播通知，了解起火楼层以及安全疏散的路线方法等，不要惊慌失措盲目行动”。读罢获益良多，但由不得还是想着“广播喇叭安在哪里”？

16 天大的小事

摘自《天大的小事》对照版

[今日快报] 大学生宿舍底商凌晨失火

管理员阿姨叫醒学生逃生

本报讯(记者王琼)今晨4时30分许，北京交通大学家属区服务楼底商一家山西刀削面馆突然起火。这栋楼二层是女大学生宿舍。好在宿舍管理员逐个敲门，及时疏散了学生。本次火情并未造成人员伤亡。

起火地点位于海淀区上园村3号院内的一栋两层小楼底部的刀削面馆。今天上午，记者在这里看到，这家刀削面馆大门紧锁，玻璃门上张贴着消防封闭火场的通知。刀削面馆旁边有两家小吃店，有一对中年夫妇正坐在三轮车上，一筹莫展。

这对夫妇经营着刀削面馆旁边的麻辣烫店。据他们回忆，事发时，闻到烟味后，第一个赶了过来。但是，由于刀削面馆的大门紧锁，他们根本就进不去。于是，他们拨打了119。

刀削面馆楼上是女大学生公寓，住着上百名女大学生。据

一名女生称，凌晨4时许，她刚睡下没过多久，就听到室友大喊一声"着火了"。起初，她还以为对方在说梦话，后来她闻到一股呛人的烟味，"宿管阿姨还拼命地敲门，让我们逃生。"这名女生来不及多想，一个鲤鱼打挺从被窝里跳起来。然后，她一把抱起桌上的电脑、手机和钱包，就跟室友一起冲到楼下。下楼后，她才意识到自己身上还穿着睡衣。此时，楼下站满了女大学生，不少人都是匆忙中跑出来的，怀里抱着电脑等贵重物品。

这名女生称，这已经是她第二次一大早就被从被窝里给叫起来了。宿舍管理员证实了此事，但她表示，上一次并不是因为起火。而是因为凌晨楼下熏蟑螂，烟有点大罢了。这一次发现起火后，她们第一时间敲门，及时疏散了学生，因此并没有人员伤亡。

"其实就是烟大，来了4辆消防车。好在火不大，庆幸啊！"大学生小程说，事发时天还没有亮，好在消防员及时扑救。早上5时20分许，随着现场险情排除，所有女大学生重返宿舍。

刀削面馆旁边的一家商铺经营者称，这3家小吃店都进行过装修，共用一个烟道。事发时，有可能是电路发生故障，这才引发了火灾。目前，起火原因仍在调查中。

程女士摄 J010

2013年5月6日，《北京晚报》记者王琼告知"大学生宿舍底商凌晨失火"，幸亏管理员阿姨叫醒学生逃生。文章说道：

"今晨4时30分许，北京交通大学家属区服务楼底商一家山西刀削面馆突然起火。这栋楼二层是女大学生宿舍。好在宿舍管理员逐个敲门，及时疏散了学生。本次火情并未造成人员伤亡。据一名女生称，她刚睡下不久，就闻到一股呛人的烟味，宿管阿姨还拼命地敲门，让大家赶快逃生。这名女生来不及多想，跟室友一起冲到楼下。此时，楼下站满了女大学生，不少人都是匆忙中跑出来的，怀里抱着电脑等贵重物品。"

时隔6年，2019年9月，《中国青年报》披露："保定市第七中学6名初二学生在小区运动场打网球，发现附近楼房冒出滚滚黑烟，迅速报警，并冲进楼房挨家挨户地敲门，用时15分钟，帮助全部居民安全撤离。"为此，另有媒体刊发时评《6少年疏散失火居民楼，应急教育就该内化于心》。看后百感交集，既为提升软实力叫好，更为"危情报警"一类硬实力无端缺位鸣冤叫屈。

住宅失火 居民逃生不忘喊邻居

本报讯（记者 孟妍）昨日上午9点40分左右，海淀区万柳阳春光华小区一处居民楼着火。由于昨日大风，火势越来越猛，目击市民表示，现场先后来了数辆消防车，最终将火扑灭，幸无人伤亡。该小区物业表示，着火时，失火业主的家中无人，失火原因尚未查明。

起火住宅玻璃烧碎 油烟波及楼上邻居

起火的住家位于该住宅楼的8层，昨日上午10点40分左右，火已经被扑灭，消防车已经离去，从楼中逃出来避险的居民纷纷往楼内走，准备回家。9层的一个住户回家的第一件事就是擦窗户，由于8层起火，他家的窗户上也全覆上了着火时的黑色油烟。这位9层住户在擦窗户时，不时地探出头向楼下起火的8层探望。

现场的楼下，地面上仍散落着起火时烧化掉落的窗户框，碎玻璃片随处可见，烧焦的味道在马路上都能闻到。而8层起火的住宅窗户处只留下一个空空的黑洞，从外侧可以看到家中已经全被烧黑。火被扑灭后，该小区物业工作人员终于与家中失火的业主取得了联系，并与业主一起带着五六名保洁人员进入家中清理。面对家中景象，业主不愿多说。

物业挨家通知 邻居互相敲门喊快逃

该小区物业工作人员说，最初是该楼其他业主给他们打电话，说闻到了烧焦味。他们赶往现场后发现了火情，赶忙报警。报警的工夫，火势在大风的作用下烧得越来越大，这名工作人员飞奔着回到办公室，挨家挨户给该楼业主打电话通知逃生。

住在8层的一位邻居说，是物业给她家打电话，她才知道起火了。自己刚一推开屋门，一股烧焦味就扑鼻而来。她赶忙和家人抓起外套往楼下逃生。

除了物业电话通知以外，不少该楼居民是被邻居敲门告知后逃生的。由于担心物业电话无法通知到每一户人家，不少人抓起衣物准备往楼外逃时，还跑着去敲其他邻居家的门。"跟防火演习似的，这回来真格的了。"一位被邻居叫下楼的居民说。

起火原因正在调查 业主已回家善后

该小区失火现场附近的停车场工作人员说，起火时间是上午9点40分左右，先后大约有5辆消防车来到现场灭火，一个小时后，消防车灭火后离去。由于起火的住宅楼临街，火情还引来了其他几个小区的居民围观。目前，家中失火的业主已经回家处理此事，并与消防人员和物业等一起做了记录，失火原因正在调查。

摄影/本报记者 贾婷
线索提供/张先生

2013年11月17日，《北京青年报》刊发记者孟妍采写的《住宅失火，居民逃生不忘喊邻居》，其中说道：

"海淀区万柳阳春光华小区一处居民楼着火，先后来了数辆消防车，最终将火扑灭，幸无人伤亡。该小区物业工作人员说，最初是该楼其他业主给他们打电话，说闻到了烧焦味。他们赶往现场后发现了火情，赶忙报警。报警的工夫，火势在大风的作用下烧得越来越大，这名工作人员飞奔着回到办公室，挨家挨户给该楼业主打电话通知逃生。"

更为感人的是，"除了物业电话通知以外，不少该楼居民是被邻居敲门告知后逃生的。由于担心物业电话无法通知到每一户人家，不少人抓起衣物往楼外逃时，还跑着去敲其他邻居家的门"。

感慨之余，还是不由得想到了本章主述的"危情报警"。遇到火患，有时候人防不如技防。尤其有了物业管理，一旦"烟感报警"出现反应，或楼外大喇叭喊，或楼内小喇叭叫，无论哪个方法，都比一对一的人际传播强。

[今日快报] 深夜着火 小伙顾不上自家财物楼上楼下忙报警

着火了，街坊们快起来

本报讯(记者景一鸣)今天凌晨4时许，昌平区天通苑本二区发生一起火灾，大火导致一住户家的客厅及储物间被完全烧毁。事发时房主小曹放弃抢救个人财物，跑上跑下，疏散楼内居民，这一举动让居民们非常感动。由于小曹通知及时，此次火灾没有造成人员伤亡，目前起火原因尚在调查中。

今天上午8时许，记者在现场看到，起火房屋位于15号楼2层，此时大火已被扑灭。小曹家的客厅、厨房及储物室的窗户被大火烧得只剩框架。客厅、储物室内所有物品付之一炬。屋内墙壁上已炭化的木质框架内，露出了烧焦的电线。此时房主小曹也在现场，满手的污渍还没来得及擦拭。

据隔壁的13号楼居民介绍，今天凌晨4点多，楼内居民突然被一股浓重的烟味呛醒，原以为是楼里有人家着火了，在楼道查看后发现并无火情发生。回家后从窗户往外看才看到，隔壁楼的二层已经燃起了

一阵声响吵醒，起初听起来像是摔东西的声音，当时还以为楼上的小

财物。

房主小曹回忆说，事发时，他和

财物都在客厅里，但小曹还是决定先去通知邻居，让大家尽快离开危

2012年10月24日，《北京晚报》刊发记者景一鸣采写的《着火了，街坊们快起来》，其中说道：

“昌平区天通苑本二区发生一起火灾。住在起火房间楼下的大爷告诉记者，天没亮，楼上住户小曹跑来敲门，说他家着火了，让大家赶快离开。楼前聚集了很多人，这些人都是小曹疏散出来的。为了邻居们的安全，他放弃抢救个人财物，跑上跑下，疏散楼内居民，使得事故中无人被困。”

多年以来，此类好人好事常有听闻。2020年12月30日，《报刊文摘》刊发《九岁男孩救了整栋邻居》。何为“生死时刻上演教科书式救援”？原来男孩逃生不忘敲砸邻里屋门，同时大声呼喊“着火了、着火了，快逃跑、快逃跑”。

为好邻居点赞的同时，不由得想到火患临头的“危情报警”。众所周知，“烟感报警”是居室向中控室通报具体火源点，而本章所述“危情报警”，讲的是中控室向全楼各个房间、各个点位发出的“一家有险，全楼逃生”的警情、警讯、警笛、警告。

■ 观察家

要“中国好邻居”，更要危房预警

危房预警别光靠“喊”，更要靠“检”。尤其是村庄、集镇的房屋，不能因其地处偏远，就放松对它们的监管。

据报道，6月9日凌晨，贵州遵义市汇川区发生7层居民楼突然垮塌事件，所幸68名住户都安然无恙。而68人能脱险，源于该居民楼六楼骆开素夫妇提前发现墙体出现裂缝，挨家敲门呼喊，及时将左邻右舍“喊”出楼房。事发后，当地政府随即要求，对隐患点和危房立即采取整改措施，对违法建筑及时拆除。

贵阳“5·20”楼房垮塌刚去，遵义民房坍塌又来。幸亏这部“塌楼惊魂”的灾难片，终因有人挺身而出而化险为夷——这里面，骆开素夫妇扮演了英雄角色。若非预感到险情的他们两次好心地挨户提醒，让居民们撤离，68人能否幸免于难，还是未知数。

正源于此，网民们纷纷加入对骆开素夫妇的“点赞团”，二人被誉为“中国好邻居”，其救人于楼塌前的义举，也被认为是传递了邻里温情与守望善意。在“近邻成陌路”已成常态的语境中，骆开素夫妇也承载了公众对睦邻关系的厚重期许。

回到此次塌楼事件上，也该看到，与这对夫妇大义救人对应的，是危房预警的缺位。这也让60多位居民的“死里逃生”裹上了某种侥幸色彩：要不是他们俩睡得晚，且丈夫是搞建筑的，警觉性高；要不是他们冒着危险两度去唤醒几十户居民……后果不堪设想。这也让人心生疑问：这栋民房，怎么突然就塌了？为什么就没人来个危机提示……

就眼下信息看，涉事居民楼地处乡镇，属于私人修建，住户多为租赁户，当地初步鉴定倒塌原因是，房主擅自将批准的三层建筑加至七层，造成地基不稳。问题来了：按照我国《建筑法》规定，三层及以上建筑必须有取得相应设计资质的单位进行设计。《村庄和集镇规划建设管理条例》明确，村庄、集镇的建设工程竣工后，应当按照国家的有关规定，经有关部门竣工验收合格后，方可交付使用，县级政府建设行政主管部门应进行质量监督。擅自加建，既然于法不合，怎么就能蒙混这么久？

尽管说，涉事民楼并未被定性为“危房”，可从结果导向看，它属于危楼是不争事实。它毫无预告地倒塌，也说明了房屋质量保障机制的羸弱。在此情境下，除了对房主依法溯责外，还应追究职能部门在危楼使用监管上的失职。

事实上，在奉化塌楼事故后，舆论就呼吁要建立健全楼房体检制度，完善楼房质量信息平台与危楼“病历档案”，及时加固修缮、排除明险隐患，达到了某个危险级别就下达危险通知。而从当下看，这种呼声仍非多余。在这方面，无论是德国实行的“政府委

2015 年 6 月 11 日，《新京报》刊发媒体人仲鸣撰写的《要“中国好邻居”，更要危房预警》，其中说道：

“6 月 9 日凌晨，贵州遵义市汇川区发生 7 层居民楼突然垮塌事件，所幸 68 名住户都安然无恙。而 68 人能脱险，源于该居民楼六楼骆开素夫妇提前发现墙体出现裂缝，挨家敲门呼喊，及时将左邻右舍‘喊’出楼房。”

可谓惊心动魄，可谓九死一生。惊魂落定，有网民说：“危房预警别光靠‘喊’，更要靠‘检’。毕竟，比起好邻居临危救难的不确定性，房屋质量保障机制应是更坚固的安全屏障。”

火患同样。再好的邻居大叔，再好的宿管阿姨，也同样有这样那样的不确定性。本章讲述的“危情报警”则不然，虽然电线没多长，喇叭没多大，可一旦连接生与死，传递的不仅是情，规避的不仅是险。

一个人的有效生命就几十年。用十二三年光景为“危情报警”鼓与呼，虽无怨言，但至今未见哪个单位、哪栋楼房当回事，不免有些戚戚然。

2015 年 8 月 20 日，《北京青年报》刊发整版文章《添置逃生设备，远离居家灾害》，强调“天津塘沽火灾爆炸事故已发生一周。尽管灾害没有发生在我们眼前，但居家生活也要做到未雨绸缪”。

文章用专门章节讲述“烟感报警器”，同时告知，此物为美国家庭标配，但在中国并不常见。在预防和减少火灾伤亡方面，最为有效的措施就是安装烟感报警器。近 50 年间，烟感报警器在美国家庭中的普及率由 10%上升到 96%左右，火灾死亡人数减少了一半多。而这个美国家庭的标配在中国家庭中却不常见。据了解，市面上从几十元到几百元的烟感报警器都有，它们通过监测烟雾浓度来实现火灾防范，安装便捷，效果显著。

2019 年 5 月 20 日，《报刊文摘》刊发的《消防工程师：没多少人真懂的防火》是否偏激姑且不论，但不难发现，有关“烟感报警器”的误解误区确实不少。此物报警报给谁，此物功能何所有。只有此物能让中控环节第一时间知晓谁家出现火情而随之危情报警，才能实现“一家失火、大家统统迅速逃离”。

昨日，天津"泰禾金尊府"，大楼顶层的复式单元房内一片狼藉。施工人员称，火灾发生时，该处堆放着软包材料。 实习生 肖涌刚 摄

天津一高楼顶层着火10死5伤

起火大楼正在装修，曾因消防隐患被举报，天津官方发布会称系重大安全事故

2017 年 12 月 2 日，《新京报》刊发记者赵凯迪采写的《天津一高楼顶层着火 10 死 5 伤》，天津市副市长称火灾是“一场重大的安全事故”。

文章中的“对话”板块题为《安装套内感烟式火灾探测器是当务之急》。权威人士答记者问，谈道：“主要是多数住宅没有安装套内感烟式火灾探测器。很多火灾是发生在半夜，等居民发现火灾时，已经晚了。我们现在强烈要求强制推广感烟式火灾探测器，希望能推广到家家户户，尤其是高层建筑。一个感烟式火灾探测器几十块钱，互联报警型不过一两百块钱，对于每平方米几万块的房子，这成本可以忽略不计。”

很羡慕媒体用如此之尊的方式、如此之大的篇幅请专家答疑解惑。我虽没有专业头衔，但历史将会证明，“一对一的烟感报警”和“一对众的危情报警”本乃同根生，本乃连理枝。换言之，没有后者，“你着你的火，我睡我的觉”的场景并非空穴来风。

楼宇“危情报警”集体缺失，后果绝非危言耸听。

其实，楼宇“危情报警”集体缺失也不尽然。早在 2011 年 12 月 20 日，《北京青年报》就刊发记者安苏、袁艺等人采写的《手持应急广播，居民演练逃生》，其中说道：

“昨天，朝阳区双井街道九龙社区进行了一场居民应急疏散演练。9 号楼 303 突发‘火灾’，楼内参与演练的居民家庭中的应急广播强制开启，对火灾情况进行实时播放，并对居民进行疏导。不到一分钟的时间，已有几十位居民顺次离开了 9 号楼前往社区广场内的安置地点。与以往演练不同的是，参与演练的居民家中都配备了一个类似手电筒的‘民政社区应急广播’。居民手持广播可以随时了解火灾详情。”

也许是孤陋寡闻，也许是其他地方早有先例。但有一说一，这套应急广播的确比本章倡导的“楼宇危情报警”高级得多、先进得多，不仅警示楼内状况，而且把楼外后续行为对接得井井有条。然而，即使更高大上，仍然跳不出本章呼吁的“一个喇叭一根线”，不仅省功省力，而且省钱。

北京社区防灾首套智慧系统上线　灾害预警解决“最后一扇门”问题

社区灾害预警几秒钟通知到户

本报讯（记者　王薇）呼叫、定位、指挥、疏散、调配……昨天，全国首个多功能一体化社区防灾减灾管理平台落户西城区什刹海街道柳荫社区。九条胡同一条大街的30余个家庭率先领到了应急广播接收机。有了它，社区遇到火灾、风灾等突发事件，平台可通过远程控制直接强制开启安放在居民家中的广播，几秒钟内将灾害预警信息传递到户，真正解决了灾害预警信息“最后一扇门”的问题。

这套系统由中关村智慧减灾救灾产业技术创新战略联盟研制成功，并在全国综合减灾示范社区——西城区什刹海街道柳荫社区首家安装，目前进入试运行阶段。昨天，北青报记者在柳荫社区居委会见到了这个管理平台。平台配有硬件和软件设备，不少硬件救灾装备记者还是第一次见到。手摇扩音器就是一个，它不同于普通的电喇叭，可以照明、通话、报警，最关键的是能够手摇发电。遇到灾害，扩音器因频繁使用电池耗尽后，可以手摇充电继续发声。

社区还配备了应急救援工具包、救援服装和可折叠的担架。

平台的软件系统是核心，目前它已和气象部门预警中心对接，遇到极端灾害天气，需要提前进行灾害预警时，预警中心会将信息直接发送到民政部门

与“民政社区应急广播”相距6年，2017年5月7日，《北京青年报》刊发记者王薇采写的《社区灾害预警几秒钟通知到户》，其中说道：

“呼叫、定位、指挥、疏散、调配……昨天，全国首个多功能一体化社区防灾减灾管理平台落户西城区什刹海街道柳荫社区。九条胡同一条大街的30余个家庭率先领到了应急广播接收机。有了它，社区遇到火灾、风灾等突发事件，平台可通过远程控制直接强制开启安放在居民家中的广播，几秒钟内将灾害预警信息传递到户，真正解决了灾害预警信息‘最后一扇门’的问题。”

此举早过、好过楼宇危情报警装置，身为“西城区宏观决策顾问”，更乐得为“胡同新事”点赞。客观说来，“解决平房灾害预警”难过楼房，说起来曲径通幽，做起来盘根错节，同样“一个喇叭一根线”，预先走墙体线管，远比翻墙越脊、飞檐走壁省事得多。

有消息说“四成老人不会报火警”。有了“通过远程控制直接强制开启安放在居民家中的广播”，老人不老，危情不惧。

36—2 / 逃生通道

TAOSHENGTONGDAO

顾名思义，逃生通道绝非一般路径，可谓“向前一步生”，可谓“退后一步死”，而生死瞬间，全凭通道畅通与否。

严格来讲，逃生通道并非消防通道，简而言之，此通道多在建筑物内，包括步梯，更包括楼道，但后者常常被忽略不计。

● 36—2—1 逃生通道

(01) 安居要点 / 逃生通道　　　　眯起眼睛看西方

在起火之后的"止灾因子"中，排序第一是"危情报警"，而紧随其后则是"逃生通道"，此通道专指电梯之外的步行通道，国人亦称"防火通道"。上图所示为北美公寓的防火通道，楼一般，墙一般，但屋顶的零碎儿不一般。

静观国内"防火通道"，位置不同，材质各异，与国外相同之处是装有耐火材料制成的防火门，不同之处则是在我们的防火通道里几乎看不到"烟感报警"，几乎看不到"自动喷淋"。

水火无情更无常，尽管"防火通道"平日少有人走，少有堆物，但谁说此处就是避风港？谁说此处就是防火墙？又道是，此处失火谁先知，此处失火水在哪，举凡与消防相关的一切，缘何在此一推六二五。

居安思危，借题发挥 —— 从"火灾熏死的多过烧死的"考量，倘若通道里添些水龙头，忘带"湿毛巾"的逃客自会就地取材；从"名不正言不顺"的常理分析，"防火通道"不如"逃生通道"听起来更能警醒世人……

18 天大的小事

摘自《天大的小事》对照版

居民楼楼道起火 女子砸窗受伤

东直门一居民楼楼道起火，5楼一住户被困家中，情急之下砸窗

7日下午，东直门一居民楼楼道起火，5楼一住 | 内很多积水，楼门上方有被黑烟熏过的痕迹。在 | 到时楼内已经完全看不清，而此时501的住户情

尽管发生在消防通道中的事故、故事数不胜数，但至今无人意识到，包括楼道在内，其实也是消防通道。甚至，与常说的“最后一公里”比起来，这“最后一米”的属性更具刚性。

2017年2月8日，《北京青年报》刊发记者匡小颖采写的《居民楼楼道起火，女子砸窗受伤》，其中说道：

“东直门一居民楼楼道起火，5楼一住户被困在家中，情急之下砸窗求生，但不小心被割伤，待被消防队员救出时身上有多处血迹。现场有消防队员称是楼道起火。记者看到，楼内已无明火，浓烟也已经散去，但可以看到楼道内很多积水，楼门上方有被黑烟熏过的痕迹。在7单元门前路面上，有多处碎玻璃，并有几处少量的血迹。”

所幸“有伤无亡”。在救援过程中，再快的速度，再好的设备，再棒的消防人员，倘若最终在火场近前功亏一篑，既是在事主伤口上抹盐，同时也是对“消防通道究竟从哪到哪”的带血质询。

楼道起火 孕妇殒命

事发马家堡小区一居民楼一层 同时丧生的还有一名男子

本报讯（记者 罗京运）昨天晚上9点左右，丰台区马家堡一居民楼一层楼道起火，其中一男子和一名孕妇火中殒命。据居民称一层楼道里存放着许多废品和杂物。

起火楼是一栋老式砖楼，共有6层，一梯两户。昨天晚上10点40分左右，全楼已经断电，被疏散下来的部分居民守在楼外。3单元门口外拉起了警戒线，单元里面消防人员正在对一层人口处进行排查，燃气集团、自来水集团的工作人员也在门洞里进行勘察。

门洞里是起火点，北京青年报记者看到，里面有一些被烧毁的物品，但是看不出来什么材质。整个3单元的铁门已经被烧变了形。一名燃气集团的工作人员说，天然气管道在火灾里高温烘烤，可能存在漏气的危险。北青报记者在现场能够听到门洞里有"嗞嗞"的声音。

楼外停着一辆急救车，急救车上放着一具死者尸体。死者的丈夫以及其他家属在救护车周围痛哭不已。

北青报记者注意到，两辆消防车停靠在距离该楼较远的马家堡西路上，而没有停靠在起火的楼旁边。而马家堡西路通往这栋楼的小路上停满了社会车辆。据居民称，消防车在灭火时采用三卷消防带接驳式灭火。

据该楼的居民王先生说，他看到大火的时候是在8点30分左右，当时他从外归家，看到3单元楼道里冒出大火，照亮了整个楼道。当时3单元的铁门是关着的，起火最大的地方就在一楼门洞。

王先生说自己突然看到门洞左侧的窗户有一个人站在那里呼救，王先生随同另外两名居民试图施救，但打不开3单元的大门。居民们试图拉

工作人员在勘察事发现场　　摄影/本报记者 郁袋

与前文提到的受皮外伤的女士比起来，发生在早些年的那场楼道着火事故则令人不寒而栗。2014年5月14日，《北京青年报》刊发了记者罗京运采写的《楼道起火，孕妇殒命》，其中说道：

“昨天晚上9点左右，丰台区马家堡一居民楼一层楼道起火，其中一男子和一名孕妇火中殒命。据居民称，楼道里存放着许多废品和杂物。门洞里是起火点。记者看到，里面有一些被烧毁的物品，整个3单元的铁门已经被烧变了形。一名燃气集团的工作人员说，天然气管道在火灾里高温烘烤，可能存在漏气的危险。据该楼的居民王先生说，当时他从外归家，看到楼道里冒出大火，照亮了整个楼道。当时铁门是关着的，起火最大的地方就在一楼门洞。”

借助血的教训，除探讨“消防通道从哪到哪”之外，还可一并对“最后一米”的消防通道究竟该有怎样的相应规定进行会诊。与前文同，两例事故的发生均与楼道堆积易燃杂物有关，与小区“私家车挤占消防通道”比较而言，道理一样，危害一样，后果一样，罪过一样。

派出所开首张“个人消防罚单”

疏散通道成了居民“自留地” 东城区一市民被罚50元

民警在居民楼里检查清理可燃杂物

2016年5月29日，《北京青年报》刊发《派出所开首张“个人消防罚单”》，告知，为避免火灾疏散不畅，东城区龙潭派出所对楼道存在火灾隐患的居民楼进行排查，并逐户提示不要在楼道堆放杂物。逾期未改将依法开具罚单。

北京论坛

“个人消防罚单”可别昙花一现

“首张个人消防罚单”是北京“警力下沉”改革的一个标志。值得强调的是，这并不是运动执法的杀鸡儆猴，而是常态化执法的“零的突破”。

5月27日，北京市一名居住在幸福北里小区的市民，因在楼道里堆放杂物，构成“堵塞疏散通道、逾期不改”的消防违法行为，被东城区龙潭派出所处以警告以及50元罚款的处罚，这是由北京市派出所开出的首张“个人消防罚单”。

其实，居民在楼道里堆放杂物，堵塞楼道，似乎是件见怪不怪的事情了，这次为什么会遭到处罚呢？

我国《消防法》第二十八条明确规定：任何单位、个人不得占用、堵塞、封闭疏散通道、安全出口、消防车通道。个人违反前述规定，将处警告或者五百元以下罚款。但在我们的印象当中，似乎只有舞厅、饭店、百货商店等单位占用了疏散通道才会被处罚，很少听说有居民被处罚。于是，这种“见怪不怪”也让很多居民产生了侥幸心理，以为堵塞楼道并不算违法，最多算是“不文明”。

事实上，《消防法》等法规未明确由哪个部门实施前述监督，而之前消防检查、处罚，主要是由公安机关内部的消防部门来执行。但消防部门人手相当有限，不可能像派出所这样广泛接触基层，所以之前执法很难触及居民楼。

而这次，北京调整了“消防监督执法权限”，将开具消防罚单的任务划归到派出所民警，使得一线执法力量能够深入小区，在楼道中发现消防监督的“死角”，触动了之前消防执法较难触及的地方。可以说，这次的“首张个人消防罚单”也是北京“警力下沉”改革的一个标志。

值得强调的是，这次的“首张个人消防罚单”并不是运动执法的杀鸡儆猴，而是常态化执法的“零的突破”，因为这次“消防监督执法权限”调整后，今后对于楼道的消防监督执法，将是派出所片警的日常性工作。而且这次的执法，也是先告知、要求整改；对拒不整改的居民，才做出处罚，也体现了法律宽严相济、教育与处罚相结合的原则。

虽然可能个别居民对于楼道堆放杂物的“违法定性”不以为然，但保持楼道通畅的确是对居民的生命负责。北京市公安局消防局法制处宋丽娜介绍称，消防灭火救援有两个顽疾：一是在楼道里堆杂物、给电动车充电；二是私家车占用应急通道。2014年7月管庄西里建东苑小区火灾；去年11月车公庄大街一号院数间板房着火……很大因素，是由于楼道堆放杂物引发。

“祸患积于忽微”，消防法规中的字字句句，都是以生命为代价书写的，作为个人，理应学会遵守、敬畏消防法规，不要在涉及生命的问题上自欺欺人。别把在居民楼道中堆放杂物不当成违法，更不能见怪不怪，真的发生了火灾，没有地方买后悔药。

□徐明轩（法律工作者）

针对上述新举措，2016年5月30日，《新京报》刊发《“个人消防罚单”可别昙花一现》。文章不作摘引，仅标题十数字，就清晰道出“‘首张个人消防罚单’并不是运动执法的杀鸡儆猴，而是常态化执法的‘零的突破’”。

我们日夜在聆听 市政府12345 市情与民声 详见北晚官方微信

又到天干物燥火灾高发季节

楼道里的这些杂物赶紧清清吧

临近年底，很多市民发现，楼道里的杂物又出现抬头的情况。及时消除消防安全隐患，不能只是一阵风的事，以往的教训不能随着时间慢慢遗忘。最近，市非紧急救助服务中心12345接到了不少市民关于楼道杂物堆积、楼道电动车充电的现象。

地点1 太平桥西里39号楼

楼道天花板挂满杂物

年底，消防安全再次成为不少居民关注的焦点问题。太平桥西里39号楼居民看到，近期楼内电动车停放、堆放杂物问题又有抬头的趋势，希望相关部门帮忙协调解决。

居民王女士说，楼内堆放杂物有自行车、各类旧家具，甚至是拆下来的旧门板。每当有人反映，物业贴了通知提醒，多少有些改观，可也保持不了太久。

走访中，记者在楼道内也确实发现了王女士提到的各类杂可以追溯到今年夏天，而最近的一次则是在上个月。

太平桥西里39号楼是一栋老式筒子楼，在每层楼道的两端杂物堆积的情况较为普遍，楼道中部的空间，则多被电动车占用。该楼8层是居民反映最集中的地方，不光是地面，连墙壁上的管道也被人加上挂钩用来悬挂物品，头顶处的天花板大面积破损，夹层处除了一些管线还被人塞进了包括儿童玩具在内的杂物。有居民告诉记者，此前有热心居民有意替大伙儿清

中上园9号院33号楼楼道内堆放杂物。

地点4 中上园9号院33号楼

楼道变家具电器仓库

通州区中上园9号院33号楼的居民发现，楼道存在杂物堆积现象，甚至有些楼层的安全出口被自行车、电动车堵住。

居住在中上园的李先生告诉记者，33号楼不止一个楼层的楼道存在杂物堆积现象，而是33号

2018 年 12 月 4 日，《北京晚报》刊发报道，说道：“临近年底，很多市民发现，楼道里的杂物又出现抬头的情况。及时消除消防安全隐患，不能只是一阵风的事，以往的教训不能随着时间慢慢遗忘。”

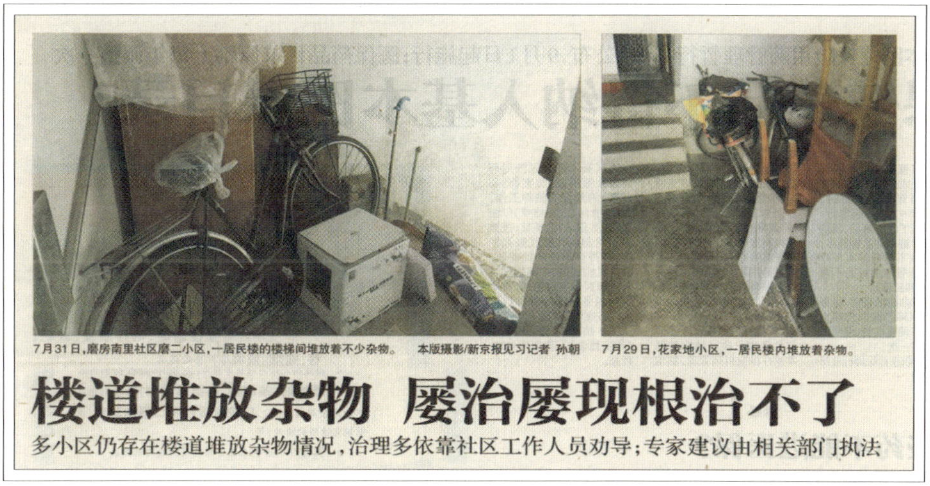
7月31日，磨房南里社区磨二小区，一居民楼的楼梯间堆放着不少杂物。 本版摄影/新京报见习记者 孙朝

7月29日，花家地小区，一居民楼内堆放着杂物。

楼道堆放杂物 屡治屡现根治不了

多小区仍存在楼道堆放杂物情况，治理多依靠社区工作人员劝导；专家建议由相关部门执法

楼道堆放杂物已成陋习。2020 年 8 月 2 日，《新京报》刊发《楼道堆放杂物，屡治屡现根治不了》。尽管文章所讲述的是“楼道通行不畅险些耽误急救”，但折射的却是“老问题、老大难”。

36—3 / 逃生门

TAOSHENGMEN

逃生门又称安全门。顾名思义，为“能否逃生”的最后关卡。遇事，开则昌，闭则死，无人值守，全凭门闩好使与否。

事故时有发生，媒体时有发声，逃生门缘何屡屡变成“地狱门”？有多少逃生门被人为封锁，知错必纠，但补牢不能总在丢羊后。

● 36—3—1 逃生门

(01) 安居要点 / 安全出口　　静下心来想自己

有点经历的人大多见过"安全出口"，大到商店酒店，小到会所公寓，虽说亲身遭遇灾难的人少，但世人皆知，遇有不测此地功德无量。遗憾的是，国人对出口位置的选择超过对出口门户的设计，因此"安全门"未必就安全。

图中"安全门"看上去五大三粗，但实际上却讲究得很，细腻得很。平日大门紧闭，可一旦遇到凶险，即便是无人值守，即便是混乱不堪，但现场疏散依旧会鱼贯而"出"且"许出不许进"。

门无异，人无异，唯独"门把手"很怪异，但见坚不可摧，但见一字排开；凭此黑暗中开门随心所欲，慌乱中出逃心里有底，包括用手用脚，包括用头用腚，只要用身体任何部位将横杠按下去，大门随即开启。

由此海阔天空想了许多，但思路最终还是落到了人们常说的"应急预案"上。不知从何年何月何日起，此类"事后诸葛亮"无所不能且包罗万象，虽无可厚非，但相比之下，本图所示却是"以不变应万变"的事先考量……

城市如何让生活更美好 19

摘自《天大的小事》对照版

吉林大火亲历者称逃生门被堵死

事故原因仍在调查 救援紧张进行 相关责任人被控制

火灾突发，逃生通道被堵

先爆炸还是先起火，事故原因在调查

救援紧张进行，责任人被控制

新华视点

新华时评

别让生命承受安全之殇

笔者撰写“剪刀糨糊/我”系列读本有个习惯，基本是在自有存报的基础上加以分析。之所以如此这般，一是自家的存报数量足够多，另一是喜欢边搜集边研判，不太习惯事后再丰富原始素材。

关于逃生门的相关资讯是从当年一场火灾开始搜集的。2013 年 6 月 3 日，《新华每日电讯》刊发记者宗巍、周立权采写的《吉林大火亲历者称逃生门被堵死》，其中说道：

“截至记者发稿，这场特别重大火灾已经造成 119 人遇难，令人痛心疾首。成功逃出的于国华说，这次火灾发生非常突然，而且强度很大，车间工人的工位又非常密集，这些都给逃生带来了困难。此外，工人平常缺乏火灾逃生技能和训练，很难有序逃离现场。还有另一个重要原因，就是有的逃生门关闭，无法让逃生的人流有效通过。”

如果没有记错，逃生门之前叫作安全门。按理说，“逃生”比“安全”更瘆人，可实际上似乎没有多少人视此为有可能瞬间阴阳两隔的分水岭。

[今日快评]

有多少逃生之门被人为封锁?

苏文洋

大火无情。

100多条鲜活的生命瞬间被大火吞噬。每当一个家庭有人逝去时，对家庭成员来说，都有一种天塌下来的感觉。100多个家庭的天瞬间塌了下来，这种感觉何其沉痛。

大火无情，人有情吗?

或许大火之后，有人表现出来一点情分、一点情怀。但是，在火灾发生前，又有多少人表现出来人有情呢?

人最无情的证明，就是人为地把逃生之门统统封锁，更有甚者统统封死。

6月3日，吉林省德惠市一家禽业公司车间发生大火，仅仅因为管理者为防止人员走动影响工作秩序而将大部分车间门封闭，据说只有一侧的门可以打开，致使火灾突然发生后，工人们无法迅速四散逃生。事故发生后，人们开始反思事故原因，人为封锁的逃生之门再次成为公众舆论的关注点。

几乎所有造成重大人员伤亡的火灾事故，事后查明都存在安全门被堵住的问题。公共场所为什么要设计不止一个出口，就是为出入方便，遇到紧急情况，给人的逃生提供便利。人为封锁逃生之门，正是极少数人对大多数人的无情。这次追查事故责任人，我期待着把那些指示和执行封锁逃生之门的家伙统统绳之以法，一个也不能放掉。

公共场所的门是很有讲究的。比如，欧洲很多国家，餐馆的大门必须是向外推开的，这是为了逃生之便。否则，餐馆根本不允许开业。中国的餐馆开业考虑过这一点吗?

记得我上中学时的北京五中，每间教室一侧都有前后推拉门。门很宽敞，差不多有一个半普通屋门大小。推拉门是日本人搞的，据说这所学校是日本占领北平时盖的，大概是上个世纪四十年代初期的建筑。现在，早已经拆掉了，新建的教室有几个门、门有多宽我不知道了。一个教室有两个门，每个门都很宽敞，这就为逃生提供了方便。别看日本侵略者没有人性，但在公共建筑的设计上，建筑设计人员都非常人性化，其人性化水准至今让我们的一些建筑设计望尘莫及。

火灾的原因多种多样。公安消防和安监部门如果不能保证预防火患，但人民赋予你们的权力，最低限度要求你们保证公共建筑的门应当是可以向外推开的，逃生之门是不允许从外面封锁的。我建议全国公安消防和安监系统，用一年左右的时间，狠抓一下逃生之门的问题。一年之后，凡是公共场所，大门不能向外推开，一律不许使用，除非这个门永不关闭。此外，凡是逃生之门被封锁住了，按日罚款，一个门至少一天罚一千元。有公众举报，一半罚款归于举报者。安全带不系还要罚款呢，安全门开不了岂能不罚款?安全带不系，死伤只是车内一个人的事情;安全门打不开，死伤是众多人的事情，何以厚此薄彼，有关部门不妨自我检查一下原因。

有多少逃生之门被人为封锁?这是一个有无数沉痛教训的生命之问。在天之灵要问，活着的生灵更要问。 J012

2013年6月5日，《北京晚报》刊发苏文洋撰文，告知：“吉林省德惠市一家禽业公司车间发生大火，仅仅因为管理者为防止人员走动影响工作秩序而将大部分车间门封闭，据说只有一侧的门可以打开，致使火灾突然发生后，工人们无法迅速四散逃生。”

事故发生后，人们开始反思事故原因，人为封锁逃生之门再次成为公众舆论的关注点。公共场所的门是很有讲究的。比如，欧洲很多国家的餐馆大门必须是向外推开的，这是为了逃生之便，否则餐馆根本不允许开业。

引起火灾的原因多种多样。消防、公安和安监部门即使不能保证预防火患，也要最低限度保证公共建筑的门应当是可以向外推开的，逃生之门是不允许从外面封锁的。建议全国消防、公安和安监系统，用一年左右的时间，狠抓一下逃生之门的问题。一年后，凡是公共场所，大门不能向外推开，一律不许使用，除非这个门永不关闭。

有多少逃生之门被人为封锁？这是一个有无数沉痛教训的生命之问。

快递小哥徒手爬楼火场救人

当时正在送快递　徒手砸开阳台防盗网　称没想到自己会红

2月14日上午9点多，湖北嘉鱼县东岳路一居民楼突发大火，一名女子被困屋中。附近一位快递员爬上三楼阳台，用肘部撞开防盗网，将女子救下。快递小哥的同事将火场救人全程录下，传到网上之后，这个快递小哥火了。

在这条10分钟左右的视频中，一栋居民楼中的一间屋子着火，火苗已蹿出窗外，并伴有大量黑烟。在着火屋子的隔壁房间，一名女子站在阳台防盗网里等待救援。而在防盗网外，一名身穿红色外套、头戴白色帽子的男子，沿着防盗网之间的空隙慢慢移动，试图救出这名女子。

几分钟后，该男子移动至离起火处最近的防盗网一侧，用手敲打上面的防盗窗，敲打几下后，防盗窗被打开，被困女子从窗口中爬出。最后两人沿着梯子安全下到了地面上。

昨日，北京青年报记者联系到视频中这位身穿红色外套的救人男子。该男子名叫张洋，是当地一家快递公司的快递员。火灾发生时，他和同事们正准备去派件，突然看到斜对面的一栋居民楼起了火，便马上赶到现场。

"当时着火的房间火势比较大，一直冒烟，一个女子站在旁边房间的防盗网里，看着挺危险的，我就决定上去救她。"张洋说，着火的地点在三楼，顺着二楼外墙防盗网，他徒手爬上被困女子所在房间的防盗网处。在地面上的同事担心张洋的危险，还扔了一根黑色的绑带让他固定。

张洋称，爬上防盗网后，他试图用钢筋把防盗网撬开未果。最后他用手肘生生敲开了防盗网的金属护栏。

这时，张洋的同事突然发现张洋的后脑勺处被火烧掉了一片头发。"什么时候被烧的我都不知道，当时根本没感觉。"

把被困女子救出来后，张洋在原地休息了一会儿，等到消防官兵到来后，他就离开了事发地点。张洋称，回到工作单位后，他觉得体力不支，就和老板请了半天的假休息。

张洋说，当时存在危险的情况，"但我当过两年武警，爬到三楼没有问题，真正危险的是那个女子，当时火都烧到房门了。"

对于自己救人的事情走红网络，张洋称完全没有想到，认为自己只是做了一件正常的事，没有想到会得到这么多的关注。

被救女子孙女士告诉北青报记者，着火的是她家的一间卧室，当时她和她的丈夫正在着火卧室旁的房间里，"我丈夫发现家里起火后，想出去喊人帮忙灭火，但后来风把火吹到客厅里，他就被烧伤了。"丈夫最后从客厅阳台上跳楼逃生，而孙女士因为火势太大，只能躲在房间的阳台上等待救援。

孙女士回忆，她躲在阳台上不久后，张洋就爬上楼把她救出，"当时隔壁的火很大，不知道什么时候会烧过来，他来救我，我十分感谢他。"

文/本报记者　黄筱菁

快递小哥张洋徒手爬上三楼，用手肘生生敲开防盗窗，将被困女子救出火场　视频截图

遇事夺门而逃是常见事，而当大火封门无路可逃之时，夺“窗”而逃往往成为逃生首选。故而，有惜命者居安思危，事先将逃生绳索系在窗框边，以备不时之需。

遗憾的是，随着楼宇防盗网日渐增多，此逃生路不再时时开通。2016 年 2 月 19 日，《北京青年报》刊发记者黄筱菁采写的《快递小哥徒手爬楼火场救人》，其情其景，既令人心存敬意，又让人心头发紧。文章说道：

“湖北嘉鱼县东岳路一居民楼突发大火，一名女子被困屋中。附近一位快递员爬上三楼阳台，用肘部撞开防盗网，将女子救下。快递小哥的同事将火场救人全程录下，传到网上之后，这个快递小哥火了。”

按理说“快递小哥火了”，挡住屋主逃生去路的“防盗网们”应该遇冷，但事实并非如此。笔者在国外考察期间，很少见到防盗网。有说当地无贼，也有说“即便有贼也不让安装防盗窗”。是耶非耶，虽莫衷一是，但“无人安装”一定有其客观原因，一定有其群众基础。

冷漠拍下残忍的42秒!

广东消防连发五条微博谴责袖手旁观拍摄者

14日下午,广州市花都新华街发生一起火灾,一名男子身亡。而有一段视频,却让广东消防怒了。视频中男子被熊熊烈火逼到防盗窗上,男子绝望的哭嚎声让人触动。但是,视频拍摄者却对着他拍摄了整整42秒!

15日下午至16日凌晨,广东消防的官方微博一连更新五条微博,言辞极为严厉地回应了一段名为《火灾拍摄者残忍42秒》的视频及其拍摄者。该段视频显示:一户居民楼上突发大火,楼内男子被大火逼到一个外窗的防盗窗上,哭喊着大声呼救。随后广东消防部门对这起火灾进行了通报:4月14日16时许,花都警方接到报警,称新华街横潭村北闸某住宅楼5楼发生火情。接报后,民警和消防官兵迅速到场处置,16时40分,现场明火被扑灭,火场内发现一具男性尸体。经核实,死者为该屋主李某。

谴责 消防官微5条微博怒斥拍摄者

第一条微博

2016年4月17日,《北京晚报》披露了“广州火患有人冷漠拍下残忍的42秒”。读罢,在谴责无良的同时,不禁要对困死生命的防盗网直接说“不”。先把无良之徒放一边,看看一条鲜活生命如何定格于防盗网前:

“一户居民楼上突发大火,楼内男子被大火逼到一个外窗的防盗窗上,哭喊着大声呼救。接报后,民警和消防救援人员迅速到场处置,现场明火被扑灭,火场内发现一具男性尸体。经核实,死者为该屋主李某。”

但凡看过现场图片,就无须用文字再作描述。被自家花钱安装的所谓防盗网,活生生地卡在那里。痛定思痛,如此悲剧谁之过,谁之罪,喊天不语,问地不答。

不禁扪心自问,难道防盗网非装不可?难道防盗网必须固若金汤?答案既与价值观关联,也与方法论沾边。早在2015年,《报刊文摘》就曾刊文《勿让防盗网成夺命网》,不仅指出此网害人不浅,而且提示“如果非安不可,不妨在网上再开个可以上锁的小小逃生窗”。

两层及以上出租屋禁设防盗网

以免影响逃生和灭火救援；北京首次出台《城乡接合部消防安全治理标准（试行）》

本报讯 （记者郭超）出租屋住15人以上，出租人应制定灭火应急疏散预案；两层及以上出租屋禁设防盗网，以免影响逃生和灭火救援。

市消防局消息，近日，市防火安全委员会出台了《城乡接合部消防安全治理标准（试行）》。这是北京首部专门针对城乡接合部的消防管理办法。

农舍出租屋纳入消防安全治理范围

城乡接合部一直以来是火灾防控的薄弱区域，随着城市化不断推进，该地区非法违法建设、出租房屋、“三合一”、“多合一”等建筑、场所，火灾隐患日益突出，具有较高火灾危险性。

据市防火委办公室介绍，近两年，北京市城区消防管理体系较为完备，城乡接合部成为消防弱势区域。由于居住人口密集，一旦发生火灾，容易形成群死群伤。市防火委办公室根据《北京市消防条例》、《北京市房屋租赁管理若干规定》等法规，最终出台了《城乡接合部消防安全治理标准（试行）》，并以市防火委名义印发全市贯彻执行。

《标准》明确了适用范围，将城乡接合部的村庄及自然形成的建筑群体，包括村民农舍、出租房屋及用于生产、储存、经营的场所，全部纳入消防安全治理范围，从消防安全基础建设、消防安全主体责任、消防安全管理3个方面做出明确治理规定。

出租屋住15人以上应建灭火应急预案

《标准》明确了村民、房屋出租人、承租人应履行的消防安全主体责任，特别指出：用于出租、生产、经营的房屋及村民农舍两层及两层以上的建筑，严禁在门窗设置防护栏、防盗网等影响逃生和灭火救援的障碍物；严禁随意倾倒液化气残液和私自灌气；严禁住宿场所与生产、经营、存储场所合用；用于出租的房屋的疏散楼梯严禁设置在封闭天井内。

用于出租的房屋单层建筑面积超过200平方米，或单层居住人数超过30人的，每个楼层应当至少设有两部疏散楼梯；用于出租的房屋，出租房间达到10间以上或出租房屋居住人员达到15人以上的，出租人应当建立相应的管理制度、灭火应急疏散预案，明确专门的管理人员，设置监控、灭火等消防设备设施和安全通道。

消防安全基础建设方面，《标准》对城乡接合部消防安全布局以及消防车通道、消防水源、专职（志愿）消防队伍等建设作了具体规定，明确提出当建筑密集区达到一定平方米数量时，应设置防火隔离带；不具备给水管网条件或室外消防给水系统不符合消防供水要求的村庄，应建设消防水池或利用天然水源设置消防水源。

其实，很多年前，有关部门就对局部地区的防盗网说“不”。2011 年 11 月 25 日，《新京报》记者郭超撰文告知“两层及以上出租屋禁设防盗网”，目的是“以免影响逃生和灭火救援”。其中说道：

“近日，市防火安全委员会出台了《城乡接合部消防安全治理标准（试行）》。这是北京首部专门针对城乡接合部的消防管理办法。《标准》明确了村民、房屋出租人、承租人应履行的消防安全主体责任，特别指出：用于出租、生产、经营的房屋及村民农舍两层及两层以上的建筑，严禁在门窗设置防护栏、防盗网等影响逃生和灭火救援的障碍物。”

从 2011 年至今，不清楚相关规定是否由城乡接合部向城区不断延伸，也就是说，不清楚这样的好规定是否也适用于城区的居民楼、写字楼。倘若有，“居以安为先”没白提倡；反之，真的有必要反思反观，反躬自问。不难发现，如此之多、如此之广却又如此之“不认吕洞宾”的防盗网，似乎没有对应的行业标准。

居民楼安装防盗网 部分未留逃生门

记者探访发现居民楼防盗网部分用于置物，存安全隐患；业内人士建议应制定安装规范标准

近日，广州市荔湾区发生一场火灾。从现场的视频可以看到，房屋被大火吞噬，一家人被逼到阳台，牢固的防盗网阻挡了逃生的线路。父母以身挡火护住女儿，最终母亲不幸丧生，父亲严重烧伤。

类似状况在国内时有发生。2015年5月，河南鲁山一养老院发生大火，防盗窗阻碍了消防救援和被困人员逃生，火灾最终导致38人死亡。2017年7月，常熟市虞山镇漕泾2区74幢发生重大火灾，因防盗窗封死逃生通道，消防人员无法及时救援，造成22死3伤。

本是为安全而装的防盗网，为何成为了火灾发生时的“夺命栏”？新京报记者就此探访北京多个小区。

▶7月3日，北京小红门鸿博家园二期，不少住户家都安装防盗网，且未备有逃生门。本版摄影/新京报记者 李木易

终于，“居民楼安装防盗网，部分未留逃生门”成为新闻标题。2019 年 7 月 6 日，《新京报》刊发记者张静姝、李木易采写的专题报道，其中说道：

“近年来，因防盗网封死逃生通道致人死亡的事件时有发生。本为安全而装的防盗网，竟成了火灾发生时的‘夺命栏’。记者探访发现，在北京部分社区，居民家安装防盗网的情况十分常见。这种金属网格被赋予多种用途：防盗、防坠落、置物。消防部门建议安装防盗网时要留逃生门。”

文章披露：“近日，广州荔湾区发生一场火灾。房屋被大火吞噬，一家人被逼到阳台，牢固的防盗网阻挡了逃生的线路。父母以身挡火护住女儿，最终母亲不幸丧生，父亲严重烧伤。2015 年 5 月，河南鲁山一养老院发生大火，防盗窗阻碍被困人员逃生，导致 38 人死亡。2017 年 7 月，常熟虞山镇发生重大火灾，因防盗窗封死逃生通道，消防人员无法及时救援，造成 22 死 3 伤。”

从 1999 年起，笔者“宜居研究”历时 20 余年。虽“明者因时而变，知者随事而制”多有进化，但“居以安为先，宜以适为度”的初始理念始终未变。

36—4 / 逃生梯

TAOSHENGTI

逃生梯多指老旧楼房的外挂梯，是逃生通道的延展，属于没辙的辙。毕竟多条出口，高层居民遇事就多了一线生机。

应该讲，老楼加装电梯造福不少人，但从“居以安为先”考量，逃生梯能一并开工最好。若暂时只能二选一，先紧逃生梯为妙。

（01）安居要点 / 消防挂梯　　眯起眼睛看西方

在和西人相处了一段时间以后，发现“洋鬼子”身上的确有许多可学之处，譬如讲排场但不死要面子，譬如爱打扮但绝不活受罪。回到居家话题上，附着在楼宇表面的“逃生梯”似乎更能说明问题。

我不是建筑专家更不是考古学家，所以很难判断“是先有楼还是先有梯”，但我知道，那是较为古老的物件，当时人们或许想不了许多也顾不了许多，庆幸的是，由于思无定式，所以才给“生机”预留了出口。

无论基于怎样的考量，我相信把逃生楼梯挂在楼房外面一定需要取得社会共识，人们接受或接纳了它，说明注重“统一观瞻”和“窗帘效应”的西人并未因注重形式而掉入形式主义。换言之，尽管生活服从了统一观瞻，但再大的观瞻也要听命于生死。

基于此种考量，本书开篇才一改以往叙述顺序，先说“居以安为先”，后谈“宜以适为度”，生命只有一次，“安为先”有助生命正常延续……

20 天大的小事

摘自《天大的小事》对照版

天通苑东三区消防楼梯安窗外

居民怕“走光”不敢开窗帘

本报实习生 赵景鹏摄影报道

天通苑东三区54号楼和56号楼是连体建筑。最近，位于56号楼四层的“天顺宾馆”，在窗户外侧，临时修了一座宽约1米左右的铁板楼梯，引起居民的不满。

昨天下午，天通苑东三区54号楼7单元五层的刘女士对记者说：“最近一段时间，我只好把卧室的窗帘整天都拉起来，白天屋内没有一点阳光，我们也只好这样忍着。反复找过物业好几次了，到现在也没有回音。”刘女士说，只要有人在外面楼梯上经过，铁梯发出“咣当、咣当”的噪音不说，重要的是卧室里的一切就完全暴露了。

住在四层的吴先生则担心新修楼梯和窗户距离太近会给小偷和不法分子可乘之机。“窗户和楼梯离这么近，只要一跨步就进屋了，以前下班晚就住在单位了，可自从窗外修了这个楼梯后，我不管多晚都得回家，生怕家里被偷。”吴先生说。

天顺宾馆的工作人员张先生告诉记者：“窗户外那座楼梯，我们的初衷是想把它作为消防通道，谁知居民意见太大，我们决定过段时间就把它拆除。”

方佳物业公司接待中心工作人员证实说：“关于楼梯的问题我们已经和天顺宾馆谈妥，他们会给居民一个满意的答复。”

昌平区北七家派出所民警表示，楼梯距离居民家窗户太近，这确实存在安全隐患。

逃生梯在我国并非新事物，不少地方早就有，甚至不少地方“早已拆”。2006年6月27日，《华夏时报》告知，由于“天通苑东三区消防楼梯安窗外”，居民怕“走光”所以不敢开窗帘，同时还怕“引狼入室”。

居民顾虑不无道理，由此可见，安装“外挂逃生梯”虽为善举，但安装方法、使用规则却有待进一步明细明确，包括“位置选择有说法”，包括“无火灾不得通行”，包括“受影响住户如何褒奖”，其实均应有对应考量。

从某种角度讲，“为民服务”是门手艺，作为特殊的手艺人，对于服务对象的需求，有些要无条件服从，有些则要学会循循善诱。

通常，新建楼房除电梯之外，一般还有步行通道，而老旧楼房则不然，遇到火灾万一楼梯被火封堵，后果可想而知。

2017 年 3 月 15 日，《北京青年报》记者张香梅披露“居民楼起大火，27 辆消防车救援”。文章说道：

“着火区域主要集中在一栋四层居民楼的顶层，浓烟一直向周围蔓延，被烧毁的玻璃、砖块等建筑材料携带燃烧的火苗向下掉落，并不时发出噼里啪啦的声音。至少有六七家居民的窗户全被震碎，该楼一单元顶层居民的房顶和墙壁已坍塌，墙壁上的空调被烧成黑色，楼下停放的三辆私家车的车窗玻璃被砸碎。”

据该楼居民刘先生称：“当时火势已经很大，整个房间和楼道里全是浓烟，我赶紧用毛巾沾了水，捂着鼻子飞奔下了楼，但家里东西基本被烧空了。”刘先生虽然损失惨重，但能飞奔下楼捡了条命仍属不幸中的万幸。回到本章核心所言，倘若老旧楼房能够想方设法加建逃生梯，即便遇到了火灾，至少也会“多条通道多条命”。

全市首个验收合格老旧小区室外电梯投入使用 居民感叹：

“最受益的就是我们这些老人”

今天上午，位于东城区和平里一区4号楼4单元的一部独立承重的室外电梯正式投入使用，这是全市首个通过验收、投入使用的老旧小区增设电梯试点工程。

北京市中心城区目前需要加装电梯的老旧住宅，涉及25万个楼门洞，符合增设电梯条件的，约有15万个，如何解决老人回家的最后十几米垂直交通难题？

[现场] 周边老街坊纷纷来参观

主体钢结构、四周玻璃通透，和平里一区4号楼4单元加装的这部电梯“吸粉”无数，尤其是周边社区的老人们，打从电梯安装伊始，得知消息的老人们就纷纷赶来观摩。

电梯所在的位置，是原先楼门所在。改装完成后，楼道门向西挪了一米多。电梯外观长度2.2米，纵深2.4米，轿厢内部尺寸为1×1.2米，可同时承载6个人，轮椅进出也十分方便。电梯经停1、2、4层休息平台，老人只需向上或者向下步行8级楼梯即可到家。

据和平里一区社区居委会书记尉红梅介绍，和平里一区4号楼建成于1962年，这里住户平均年龄都在80岁以上，上下楼出行十分不便。其中有一位90多岁的住户，曾经给人大代表写信，希望可以在楼外安装电梯。4号楼虽然只有98户居民，但背后却涉及15家产权单位，所以，协调电梯加装工作也是举步维艰。4单元这部电梯能够加装成功，离不开各方面的推动，但最难得的是老邻居们的相互体谅。

众所周知，老旧小区安装电梯最为迫切人群，就是那些住在高层的住户。对于一层和二层居民来讲，需求并不大。尤其是一层居民，还可能影响其采光，因为一层住户不赞同，许多老旧小区安装电梯的工作无法顺利开展。

[心声] 居民加装电梯意愿强烈

今天上午，家住和平里一区四号楼4单元的93岁老人赵桂兰在女儿冯秀珊的陪伴下，乘坐新安装的室外电梯下楼与重孙一起散步。

本报记者 胡铁湘摄 J125

近10年来，在社会各界大力推动下，北京老旧小区室外电梯加装工作有了大幅提升。2017年6月12日，《北京晚报》记者刘琳披露相关消息，告知“最受益的就是我们这些老人”。文章说道：

“本报记者、原市人大代表张风一直关注老楼加装电梯，他在北京两会上多次为此奔走呼吁。在张风代表和本报共同的推进努力下，2010年，市住建委、规划委等七部门联合颁布了《关于北京市既有多层住宅增设电梯的若干指导意见》。今天上午，位于东城区和平里一区4号楼4单元的一部独立承重的室外电梯正式投入使用，这是全市首个通过验收、投入使用的老旧小区增设电梯试点工程。”

在为“尚有25万个楼门洞有需求，其中15万个楼门洞符合增设电梯条件”祝福之时，仍为“老旧楼房加装防火挂梯”牵挂。不想比对，但两者的确有一比，无论是“普遍受益的广大居民”，还是“最受益的就是我们这些老人”，《天大的小事》对照版10余年来倡导的“居以安为先，宜以适为度”，似已说明两者孰轻孰重、孰先孰后的利害关系。

住建部：鼓励老小区装电梯配建停车场

要求各地尽快摸清老旧小区类型，明确改造标准和范围；完善老旧小区水电气、养老、抚幼等设施

新京报讯 城镇老旧小区改造正在各地加紧进行。昨日，国务院新闻办公室举行政策吹风会，住房和城乡建设部副部长黄艳在会上透露，下一步住建部将指导各地抓紧摸清当地老旧小区类型、居民改造愿望等需求，在此基础上明确改造的标准和对象范围。并鼓励有条件的地方加装电梯，配建公共活动场地、停车场，并逐步完善养老、抚幼、医疗等设施。

全国需改造老旧小区涉及上亿居民

继今年《政府工作报告》对城镇老旧小区改造作出部署后，近期召开的国务院常务会议再对推进老旧小区改造进行部署。据各地初步摸查，目前全国需改造的城镇老旧小区达17万个，涉及居民上亿人。

黄艳介绍，城镇老旧小区由于原来设计标准比较低，再加上维护、养护不到位，问题突出。比如，管网破旧，上下水、电网、煤气、光纤设施缺失，或老化严重。养老、抚幼等公共服务缺失，文化娱乐、健身、机动车和非机动车的存放等也普遍存在问题。尤其很多老旧小区老龄化程度较高，老年人急需电梯。

将尽快摸清老旧小区类型和居民改造愿望

谈及下一步工作计划，黄艳表示，住建部将指导各地抓紧摸清当地城镇老旧小区的类型、居民改造愿望等需求，在此基础上明确城镇老旧小区改造的标准和对象范围。

创新城镇老旧小区改造投融资机制，运用市场化方式吸引社会力量参与等。

在城镇老旧小区改造基础上，顺应群众意愿，积极发展社区养老、托幼、医疗、助餐、保洁等服务。推动建立小区后续长效管理机制。

【老旧小区定义】

●建成于2000年以前

●公共设施落后影响居民基本生活

●居民改造意愿强烈

来源：住建部、发改委、财政部《关于做好2019年老旧小区改造工作的通知》

■ 亮点

老旧小区改造先“保基本”

记者注意到，2017年底，住房和城乡建设部在厦门、广州等15个城市启动城镇老旧小区改造试点。据黄艳介绍，截至2018年12月，试点城市共改造老旧小区106个，惠及5.9万户居民。

黄艳在会上表示，目前老旧小区改造初步分为三类，包括保基本的配套设施、提升类的基础设施、完善公共服务类的内容。

黄艳表示，老旧小区改造从“保基本”开始，根据需要逐步提升和完善。住建部还将通过广泛调研，进一步明确改造内容。

考虑到地区差异比较大，各省区市可以在此基础上根据实际情况，根据自己所在的城市需求，制定城市或社区需要改造的内容清单。

【老旧小区三类改造内容】

●**保基本配套设施**：和居民生活直接关系的水、电、气、路等市政基础设施的维修完善，北方地区供暖设施修缮，加装电梯，建设垃圾分类配套设施。

●**提升类基础设施**：包括公共活动场地，有条件

2019年7月2日，《新京报》刊发记者许雯采写的《住建部：鼓励老小区装电梯配建停车场》，其中说道：

“昨日，国务院新闻办公室举行政策吹风会，住房和城乡建设部副部长黄艳在会上透露，下一步住建部将指导各地抓紧摸清当地老旧小区类型、居民改造愿望等需求，在此基础上明确改造的标准和对象范围，并鼓励有条件的地方加装电梯，配建公共活动场地、停车场。”

在为上述新政点赞的同时，不由得想到老旧小区老龄化程度较高，“老年人急需电梯”是民生需求，而老旧楼房“加装火灾逃生梯”也是刚性需求。相比之下，尽管两“梯”均为善举，若财力充足，可提倡双管齐下；反之，“居以安为先”，老旧楼房加装“火灾逃生梯”刻不容缓。

“提出问题的同时一并提出解决问题的思路或方法”是笔者一贯工作作风。包括加装电梯、逃生梯孰轻孰重，自身观点仅为一家之言，“两利相权取其重”，具体情况还须具体分析。

36—5 / 消火栓

XIAOHUOSHUAN

俗话说："养兵千日，用兵一时。"现代建筑内的"消火栓"即如此。不同的是，此"养"非彼"养"，彼此经常关照，遇事才不会慌。

不少年，不少地方，消火栓或沦为摆设，或出水不畅，看看他山之石，或被"俗不可耐的老套做派"惊得眼前一懵。

(01) 安居要点 / 消火栓　　眯起眼睛看西方

“消火栓”既是老词儿，更是老物件儿，虽一时想不起自家小区消火栓在哪儿，但印象中那个极其笨重、极其粗壮、戳在街边颇有“泰山石敢当”味道的铁家伙，不是门神胜似门神，不是水龙胜似水龙。

大概北美房子木结构的比较多，因此那里的消火栓也格外的多，早年红色为专色，如今以醒目为宜。颜色如此位置亦有严格规定，诸如路口最佳位置往往归其所有，诸如泊车必须保持法定距离已成铁律。

通常情况，公寓的消火栓大多安身于小区进出口，周边区域则是“防火通道”，以身试法罚多少钱不清楚，关多少天不清楚，总之在西人眼里消火栓、防火通道均属于生命禁区。

同样是消火栓，同样是备战中，但下图所示更令人肃然起敬 —— 两组出口并联同一水管，一边专司平日调试，而另一边则专供实战所需，缘何多此一举，反复打探，方知前者反复使用难免关键时刻不能“丝丝入扣”……

22 天大的小事

摘自《天大的小事》对照版

楼内着火消火栓竟被封死

居民不理解 物业说防盗 消防员建议举报

原本是一场简单的火灾，却让整栋楼的居民气愤不已。是因为到了需要灭火、救命的时候，大家才发现，楼内的消火栓都被物业钉死了。小区物业解释，救火时只需要打碎消火栓的玻璃门，就能取出水带，平时锁着是为了防盗。这样的说法，居民表示不能接受。

起火的是朝阳区国美第一城小区3号院7号楼的2单元，起火时间为昨天下午4点。多位居民回忆，当时楼里突然浓烟滚滚。不仅气味呛鼻，而且烟雾缭绕阻挡住视线。19层居民唐先生回忆，当时以为同一层的邻居家做饭糊了，就赶紧出门往下跑。因为不敢乘电梯，就用湿毛巾捂住口鼻，顺着楼道往下跑。到楼下后发现，已经有很多楼内的居民跑了出来。

消防队员赶到后，很快把火扑灭。经过检查，是楼内通风井内积存的垃圾被引燃后起火，并未造成人员伤亡，也没有烧到居民家里。昨天，记者来到小区，看到了起火的通风井。该通风井在楼道的墙壁里面，从2层一直通到顶层，每一层都有一个开口。起火的位置在2层的开口处。透过开口可以看见，里面堆满了燃烧后的各种垃圾，包括纸张、破布、塑料袋等。

楼内保安证实，火很快被扑灭，没有造成人员和财产损失。记者看到，过火面积很小，仅在通风井里有燃烧痕迹，甚至没有蔓延到楼道。根据小区物业的通报，火灾原因为有居民向通风井内扔烟头。

就是这样一场普通的火灾，却引发了2单元众多居民的不满。“为什么楼里的消火栓被封死了？”多位居民称，由于消火栓被封死，救援人员无法打开，只能把消火栓的玻璃门打碎后，取出水带再去救火。昨晚，记者在2单元3层楼道里看到，这一层的消火栓的玻璃门已经粉碎，水带被取出后一直拉到了着火的2层。

记者由1层向上，走访了多个楼层，看到消火栓都是被钉死的。在消火栓门上，还覆盖着一块金属片，然后用钉子钉住。记者尝试后发现，若是徒手根本打不开。”消防员建议居民，要去举报这种消防隐患。”居民们不理解，为什么救命用的消火栓，却要钉死呢？

昨晚，记者和居民一起致电小区物业询问此事。一位工作人员承认，整个小区里的消火栓箱都是封死的。他说，如果遇到火灾，可以打碎玻璃门取出水带。但对于平常为何不能打开，他说，“这是规定”。

据媒体报道，全国其他省份的一些小区，也出现过消火栓被物业锁死的情况，目的大多是防盗。一些小区的消火栓原本打开，但总是被偷，无奈之下干脆锁死了。不过，防盗并不能成为理由，这些小区的物业也被当地消防部门责令整改。根据《北京市消防条例》第八十九条规定，有埋压、圈占、遮挡消火栓等行为之一的，责令改正，处警告或者500元以下罚款。 **本报记者 李嘉瑞 文并摄** J240

逃生归逃生，灭火归灭火，既要有关键时刻不掉链子的逃生门、逃生梯，也要有临危受命的消防设施。然而，多少年来，有些地方并未给予消火栓等消防神器以应有的敬畏。早在2014年5月18日，《北京晚报》记者李嘉瑞采写的《楼内着火消火栓竟被封死》就是相关写照，其中说道：

“原本是一场简单的火灾，却让整栋楼居民气愤不已。是因为到了需要灭火、救命的时候，大家才发现，楼内的消火栓都被物业钉死了。小区物业解释，救火时只需要打碎消火栓的玻璃门，就能取出水带，平时锁着是为了防盗。这样的说法，居民表示不能接受。”

据媒体报道：“全国其他省份的一些小区，也出现过消火栓被物业锁死的情况，目的大多是防盗。一些小区放置消火栓的柜子原本打开，但总是被偷，无奈之下干脆锁死。”

客观而言，物业的担心不无道理，但“活人不该被尿憋死”。很简单，或贴大告示，或在消防柜上贴上“使用说明”，既不怕贼偷了，遇到火灾也不怕了。

顺义一居民家发生火灾 待消防员冲进房间后发现

大火中，一家三口相拥离世

前天上午8点多，顺义区澜西园四区14号楼顶层一户居民家中起火。令人难过的是，一家三口在火海中身亡，遇难的小孩子刚刚四岁半。据邻居们说，事发时曾听到孩子在喊"救命"，但很快没了声音。情急之中，邻居与保安用斧头劈门，待消防人员冲进屋内时，发现一家三口已经离世——他们相拥在二层阁楼的窗前。

痛惜
孩子刚刚四岁半

起火房屋位于澜西园四区14号楼二单元顶层，属于跃层结构，总面积不到60平方米。据房主张先生介绍，他的二姑、二姑夫、表姐、姐夫和小外甥一家五口人一直住在这里。火灾发生前，二姑去照顾其他亲戚，二姑夫出门上班。两人离家时，嘱咐已经起床的外孙将门锁好，此时孩子的父母正在二层阁楼熟睡。

当得知房屋起火后，张先生于8点20分左右赶到楼下，并马上通知二姑和姑夫回家。此时，消防官兵已经展开救援。看着凶猛的火势，张先生的二姑急得当场晕倒，被送往医院抢救。

物业工作人员最先投入灭火。记者从他们那里了解到，当物业人员赶到起火住户门外时，防盗门已经滚烫。当时，他听到屋内有声音，是孩子在喊"救命"，但很快没了动静。这让大家更着急，他们找来斧头，试图把门劈开，可是门把手都砍断了，防盗门依然紧闭。此时，烟雾越来越重，大家呼吸困难，睁不开眼，只好撤到楼下。

室内被烧得面目全非

疑问
是否因消防栓影响救援

说起遇难的表姐一家，张先生情绪激动。张先生认为，此事与楼道的

爆裂跑水，这些都有维修记录可查。但他介绍，由于消防栓管线较长，当

通报
火灾原因
正在调查

昨晚，顺义区政府微博"绿港顺

2016年3月22日，《北京晚报》刊文披露"顺义一居民家发生火灾，待消防员冲进房间后发现，大火中一家三口相拥离世"。起因暂且不讲，文章据理设问"是否因消火栓影响救援"，其中说道：

"说起遇难的表姐一家，张先生情绪激动。他认为，此事与楼道的消火栓未及时供水有关。据他说，消防员赶到现场后，一方面从附近的绿化带里接出水，再用管子引到起火的11层屋内。小区物业并不认可张先生的质疑。参与灭火的一位工作人员说，小区里的消火栓能够正常使用。在刚刚过去的这个冬天，消火栓发生过爆裂跑水，这些都有维修记录可查。据他介绍，由于消火栓管线较长，当时出水效果并不理想。"

是耶非耶暂且不论，对照本章开篇图示，有待反思的问题似乎有不少，包括"消火栓发生过爆裂跑水"，包括"消火栓管线较长出水不理想"，既是当下遇到的问题，也是之前疏忽的问题。倘若楼盘验收时及早发现这些隐患，即便火灾还会发生，但消火栓出水不及自来水管的怪现象肯定无从怪起。

楼道堆杂物 消防栓待更新 地下室谁在居住 居民盼望

消除隐患让我们过踏实日子

入冬以来，北京地区降水稀少，时值年末，生活中的各类安全隐患，再次成为市民向市非紧急救助服务中心12345反映的重点问题。比如朝阳区石佛营东里居民提到，小区里101号楼、102号楼现在的小隐患不少，楼道里、地下室里，一些杂乱现象总让人不放心。

楼道里杂物不少

记者走访了石佛营东里，无论是居民们提到的101号楼，还是102号楼，都能看到社区物业刚贴出不久的通知，动员居民们清理杂物，尽快消除消防安全隐患。在楼道里，相关的问题还真是不少：每层楼梯的拐角处，都能瞧见不少闲置的家具，极个别楼层过道被挤得只剩一人来宽。电动车、自行车斜靠着墙，也占了半

消防栓成了杂物箱

地下室是物业生活区？

除了楼上的事，居民们也谈到了楼下的事，大家说两栋楼下面都有地下空间，一部分是普通地下室，还有一部分是人防空间。地下室住人已经存在挺多年了，有的人还用电磁炉做饭，觉得挺不安全。"现在楼底下住的到底是什么人，符合规定吗？不知道谁能帮着查查。"

两个楼的地下空间，入口处都贴有物业员工生活区的牌子，乍看似无问题，走进去以后，有个现象令人生疑。一个个房间分布在过道两侧，门旁还都挂着牌子，写着"人事部"、"保安部"、"业务部"等等，记者也是头一次看见这么"规矩"的职工宿舍，到底是生活区还是办公区呢？再细看，有些现象也令人不解，好比"业务部"实际上是个小卖部。中午，有不少住在这里的人端着饭盆走动，记者没有看到有人使用电磁炉，但隐患也并非没有，紧贴着"员工生活区"的是个存车棚，里头嗡嗡作响，原

2017年12月5日，《北京晚报》刊文披露，某居民楼消火栓"成了杂物箱，楼梯拐角堆积不少闲置家具，个别楼层过道被挤得只剩一人宽。半空中奋拉着凌乱的电线，顺着电线一找，末端连着楼道的照明灯"。

入冬后北京市多家小区发生火灾，记者探访发现

消防设施瘫痪隐患重重

进入冬季，天干物燥，消防问题多发。最近，本报接到多家社区火警火情消息，记者遂深入海淀、朝阳、东城、西城等区多家小区现场探访，发现不少小区虽已配备消防设施，但消防设施或缺失或损坏，一旦发生火灾难以派上用场；楼道内存放电动车，堆积杂物，将生命通道堵塞成"危险通道"；

2018年12月14日，《北京日报》披露相关火灾现场："消火栓内水带、水枪等消防设施消失，原本配有百十套消火栓，全部坏掉。车库内百十套消火栓、近千套喷淋装置、50个报警器瘫痪，10个防火门无法使用……"

收件人家里没人，小区又没有代收点，快递到了后，放到哪儿？如今，不少快递公司竟将小区楼道内的消火栓当做了快递代收箱。消防部门提示，消火栓是重要的消防设施，“由消火栓代签”的行为给消火栓的正常使用设置了障碍，属于消防违法行为。

这正是：
火警若发急开箱，
满目包裹顿心凉。
“代签”做法莫轻视，
鸠占鹊巢隐患藏。

李宏宇图　杨立新文

据说，“鸠占鹊巢隐患藏”的现象并非个例。2018 年 5 月 22 日，《人民日报》图文告知，消防部门提示：“消火栓是重要的消防设施，‘由消火栓代签’的行为给消火栓的正常使用设置了障碍，属于消防违法行为。”

36—6 / 燃气爆燃

RANQIBAORAN

据说，火灾现场爆燃场景最惨烈，瞬间生成，面目全非，然而罪魁祸首可能只是一个烟头，一个火星，一个小小不然。

笔者虽不是防火专业户，但“防不胜防怎样防”却是长期关注要点，金属材质的《燃器安全说明》，不仅是样儿，而且极易上心……

习近平对湖北十堰市张湾区艳湖社区集贸市场燃气爆炸事故作出重要指示

要求全面排查各类安全隐患 切实保障人民群众生命和财产安全 维护社会大局稳定 为建党百年营造良好氛围

李克强就救援工作作出批示

新华社北京6月13日电 6月13日6时40分许，湖北十堰市张湾区艳湖社区集贸市场发生燃气爆炸。截至目前，事故已造成12人死亡、37人重伤，另有部分群众不同程度受伤。

事故发生后，党中央、国务院高度重视。中共中央总书记、国家主席、中央军委主席习近平立即作出重要指示，湖北十堰市燃气爆炸事故造成重大人员伤亡，教训深刻！要全力抢救伤员，做好伤亡人员亲属安抚等善后工作，尽快查明原因，严肃追究责任。习近平强调，近期全国多地发生生产安全事故、校园安全事件，各地区和有关部门要举一反三、压实责任，增强政治敏锐性，全面排查各类安全隐患，防范重大突发事件发生，切实保障人民群众生命和财产安全，维护社会大局稳定，为建党百年营造良好氛围。

中共中央政治局常委、国务院总理李克强作出批示，要求全力以赴组织抢险救援和救治受伤人员，尽最大努力减少伤亡，认真查明事故原因，依法依规严肃问责。近期安全事故仍呈多发势头，国务院安委会、应急管理部要督促各地切实加强重点领域安全监管和隐患排查，坚决遏制重特大事故发生。

根据习近平指示和李克强要求，应急管理部、住房和城乡建设部已派工作组赶赴现场指导事故处置工作。国家卫生健康委抽调重症医学、烧伤、心理干预专家等组成国家级医疗专家组赶赴当地指导做好事故紧急医学救援。湖北省、十堰市党政负责同志已在现场指挥处置。目前，现场救援、伤员救治等工作正在紧张有序进行中。

2021年6月14日，《人民日报》刊发新华社通稿，告知：“湖北十堰市张湾区艳湖社区集贸市场发生燃气爆炸。截至目前，事故已造成12人死亡、37人重伤，另有部分群众不同程度受伤。”

报道同时说道：“事故发生后，党中央、国务院高度重视。中共中央总书记、国家主席、中央军委主席习近平立即作出重要指示，湖北十堰市燃气爆炸事故造成重大人员伤亡，教训深刻！要全力抢救伤员，做好伤亡人员亲属安抚等善后工作，尽快查明原因，严肃追究责任。习近平强调，近期全国多地发生生产安全事故、校园安全事件，各地区和有关部门要举一反三、压实责任，增强政治敏锐性，全面排查各类安全隐患，防范重大突发事件发生，切实保障人民群众生命和财产安全，维护社会大局稳定，为建党百年营造良好氛围。”

另据了解，根据中央指示，国家应急管理部、住房和城乡建设部、国家卫生健康委已派工作组赶赴现场指导事故处置工作。

（02）安居盲点 / 燃器安防　　　　眯起眼睛看西方

北美地区不少人住独立屋（house），所谓独立，是指该建筑处于“四不靠”，不仅与街坊四邻不靠，同时与集中供暖供热也不靠，于是每家每户就必须安装独立的热水炉和独立的采暖炉。

如您所知，烧气的锅炉不是省油的灯，哪儿没弄妥当都有可能惹出大麻烦，因此，无论 house 面积如何造型怎样，设计师和建筑商都会在相对安全的地方辟出一隅放置供暖设备。

既然不是什么省油的灯，打起交道就要慎之又慎，因此这些已被放置在安全地带的采暖设备仍被视为不安全，仍要进一步强化安全措施。其中，既包括配套安装符合空气动力学的自动通气系统，也包括把《安全须知》和《维修记录》不厌其烦且不厌其多地粘贴在醒目处。

house 如此，公寓亦如此，不少房屋的壁炉《使用说明》纯属万年牢，金属物件不仅一辈子看不坏烧不坏，同时借助铁链一辈子丢不了……

42 天大的小事

摘自《天大的小事》对照版

和平里居民楼燃气爆燃 6 死 1 伤

一个单元整体坍塌楼体严重受损，北京市十余部门已在附近设立指挥部安置受灾居民

08:27 许

两声巨响中2层楼成废墟

和平街 12 区 3 号楼位于和平里东街附近，楼体东西走向，外形呈“山”字，中间的楼高三层，两侧各有一个两层高的单元。

昨日上午 8 时 27 分许，连续两声巨响陆续从该楼东侧 5 单元传出。“第一声发闷，第二声特别响，几公里外都能听见。”多位小区居民说。随后，该楼冒出滚滚白烟，直冲数十米高空，逐渐将楼体包围。

“太突然了，碎砖头像子弹一样朝着四面八方乱飞。”4 号楼的目击居民回忆说，他们一推开阳台门，只见对面楼的 5 单元整体消失，地面形成了一座 3 米高的废墟，仅一根承重墙的柱子仍部分矗立着。废墟上方，不断有大团火焰向外喷，将隔壁单元的住宅引燃。

08:35 许

一对父女被震晕一度失忆

赵先生一家租住在 5 单元隔壁的一层。爆燃发生时，他和女儿正在客厅吃早饭。

“我们刚吃起[illegible]，开地就是一声。”赵先生说，当时，他家东侧的承重墙被炸穿，一股强大的气浪突然袭来，父女二人来不及反应，全部被震翻在地。“碗碎成了几片，把脑袋、鼻子都割破了。”赵先生说，随即，他还没感觉到疼痛，头部已开始发晕。

“就像做了一场梦，‘梦’醒来的时候，膝盖以下很长时间都没有知觉，也不记得中间过程了。”女儿小赵回忆，受爆燃影响，她和父亲都记不起逃生细节了，脑海中只隐约想起二人相互搀扶走出门口，随后全都失去了知觉。

据3号楼居民称，事发几分钟后，为防止爆燃再次出现，大伙纷纷自发从家中撤出，跑至远处的路边躲避，报警求助。随后，他们被警方和街道办工作人员安排到附近宾馆休息。

昨日上午8时27分许，朝阳区和平街12区3号楼发生燃气爆燃事故，导致该楼东侧5单元整体坍塌，隔壁住户家起火。

在现代火患中，“爆燃”是个新名词。但它的破坏力之大，非一般火灾所能比。2011 年 4 月 12 日，《新京报》刊发《和平里居民楼燃气爆燃 6 死 1 伤》，其中小标题“两声巨响中 2 层楼成废墟”和“一对父女被震晕一度失忆”，足以说明当时场景之惨烈。

近些年，爆燃事故时常见诸报端。起因各异，但后果相同。2017 年 3 月，一则《天然气管道爆炸，炸毁一栋楼》的报道令人揪心。

尽管文章没有谈及灾害起因，但此类事故起因通常八九不离十，包括“不该泄露可燃气体的管线年久失修”，包括“原本好好的燃气设施使用不当”。此类事故发生概率既高也低：说其高，险情一触即发且一发不可收拾；称其低，同样老旧房，同样可燃气体管线维修，也未见得桩桩件件全都摸不得碰不得动不动就天塌地陷。

从燃器使用说明扯到爆燃可能有点远，但其特点即如此，没有渐变过程，没有加速度，瞬间生成，因此，防范不“言过其实”恐难以应对。

国家质检总局开展家用燃气灶质量抽查

近两成燃气灶不合格

国家质检总局日前通报了今年家用燃气灶产品质量国家监督抽查结果，近两成燃气灶不合格。消费者用燃气灶做饭，还要冒着"一氧化碳"中毒或者被烫伤的风险，实在是消费者不应承受之重。

燃气灶质量抽查合格率为81.1%

国家燃气用具质量监督检验中心的负责人介绍，抽查中涉及的燃气灶企业来自山西、上海、江苏、浙江、湖北、广东6个省及直辖市。其中广东省和浙江省分布着我国燃气灶具90%的生产企业。

在市场中，燃气灶具结构为嵌入式和台式，此次抽查的多为嵌入式产品，占据着大部分市场份额。此次一共抽查了90批次的产品，经过检测，有17批次产品不合格，主要涉及热负荷、干烟气中一氧化碳浓度，热效率、温升测试等13个项目。国家燃气用具质量监督检验中心副主任、高级工程师胡宇说："我们是按照国家质检总局双随机的工作原则开展工作的，即随机抽取、所抽查的企业是随机的。整个抽查的合格率为81.1%。"

部分产品存"一氧化碳"中毒安全隐患

在抽样结束后，检测人员将90批次样品按照《抽查实施方案》要求，重点对燃气灶的使用性能和安全性能进行了检测。

热负荷是一个使用性能指标，即燃气灶提供的火力的大小。国标《家中燃气灶具》规定，普通燃气灶的热负荷不应小于3500瓦；燃气灶的实测析

检测人员说，他们发现有一些燃气灶产品影响着消费者的人身健康安全。此次安全性能检测中，有4批次燃气灶产品的"烟气中一氧化碳浓度"不合格。其中"中山市皇朝电器有限公司"生产的家用燃气灶［型号JZT-2(12T)］产品此项浓度超出了仪器的检测范围，仅

高，用户使用此类燃气灶做饭，时间长了会感到头晕、恶心。

燃气灶具另一个安全性能检测项目"温升"是"产品部件的表面温度高于环境温度的温差"，一般指的是旋钮温升。该项目影响着产品使用寿命，还会危害消费者的人身安全。由"中山市皇朝电器有限公司"

燃气灶费不费气存猫腻

此次燃气灶产品质量国家监督抽查还发现，有些燃气灶明明很费燃气，却自我标示为节能产品。"热效率"为反映产品热能利用率的指标，是这次抽查不合格率较高的项目，关乎着企业的诚信。我国有一个强制性标准《家用燃气灶具能效限定值及能效等级》规定，燃气灶产品最低要达到三级，如果达到二级说明产品有一定的节能效果，一级则说明产品节能效果最好。在进行热效率检测时检测人员发现，有些企业涉嫌虚标标识、误导消费者，有6个企业产品的热效率不合格。其中有5个产品都标了能效二级，但实际上测出达不到二级，有的甚至达不到三级的要求。国家燃气用具质量监督检验中心的负责人分析，这主要与产品在制造过程的一致性和稳定性有关。

胡宇说："出现这种情况有很多原因，有可能是企业在原始产品备案之前的检测没问题，但在批量生产时因小型企业采购原材料比较随意，对于产品稳定性的控制及零配件的选择过程不是很稳定、严谨，导致了最终产品的性能出现了下降。"

小型企业生产的燃气灶质量堪忧

根据国家燃气用具质量监督检验中心统计分析，历年抽查发现不合格产品均来自广东和浙江，且均为小型企业生产的。中心负责人表示，形成这种局面的原因，是生产燃气灶的企业多为组装型。目前我国的零配件生产水平比较好，所以很多小型

2017年11月13日，《北京晚报》刊文披露"国家质检总局日前通报了今年家用燃气灶产品质量国家监督抽查结果，近两成燃气灶不合格"。其实，"燃气灶不合格"隐患不止于此，首先就是燃爆。

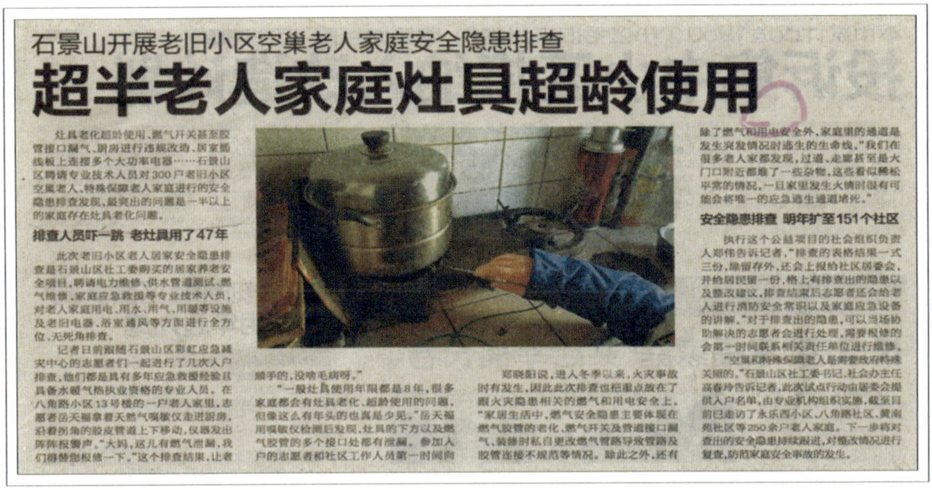

石景山开展老旧小区空巢老人家庭安全隐患排查

超半老人家庭灶具超龄使用

灶具老化超龄使用、燃气开关甚至胶管接口漏气、厨房进行违规改造、居家插线板上连接多个大功率电器……石景山区聘请专业技术人员对300户老旧小区空巢老人、特殊保障老人家庭进行的安全隐患排查发现，最突出的问题是一半以上的家庭存在灶具老化问题。

排查人员吓一跳 老灶具用了47年

此次老旧小区老人居家安全隐患排查是石景山区社工委购买的居家养老安全项目，聘请电力维修、供水管道测试、燃气维修、家庭应急救援等专业技术人员，对老人家庭用电、用水、用气、用暖等设施及老旧电器、浴室通风等方面进行全方位、无死角排查。

记者日前跟随石景山区彩虹应急减灾中心的志愿者们一起进行了几次入户排查，他们都是具有多年应急救援经验且具备水暖气热执业资格的专业人员。在八角路小区13号楼的一户老人家里，志愿者岳天福拿着天然气嗅敏仪走进厨房，沿着拐角的胶皮管道上下移动，仪器发出阵阵报警声。"大妈，这儿有燃气泄漏，我们得帮您报修一下。"这个排查结果，让老

顺手的，没啥毛病呀。"

"一般灶具使用年限都是8年，很多家庭都会有灶具老化、超龄使用的问题，但像这么有年头的也真是少见。"岳天福用嗅敏仪检测后发现，灶具的下方以及燃气胶管的多个接口处都有泄漏。参加入户的志愿者和社区工作人员第一时间向

郑晓阳说，进入冬季以来，火灾事故时有发生，因此此次排查也把重点放在了跟火灾隐患相关的燃气和用电安全上。"家居生活中，燃气安全隐患主要体现在燃气胶管的老化、燃气开关及管道接口漏气、装修时私自更改燃气管路导致管路及胶管连接不规范等情况。除此之外，还有

除了燃气和用电安全外，家庭里的通道是发生突发情况时逃生的生命线。"我们在很多老人家都发现，过道、走廊甚至是大门口附近都堆了一些杂物，这些看似稀松平常的情况，一旦家里发生火情时很有可能会将唯一的应急逃生通道堵死。"

安全隐患排查 明年扩至151个社区

执行这个公益项目的社会组织负责人郑伟告诉记者，"排查的表格结果一式三份，除留存外，还会上报给社区居委会，并给居民留一份，格上有排查出的隐患以及整改建议，排查结束后志愿者还会给老人进行消防安全常识以及家庭应急设备的讲解。"对于排查出的隐患，可以当场协助解决的志愿者会进行处理，需要报修的会第一时间联系相关责任单位进行维修。

"空巢和特殊保障老人是需要政府特殊关照的。"石景山区社工委书记、社会办主任高春玲告诉记者，此次试点行动由居委会提供入户名单，由专业机构组织实施，截至目前已走访了永乐西小区、八角路社区、黄南苑社区等250余户老人家庭。下一步将对查出的安全隐患持续跟进，对整改情况进行复查，防范家庭安全事故的发生。

2017年12月25日，《北京晚报》刊文披露"石景山区聘请专业技术人员对300户老旧小区空巢老人、特殊保障老人家庭进行安全隐患排查发现，最突出的问题是一半以上的家庭存在灶具老化问题"。关注高点。

王府井

步行街发生煤气泄漏 易燃气体浓度很高

万幸！多亏大雨帮忙"防爆"

昨天下午3时左右，很多市民在王府井步行街北口附近，都闻到一股浓重的煤气味。大家怀疑附近有煤气泄漏发生。王府井消防中队接警后，第一时间赶到现场，并疏散了数百位现场群众。燃气集团十几位抢修人员冒着大雨经5个多小时奋战，终于找到漏点并做了紧急处理。据消防人员介绍，步行街发生煤气泄漏后，空气中易燃气体浓度较高，恰恰正是这场大雨，对易燃气体起到了很好的稀释作用，避免了危险的发生。

煤气味百米可闻

昨晚7时许，记者在现场看到，王府井步行街北口附近，燃气集团抢修人员已经利用挖掘机在路面上挖出了一个大小约3平方米、深度约半米的坑，并且正在继续下挖寻找漏点。在施工现场周围拉有警戒线，附近的安保人员反复提醒过路的行人，不要在抢修现场附近吸烟。

现场目击者张先生告诉记者，下午3点左右，他刚刚从王府井外文书店走出来，就闻到步行街上有一股浓重的煤气味，这股味道甚至让人有种头晕的感觉。当时虽然还在下雨，但行人并不少。随后他将此情况告知了现场的安保人员。几分钟以后，消防车便到了现场。消防员到场后，立刻开始疏散小时后，燃气集团的抢修车赶了过来，抢修人员将外文书店门外的一口燃气井撬开，并利用挖掘机就地挖开了一个坑。"这股浓重的煤气味影响范围确实不小，她当时正在事发地点南侧约百米处进行清扫，但还是能够闻到这股味。

后，他们又放下碗筷，重返现场。晚9点40分许，为防止损伤地下管道，挖掘机停止了作业，此时挖掘的坑深度已经有1.5米左右，三名抢修人员手持镀锌铁锨跳进了坑内，并继续下挖，每挖一铲子，他都要借着灯光仔细检查坑内的情况。晚10点15分左右，坑下的抢修人员带着满身的泥泞，从坑里爬了出来，燃气管道的漏点终于被找到了。他们告诉记者，燃气管道的漏点位于一根立管上，目测漏洞大约有手表表盘大小，他们已经对漏点做了临时处理。据初步推断，这个漏点是因常年腐蚀造成的。晚10点40分许，抢修人员用一块铁板盖住了路面上的大坑。现场抢修人员说，现在漏点已经找到，并做了临时处理，进一步检查和修复是个复杂的过程，彻底修复并恢复路面的工作，要从第二天开始。此次煤气泄漏并不会影响附近居民或商户用气。

一场大雨救了围观群众

事后，王府井消防中队消防员说，消防人员赶到现场后，首先闻到了浓烈的煤气味，消防员立刻疏散了附近群众，并开始利用仪器测量易燃气体在空气中的浓度。经测量，易燃气体浓度最高的地方数值已经达到70，当这个数值达到30的时候就有发生爆炸的可能。发现该情况后，消防员立刻用水枪在空气中喷洒水雾，以稀

如果讲燃气灶出危险是"火自家中起"，那么，燃气管线若遇险情则是祸从天降。2013 年 7 月 16 日，《北京晚报》刊文披露"步行街发生煤气泄漏，易燃气体浓度很高。万幸！多亏大雨帮忙'防爆'"。

好悬！

施工钻漏燃气管线

事发今天凌晨 附近居民已紧急疏散

本报讯（记者李环宇 叶晓彦） 今天凌晨4时许，因施工造成燃气泄漏，导致蓟门桥东侧由西向东辅路断路抢修，给今晨的早高峰带来一定的影响。

记者在现场看到，位于蓟门桥东侧由西向东的辅路已经围起了警戒线。今天上午8时左右，一辆挖掘车仍在现场刨挖路面。在靠近事故现场10米处的路边，由于停靠着几辆社会车辆容易发生危险，抢修人员先用千斤顶将车轱辘抬起，再往车轱辘下安上带有轮子的滑板，将其推离到较远的地方。

记者注意到，在距离事故现场南侧不足20米，就是一栋12层的居民楼。一位老人告诉记者，早上5时多，她就被急促的敲门声叫醒，说是燃气泄漏，让大家赶紧疏散。于是她和楼里的一些老人就到不远处的一个招待所里休息。从员在对地面进行勘探钻眼时，不慎将管线钻漏。事发后，燃气抢修车很快赶到现场。

据了解，事故发生后，北京交警官方微博称，海淀、西城交通支队分别在四通桥、联想桥、学院桥、西直门桥等节点桥区采取远端分流疏导措施，并建议早高峰出行的市民避开北三环，绕行知春路、学院南路、北二环、北四环等周边其他道路。

现场工作人员介绍，被钻漏的管线直径600毫米。截至上午9时25分，抢修人员正在对泄漏的管线进行焊补工作。

据现场燃气抢修人员说，今天没有下雨，对抢修工作极为有利。上午9时55分，焊接工作开始。10时许，燃气管线漏点已经控制住了。记者上午从市燃气集团了解到，事故发生后，他们对周边150座相邻市政阀井进行检测，5时关闭控压截门，控制泄漏点涉及区域压力，共计影响

上文讲的是可燃气体因管道老化泄漏，本文说的是"施工人员在对地面进行勘探钻眼时，不慎将管线钻漏"。现代城市地下管线盘根错节，"不能想在哪钻就在哪钻"与"不能想起一出是一出"应画等号。

36—7 / 新站点

XINZHANDIAN

很多年以前，只有“消防站”，没有“消防点”。随着形势的需要，消防站开始小型化、社区化。

救火无慢功。从“窄巷火灾，摩托来救”，到“胡同消防供水管道入地”，再到事发第一时间“一摔即灭”，后来者居上，短平快为高。

（01）安居要点 / 消防宣教　　　眯起眼睛看西方

□ 广告文字大意："炒菜时不要离开油锅"。

我国消防是公安编制，而西方同行多为雇佣建制，因此，这边警营森严多用"责任重于泰山"警示，那边结构散淡则多用"人不离油锅"找乐。此外，西方纳税人是"大爷"，因此，大爷雇来的救火队自然大爷说了算，诸如地沟里掏猫，树杈上救狗，只要有点风险，事无巨细消防队绝对跑不了。

人在西方注定多看西洋景，有些景自天成，有些景自合成，天成者天人合一，合成者情景交融，在诸多情景之中，"消防宣教日"最是过目不忘。

那日主题是"事故营救"，平日难得一见，如今情景再现，营救煞有介事，围观聚精会神。有问有答，互动互助，互通有无，更有可爱小鬼当家，无所不问，无所不能。

有人不屑，告知某省、某市、某县、某镇其实早有先知先觉先行者。呜呼，这个秀，那个秀，唯独"安全教育"不能秀，您可千万看好了，现场未见记者的长枪短炮似乎很能说明问题……

24 天大的小事

摘自《天大的小事》对照版

窄巷火灾 摩托来救

佛山消防添置四辆“超级”消防摩托车 将组建全省首个消防摩托车班

本报佛山讯（记者翁晓鹏、龙成通 通讯员李爱兵、刘小兵摄影报道）四辆大功率消防摩托车，日前顺利“加盟”佛山消防。佛山将成为广东省内首个配备此类消防器材的城市，全省首个消防摩托车班正在组建，这批“新兵”上岗后，将解决“消防车无法进入狭窄街巷”、“隧道火灾”等消防难题。

超级摩托最高时速150公里

头顶红蓝警灯，身后背着消防红泡沫罐、高压水枪……昨日上午，两名身穿红色抢险救援服的消防战士，驾驶这批新“武器”训练时，格外引人注目。

佛山市消防特勤中队队长周炳才告诉记者，这批消防摩托车配备了两个超大容量的35升消防红泡沫罐、6升压缩气瓶以及40米超轻质消防卷盘，在16米射程高压水枪的作用下，可使消防人员更有效地接近火源，快速灭火。整辆消防摩托车的重达550公斤，最高时速可达150公里。

据介绍，为了驾驭这批“超级摩托车”，消防特勤中队专门挑选8名身材高大的消防战士到佛山交警支队封闭训练，还将为这些队员配备防护衣服等保护装备，以保证队员在今后驾车救火中的安全。

灭火瓶颈呼唤消防摩托车

据统计，目前佛山市消防部门共有值勤消防车90余辆，其中包括云梯车、抢险救援车等各式特种车型。

消防队员驾驶消防摩托车练习。

但消防车在城市抢险救援中也遭遇种种难题。佛山消防局特勤中队一名老消防员告诉记者，由于种种原因，消防队员赶到火场时间常被延误，比如在上下班高峰期，普通车辆无法避让消防车；在佛山的旧城区、旧式住宅区内，建筑物之间并没有留下防火间距，消防车根本无法通行；在高速公路或者隧道里，发生汽车自燃等火灾事故时，经常会出现堵车，消防车无法赶赴现场。

这些“灭火瓶颈”大大延误了救援时间，为此，佛山市消防部门专门斥资从国外购入了这4辆大功率消防摩托车，以破解城市消防救援难题。

接下来，佛山市消防局将进行“处置突发事故能力”培训，并挑选6名队员组建广东省首个消防摩托车班。

40米超轻质消防卷盘
16米射程高压水枪
6升压缩气瓶
35升超大容量消防红泡沫罐
35升超大容量消防红泡沫罐

消防摩托车后座上的消防装置。

由于篇幅所限，前文有许多未及展开，包括“消防队体量一般都不太大”，包括“消防队多会近邻居民区”。如此这般，为的是尽量缩短“第一时间”，为的是尽量扼杀在“萌芽状态”。

在相关剪报中，2005年11月16日《广州日报》记者翁晓鹏等图文报道《窄巷火灾，摩托来救》最抢眼，文章说道：

“四辆大功率消防摩托车，日前顺利‘加盟’佛山消防。佛山成为广东首个配备此类消防器材的城市，全省首个消防摩托车班正在组建，这批新兵上岗后，将解决‘消防车无法进入狭窄街巷’‘隧道火灾’等消防难题。”

麻雀虽小，五脏俱全。据介绍，此类超级摩托车最高时速可达150公里，装备了“40米超轻质消防卷盘、16米射程高压水枪、6升压缩气瓶、35升超大容量消防红泡沫罐”。

也许，此等好事一路高歌唯有本人不知发展态势；也许，此等好事一路走来却未见发扬光大。无论哪种情形，佛山此举可尊可敬、可歌可颂。

朝阳110巡逻车 配备消防器材

将与119联动 巡警可第一时间赶到现场灭火

■昨天，朝阳区80余辆巡逻车都配备了消防器材

本报记者李华良 通讯员左晶报道 面对刚蹿起的火苗，巡逻至火场的110巡逻车呼啸而来，警察用车载干粉灭火器迅速将火扑灭。今后朝阳区巡逻民警将承担部分消防应急任务。昨天朝阳区80余辆治安巡逻车配发了90个灭火桶、90个灭火毯、180个干粉灭火器，该区消防与公安联动处置火警。

昨天上午，50余辆治安巡逻车聚在十里河的东方汇美家居广场，举行该区巡逻民警承担部分消防应急工作任务启动仪式，现场发放了360余件灭火器材。十八里店派出所巡逻民警模拟了一场火灾扑救：一辆汽车漏油突着火，大火即将蔓延至附近其他车辆，在附近的两台110巡逻车迅速赶到，警察用干粉灭火器和灭火毯将油火扑灭。

朝阳消防支队于永林支队长介绍，为巡逻车配发灭火器材让派出所承担起部分消防应急任务，主要考虑到了派出所分布广、巡逻民警熟悉本辖区道路分布、重点防火地区等，巡逻民警出警迅速，双方整合资源，实现110和119联动，能够在发现火情后，确保各公安派出所巡逻民警能够第一时间到场，第一时间灭火，及时将火灾控制在初起阶段，确保最大限度地减少火灾损失和人员伤亡，防止小火酿成大灾。这一举措也是为应对春节期间燃放烟花爆竹、火情高发状况。

■摄影/左晶

《窄巷火灾，摩托来救》的后续推广如何不得而知，2008年2月3日，《北京青年报》记者李华良报道的《朝阳110巡逻车，配备消防器材》是否得到了普及也不得而知。文章说道：

“面对刚蹿起的火苗，巡逻至火场的110巡逻车呼啸而来，警察用车载干粉灭火器迅速将火扑灭。今后朝阳区巡逻民警将承担部分消防应急任务。昨天朝阳区80余辆治安巡逻车配发了90个灭火桶、90个灭火毯、180个干粉灭火器，该区消防与公安联动处置火警。”

据朝阳消防支队支队长介绍，“为巡逻车配发灭火器材让派出所承担起部分消防应急任务，主要考虑到派出所分布广，巡逻民警熟悉本辖区道路分布、重点防火地区等。实现110和119联动，能够在发现火情后，确保巡逻民警第一时间到场灭火，及时将火灾控制在初起阶段，防止小火酿成大灾”。

何为精准，此为范例。何为创新，此为样本。倡言“超期待、超常态”，朝阳此举堪称教科书。

东城胡同试点消防供水管道入地

消防车不进入胡同即可通过管道供水　年内34条狭窄胡同将铺设该系统

精细化管理
走进胡同街区

本报讯（记者 **蒋若静**）胡同太窄、太长，消防车无法进入，万一发生火灾如何快速有效接水灭火？近日，本市第一套"预设地下干式消防供水管路系统"在东城区草场头条胡同和草厂二条胡同架设完毕，通过在胡同内架设消防水泵接合器，消防车可停在胡同口通过消防水泵接合器向地下管道供水，消防员可直接从胡同内的消防水泵接合器接水灭火，不必再铺设消防水带。今年东城将在前门街道、景山街道等5个街道的34条胡同铺设这种新型的消防管道。

东城区公安消防支队司令部参谋长王桂清表示，所谓的"预设地下干式消防供水管路系统"，分为地上地下两部分，在胡同的地底下埋一根直径约100毫米的管道，与地上的若干个消防水泵接合器相连，地上消防水泵出水口径约80毫米，可以直接与消防水枪的水管相连。

北京老城区胡同众多，大部分胡同狭窄，大型消防车辆无法驶入胡同深处，万一发生火灾，这种消防管道就能快速派上用场。"平时，地下的管道里是没有水的，一旦发生火灾，消防车辆可以停在胡同口，将车上的水箱与胡同口的消防水泵接合器相连，可在10秒钟内迅速加压，将消防用水打入地下管道，消防员再从胡同内的接口连接消防水枪，便能出水灭火了。该系统省去了铺设消防水带的麻烦，同时解决胡同小巷供水难题，可极大地提高灭火效率。"王桂清说。

作为试点项目，在227米长的草厂头条胡同内，已经设置了4个消防水泵接合器，草厂二条胡同也已经铺设了地下水管，架设了5个消防水泵接合器。

东城区"百街千巷"环境整治提升工作指挥部办公室副主任王涛表示，在今年东城区要完成整治提升工作的252条街巷中，消防车无法通行且水源匮乏、符合施工条件的有34条，分布在景山街道、前门街道、崇外街道、东华门街道和北新桥街道，今年要陆续开展铺设工作，总长度约10公里。按照每60米设置一处地上式消防水泵接合器的实战需求，计划建设地上式消防水泵接合器共计160座。

摄影/本报记者　魏彤

"摩托救火车""巡逻车配消防设备"各有一绝，但2017年9月29日《北京青年报》记者蒋若静采写的《东城胡同试点消防供水管道入地》更属"无中生有"。文章讲道：

"北京老城区胡同众多，大部分胡同狭窄，大型消防车辆无法驶入胡同深处，万一发生火灾，这种消防管道就能快速派上用场。平时，地下的管道里没有水，一旦发生火灾，消防车辆可停在胡同口，将车载水箱与胡同口的消防水泵接合器相连，可在10秒钟内迅速加压，将消防用水打入地下管道，消防员再从胡同内的接口连接消防水枪，便能出水灭火了。该系统省去铺设消防水带的麻烦，同时解决胡同小巷供水难题，可极大地提高灭火效率。"

拍案惊奇，好一个"预设地下干式消防供水管路系统"。胡同埋设大口径自来水管道虽不现实，但把"消防水带"预先置于地下可谓突发奇想。如同"摩托机动灵活"，"派出所对辖区知根知底"，胡同"试点消防供水管道入地"，既是对消防工作的创新，也是对"解决好群众家门口的事"的伟大提点。

小微消防站 灭火能力不微小

他们三五分钟就能赶赴现场 及时扑救初起火情

记者采访中多次在消防中队看到，官兵对时间的极度珍视：警铃响起，战士们瞬间奔向车库，以秒计时，着装登车。

时间，对于火灾扑救的重要性，不言而喻。特别是在火情发生的初期，三分钟、五分钟，如果到场及时，一个灭火器或者一支水枪就可以灭火——微型消防站和小型消防站的设置，便是为了初期火灾的扑救。

近日，记者走访了丰台区的宛平城社区微型消防站和花乡小型消防站，实地了解这两种消防补充力量。

扑救初起火灾3分钟到场

宛平古城内，中国人民抗日战争纪念馆对面的广场，有一座红顶的玻璃小屋，走近可看到上面写有"消防"二字，再仔细瞧，上面还写着"宛平城地区办事处宛平城社区微型消防站"。

"这是消防安全岗亭，是微型消防站巡逻的一个中心点。"宛平城社区服务站站长张述辰一边和记者介绍，一边打开了岗亭的门。记者在岗亭内的铁架子上看到，干粉灭火器、自救呼吸器、水带水枪、绳索、消防服等装备码放整齐。

"宛平城内古文物建筑较多，消防水源先天不足，一旦发生火灾，损失无法估量。"张述辰说，2015年12月，社区通过自己的力量，成立了微型消防站，聘用了保安人员，购买了器材，"以达到有人员、有器材、有战斗力的标准。"

战斗力如何保证呢？张述辰告诉记者，自微型消防站成立以来，丰台消防支队多次对保安人员进行培训和组织演练，"我们要求6名专职负责消防安全的保安24小时巡逻，发现火情，3分钟到场，目的就是'救早、灭小'，扑救初起火灾。"

据张述辰介绍，自消防安全岗亭建立以来，宛平地区没有发生过一起火灾事故，依托微型消防站，宛平城社区开展宣传教育培训40余次，清理可燃物数吨，消除隐患千余处。

灭火现场，除去水要有保障，其他钩子、斧子等工具同样不可或缺，因此，说破大天，把消防站建在家门口才是硬道理。2018 年 8 月 29 日，《北京晚报》刊发记者张宇采写的《小微消防站，灭火能力不微小》，其中说道：

"时间，对于火灾扑救的重要性，不言而喻。特别是在火情发生的初期，三分钟、五分钟，如果到场及时，一个灭火器或者一支水枪就可以灭火——微型消防站和小型消防站的设置，便是为了初期火灾的扑救。近日，记者走访宛平城社区微型消防站和花乡小型消防站，实地了解这两种消防补充力量。"

记者在实地考察中，发现"扑救初起火灾 3 分钟到场"不仅不是空话，同时"在篮球场下埋有蓄水池"，人员由陆海空各兵种退役军人组成，从而保障小微消防站名副其实、行为专业。

据介绍，小微消防站同时统领数量不等的微型消防车，有事没事，总会在辖区走街串巷，好生了得。自从有消防车问世，待命是常态，是正差，而微型消防车主动出击，则彻底颠覆了传统认知。

什刹海

一摔瓶子就灭火 “安全果”发给高龄居民

投掷型逃生瓶操作简单受老年人欢迎

冬季是消防安全的重要时节，前不久，什刹海旧鼓楼社区举办了一场居民防火安全知识讲座，邀请北京民众安全应急救援研究院的专家来为社区居民讲解冬季防火知识，并为社区内的独居、空巢、残疾居民发放了投掷型的灭火“安全果”。

“我们一共发放了110个灭火‘安全果’，很受老年居民们的欢迎。”旧鼓楼社区党委书记朱静文说。跟大家熟悉的消防器材相比，这种外观像个瓶子的灭火“安全果”用起来方便在哪里呢？什刹海街道联合恭王府博物馆举办了消防安全月主题宣传活动，在现场，园区工作人员进行了演示，站在安全距离外，只是简单地朝起火点挤压“安全果”，或者将“安全果”投向起火点，就能灭掉火焰。“看了现场演示，亲自感受了灭火逃生瓶的使用方法，居民们都说用起来真方便。”

近年来，针对老年人开发的产品五花八门，数不胜数，从“简版手机”到“折叠拐棍”，无不显现出开发商过人的智商与情商。然而，比较起来，用于安全防范的老人用品似显寡淡。终于，好消息出现。2018年11月11日，《北京青年报》刊发记者王安采写的《一摔瓶子就灭火，“安全果”发给高龄居民》，告知“安全果”“操作简单受老年人欢迎”。文章说道：

“什刹海旧鼓楼社区举办了一场居民防火安全知识讲座，邀请专家为社区居民讲解冬季防火知识，并为社区内的独居、空巢、残疾居民发放了投掷型的灭火‘安全果’。跟大家熟悉的消防器材相比，‘安全果’用起来方便在哪里呢？现场，工作人员进行了演示，站在安全距离外，只是简单地朝起火点挤压‘安全果’，或者将其投向起火点，就能灭掉火焰。”

据厂家介绍，产品正式名称为“投掷型应急灭火逃生瓶”。瓶体破裂以后内装灭火剂会瞬间抑氧降温，有效控制火势。看了现场演示，感受了使用方法，居民们都说用起来真方便。

有句话叫作“方便到家”。从某种程度讲，“家”是火患的温床，什刹海地区把消防站点请到灶台旁，可谓“让灭火方便到家”。

国博消防站昨日揭牌　设3个特勤班和1个综合班

国内首创　消防队伍驻守国博

8月22日，天安门地区消防救援支队国博站(简称“国博消防站”)揭牌仪式在国家博物馆隆重举行。这也是国内首个成建制进驻博物馆驻守的专业消防队伍。

国博站隶属天安门支队

国博消防站全称为“北京市天安门地区消防救援支队国博站”，该消防站隶属于天安门支队管辖。编配指战员25名：其中，站长、政治指导员各1名，副站长3名，消防员20名。消防站设3个特勤班、1个综合班，配备相应的消防车辆，主要承担天安门地区长安街以南及中国国家博物馆周边灭火救援任务。

国博消防站成立后，将与国家博物馆安保部门密切协作，无缝衔接，对提升国家博物馆消防安全保障能力是一次质的飞跃。专业消防队伍成建制进驻博物馆驻守，在国内是首创，在全世界也屈指可数，对保障博物馆及馆藏文物安全有着重要意义。

两起大火敲响警钟

中国国家博物馆馆长王春法介绍，“去年以来，巴西国家博物馆和巴黎圣母院接连发生火灾，为我们敲响了警钟。”去年9月2日，巴西国家博物馆发生

消防官兵参加揭牌仪式

馆长介绍

国博是不可再生的宝贵文化遗产

如果说《一摔瓶子就灭火，“安全果”发给高龄居民》一文是“让灭火方便到家”，那么，2019 年 8 月 23 日《北京青年报》记者王雯雯采写的《国内首创，消防队伍驻守国博》，则从另一高度赋予消防以时代使命。文章说道：

“天安门地区消防救援支队国博站揭牌仪式隆重举行。这也是国内首个成建制进驻博物馆驻守的专业消防队伍。国博消防站成立以后，将与国家博物馆安保部门密切协作，无缝衔接，对提升国家博物馆消防安全保障能力是一次质的飞跃。专业消防队伍成建制进驻博物馆驻守，在国内是首创，在全世界也屈指可数，对保障博物馆及馆藏文物安全有着重要意义。”

众所周知，2018 年，巴西国家博物馆发生火灾，馆内 2000 多万件藏品仅有 10%得以幸存；2019 年，法国巴黎圣母院发生大火，主体塔尖和大部分屋顶被烧毁。国博是不可再生的文化遗产，亡羊补牢，犹未为晚，但“补牢不能总在丢羊后”。应该讲，国博先手棋的过人之处即在于此。

文章所言“无缝衔接”是近年来时常说起的新名词。乍一听，衔接本无缝，何来“无缝”缀之。其实不然，亦如“落实”一词也说了很多年，缘何有时候要刻意说成“落细、落小、落实”，内中玄妙，既要意会，更要言传。

36—8 / 新火型

XINHUOXING

剃头有新发型，穿衣有新板型，与时俱进，所以出现火灾新火型不足为奇。新火型包括柳絮，包括枯叶，也包括当街烧纸钱。

谈及“软肋”不能不对“盲点”说三道四。诸如柳絮易燃久来有之，诸如当街烧纸绝非个别人，可谓先有视而不见，后有软肋无痕。

36—8—1 新火型

蟹岛停车场起火 多辆大巴成废铁

火灾未造成人员伤亡 停车场位于树林之中 消防部门提醒防范杨絮、柳絮引发火情

什么是新火型？2017 年 5 月 2 日，《北京青年报》刊发记者王天琪采写的《蟹岛停车场起火，多辆大巴成废铁》，告知“停车场位于树林之中，消防部门提醒防范杨絮、柳絮引发火情”。文章说道：

“5 月 1 日中午 12 时许，北京朝阳区蟹岛度假村停车场汽车起火。记者在现场看到，停车场内多辆大巴车车身燃烧，黑色浓烟蹿至数十米高，并伴随有爆燃声。119 指挥中心接到报警立即调派 12 个中队 50 部消防车到场处置。14 时 23 分，火灾被扑灭，所幸无人员伤亡。”

另据报道，停车场处于一片树林之中，很多停车位都施划在两棵树之间。树林种的都是杨树、柳树，每到春季就会有杨絮、柳絮落满地。消防人员在扑救过程中发现地面有大面积杨絮、柳絮堆积。为此，提示广大市民，“杨絮、柳絮等物易引发火情，请注意防范”。

杨絮、柳絮确实极易燃，早在 50 年前笔者在清洁队工作期间就有所察觉。遗憾的是，一说一笑甚至还点燃取乐，不想新火型就在熟视无睹之中。

全市清理杨柳絮消除火患

市政府下发紧急通知 要求各区各部门杜绝违法用火行为加大检查执法力度

本报讯（记者张宇）昨天下午，市政府召开工作会，部署加强近期消防安全工作。会议要求，各区各部门各单位要落实责任，举一反三，全面开展排查整治工作，消除火灾隐患。

近期，本市天干物燥，又值杨柳飞絮高发期，违规违法用火极易引发火灾。特别是5月1日在朝阳区孙河乡前苇沟村一停车场发生火灾，造成90台车辆不同程度过火，接报火警后，消防部门派出50余辆消防车快速赶到现场，有效阻止火势蔓延，迅速扑救灭火，避免了更大损失。经初步查明，起火原因为堆积的杨柳絮快速燃烧，波及停车场，进一步原因仍在调查中。

记者还从会上获悉，由于近期全市因杨柳絮引发的火警持续高发，市政府已下发关于清理杨柳絮防止发生火灾的紧急通知，要求全市各区各部门高度重视，增强紧迫感、责任感；落实责任，全面开展杨柳絮清理工作；严管火源，杜绝违法用火行为；强化监管，加大检查和执法力度；强化应急管理，快速有效应对；加强宣传引导，提高防范意识。

会议要求，各区各部门要盯紧露天停车场、施工工地、文物古建、公交场站、加油站、居民区等重点场所，组织力量集中清理杨柳飞絮、落叶枯草堆物，多方动员力量开展湿化行动，同时避免堆积形成隐患。城市管理部门要立即开展可燃物清理行动，交通部门要及时开展消防隐患排查工作，安全监管部门要指导有关企业开展自查。会议强调，近期风干物燥、气温偏高，有关部门要落实森林防火责任，加强与河北、天津等周边地区的森防工作沟通联动，防止山火火情。 J223

［飞絮·应对］ 每天三次洒水湿化 清理飞絮严禁点燃

本报讯（记者张宇）记者从市消防局获悉，北京消防昨日两次发布针对杨柳絮火情的预警。为应对杨柳絮所引发的火情高发的问题，即日起全市消防、园林、环卫等部门和各级政府专职消防队每天分早、中、晚三个时间段开展洒水湿化。

据北京消防提供的统计数据，5月1日，119指挥中心接报各类报警电话377起，其中以杨柳絮引发的火情为主。消防部门分析，吸烟、玩火、户外用火等用火不慎等因素极易引发杨柳絮火灾，加之受近日大风、高温、春夏季人员活动增多等因素影响，火情形势不容乐观，主要分布在顺义、房山、平谷、朝阳、通州、大兴、昌平、丰台、海淀等地区。

针对目前全市杨柳絮引发火警高发多发的情况，从4月28日起，北京消防调整前置备勤警力部署，在执行动态巡逻任务同时，协调园林绿化、环卫等部门，调动洒水车、微型消防站、政府专职消防队、小型消防站，同步进行湿化工作，每天分早、中、晚三个时间段，对杨柳絮集中地区部位、林区树木、枯草堆物等进行洒水湿化。

同时，消防部门提醒，洒水湿化后立即清扫清理，以免水分蒸发后再度恢复可燃性。尤其是露天停车场、施工工地、文物古建筑、加油站等易燃易爆场所、旅游景点景区、平房胡同、露天堆垛、社区农村、城乡结合部等火灾防范的薄弱地区，要加大清理力度，防止火灾事故的发生。

消防部门还指出，绝对不能采取点燃的方式进行清理。由于当前杨柳絮覆盖面积比较大，盲目采取点燃方式清理杨柳絮，极易引发严重的火灾事故，故意点燃杨柳絮造成火灾的，将依法进行拘留，情节严重的，依法按照失火罪、放火罪追究相关责任。 J223

［飞絮·防控］ 可能引发火灾场所 坚持24小时巡护

本报讯（记者孙文文）昨晚，首都园林绿化政务网发布《关于进一步加强杨柳飞絮综合治理严防火灾事故发生的紧急通知》，根据通知要求，即日起，全市将全面开展杨柳飞絮综合治理。对加油站、仓库、学校和停车场等重点易燃易爆和人员集中场所进行隐患排查。杨柳飞絮集中的地区及时进行喷水、收集清扫及无害化处置，严禁点火焚烧处理。长期来看，要结合园林绿化工程逐步更新改造树种结构、进行树木修剪和注射花芽抑制剂，减少飞絮总量。

此外，还要严管火源，加强野外火源控制和安全用火管理，严禁烧荒燎地边、林地、林区吸烟等违法用火行为。针对存在可能人为点燃杨柳飞絮等引发火灾的场所，坚持24小时巡护，加派人员、全面清理，杜绝明火。同时，在山区重点地段、重点部位加强巡护，堵住入山火源。按照谁管理谁负责的原则落实防火责任制，启动问责机制，对违反规定的行为，依法依规严肃处理。5月8日至14日，市政府职能部门将分批成立督查组，赴各区就飞絮治理和防火情况进行检查，督促整改。 J192

2017年5月3日，《北京晚报》刊发记者张宇采写的《全市清理杨柳絮消除火患》，告知“市政府下发紧急通知，要求各区各部门杜绝违法用火行为，加大检查执法力度”，其中说道：

“昨天下午，市政府召开工作会，部署加强近期消防安全工作。记者从会上获悉，近期全市因杨柳絮引发的火警持续高发，市政府已下发关于清理杨柳絮防止发生火灾的紧急通知，要求全市各区各部门高度重视，增强紧迫感、责任感；落实责任，全面开展杨柳絮清理工作；严管火源，杜绝违法用火行为；强化监管，加大检查和执法力度；强化应急管理，快速有效应对；加强宣传引导，提高防范意识。”

尽管整改力度如此之大，还是想老生常谈。前文讲过“早知柳絮杨絮一点就着”的便宜话，本文还想继续信口开河扯闲篇，新火型除了杨絮、柳絮还有什么，亦如想当初，谁曾想过“面粉也会引起粉尘爆炸”。依此类推，“火患猛于虎”，与虎同行需要武装到牙齿，防火的相关“牙齿”在哪，理当费思量。

近三天北京119指挥中心共接报全市干枯落叶引发火警248起

北京消防发布清扫落叶动员令

昨天，北京青年报记者从北京消防了解到，近三日来，北京119指挥中心共接报全市干枯落叶引发的火警248起，其中11月15日47起、11月16日52起、11月17日达到了149起，枯叶火情呈明显上升趋势。

据了解，当前正值秋冬季节，地面散落大量干枯落叶，加之大风天气多、空气湿度低，随风飘落到门前、屋后、阳台、屋顶的干枯落叶，遇明火极易引发火情。如未能第一时间有效扑救，还有可能"火烧连营"。

同时，据气象部门预测，近期随着冷空气的降临，本市未来几天仍将有3级以上大风，最小相对湿

昨天，北京消防发布动员令，请全市所有单位、市民立即发动起来，对门前、屋后、阳台、屋顶的落叶进行集中扫除并妥善清理，以防"外火进屋"。对大型户外停车场、园林绿地等落叶较为集中堆积的场所，一定要作为重中之重。管理单位落实好消防安全主体责任，每天要组织四遍以上的多频次集中清扫清理。加油站、加气站等易燃易爆场所作为消防安全重点场所，发现落叶应随时进行清理。

内存

清扫落叶动员令

1.所有单位、市民要立即发动起来，对门前、屋后、阳台、屋顶的落叶进行集中扫除并妥善清理，以

5.绿化部门要对干枯杂草、落叶采取浇湿阻燃措施，尤其要对草坪、灌木丛及古树等进行喷水增湿处置。

时隔半年，新火型有了新情况。2017年11月19日，《北京青年报》刊发记者李宁采写的《北京消防发布清扫落叶动员令》，其中说道：

“近三日来，北京119指挥中心共接报全市干枯落叶引发的火警248起，其中11月15日47起、11月16日52起、11月17日达到149起，枯叶火情呈明显上升趋势。据了解，当前正值秋冬季节，地面散落大量干枯落叶，加之大风天气多、空气湿度低，随风飘落到门前、屋后、阳台、屋顶的干枯落叶，遇明火极易引发火情。如未能第一时间有效扑救，还有可能‘火烧连营’。”

为此，北京消防发布动员令，请全市所有单位、市民立即发动起来，对门前、屋后、阳台、屋顶的落叶进行集中扫除并妥善清理，以防“外火进屋”。看，这就是新火型的新特征，这就是新火型的新危情。

有关单位在做相应部署时，特别强调将加油站、加气站等易燃易爆场所列为消防安全重点场所，发现落叶应随时进行清理。所谓“防患于未然”，讲的就是这个道理，只是重复多了，很容易把“未然”忘于脑后。

当街烧纸钱 污染环境藏火患

专家再呼吁"寒衣节"应文明祭奠

昨天是阴历十月初一，民间有"十月一，送寒衣"的说法。记者晚间走访发现，北京一些商贩瞅准商机在路口兜售寒衣、冥币、金元宝等祭品。市民购买后就地焚烧，现场黑烟阵阵，火鸽子乱飞。专家表示，祭奠亲人，寄托哀思，是人之常情，但当街烧纸严重污染环境，尤其在落叶季极易引发火患。人们应该转变观念文明祭奠。

昨晚8点，记者在大兴区大红门镇宏都路与欣旺北大街交叉路口看到，两拨儿商贩正在摆摊出售纸质祭品。在不远处一段3米宽的人行道上，多位市民正在烧纸，搅动火堆后，火鸽子在大风助力下四处翻飞，还有市民点燃街边枯叶或自带报纸来引火。

记者注意到，这段人行道的西侧是小区堆杂物的公共空间，东侧停放着新发地菜市场的货车，再加上人行道种有行道树、放置有共享单车……这处极需要防火的地段，明火却烧得"停不下来"。随着地上烧过的黑圈儿越圈越多，市民路过时已无处下脚。

市民在狭窄的人行道上烧纸。

值得注意的是，一家售卖寒衣的商贩，还将祭品堆放在隔壁的九龙山庄一区院内。商贩称，城管队员不让上街摆摊，等晚上城管下班后，她就把祭品透过小区铁栅栏往外一搬直接开卖。记者质疑其做法不妥，她称今年祭品销量不如往年，不抓紧卖就要砸手里。

记者观察发现，多数市民离开时能将火扑灭，有人还随身带水灭火，但黑圈内的灰堆、遗留的塑料袋、木棍和残余冥

2017年11月19日，与前文所言同一天，《北京晚报》刊发记者张骁采写的《当街烧纸钱，污染环境藏火患》，其中说道：

"昨天是阴历十月初一，民间有'十月一，送寒衣'的说法。记者晚间走访发现，北京一些商贩瞅准商机在路口兜售寒衣、冥币、金元宝等祭品。市民购买后就地焚烧，现场黑烟阵阵，火鸽子乱飞。专家表示，祭奠亲人，寄托哀思，是人之常情，但当街烧纸严重污染环境，尤其在落叶季极易引发火患。人们应该转变观念文明祭奠。"

记者注意到，不仅有商贩助推"送寒衣"，同时还有市民点燃街边枯叶或自带报纸来引火。一段人行道的西侧是小区堆杂物的公共空间，东侧停放着菜市场的货车，再加上行道树和放置的共享单车，如此极需要防火的地段，明火却烧得"市民路过时已无处下脚"。

严格说来，新火型有些好控，但也有些难控，"当街烧纸钱"就属于好控之列。其实，真有孝心，尽孝的方式方法有很多。

“消防+环卫+园林”联勤联动保安全

本报讯（记者**郉美俏**）日前，我区全力推进“消防+环卫+园林”联勤联动模式，为5000余名园林和环卫作业人员进行消防技能培训，并发放灭火器材，同时75辆洒水车变身“移动微型消防站”。

记者在现场看到，四部园林水车、四部环卫水车的车体喷绘了“西城区消防+环卫(园林)联勤联动救援车”明显标志并改装，随车还配备了灭火战斗服和灭火器等救援设备。区消防救援支队相关负责人表示，考虑到洒水车流动性强、作业面广的特点，并且洒水车对他们的服务区域较为熟悉，更加符合秒响应机制建设，所以将日常在路面工作的环卫车和园林作业车一并纳入消防指挥平台，为了实时了解每辆洒水车的位置，方便指挥调度，实现“一呼百应”，还专门配备了自组网电台，以便在火灾发生时能够“灭早、灭小、灭初期”。

据介绍，近年来，在区消防救援支队处置的各类火灾事故中，与区属相关部门有效实现了联勤联动，特别是与环卫、园林等部门之间的协作形成了一定经验，在全面摸清辖区可调派洒水车数量、载水量、通信设备、工作时间、行驶路线等基本情况的前提下，将环卫水车、走门串户小型清扫车纳入日常巡查处突体系，延长一线群防群治触角，在重点时段、重点区域调度联勤联动救援车随救援站执勤车，共同在敏感地区开展执勤巡逻工作，担任火场供水保障任务，解决火灾现场水源不足的问题，发挥灭火救援最佳效能。

“消防+环卫+园林”联勤联动模式成为全区秒响应队伍不可或缺的力量，区消防救援支队重点对园林、环卫工作人员开展多轮次、多形式的“一警六员实操实训考核”工作，通过一对一训练、队与队联合的方式，将“消防+环卫+园林”联勤联动带入训练场，开展了大量针对性专业训练，提升

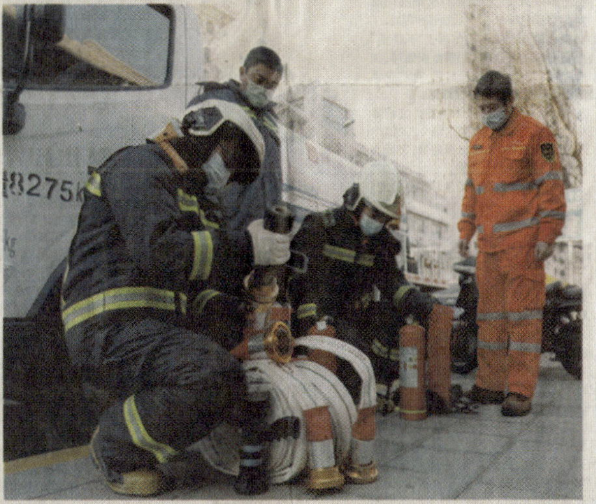

据介绍，下一步，区消防救援支队将全面深化联勤联动工作，进一步完善响应机制、丰富器材装备、抓好人员训练，不断壮大多种形式消防力量，使“消防+环卫”模式日趋成熟、贴近实战，结合技能实操实训，确保受训人员成为“见火不慌、抬手就灭”的准消防员，洒水车成为“移动微型消防站”，推进消防联勤联动工作常态化，为建设平安西城贡献力量。

新火型变化莫测、层出不穷，如何应对、如何降伏，2021年1月8日，《北京西城报》记者郉美俏采写的《“消防＋环卫＋园林”联勤联动保安全》给出了很好的回答。文章说道：

“我区全力推进‘消防＋环卫＋园林’联勤联动模式，为5000余名园林和环卫作业人员进行消防技能培训，并发放灭火器材，同时75辆洒水车变身‘移动微型消防站’。联勤联动模式成为全区秒响应队伍不可或缺的力量，区消防救援支队重点对园林、环卫工作人员开展多轮次、多形式的‘一警六员实操实训考核’工作，提升了联勤联动人员的初期火灾扑救能力。”

好一个“一警六员”，好一个“联勤联动”，好一个“见火不慌，抬手就灭”，火患猛于虎，如此“灭早、灭小、灭初期”的“秒响应”，模式来自基层，经验出自教训，可谓实得很，妙得很，好得很。

本书围绕“固本经”絮絮叨叨地说了不少。此文，此举，令人肃然起敬。

36—9 / 防与消

FANGYUXIAO

说到消防工作的“老担当”，不能不回顾其“新行当”。曾几何时，除去救火及危急出险，也有不少与主责无关却背负在肩。

其实，担当有加法，也有减法，包括“救助猫狗并非义不容辞”，包括“消防局易名防消局”更名正言顺、贴合实际。

（01）安居要点 / 消防・防消　　静下心来想自己

消防员承担的救火任务和抢险救助比例已达1:1

119：救火救人也救猫

随着市民们对消防工作认知程度的提高，日益认可消防员敏捷的身手和先进的装备，一些本来并非消防员本职工作的救援任务也越来越多。记者从市消防局了解到，从今年1月1日到11月7日，全市119总共出动抢险救援6311起，其中，交通事故、各种灾害性事故、抓危险动物和摘马蜂窝等都占了很大一部分，救火任务和抢险救助比例已达1:1。

让猫友重新认识消防

刚刚过去的119消防宣传周中，北京消防将近期间使用的各种新式装备、器材进行了集中亮相。其中，拥有千余种消防救援装备的专业救援车辆引起了众多观众的兴趣。在绝大多数市民心中，消防员的工作仍然是扑救火灾，在街上看到消防车，第一个反应肯定是"哪儿着火了"？根据1998年开始实施，今年10月28日进行修订的《中华人民共和国消防法》的规定，消防部门在灭火的同时还承担着抢险救援任务。但从法律意义上讲，这种救援一般限于在危险场所对人的生命安全进行救援。

特勤队内

各式救援器材齐全

和普通消防中队相比，特勤消防队内的救援器材更加齐全。在方庄特勤消防中队，仅用来处置化学灾害事故的特种救援车就有4辆，另有一辆云梯车和一辆普通抢险救援车。救援车上，各类破拆、开门工具、生命探测仪、烟雾视像仪装备齐全，可以应付非常复杂环境下的救人工作。

本章开篇，曾很是看好消防队"地沟里掏猫，树杈上救狗"的拳打脚踢，然则，与时俱进，与事俱进，倡导者突然觉察到结合中国国情与"房情"，消防队员最好有事没事全在营房里备勤。

2008年11月12日《北京晚报》早就告知，目前"消防队承担的救火任务和抢险救助比例已达1∶1"，仅10个月，"总共出动抢险救援6311起，其中交通事故、各种灾害性事故、抓危险动物和摘马蜂窝等都占了很大一部分"。

文章指出，"按照消防工作的划分，全部救助类报警被分为社会救助和灾害事故救助。后者往往直接威胁到市民生命安全，而前者多是一些本非消防工作范围，但因市民确实需要，而消防部队又有这方面能力而'友情帮助'的"。

从热望热盼全职全能，到冷静思索本业固守，有点出尔反尔，但事出有因，毕竟我们的专业消防能力还没有登峰造极，毕竟群众的防火意识还没有熟门熟路，有鉴于此，"消防局"最好更名为"防消局"才名正言顺……

城市如何让生活更美好　29

摘自《天大的小事》对照版

全球城市越长越高
外来装备鞭长莫及

各国消防关键在防

今天是我国消防日，各地都在紧锣密鼓地开展防火工作。同我国一样，世界上许多国家都有自己的消防日。日本的文物防火节是1月26日，德国、英国等一些欧洲国家的消防节是5月4日，这些日期都和当地发生的重大火灾有关。

如今，世界各大城市的建筑高度不断增高，越来越密集，使扑救难度也不断变高。如果只靠外来装备救援，往往鞭长莫及。因此，多数国家采取预防为先、消防并举的做法，把重点放在设施配备及建筑物本身的把控上，最大限度地防患于未然。

困境 城市在长高 消防车力不从心

如今，全球城市建筑都在“长高”。纽约帝国大厦高381米；全球第一高楼——阿联酋“迪拜塔”长到了828米高。

但目前世界最高的云梯消防车只有130米，高压水枪能喷射10米左右。一般情况下，消防云梯车只能升至限定值的80%左右。如果地面风力达到4至5级，云梯车就无法升高作业。因此一旦高层发生火灾，如果靠外来装备去救援的话，一般都是鞭长莫及的。

另外，举高车越高，其自身的体积越庞大，需要占用地面的空间就越大。而目前，大城市寸土尺金，楼间距都是设计规范的最小值，加之地面设施和停车占用，很多时候举高车到了楼下也不能升起。因此，即便是这样的“射程”和高度，对于高达数百米的超高层建筑的消防而言，依然有些力不从心。

1990年7月，高381米的纽约帝国大厦第51层发生火灾，当时最高的消防云梯举高能力只有55米，仅能到达12层，地面的消防员束手无策，幸亏有灭火直升机增援，才扑灭了这场火灾。

在《天大的小事》对照版倡言“防消更为重要”之后，2011 年 11 月 9 日，《北京晚报》刊文《各国消防关键在防》，其中说道：

“如今，世界各大城市的建筑高度不断增高，越来越密集，使扑救难度也不断变高。如果只靠外来装备救援，往往鞭长莫及。因此，多数国家采取预防为先、消防并举的做法，把重点放在设施配备及建筑物本身的把控上，最大限度地防患于未然。”

尽管文章主述“报警系统”“避火场所”等硬件设施，但从中仍不难发现，任何好的思路、好的做法，均有“防患于未然”的底线与红线。什么是“防患”，不言自明；什么是“未然”，未见得会说就意味着理解。经查，“未然”词义大致是“还未成为事实”。

回到防火的话题上，“防患于未然”既等同“防患于未燃”，也不等同“防患于未燃”。说等同，只要没着火就皆大欢喜；说不等同，许多防护措施、防护宣传、防护技能，似乎需要早早开说，早早开工，早早开练。

议论风生

“救猫狗”不是消防义不容辞的责任

消防队可不可以救援宠物的问题，还得回到公共利益的逻辑上来讨论。消防队属于财政供养的国家公共资源，原则上说，公共资源应该服务于社会公共利益。

10月10日晚，一网友在微博发帖称，自家养的狗被链子绞住大腿，向杭州余杭消防大队求助。接线员多次声明“只救人不救猫狗”，并挂断电话，引发该网友不满，发帖质疑消防无作为。对此，应急管理部消防局回应称，消防员依据国家法律承担重大灾害事故和其他以抢救人员生命为主的应急救援工作。基层消防队在不影响正常执勤战备情况下，也会参与社会救助，应急救援资源有限，解救小动物这种困难，并不能百分之百的满足。

网友“山兔的小饼干”要求消防队营救他的狗，其理由是，“消防队是政府用纳税人的钱养的”，而且“别家消防队救猫救狗义不容辞”。确实，有些地方曾出现过消防队救援受困猫狗的先例，比如今年2月，西安就出现过消防队救助困在湖中心冰面宠物狗之事。但当时也受到很多网友的质疑：消防员救人是必须的，但是冒着危险去救狗到底该不该？

消防队可不可以救援宠物的问题，还得回到公共利益的逻辑上来讨论。消防队属于财政供养的国家公共资源，原则上说，公共资源应该服务于社会公共利益。虽然在不影响正常执勤战备情况下，消防队员也会参与社会救助，但对于解救小动物这种非紧急性事务的困难，也不能做到百分之百满足。因为救猫救狗此类非紧急事件占用警力，必然也会造成警力的浪费。今年9月，有人称自己的钥匙丢在家里，打消防电话想让消防员从阳台进入自家帮忙开门，但被消防拒绝。在此事的讨论中，众多网友也认为这种非紧急事务不应该浪费公共资源。

但即便是“例外”、不影响正常备勤情况下，公共救援机构可否实施超出公共利益的救援，恐怕也值得商榷。宠物遭遇危险或困境，主人焦急无比，个人权利上的偏爱，无可厚非，他人无需指责，但宠物主人不宜将个人意志强加于人。“纳税人养消防队”，这不假，而正因如此，消防队员才更应该合理地配置警力资源，分清救人和救狗的优先顺序，优先让最需要帮助的人得到最及时的救助。

在美国，消防队即便是救火，都不能偏离公共利益原则：一次美国田纳西州欧比扬郡一家居民家中失火，消防队赶到现场后，却眼睁睁看着大火将房屋烧成灰烬。该市市长解释称，该户居民未缴纳75美元消防费，消防队见火不救并无不当。消防队员的薪酬、消防器材，每一分钱都来自纳税人，因而消防资源的使用必须符合纳税人利益。如此划分“纳税”和“未纳税”界限，或许太没人情味，但我们却不能不承认其对“纳税人利益”的坚守上，是认真，讲规则的。

□马涤明（媒体人）

本书以“消防队新担当”为结尾并非偶然。关于这个话题，早在很多年以前，《天大的小事》对照版就有明确阐述。不仅强调“消防队有事没事最好全在营房备勤”，而且倡言“消防局”最好早日改为“防消局”。

回到消防主责的话题上，2018年10月12日，《新京报》刊发《“救猫狗”不是消防义不容辞的责任》的评论文章，其中说道：

“一网友在微博发帖称，自家养的狗被链子绞住大腿，向杭州余杭消防大队求助。接线员多次声明‘只救人不救猫狗’，并挂断电话，引发该网友不满，发帖质疑消防不作为。对此，应急管理部消防救援局回应称，消防队员依据国家法律承担重大灾害事故和其他以抢救人员生命为主的应急救援工作。基层消防队在不影响正常执勤战备情况下，也会参与社会救助，但是应急救援资源有限，解救小动物这种事情，并不能百分之百满足。”

火灾猛于虎。与虎同处，相关状态理应无时无刻在线；与虎谋皮，相关手段似应专心致志。

致天然气用户的一封信

为清洁美化首都环境，北京市从1997年开始天然气置换工作。煤气公司在置换工作过程中得到广大居民的理解、配合与支持，在此表示衷心的感谢！

天然气与煤气有所不同，天然气是一种优良的气体燃料，它具有清洁、无毒、发热量高等特点。但它同样是一种易燃易爆气体，使用不当，就会发生火灾、爆炸和使人窒息的严重事故。因此，煤气公司以安全供气为宗旨，积极向用户宣传安全使用天然气的知识和法规，同时，请您在使用天然气时，必须注意：

1. 严格遵守北京市政府1998年第十号令《北京市城市燃气管理办法》，爱护住宅内燃气设备（即天然气管道、天然气表、热水器、天然气灶具）等，不得擅自拆、改、装、天然气管道和设备。

要求安装或更换热水器、灶具的用户，请到附近的煤气管理所或煤气站报装，用户不得私自安装热水器，不得私自更改天然气灶位、表位。

2. 使用天然气设备时，要严格按产品使用说明书注明的操作规程操作。

使用天然气热水器时，必须保持房间通风，并同时使用排风扇，要随时注意热水器使用是否出现异常，且不宜长时间连续使用热水器，同时，对使用一定时间的热水器，要定期报请维修部门清洗积碳和检修。6升以上（烟道式）的热水器，未加烟道的不得使用。

3. 户内天然气设备在使用时发现问题或发生天然气泄漏（天然气比煤气味淡，呈淡气油味），首先应关闭天然气截门，打开门窗，杜绝火缘，不要开关电源，并马上向煤气站报修。家中长期无人居住时，要关好天然气总截门。

4. 厨房内不能堆放易燃易爆，可燃物品，不能混用其他燃料的燃具，不能放置电冰箱之类的电器，在装有天然气设备或有天然气管道穿过的房间、厅（过道）不能作为卧（浴）室。装修厨房不得封闭天然气表及管道。因装修影响必要的天然气安全检修时，我公司不负责拆除恢复或修缮。用户不得以各种借口阻挠或拖延检修工作。由此造成的损失由用户自负。

5. 严禁在安装天然气设备的房间内，再使用煤炉、液化气灶或其他炉具。

如果您使用的天然气灶具、设备出现故障时，请立即打电话通知煤气站或灶具厂家在京设立的维修点进行报修。

6. 特别提醒用户：煤气公司从未向用户发放过“小广告”和“用户服务联系卡”。我公司有固定的办公地点，并设立了五部尾号同为“1777”的热线电话，接待用户咨询，您可以通过拨打热线电话解决您在使用方面的问题。

维修站电话：
公司值班电话 6502.1758
煤气一所电话（大部分朝阳区） 8598.1777
煤气二所电话（二环路以内） 6611.1777
煤气三所电话（长安街以南的丰台区、崇文区、宣武区）
煤气四所电话（西二环以西，西三环以东） 6345.1777
煤气六所电话（公主坟以西，石景山地区） 6883.1777

北京市煤气公司
1998.12

这是1998年北京市煤气公司《致天然气用户的一封信》。客观而言，在当时的历史条件下，该说的大致都说了。如果现在从“防与消”的高度挑毛病，对照本书260页，如此重大事宜，一张薄纸或薄纸一张，似显轻薄，似显寡淡。

昌平首创铁质消防宣传提示牌　朝阳联合执法队排查消防隐患

10万消防宣传册贴居民家门口

连日来，市消防局在全市范围内组织开展消防安全隐患集中夜查行动，重点针对出租房、高风险密集居住场所、三合一场所等开展检查。同时各区开展消防安全宣传，昌平消防支队首创制作金属消防安全提示宣传牌，朝阳消防等部门，将10万消防宣传册贴在居民家门口。

2000块消防提示铁牌昌平上岗

近日，昌平消防支队结合辖区出租大院、公寓多的实际情况，创新思路，推动属地政府开展工作，首创制作了金属材质的消防安全提示宣传牌，此种宣传牌经久耐用，一旦钉上几年不坏，大大提高了消防安全宣传效率。

昌平消防支队针对村民自建房、出租屋这类场所如何开展好消防宣传工作进行了多次讨论，最终决定把硬质消防宣传提示牌钉到各村、各社区，尤其是老旧小区、村民自建房和出租屋的入口处。通过辖区监督员多次协调，小汤山镇、城北街道办事处两个镇街政府加大宣传资金投入，共花费50余万元，分批次制作了2000余块铁质消防安全工作提示牌，并钉在各出租大院入口处。此种宣传方式简单便捷、受众面广、经久耐用，不用担心因刮风或人为破坏使标牌受损，取得了良好的宣传效果。目前此项工作已经在昌平区两个镇街全面展开。今后，昌平消防支队将在全区范围内推动金属消防宣传提示牌制作工作。

消防人员在《出租房屋消防安全提示》的责任人一栏签名　供图/昌平消防

预防火患离不开事先宣传警示。相关安全须知究竟该印在什么材质上？究竟该放置在什么地方？经历了漫长岁月，受益于实践出真知，2017年12月18日，《北京青年报》记者李宁撰文披露，昌平首创铁质消防宣传提示牌，把10万消防宣传册贴在居民家门口。文章说道：

“近日，昌平消防支队结合辖区出租大院、公寓多的实际情况，创新思路，推动属地政府开展工作，首创制作了金属材质的消防安全提示宣传牌。此种宣传方式简单便捷、受众面广、经久耐用，不用担心因刮风或人为破坏使标牌受损，取得了良好的宣传效果。目前此项工作已在全区两个镇街全面展开。今后，昌平消防支队将在全区范围内推动金属消防宣传提示牌制作工作。”

谈及安全防范，“力度”是个常用词。于此，“力度”该如何理解，昌平消防支队不仅给“力度”补了一课，同时也给城事管理提了醒，诸如“文明养犬”等提示，是临时挂横幅好，还是固定金属牌好。尽管内中表述的内容大致差不多，但有时候“表面文章”更有说道，更有门道。

西单北大街

别让消防宣传车失管了

2021年1月8日，《北京日报》专版刊发《别让消防宣传车失管了》一文，作者锋利的图文报道，着实让人苦端详、费思量。文章说道：

“有三辆消防宣传车长期停放在人行道上，并被围在一堆单车中。这些车放在该处很长时间了，日晒雨淋，警灯和前挡风玻璃上落满了灰尘、树叶。其中两辆车的驾驶室开着门，操作台、仪器、挡把、手持话筒及排座都积满灰尘。车上原配置的手持灭火器，有的放在车上，有的丢在地上。”

尽管笔者关注“宜居中国”不算晚，但一路忙忙叨叨始终没来得及给自己信奉推崇的“宜居观”做个总结，下个定义。发生在首都核心区的上述怪现象，不仅给相关地区相关单位敲响警钟，同时，也提醒自己反复思索何为“宜居”的底线，何为“宜居”的外延。

在《天大的小事》对照版一书中，开篇曾写有“居以安为先，宜以适为度”，事后回想来，好像有点先见之明，好像有点真知灼见，好像有点实话实说，好像有点“从群众中来，到群众中去”。

“恩波智业研究所”在北京国际俱乐部办公 30 余年。获益良多，感恩不尽，故而一幅剧照般的美图印落本书封底，并留有“潜心研磨，心境与环境不无关系；漫笔著述，运思北京国际俱乐部”的真情告白。

俱乐部有个员工食堂，也向写字楼租户开放，前后吃了多少顿饭已记不清，但每每身体欠安总有热乎乎的“病号饭”送到嘴边令人没齿难忘。年前，食堂多了几幅消防宣传画，图不大，话不多，但百看不厌。尤其那句“厨房动火不离人”，让人不由得想起原版、对照版《天大的小事》絜叨在先的“炒菜别离开油锅”。一个“别离开锅”，一个“别离开人”，居家过日子的大实话虽然说的是一回事，但前后相差了十几年。

适逢大化民生、小处着眼的新时代，相比“英雄所见略同”，其实“俗人所见略同”更圈粉、更吸睛。如何写好《天大的小事》收官版，人民出版社黄书元老社长赠语“编筐编篓，重在收口”。谨记于心，苦践于行，收官版最终收在比“宜居”早半拍的“安居”，再好不过，再妥不过。

“天大的小事”开启“城事科学”

王 力

细说起来，此间创建“宜居中国试验室”已有20余年。尽管起步已知天命，但万万没有料到这一路走得有点远，如果人的工作时长大体50年，这一幕竟然占去近三分之一。

上述试验室非同寻常，也大也小，也实也虚，时而在案头，时而在街巷，既有“眯起眼睛看西方”，也有“静下心来想自己”；既有行万里路写一卷书，也有教学相长知行合一。总之，很投入，也很王力。

对此，《人民日报》曾以《智者的社会担当》《城市文明的谱系》给予评说。尽管党媒不同节点的报道犹如不同路段的加油站，但遗憾的是年逾七旬总要留些时日给自己，于是，对句号画定之前还该说些什么想了许多许多。

一 “破窗效应”与“第一根稻草”

在唐山抗震救灾和新唐山建设40周年之际，习近平总书记发表重要讲话指出：“要进一步增强忧患意识、责任意识，坚持以防为主、防抗救相结合，坚持常态减灾和非常态救灾相统一，努力实现从注重灾后救助向注重灾前预防转变，从应对单一灾种向综合减灾转变，从减少灾害损失向减轻灾害风险转变，全面提升全社会抵御自然灾害的综合防范能力。”

与自然灾害相比，“城市病”虽然不似突如其来的洪水猛兽，但同样要“进一步增强忧患意识”和“全面提升综合防范能力”。以往“城市病”治理之所以出现诸多不尽如人意，相关软肋暗中作祟且釜底抽薪。

打铁还须自身硬。毛泽东同志曾经讲过“必须用极大的努力学会管理城市和建设城市”。如何变被动为主动、变外行为内行，习总书记曾经特别强调“各级领导干部要加快知识更新、加强实践锻炼，使专业素养和工作能力跟上时代节拍，避免少知而迷、无知而乱，努力成为做好工作的行家里手”。

社会学有个“破窗效应”，说的是房屋外窗受损若不及时修缮，接下来将会有更严重的破坏。研究表明，由于破损的窗子得不到及时修复，所以会很快衍生出暗示性纵容。为什么“最后一根稻草能够压死人”，关键在于人们对“第一根稻草”往往熟视无睹、视而不见。

习总书记曾从反腐层面特别警示“破窗效应”的危害，响鼓重锤，振聋发聩。无论“千里之堤，溃于蚁穴”，还是“孔小不补，孔大叫苦”，讲的都是一个道理，恶性循环的第一步多会若无其事。

“破窗”先于城，“效应”源于市，可惜此道中人却少有人警醒。事实表明，在城市管理诸多的不幸言中里，“破窗效应”最是随处可见。从表象看，旧的不去新的不来，而骨子里、根子上则严重麻痹着当事人头脑。静观城事乱象，既有客观上的积重难返，更有主观上的漫不经心。

二　城事管理只有“两化”还不够

大国崛起，碎看西洋，反躬自省，见贤思齐。20 年前，确立宜居课题方向的同时创作原版《天大的小事》，从智库的视角观天下，从智者的站位品民生，最终凭借“居以安为先、宜以适为度”的独家原创理念，为我所理解、求索、敬奉的“中国特色社会主义宜居观”写上一笔。

关注“城市病”是后来的事情。缘何靶向锁定“城市牛皮癣”，盖因蹬鼻子上脸的小广告或冒头之初个头不大，或发难过程危害不深。总之，或小小不言，或小小不严。一个“小”字，无形之中抬高了自己，矮化了对手，但祸根就此埋下，以至积重难返，13个部门管不好一张小广告。

不接触不知道，一接触吓一跳。在城市建设日新月异的同时，也不知道从哪冒出那么多“城市病”。小切口，大内涵，努力将研究课题附着在北京西长安街、天坛等街道办事处层级，最终悟出“城市病也应大病统筹、分级诊疗”。

作为率先系统例证“精细化管理、人性化服务”的先行者，一路走来，一路说来，既看到“把事当事”的可歌可泣，也遇到好景不长的事与愿违。如何是好？想来只有“精细化管理、人性化服务”还不够。

客观而言，其实不少“城市病”全是“懒人、惰政惯出来的毛病”：起初都挺好，起步都不错，只可惜，或走着走着，或用着用着，先是几个不起眼的“一不留神”，后是一串见怪不怪的“稀松二五眼”，于是“好窗”不再。

彻底规避“破窗效应”唯有思辨重组。何以解忧？“精细化管理、人性化服务、平实化备勤、常态化运行”四位一体似为必由之路。

何为“平实化、常态化”，日复一日的城市管理如何长时间不离谱不走调，起步阶段架势别太炫或为关键。犹如居家换灯泡，或“蹦着够”，或“脚踩凳”，无可无不可，只是当了职业电工，梯子必不可少。

三 “费斯汀格法则”真的很雷人

2019年初，为深入贯彻落实习总书记关于“威海要向精致城市方向发展”重要指示精神，威海市政府诚邀讲学。在报告会上，结合“城市管理是面子，社会治理是里子，面子侧重治标，里子侧重治本，两者交叉融合即‘城事科学’着眼点”的研究成果，我绘声绘色给与会者讲了个莫须有却不离谱的故事：

一位普通社区居民，收入不高，老理儿不少，有德行也有尿性，笑起来和蔼可亲，烦起来一脑门子官司；高兴起来谁都是亲的近的，不高兴时皇上二大爷爱谁谁。总之，一会“老小孩儿”，一会“老瞪眼”。

此公某日外出，先是楼道小广告堵了家门，再是老街坊没和他打招呼，光顾运气差点让地锁绊了个跟头，还没站稳又踩了脚狗屎。好容易到了医院，排队仨钟头结果三分钟让医生给打发了。再往后，坐公交车一时起急没找着老年卡，让司机臊了个大红脸；给儿女打电话诉衷肠，结果又挨了一通“狗屁呲”。回到家中喝了点闷酒，吃了口凉饭，赶上城管清理楼道杂物，可能门敲得猛了点儿，可能话说得硬了点儿，总之，烦上加烦凑到一块儿，结局可想而知。

同样这位爷，同样这点事儿，相关过场有变，最终结局也会变：刚出家门，社区正在清理小广告，不仅点赞支着儿，还回屋取来小开刀；多年不说话的街坊老远打招呼（其实认错人）；一高兴险些踩到狗屎上，旁边有人扛了一膀子（其实没走稳）；坐公交车，车门没关有人连忙让座（其实忘了下车）；到医院化验护士提醒“尿检接中段”，不由得想起白求恩；接下来儿女来电话问病情，回到院里“老年饭桌”开张……城管如期而至，但老人挺讲理挺给面儿，总之皆大欢喜、相安无事。

某日与友人聊起，人外人，山外山，方知此情此景竟与“费斯汀格法则”如出同门。原来美国社会心理学家费斯汀格很早就研究出“费斯汀格法则”，说的是“生活中的10%由发生在你身上的事情组成，而另外的90%则由你对所发生的事情如何反应决定”。剧情大致如下：

约翰逊起床洗漱，将手表随意放在洗漱台上，妻子怕淋湿顺手放在餐桌上。儿子不慎将手表碰到地上。约翰逊心疼钱，揍儿子，骂老婆，摔门而去。到公司发现忘拿公文包，只好回家取，却又发现忘带钥匙。约翰逊打电话让老婆送，慌忙中老婆开车撞翻路边水果摊只好赔钱了事。最终约翰逊挨了上司一顿批，老婆被扣全勤奖，儿子参加棒球赛心情不佳惨遭淘汰。

据分析，在此事例中，手表摔坏是其中10%，而后发生一系列事情是另外的90%。试想，约翰逊在10%发生后若换一种反应，比如安慰儿子“手表摔坏了可以拿去修”，不仅儿子高兴老婆开心，同时自己心情也会平复如初。若是如此，随后一切糟心事将不复存在。

四　“莫比乌斯圈”确实挺玄妙

为什么“网格化管理”也会疏而有漏？问题在于“网格化”多用平面几何求解平面图形。面对盘根错节的“城市病”则要学会掌控“虚拟魔方”，从表面看魔方的横切面是网格，纵断面也是网格，但纵横交错却是无所不及的网络。

虽然“城市管理”“城事管理”看上去只有一字之差，但笔者研究了十几年。前者职能部门多为城建、城管，后者关联机构却诗在诗外，戏在戏外。人是环境的产物，脸是心境的造物，环境、心境可以一线牵，却无法“一把抓”。

以往常说“大街是面子，背街是里子”，其实不然。客观而言，城市管理是面子，社会治理是里子。由于事物有正反两个方面，所以看上去在理在论的各行其是、各自为政，其实你中有我、我中有你。

“面子”和“里子”通常会有怎样的跨界融合？不妨让“莫比乌斯圈”说话，别看造型像麻花，感觉一般般，然而就是这么个东西却拓宽了无限遐想空间，颠覆了传统认知论，震惊了整个科学界。

数学中有个拓扑学，莫比乌斯圈“研究几何图形连续改变形状时的规律”，故为拓扑学经典。之所以震惊科学界，是因为在一定条件下，截然不同的两个“面”，在连续改变形状时居然合二而一、浑然一体。

通常说来，城市建设、城市管理以“新”为美，而社会治理则以“心”为魂，请出“莫比乌斯圈”案例教学，盖因纷纭繁杂的城市事务不是薄纸，不会只有正反两个方面，理当新心相通，情该市事相融。

法则之所以称为法则，盖因放之四海而皆准；科学之所以称为科学，盖因内中规律不以人的意志为转移。从“费斯汀格”到“莫比乌斯”，尽管一时还找不到合二而一的学术路演，但或串联或并联，总能或多或少感知到“由此及彼的意想不到”。从这样的路径看开去，无论中国的老哥们，还是外国孩儿他爹，统统“心态决定未来”。

五 “春天就在小朋友的眼睛里”

本书前言曾请出儿歌《春天在哪里》，之所以反复谈及，是因为“春天就在小朋友的眼睛里”。细说起来，其实“心境、心绪、心结、心态”都是“人心”的重要组成部分，由于心境不同、心态不同，最终结果大相径庭。有怎样的心境、心态，就会演化出怎样的“人心”。反之亦然。

《天大的小事》对照版一书的封面印有“‘以人为本’是‘为人民服务’的历史延伸，但深化需要科学，细化需要学科”，同时写有“以人为本‘人’在哪？以人为本‘本’为何？由于大千世界有不同的人，由于芸芸众生有不同的本，所以在大步前行的同时，为身边每个小我创造时时的小美好，将成为‘创新城事科学’有待破解的新课题”。

换言之，尽管“人心”已经被敬奉在时代最高端，但其“构成与演化”却少有细分，少有量化，从某种意义讲，《天大的小事》收官版为此拾遗补阙。

人们经常设问“钢铁是怎样炼成的”，可没人会问“废铁是怎样炼成的”。从城市管理到社会治理，远了说一步之遥，近了讲盘根错节，因此，从培育人心、呵护人心到聚合人心是前后脚的系统工程。弄好了，用老北京话讲，叫“一就事儿”；弄不好，还用老北京话讲，叫“省了盐酸了酱，省了袜子费了鞋”。

再换言之，“人心是最大的政治”不仅是“执政”要义，同时也是“行政”要义；党务工作者不仅要“心知”，同时行政工作者也要“肚明”。

城事管理，或城建城管，或市政市容，群众心在哪儿、怎样发现群众的心，笔者资料库 10 万张剪报分门别类，其中三篇告知环境与心境互动互通：

《下水道不通，居民心里想不通》；

《上下楼畅快，居民心里痛快》；

《下水道总堵，居民心里更堵》。

城事管理“发现心”绝非易事。如何得法得道，法国雕塑大师罗丹曾言，“艺术大师能从别人司空见惯的地方发现美”。笔者以此类推：

从别人司空见惯的地方发现“钱”是经营大师；

从别人司空见惯的地方发现“病”是医学大师；

从别人司空见惯的地方发现“心”是政工大师。

人是环境的产物，脸是心境的造物。因此，“努力建造让群众有好心情的环境”和“努力营造让群众有好脸色的心境”同样至关重要……

《天大的小事》一路走来收获太多太多知遇之情。感谢中国大百科出版社和徐惟诚老师首肯，感谢人民出版社适时再版，感谢《人民日报》多次报道，感谢《光明日报》整版专访，感谢央视系列报道，感谢北京市委书记大会推荐，感谢重庆市委书记诚邀讲学，感谢武汉市市长带书授课，感谢杭州市城管委奉为工作配书，感谢中科院院长写来读后感并赠书国科大……

身处北京，言行举止难免受“爷文化”影响。何为“爷”，既非江湖，也非草莽，“有棱有角，有情有义，拿得起来，放得下去”最为贴切。细说起来，自身棱角、情义还算拿得起来，唯有“放不下去”迟迟放不下去。

“编筐编篓，重在收口”。感谢安徽教育出版社，让《天大的小事》收官有时，收山有路。作者年逾七旬，作品事尽期许，三度解读“天大的小事”，来而有恒，去而有终，甚喜，甚幸。

2021 年 4 月 28 日 / 北京瑞吉酒店

从“极品师爷”到“人的代表”

黄书元

上世纪 90 年代，我还在安徽教育出版社工作。王力先生为其新作“招标出版社”，对出版业是不小的冲击。

《光明日报》那篇《“千里马”长嘶寻“伯乐”》引起我的兴趣，于是买了他的《恩波智业》《匪夷所思》《不成咋办》等软科学自传体专著，认真拜读，了解到此前家喻户晓的“亚细亚现象”“亚都现象”等当代商战奇观，皆由他运筹帷幄。由此对书中那些新观点、新思维也有了很深印象，我感觉到作者是个有韬略、有智慧的非同寻常之人。

真正认识王力先生是我调入人民出版社后。由于出版他的《天大的小事：城市如何让生活更美好》，彼此接触多了起来。这时才知道他已由国内首家公关策划机构循序渐进转向为政府提供策略研究的民间智库。该书出版之前，社里请他作专题辅导报告，作者“守正出奇、做而论道”的职业素养给与会者留下深刻印象。

人类由聚居开始形成村落，逐步发展为城邦。到了近代，为追求更加美好的生活，怀揣梦想的人越聚越多，城市规模也越来越大。身在其中，冷暖自知，人们在为不夜天、大都会放歌赞美的同时，也为雾霾、拥堵、污染、如厕难、“狗屎运”、垃圾围城等焦虑不安。城市因人而生，因人而病，快速发展造成的管理缺位、服务缺失逐渐显现。面对这些，人们不胜其扰，不胜其烦，但又实在想不出什么太好的对策。

应该讲，“城市让生活更美好”是追求，是目标，而“城市如何让生活更美好”的“如何”二字才最具挑战。智者先行。在不少人束手无策之际，正处事业鼎盛之秋的王力先生，由日进斗金的“企业极品师爷”悄然转身，先是眯起眼睛看西方，静下心来想自己，首创“宜居中国试验室”；再是行万里路，写一卷书，系统例证“精细化管理、人性化服务”；后是聚精会神直面“城市病”，通过独到的“望闻问切”，进而给出“城市病也应大病统筹、分级诊疗”的靶向良方，为政府相关决策提供了科学依据。

《天大的小事》是王力先生第一部“处方集”。该书引经据典、夹叙夹议的叙写体例很独到。作者以敏锐的眼光去观察那些常人注意不到，或即使注意到也可能擦肩而过的“小事”。正是这些看似微不足道的“小事”，发生在某个人或某些人身上，极有可能会对其生活质量乃至生活态度产生意想不到的负面影响，如下水道井盖缺失可能导致路人遭灭顶之灾。所以，称之为“天大的小事”毫不夸张。也正是这些“天大的小事”，构建出了广大老百姓实实在在、真真切切的幸福感、安全感、获得感。

《天大的小事》为解决这些“小事”横空出世。更难能可贵的是，作者没有停留在“城市管理”的层面止步不前，而是提出“社会治理讲究从心做起”，以及“城市管理是面子，社会治理是里子，二者交叉融合，你中有我、我中有你”。凭此原创理念，该书获评“年度最值得推荐的一本书”“加强创新社会治理的典型案例读本”，同时还受到多位直辖市市委书记及多地省市领导点评和强力推荐。《人民日报》、新华社等各大媒体多次报道评论，称之为科学解析“城市如何让生活更美好，城官如何让市民更幸福”的通俗理论读物。

王力先生从此一发不可收拾，在辅政读本的创作道路上不用扬鞭自奋蹄。不长时间，相继创作了《天大的小事》系列延展读本，对有损民生尊严的事例分类点评，对群众期待的宜居愿景解析描绘，成为广大城市管理者为城市居民解决实际问题的利民手册和建设美好城市的宜居指南。其中包括：

2016 年出版《一纸缠："老剪报"杠上小广告》，借科学根治"城市牛皮癣"首度提出施政对策，同时首开"以图书形式整合过往报章于社会焦点难点问题再度发声、再立新功"先河。

2018 年出版《厕所革命："老剪报"继往开来话短长》，针对城市公厕等诸多老大难问题旁征博引，寻根溯源，提出"国家温度"无处不在、无人不及，最是平常见不凡。

2019 年出版《超期待："老剪报"循踪百姓心坎》，对衣食住行、生老病死等 40 个民生领域的新作为进行别开生面的深度解读，进而提出"从顺应人民的期待，到超越人民的期待；从民有所呼、我有所应，到民有所思、我有所悟，不仅群众想到的要想到，群众一时没有想到的也要提前想到"。

无论是原版《天大的小事》，还是系列延展读本，不仅内容风格一致，而且都有一个共同点，就是从民间智库特定视角，以田野报告的创新形态，对民生关切的具体事项建言献策。不是泛泛而谈，而是一事一论；不是只提出问题，而是一并提出解决问题的思路与方法。可谓史无前书、史无前人、史无前例，不能不说是了不得的创举。

此次收官版《天大的小事》可谓"不忘初心，方得始终"。不仅客观例证"人须在事上磨，方立得住，方能静亦定，动亦定"，同时呼应"事须经人心验，方存得久，方能静亦远，动亦远"。

王力先生有很多光环，如早年向联想、用友、伊利等企业提供顾问服务获誉"中国公关第一人""当代策划泰斗"，如"决策咨询专家，创新思维学者，中国智业奠基人"及"民族细节、国家温度"倡言者等。对此，王力先生更为珍爱"个体学人"，他创办的研究所虽为个体体制，但营业执照却赫然写有"哲学研究、决策研究、思维研究、软科学研究"，据说绝无仅有。

有次见面聊到这些头衔，他说那些都属别人赠予，其实说到头，自己不过是一个"人的代表"。于此独家说，王力先生做了也轻也重的表述，概括起来 10 个字——"代表人做人该做的事情"。

“人的代表”不是“人大代表”。在他看来“人的代表”是自诩自视、自觉自愿为人民做事情，虽为民间，但无组织有纪律，因为民间，舞台要自己搭建。相对而言，“人大代表”是被人民选举受人民委托为人民做事情，不仅有组织有纪律，同时也有建言献策的平台和路径。

诸多感慨，一语带过，但区别还是有的。“人大代表”为人民做事，理所当然受到各方重视与回应，包括有事找政府，相关机构会全力以赴积极配合。“人的代表”则不同，再是用心倾情的建言献策深谋远虑，遇到明事理的多会虚怀若谷、坦诚求教，但也不排除“热脸贴冷屁股”的尴尬随处发生。于此，个性极强的王力先生很客观，因为上至国家领导人、省部级干部，下至县委书记、街道办事处主任，多年来给予王力先生的尊重与信任，在他看来已经足够足够。

当年招标出书有句“为什么王力吃的一般穿的一般但思维方式不一般”的广告词，一路想来不无道理。的确，他的“另类思维”，他的所作所为，证明了“非凡之人必有非凡之举”这句话的客观性。

我时常在想，一个不在组织且为体制外的人，却在30年前建议国有企业的党员率先佩戴自制党徽上岗，却在建党70周年建议鞍山市委开展相关主题活动，却随时想着怎样把城市治理得更好并不断与党政干部沟通交流……我试着用现成的思辨进行比对，但结论很难说服自己。

党的十八大的召开，有感习总书记关于“加强中国特色新型智库建设”“建立健全决策咨询制度”重要讲话精神，王力先生创办了一所旨在创新亦庄亦谐、思维开悟解悟的“创新思维博悟馆”。我曾有缘参访，观感极为震撼，仅跨度30余年的数百册课题卷宗和10万页分类剪报，就让来访者肃然起敬。

虽“有缘人”接二连三，但在有些人看来似乎又是一桩“不挣钱的买卖”。的确，博悟馆作为非营利机构，如用金钱衡量，既算不得生意也够不上买卖，但是北京大学张国有副校长却代表所有参访者尊之为“当代思塾”，同时敬书“不大的空间，凝聚了智慧与信仰，确为思考问题的心宅”。

多年前，对王力先生有扶助之恩的原商业部胡平部长曾亲临博悟馆参访，得知20年来为政府出谋划策均为无偿奉送，胡老不仅问起建言渠道是否畅通，同时还十分关切地询问“如何养家活口”。王力夫人魏华笑答：“王力外脑生涯大致分了两个阶段，前半程很会做挣钱的事，后半程很会做不挣钱的事，用之前为服务企业所得贴补眼下，有钱难买人乐意，王力开心，全家人高兴。”听罢，老部长脱口而出“稀有品种”。

人世间有些事有解，有些事无解；有些人有趣，有些人无趣。也许，胡老所言“稀有品种”既临界在有解与无解之间，也回转在有趣与无趣之外，总之，人各有志。

本书是王力先生辅政读本的收官之作，对于年届七旬的人来讲，就此归隐也是顺天应人。

王力先生或许不会闲下来，守正出奇、做而论道的“思塾”要办下去，被“天大的小事”长时间搁置的《恩波智业》会继续写下去，广大读者静候佳音，一众老友翘首以盼。

从“极品师爷”到“人的代表”，路漫漫其修远兮。

2021年1月29日

（作者为人民出版社原党委书记、社长）

图书在版编目（CIP）数据

天大的小事:宜居样态面面观 / 王力,王一男著. —合肥:
安徽教育出版社,2021.12
ISBN 978-7-5336-9402-9

Ⅰ.①天… Ⅱ.①王… Ⅲ.①城市管理—研究—中国
Ⅳ.①F299.23

中国版本图书馆 CIP 数据核字（2021）第 136734 号

天大的小事:宜居样态面面观
TIANDA DE XIAOSHI YIJU YANGTAI MIANMIANGUAN

出 版 人:费世平
责任编辑:郃 旻
封面设计:林芝玉
美术编辑:张鑫坤
责任印制:陈善军

出版发行:时代出版传媒股份有限公司 安徽教育出版社
地 址:合肥市经开区繁华大道西路 398 号 邮编:230601
网 址:http://www.ahep.com.cn
营销电话:(0551)63683012,63683013
排 版:安徽时代华印出版服务有限责任公司
印 刷:安徽新华印刷股份有限公司

开 本:710 毫米×1010 毫米 1/16
印 张:20.5
字 数:260 千字
版 次:2021 年 12 月第 1 版 2021 年 12 月第 1 次印刷
定 价:78.00 元

（如发现印装质量问题,影响阅读,请与本社营销部联系调换）